아동학 강의

아·동·에·대·한·질·문·과·대·답

서울대학교 아동학 연구실 저

학지사

탐구의 기쁨과
믿음의 힘을
가르쳐 주신
이순형 선생님께
바칩니다.

서문

서울대학교 재직 28년 동안 여러 차례 서문을 써 보았지만 이번처럼 당황스러운 경우는 없었습니다. 전혀 기대하지 않았던 일이었습니다. 평소 민폐를 끼치는 일이라고 생각해 왔던 정년기념 책에 서문을 써 달라고 하니 말입니다.

나이듦은 누구에게나 자연스러운 일이고 그 나이듦을 당연히 받아들여야 하는 것이라고 생각해 왔습니다. 시작이 있으면 의당 끝이 있습니다. 내 직장 생활 끝마무리를 하면서 제자들에게 짐이 되어서야 되겠는가 싶었는데, 의도하지 않게 제자들에게 짐을 지워 마음이 편하지 않습니다.

서울대학교에 부임해 와 정년을 맞는 동안 무엇을 했는지 곰곰이 생각해 보았으나 미흡감을 금할 수 없습니다. 뭔지 바쁘게 살아온 것 같은데 허송세월을 하지 않았나 하는 생각이 들기도 합니다.

그럼에도 불구하고 이곳에서의 교수 생활은 내 삶에 기쁨과 보람을 주었습니다. 총명하고 착한 젊은 인재들과 가까이 생활하고 격의 없는 대화를 나누면서 그 후학들에게서 풋풋이 생기가 오르는 봄날 나무들처럼 삶의 온기와 활력을 느끼곤 했습니다.

지도교수로서 학위논문을 쓰도록 격려하던 나는 인재들과 한 배에서 학문의 항해를 한 것이라고 생각했습니다. 인재를 만나 가르치는 것이 인생 최고의 즐거움이라고 한 공자의 말씀이 생각납니다. 이 인재들이 연구자로서 제 길을 가도록 하는 것이 내 책임이라고 생각해 때로 엄한 질책을 했으나, 이도 한 배를 타고 함께 하고픈 애정이었다고 고백하고 싶습니다. 인재를 제대로 키워야 하는 책임을 스스로 엄하게 느꼈고 이를 수행하지 못하는 일은 국민의 세금으로 월급을 받는 사람으로서 제 임무를 다하지 못하는 것이라 생각했습니다.

재능을 타고난 사람은 스스로의 능력을 개발해 사회 발전에 기여해야 하는 운명을 가지고 태어났습니다. 자신의 재능을 개발하지 못하는 것은 일종의 죄에 가깝다고 여겼습니다. 또한 이들에게 제대로 방향을 제시하고 밀어 주는 일은 선배이자 지도교수로서 의무라고 생각했습니다. 지도교수는 이 인재들이 자신의 능력과 순수한 열의를 가지고 학문에 임하며, 스스로 자신을 존중하도록 항해의 키를 잡아야 한다고 믿었습니다. 옛사람의 글대로, 부모가 자식을 엄히 가르치지 않는 것이나 스승이 제자를 엄히 가르치지 않는 것은 자식이나 제자를 사랑하지 않기 때문이라고 여겼습니다.

나 역시 스승으로부터 엄한 지도를 받았고, 때로는 동료로부터 따끔한 충고를 들었습니다. 언제나 관악에는 스승이 있었습니다. 전공이 다른 대학이나 학과에도 스승이 있습니다. 지도교수이신 유안진 교수님과 서봉연 교수님은 나에게 진정 학문과 인생의 큰 스승이셨습니다.『한국의 명문종가』를 쓰면서는 인류학과 이광규 교수님과 국사학과 정옥자 교수님이 스승이셨고, 아동 언어를 공부하면서는 심리학과 조명한 교수님이 스승이셨습니다. 배움의 길에 이 분들이 계셔서 어둠을 비추어 주셨고 이 분들에게서 학문적 자극과 지식을 받아 작은 업적이라도 이룰 수 있었습니다. 스승님들께 항상 감사합니다.

이제 정착지마다 기다리던 후학들을 태우고 세계일주 크루즈를 다녀와 종착지에 도달했습니다. 종착점은 시발점이기도 합니다. 나무가 죽으면 땅속의 뿌리에서 새 가지가 솟아오르거나 새싹이 돋아 올라 생명이 이어집니다. 유한한 한 생명이 새 생명을 통해 이어지는 것이 자연의 섭리입니다. 학문의 생명도 후학들로 이어질 것이고 앞으로 한여름 나무처럼 더 풍성하게 발전하리라 믿습니다.

　끝으로, 나의 종착지 정착을 위해 이처럼 애써 준 제자들에게 사랑과 감사를 보냅니다. 각자의 전문 분야에 대한 아동학 박사들의 글을 모은 이 책이 많은 분께 도움이 된다면 더 없이 기쁠 것입니다.

2017년 8월 31일
소헌 이 순 형

차례

3부 변화하는 사회와 아동의 삶

1부
아동의 발달

01
인지 발달

남자아이가 여자아이보다 수학을 더 잘할까?

★ 김지현(명지대학교 아동학과 부교수)

예비교사들에게 영유아에게 어떻게 수학활동을 지도할지에 대해 강의를 하는 과정에서 필자가 만나는 가장 큰 과제는 '여성인 나는 수학을 잘 못하고 수학이 싫은데, 어떻게 내가 아이들에게 수학활동을 지도할 수 있나요?'라는 생각을 전환하는 일이다. 우리 사회에서 수학을 전공하는 직업은 남성이 여성에 비해 훨씬 많이 갖고 있고, 딸과 아들의 수학 교육에서 부모가 취하는 태도 또한 '역시 아들이라 수학을 좋아해.' '딸이니까 수학은 못해도 괜찮아.'와 같이 상반된다. 그렇다면 정말 남자아이가 여자아이보다 수학을 더 잘하는 것일까? 만약 더 잘한다면 남녀의 차이는 타고 나는 것일까 아니면 후천적으로 발생하는 것일까? 후천적으로 남녀의 차이가 나타난다면 발달단계상 언제부터 나타나는 것일까? 이 글은 수학적 능력에 성차가 과연 존재하는지, 존재한다면 어떤 요인 때문인지에 대한 궁금증을 해소하기 위한 여정이다.

남자아이가 여자아이보다 수학을 잘한다는 증거는 많다

국제 교육성취도 평가 협회(International Association for the Evaluation of Educational Achievement: IEA)는 2016년 11월에 수학·과학 성취도 추이 변화 국제 비교연구 2015(TIMSS 2015) 결과를 공식 발표했다(업코리아, 2016. 11. 30.). 우리나라 초등학교 4학년생은 참여국 중 수학 성취도는 3위, 중학교 2학년생은 2위로 상위 수준을 나타내었다. 그런데 이 중 초등학교 4학년생의 수학 성취도의 경우 남자아이가 여자아이보다 7점의 점수 차이로 높았고, 이는 통계적으로 유의한 차이였다. 청소년의 수학 성취에 대한 국제연구 결과에서도 13세 아동에게서 문장제 수학 문제해결 및 기하 영역에서 성차가 크게 나타났다(Steinkamp, Harnish, Walberg, & Tsai, 1985). 미국의 초등학교 6학년 남학생은 산술 문장제 문제를 풀 때 여학생에 비해 더 적은 오류를 범하였는데(Marshall & Smith, 1987), 이는 여학생이 남학생에 비해 산술 문장제 문제를 적합한 식으로 옮기는 것을 어려워하기 때문이다. 측정과 추정, 기하학적 도형의 시각화 등의 문제에서는 초등학교 1학년 때부터 중국, 타이완, 일본, 미국의 아이들에게서 성차가 발견되고 있다(Geary, 1995).

그 결과 미국 남자학생은 청소년기에 자신의 수학적 능력에 대해 같은 또래의 여학생보다 더 많은 자신감을 가지고 있고(Eccles, Adler, & Meece, 1984), 남자 초등학생도 여자 초등학생보다 수학에 대한 본인의 역량을 더 긍정적으로 평가한다(Eccles, Wigfield, Harold, & Blumenfeld, 1993). 수학에 대한 자신의 역량을 높이 평가하는 아동은 반대의 상황에 놓인 아동에 비해 수학이 필요한 진로를 선택하고자 하며, 미국 고등학교 교과과정에서 수학에 관련된 더 어려운 교과를 선택하게 될 가능성이 있다(Chipman, Krantz, & Silver, 1992).

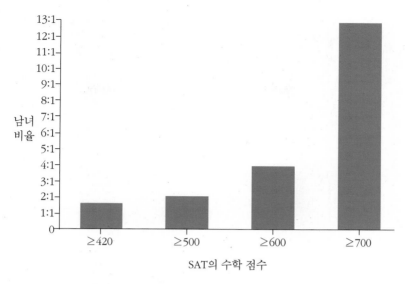

미국 청소년의 SAT 점수 범위에서 나타나는 남녀 비율

출처: 신현기 외 역(2012). p. 274.

성차는 영재집단에서 더 분명하게 관찰된다. 영재집단의 남성은 72%가 대학에서 수학이나 과학을 전공한 반면 여성은 40%가 수학이나 과학을 전공하였다(McGuinness, 1993). 미국 대학입학자격시험인 (SAT)의 하위 점수에서 수학점수 수행의 여자아이 대 남자아이 비율은 1:1.5 정도로 크지 않지만, 700점 이상 고득점자 집단에서는 그 비율이 1:13까지 올라가고, 만점자 중 96%는 남학생인 것으로 나타났다 (Dorans & Livingston, 1987).

남자 아기가 여자 아기보다 수학을 잘하도록 태어났을까?

남자 아기들은 태어날 때부터 여자 아기들보다 수학을 잘할 수 있는 능력을 갖추었을까? 인간은 태어날 때부터 양에 대한 민감성을 가

인형 한 개를 놓는다.　　스크린 뒤로 인형 한 개를 더　　몰래 인형 한 개를 빼낸다.
　　　　　　　　　　　　　　놓는다.

스크린을 내려 인형 한 개만　　아기가 놀란 표정으로 오래
놓인 상황을 보여준다.　　　　　　쳐다본다.

Wynn(1992)의 실험은 태어난 지 몇 개월 되지 않은 영아가
적은 수량을 선천적으로 인식할 수 있음을 보여 주었다.

출처: 〈EBS 아기성장보고서〉 '2부 아기는 과학자로 태어난다' 중

지고 태어난다. 6~9개월 영아는 2~4개 정도의 적은 양의 물체에 대
한 양적 차이를 구분할 수 있다. 그러나 이 시기 영아들의 양적 차이
에 대한 인식에서는 남녀의 차이가 발견되지 않았다(Strauss & Curtis,
1981). 수학적 능력의 내용을 담고 있는 한국형 Bayley 영유아 발달검
사에서 만 3세 이하 영아에게서 성별에 따른 인지 점수 차이는 나타나
지 않았으며(오수경, 방희정, 이순행, 2014), 18, 21, 24개월의 여아는 오
히려 남아보다 수행 점수가 통계적으로 유의하게 높게 나타나기도 하
였다(조복희, 박혜원, 2004).

　학령기 이전 유아와 초등학교 저학년 시기의 아동에게서는 성차가
발견될까? 만 5세 유아와 초등학교 1, 3학년 아동을 대상으로 수학적
기술에서의 차이를 종단적으로 연구한 결과, 성별은 개인마다 상이

한 시작점(만 5세 시기의 수학적 기술 점수)을 예측하지 못했다(Byrnes & Basik, 2009). 핀란드 아동을 대상으로 이루어진 연구에서 만 6세 시기의 수세기 능력과 만 7세 시기의 연산 기술에 대해 성별은 아무런 영향을 미치지 않았다(Aunio & Niemivirta, 2010). 우리나라의 만 4, 5세 유아들을 대상으로 일상생활에서 사용되는 숫자에 대한 유아의 이해도와 수학 성취력에 대해 연구한 결과에서도 성별은 의미 있는 예측 변인이 되지 못했다(김숙령, 전신애, 2004).

수학적 능력에서의 남녀의 차이는 발달단계상 언제부터 나타나기 시작하는 것일까? Geary(1995)에 따르면, 수학적 문제해결에서의 성차는 청소년기가 되어야 분명하게 드러난다. Smith(2013) 또한 중학교 2학년 때까지는 남자와 여자는 비슷한 수학 점수를 보인다고 하였다.

왜 남자아이가 여자아이보다 수학을 더 잘한다는 결과가 존재할까?

그렇다면 앞서 이야기한, 13세 아동에게서 문장제 수학 문제해결 및 기하 영역에서 성차가 크게 나타났다는 결과 그리고 측정과 추정, 기하학적 도형의 시각화 등의 문제에서 초등학교 1학년 때부터 중국, 타이완, 일본, 미국의 아이들에게서 성차가 발견되었다는 결과는 왜 존재하는 것일까? 여기에는 중요한 공통점이 있다. 시각적 · 공간적 기술이 요구되는 기하나 측정 등의 수학 영역에서는 남자아이가 여자아이보다 우수하다는 점이다. 초등학교 여학생은 관계를 비교해야 하는 핵심어가 포함되어 있는 문장제 문제를 해결하는 것을 특히 어려워하는데(Marshall & Smith, 1987), 이 관계를 그림으로 나타내 주면 오류가 줄어든다. 이는 산술 문장제 문제를 해결하는 기술이 공간 기술과 관계가 있음을 보여 준다. 문장제 문제를 풀 때 남자아이가 공간적으로 문제에 접근하는 성향이 높고 도표를 제공하면 남자 대학생은 도움을 받지 않는 반면, 여자 대학생은 대수 문장제 문제해결이 촉진되었다는 결과(Johnson, 1984)도 같은 이야기이다.

반면에, 초등학교 3~6학년 여자아이는 남자아이보다 연산 영역에서 더 우수한 점수를 보여 주었으며, 남자아이는 복잡한 연산문제에서 자주 실수하였다(Marshall & Smith, 1987). 다른 연구(Lummis & Stevenson, 1990)에서는 간단한 산술 방정식 풀기 기술에서 미국, 타이완, 일본의 초등학교 1학년 및 5학년생에게서 성차가 발견되지 않았다. 이는 기하 및 문장제 문제와 같은 수학의 영역에서만 성차가 발견될 뿐 대수나 연산과 같은 부분에서는 성차가 나타나지 않음을 말해준다. 따라서 남자아이가 여자아이보다 수학을 더 잘한다는 결과는 수학의 특정 영역에 국한되어 있는 것으로 판단된다.

남자아이가 기하나 측정과 같은 영역에서 여자아이보다 우위를 보이는 것은 시공간 기술에 관한 인지 양식이 남자아이와 여자아이가 다르다는 사실에서 비롯된다. 즉, 남자아이가 여자아이보다 선천적으로 수학적 능력이 뛰어난 것이 아니라 심상을 3차원적으로 회전하는 것과 같은 시공간 기술을 다루는 인지양식에서 강점을 가지어 2차적으로 수학적 문제해결의 우위를 가져온 것으로 판단된다. 남자 대학생은 여자 대학생보다 물체들의 상대적 거리나 움직이는 물체의 상대적 속도를 더 잘 판단하였고(Law, Pellegrino, & Hunt, 1993), 초등학교 시기에도 공간 과제에서의 성차는 발견된다(Lummis & Stevenson, 1990). 남자아이는 4세부터도 수학적 문제해결을 하는 상황에서 여자아이보다 공간에 관련된 전략을 훨씬 더 많이 사용하고, 역동적인 3차원 표현도 훨씬 더 빈번하고 자발적으로 사용하였다(McGuinness, 1993). 시공간 기술에서의 남성의 우위는 공간 인지를 담당하는 신경기질을 발달시키는 데 기여하는 성 호르몬의 영향과 그로 인해 공간 기술 발달을 촉진하는 입체적 구성놀이와 같은 공간 관련 경험에 더 참여하게 되어 가능했다(Geary, 1995).

입체적 구성놀이에 적극적으로 참여하고 있는 남아

입체적 구성놀이에 대한 남자아이의 선호는 생물학적인 영향을 2차적으로 받았지만, 심리사회적 요인도 이에 영향을 미칠 수 있다. 심리사회적 요인은 주로 수학 관련 활동에 대한 참여 수준에 크게 영향을 미치는 것으로 보인다. 먼저 생각해 볼 수 있는 것은 남자아이가 여자아이보다 수학에 대한 유용성과 수학에 대한 자신의 역량을 더 긍정적으로 인식한다는 점이다. 빠르면 초등학교 1학년 시기부터 수학의 유용성과 수학에 대한 자신의 역량을 아동이 인식하기 시작하는데, 초등학교 1, 2, 4학년 아동들에게는 성차가 나타나지 않았지만 고등학교 시기에는 남자아이는 영어보다는 수학을, 여자아이는 수학보다 영어를 훨씬 가치 있게 판단하기 시작한다(Eccles et al., 1993). 그 결과 수학적 능력이 비슷한 여자아이와 남자아이 중 남자아이가 수학이 필요한 직업을 가질 가능성이 훨씬 높아지게 된다(Chipman & Thomas, 1985). 여자아이가 수학이 필요한 진로에 남자아이에 비해 상대적으로 덜 지향하는 것은 여자아이가 남자아이보다 사회적 관계를 더 지향하는 성향이 있기 때문이다(McGuinness, 1993). 남자아이는 인간보다 물체를 선호하는 성향을 더 보이고, 이것이 결과적으로 수학과 관련된 진로를 선택하게끔 한다는 것이다. 수학에 대한 자신의 역량을 지각하는 부분에서도, 여자 초등학생이 수학적 능력이 높음에도 불구하고 남자 초등학생보다 자신의 수학적 역량에 대해 긍정적으로 여기는 경향이 낮다(Eccles et al., 1993).

가정에서 부모가 제공하는 양육환경과 기관에서 제공하는 교실환경도 심리사회적으로 수학적 능력에서의 성차에 기여할 수 있다. 남자아이와 여자아이가 수학과 과학에 대한 흥미를 어떻게 발달시키는지에 대한 Jacobs와 Bleeker(2004)의 연구에서, 어머니들은 수학과 과학과 관련된 장난감을 딸보다 아들에게 더 사주는 경우가 많다는 점이 밝혀졌다. 수학과 과학과 관련된 장난감을 많이 접하는 남자아이들은 수학과 과학에 더욱 친근해지게 되고, 그 결과 수학적 능력이 더 발달되는 것이다. 그리고 아이들이 몸담고 있는 교실환경도 영향을 미칠 수 있다. 초등학교 2학년 교실에서 교사는 여학생과는 읽기 수업에서, 남학생과는 수학 수업에서 개별 지도 시간을 더 많이 가진다는 결과도 있지만, 그것보다는 수학 수업이 여학생의 수학 성취에 긍정적인 영향을 미치는 협동적 활동보다 남학생의 수학 성취에 긍정적인 영향을 미치는 경쟁적 활동을 통해 주로 진행되기 때문일 수 있다(Peterson & Fennema, 1985).

여자아이가 수학을 잘하도록 어떻게 도울 수 있을까?

수학 내 특정 영역에서만 성차를 관찰할 수 있지만, 시공간 기술을 활용하는 수학 과제를 포함하여 여자아이가 수학을 잘하고 좋아하게 할 수는 없는 것일까? 다행히 몇 가지 희망적인 연구결과들이 있다. 중학교 3학년 때의 여자아이의 공간능력이 그 여학생이 수학에 대해 가지는 태도보다도 고등학교 3학년 때 수학과목을 선택하는 경우를 더 크게 예측했다는 점(Fennema & Tartre, 1985)과 여자아이에게 수학적 문제해결에 있어 공간과 관련된 전략을 가르치면 문장제 문제해

20
01 인지 발달

결 수행을 향상시킬 수 있다는 점(Tartre, 1990)이다. 이는 공간적 능력이 뛰어난 여자아이거나 공간적 전략을 활용하도록 도움을 받은 여자아이의 경우는 자신의 수학적 문제해결 역량을 긍정적으로 인식할 수 있거나 수학과 관련된 직업을 가질 수 있다는 뜻이다.

또한 가정에서 부모가 성별에 상관없이 여자아이에게도 수학적 능력 향상을 강화시킬 수 있는 물리적 · 심리적 환경을 조성하는 것도 하나의 방법이 될 수 있다. 아시아권 아동과 미국 아동의 수학적 능력의 차이를 문화적 차이로 조명하는 연구(Stevenson, Chen, & Lee, 1993)에 따르면, 아시아권 아동의 수학적 성취 수준이 높은 것은 인종의 차이로 비롯된 것이 아니라 지속적으로 노력하면 수학적 성취 수준을 높일 수 있다는 신념을 가지고 자녀를 적극적으로 지원하는 아시아권 부모 덕분임을 알 수 있다. 따라서 유아기부터 부모가 자녀의 성별에 상관없이 수학과 관련된 장난감을 많이 제공하고 수학적 활동에 많이 참여시키면서 수학적 성취를 적극적으로 지원한다면 인지양식에서의 남자아이의 공간 전략 처리의 우세함, 남자아이가 수학을 선호하고

수학적 활동에 많이 참여하게 되는 심리사회적 영향을 상쇄할 수 있는 도움을 줄 수 있을 것이다. 실제로 우리나라 초등학교 4학년생들에게 나타났던 남자아이의 우세함은 다른 결과에서는 찾아볼 수 없다. 중학교 2학년생들의 수학성취도 점수 간에는 통계적으로 유의한 차이가 없고(업코리아, 2016. 11. 30.), 고등학교 1학년생을 대상으로 한 국제학업성취도(PISA) 점수에서는 여

공간 능력과 관련된 장난감을 가지고 아버지와 상호작용하고 있는 여아

학생의 점수가 오히려 남학생의 점수보다 7점이나 높게 나타났다는 최근의 결과(이데일리, 2016. 12. 6.)에서도 엿볼 수 있겠다.

아동은 관계적 개념을 어떻게 배울까?

★ 박유정(부산대학교 아동가족학과 조교수)

환경 속에서 아이들은 매일 수많은 정보를 접하며 이러한 정보를 바탕으로 개념을 형성하고 발달시킨다. 아이들이 형성하는 개념에는 컵, 의자, 고양이 등과 같은 사물(objects)에 대한 개념뿐만 아니라, 물이 컵 안에 담겨 있는 공간적 관계, 악어와 악어새 간의 서로 돕는 관계, '크다-작다'와 같은 반대말 관계 등의 사물과 사물 간, 용어와 용어 간 '관계(relation)'에 대한 개념도 있다. 이 절에서는 아이들이 이러한 관계적 개념을 습득하는 과정에 대한 최근 연구결과를 소개한다.

관계적 범주란?

관계적 범주(relational categories)란 핵심적인 관계적 구조(core relational structure)에 따라 결정되는 범주를 말한다. 예를 들어, '포함관계(containment relation)'라는 관계적 범주는 하나의 사물이 다른 사물의 안에 들어 있는 관계적 구조에 의해 결정되며, 이러한 관계적 구조를 가지고 있는 수많은 사례가 이 범주에 속한다. 예컨대, 상자 안에 든 초콜릿, 바구니 안의 고양이, 자동차 안에 있는 사람 등은 모두 포함관계의 구성원이다.

관계적 범주는 사물 범주(object categories) 또는 실재 범주(entity

categories)에 비해 범주 구성원끼리 공유하는 내적 속성이 적다 (Gentner & Kurtz, 2005). 앞의 예를 생각해 볼 때, 상자 안의 초콜릿과 바구니 안의 고양이는 서로 공통점이 적다. 초콜릿은 음식이고 스스로 움직이지 못하는 반면에, 고양이는 동물이고 스스로 움직인다. 초콜릿과 고양이는 재질도 다르고 겉모습도 다르다. 한편, 상자는 종이로 되어 있고 네모난 모양인 데 비해, 바구니는 마른 나무로 짜여 있고 둥근 모양이다. 그러나 이 두 사례는 한 사물이 다른 사물을 안에 담고 있다는 핵심적인 관계적 구조를 공유하기 때문에 둘 다 '포함관계'(안에 들어 있다)라는 동일한 관계적 범주에 속한다. 반면에, '나무'라는 사물 범주를 생각해 보면, 나무 범주의 구성원끼리는 뿌리, 가지, 잎이 있고 잎은 대개 초록색이며, 햇빛과 수분, 바람을 필요로 하는 등 내재적 속성을 풍부하게 공유한다. 이처럼 범주 구성원 간에 핵심적인 관계적 구조 외에는 유사점이 적은 특성 때문에, 관계적 범주는 조밀한 범주(dense category)보다는 듬성듬성 성긴 조직을 가진 범주(sparse category)로 분류된다(Gentner, 1981; Kloos & Sloutsky, 2004).

범주 구성원들이 공유하는 속성이 상대적으로 적다는 점은 관계적 범주의 습득을 어렵게 한다. 실제로 아이들은 사물 개념에 비해 관계적 개념을 습득하는 것을 더 어려워하는데, 한 연구에서 아이들은 성인이 규칙을 분명히 설명해 줄 때는 관계적 범주를 잘 습득했지만, 관찰을 통해 혼자서 범주를 습득해야 하는 상황에서는 사물 범주보다 관계적 범주를 잘 습득하지 못했다(Kloos & Sloutsky, 2004). 또한 아이들은 구체적 사물이나 동물의 범주를 가리키는 단어인 명사보다 관계를 가리키는 단어인 전치사, 동사를 배우는 데 더 오랜 시간이 걸린다 (Gentner, 1982; Gentner & Boroditsky, 2001). 마지막으로, 만 2.5세 아동들에게 새로운 명사와 동사 각각 3개씩을 가르친 연구에서 아이들은 평균 1.18개의 명사를 배워서 말할 수 있었던 반면, 동사의 경우는 평균 0.63개를 말할 수 있었다(Childers & Tomasello, 2002). 요컨대, 관계적 개념 및 단어의 습득은 어린 아동들에게 결코 쉬운 과제가 아니다.

그러나 이같은 어려움에도 불구하고 대부분의 아이들이 이를 극복하고 관계적 범주를 습득한다. 만 2세경이 되면 적절한 상황에서 '똑같네' '달라' '안에' 등의 관계적 용어를 사용하기 시작하고, 관계적 구조를 새로운 상황에 적용한다. 예컨대, 어머니가 책꽂이에 책을 꽂으며 "책을 꽂자."라는 말을 들은 아이는 나중에 CD를 꽂는 상황에서도 "꽂아." 하고 사물과 사물 간의 공간관계를 일반화한다. 겉으로 보기에는 매우 다른 두 사례가 동일한 관계적 범주에 속한다는 것을 아는 것이다. 그렇다면 어떻게 이것이 가능할까?

비교와 추상화

많은 연구자는 그 답이 비교(comparison)와 추상화(abstraction)에 있다고 본다. 아이에게 여러 사례가 주어지면 아이는 자연스럽게 비교를 수행한다. 아이가 하나의 사례를 다른 사례와 비교할 때에는 두 사례의 구조를 대응시키는 과정(structural mapping)이 일어난다. 또한 사례 간에 구조를 대응시키는 과정에서 사례를 이루고 있는 요소들을 대응시키고, 각각의 요소들의 속성들(predicates)로 대응시킨다 (Gentner, 1983; Gentner & Markman, 1997). 아이들은 이러한 과정에서 사례 간의 공통적인 관계적 구조를 발견한다(Gentner, 1983, 2010; Gentner & Markman, 1997). 이처럼 사례의 비교를 통해 공통의 관계적 구조를 추출하는 과정을 추상화라고 한다. 즉, 추상화란 범주와 무관한 속성(범주 구성원마다 각기 다른 속성)들은 제외(또는 생략)하고 범주와 관련이 있는 속성(범주 구성원 간에 공유되는 속성)을 추출하는 과정이다(Son, Smith, & Goldstone, 2008). 예컨대, 바구니 안의 고양이, 컵

포함관계의 구체적 사례−
아동은 사례 비교를 통해 공통의 관계적 구조를 추출해 낸다.

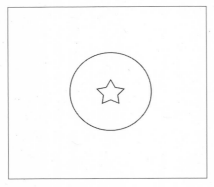

포함관계의 추상화된 표상의 예

안의 빨대와 같은 구체적 사례들은 포함관계로 추상화될 수 있다. 이처럼 관계적 구조의 추상화가 이루어지면 아동은 그 개념을 다양한 상황에 적용할 수 있게 된다.

　유아기 아동은 한 사례에서 다른 사례로 관계적 구조를 일반화하는 유추(analogy) 능력을 보인다. 그러나 한 사례에서 다른 사례로 관계적 구조를 바로 일반화하는 것은 영아들에게 쉽지 않은 것으로 보인다. 영아가 하나의 사례만을 보고 관계적 구조를 일반화할 수 있다는 연구결과는 극히 드물며, 가장 단순한 관계적 개념 중 하나인 '같다−다르다'의 일반화를 조사한 연구에서조차 생후 7개월과 9개월 영아는 하나의 사례로부터 다른 사례로 이러한 관계를 일반화하지 못하는 것으로 나타났다(Ferry, Hespos, & Gentner, 2015).

　그러나 다수의 사례가 주어지면 영아도 그로부터 관계적 구조를 일반화할 수 있다. 생후 7개월과 9개월의 영아는 4개의 사례가 주어졌을 때 '같다-다르다' 관계를 새로운 사례에 일반화하는 데에 성공했다(Ferry, Hespos, & Gentner, 2015). 또한 생후 6개월 영아도 다양한 그릇과 용기에 장난감 및 사물이 들어있는 네 가지 사례를 반복해서 본 다음에 포함관계를 새로운 사례에 일반화할 수 있었다(Cassola, Cohen, & Chiarello, 2003). 즉, 영아는 다수의 사례를 접할 경우에 사례 간의 비교를 통해 공통적인 관계적 구조를 추출해 내고 범주적인 표상(categorical representation)을 형성할 수 있다.

사례의 개수

　그렇다면 얼마나 많은 사례를 제공하는 것이 좋은가? 이에 대해서는 상이한 연구결과가 보고되었다. 우선, 사례의 가짓수를 늘리는 것이 더 다양한 사례의 비교를 가능케 함으로써 범주와 관련된 속성이 더 뚜렷하게 나타나도록 하고, 그 결과로 추상화와 관계적 개념의 일반화가 촉진된다는 연구결과가 있다. 그러한 연구결과들은 시각적 패턴의 지각, 문법 구조 패턴의 일반화에서 주로 나타났다(예: Bomba & Siqueland, 1983; Gomez, 2002). 그러나 한편으로는, 상이한 요소로 이루어진 다양한 사례를 많이 제공하는 것이 오히려 영아의 관계적 범주 형성 및 일반화를 방해한다는 연구결과도 발표되었다. 예를 들어, 연구자들은 영아들을 서로 다른 여섯 쌍의 물체가 지지관계(support relation)에 놓이는 모습에 습관화시키거나 혹은 서로 다른 두 쌍의 물체가 지지관계에 놓이는 모습에 습관화시킨 후 지지관계를 일반화하는 능력을 검사했다. 그 결과, 생후 14개월 영아는 두 쌍의 물체에 습관화된 경우에 지지관계를 일반화한 반면, 여섯 쌍의 물체에 습관화된 경우에는 지지관계를 일반화하지 못하거나(Casasola, 2005a), 일반화 경향이 약하게 나타났다(Casasola & Park, 2013). 또한 만 2.5~3세 아동은 특정 동작을 지칭하는 새로운 동사를 배울 때 네 사람이 동작을 수행하는 것을 본 경우보다 한 사람이 동작을 수행하는 것을 반복해서 본 경우에 일반화를 더 잘했다(Maguire, Hirsh-Pasek, Golinkoff, & Brandone, 2008). 이처럼 영아와 어린 유아를 대상으로 한 연구에서 다양한 사례 제시의 부정적 효과가 나타나는 이유는 아직 명확하지 않다. 한 가지 가능성은 범주와 관련된 속성이 다른 속성에 비해 지각되기 어려운 경우(눈에 보이지 않는 속성이거나 다른 속성에 의해 쉽게 가려질 만한 속성 등), 다양한 사물의 제시는 아이가 사물 자체에 더 관심을 갖게 함으로써 관계적 정보에 주의(attention)를 기울이는 것을 오히려 더 어렵게 할 가능성이다. 이러한 가능성은 앞으로 실증연구를 통해 검증되어야 하며, 현재로서는 범주 관련 속성이 쉽게 눈에 띄지 않는 것이라면 한 번에 많은 다양한 사례를 보여 주기보다 적은 수의 사례를 제시해 주는 것이 관계적 범주 형성 및 일반화에 더 도움이 되는 것으로 보인다(Casasola & Park, 2013).

　그런데 이 문제를 보다 복잡하게 만드는 것이 있다. 바로, 아동이 어떠한 속성을 얼마나 쉽게 인지하느냐는 발달에 따라 변한다는 점이다. 따라서 사례의 개수가 관계적 범주의 일반화에 미치는 영향 또한 아동의 발달수준에 따라 달라질 수 있다. 실제로, Casasola와 Park(2013)은 10개월 영아들에게 한 사물을 다른 사물 위에 놓는 지지 사건을 반복해서 보여 주고 지지 관계의 일반화를 검사한 결과, 여섯 쌍의 물체에 습관화된 경우에는 지지관계를 일반화하는 데 성공한 반면, 두 쌍의 물체에 습관화된 경우에는 지지관계를 일반화하지 못한다는 것을 발견했다. 결국 지금까지의 연구결과들을 종합해 보면, 영아의 관계적 개념 일반화는 최소한 두 개의 사례를 비교할 수 있는 기회가 주어졌을 때 일어나며, 발달 특성에 따른 정보 처리 특성(어떤 정보에 특별히 더 주의를 기울이는지)을 고려하여 적절한 수의 사례를 제공했을 때 일어난다는 것을 알 수 있다. 아이가 좀처럼 주의를 기울이지 못하는 특성이 범주와 관련된 중요 속성일 경우에는 한 번에 상대적으로 적은 수의 사례를 제공하는 것이 더 도움이 된다.

사례의 특성

그렇다면 어떠한 사례를 제시할 것인가? 사례들은 여러 차원의 특성을 지닌다. 예컨대, 어린아이에게 '크다-작다'의 개념을 가르치기 위해 코끼리와 생쥐 그림을 보여 준다고 하면, 우리는 시각적으로 매우 상세한 그림을 제시할 수도 있고, 반대로 매우 단순화된 그림을 제시할 수도 있다(시각적 단순성 및 복잡성). 한편, 코끼리와 생쥐 같은 구체적 사물 대신에, 큰 원과 작은 원과 같은 도형이 그려진 그림을 사용할 수도 있다(사물의 추상성 및 구체성). 뿐만 아니라, 2차원의 그림 대신에 커다란 공과 작은 공처럼 아이가 직접 만져 보고 탐색할 수 있는 3차원의 물체를 제시할 수도 있고, 비슷한 사물 또는 서로 비슷하지 않은 사물을 제시할 수도 있다. 이처럼 사례가 갖는 다양한 차원의 특성 중에서 여기에서는 사례의 유사성과 지각적 복잡성 및 추상성이 어린아이의 관계적 개념 형성에 미치는 영향을 살펴보고자 한다.

유사성

누구나 쉽게 예상할 수 있는 것처럼, 어린아이는 이전에 경험한 사례와 유사한 사례에 관계적 구조를 더 쉽게 일반화한다. 다시 말해,

아동은 관계적 개념을 어떻게 배울까?

사례 간의 유사성이 높을수록 비교가 용이하고 공통된 관계적 구조를 인식하는 것이 쉽다. 예를 들어, 상자 안의 초콜릿은 개집 안의 개보다 바구니 안의 사탕에 더 쉽게 일반화된다. 앞서 살펴본 구조 대응 이론에서 사례의 구조를 대응시키는 과정은 사례를 이루고 있는 요소들을 대응시키는 과정을 포함한다고 하였는데, 대응되는 요소끼리의 유사성은 이러한 대응을 더 빨리 일어나도록 촉진하는 것 같다(Gentner & Toupin, 1986).

개념을 학습하는 목적은 이미 경험한 것을 앞으로 새로 맞닥뜨리는 사례에 일반화하는 것이다. 그리고 이러한 일반화를 위해서는 추상화가 필요하다. 개념이 점점 더 추상적으로 변해 가는 것은 인지 발달의 중요한 측면이다. 예를 들어, '대칭'이라는 관계적 개념은 크기, 밝기, 사물의 종류 등 어느 한 차원에 국한되지 않고 차원을 초월하여 적용되기 때문에 '크다-작다-크다' '밝다-어둡다-밝다' '개구리-튤립-개구리' 등 여러 사례로 나타낼 수 있다. 그러나 어린아이일수록 대칭 개념을 차원을 초월하여 인식하기 어려워한다. 즉, 동일한 차원 내에서는 대칭적인 관계적 구조를 인식할 수 있지만 차원을 초월해서 인식하지는 못한다. 연구결과에 따르면, 이런 경우 점진적 비교(progressive alignment)가 아이들로 하여금 이러한 한계를 극복할 수 있게 도움을 준다. 즉, 동일한 관계적 범주에 속하는 여러 사례 중에서 유사성이 높은 사례 또는 동일한 차원 내의 사례부터 먼저 제시하고 점차 유사성이 낮은 사례나 차원을 초월하는 사례를 비교할 기회를 제공하는 것이 좋다. 유사성이 높은 사례에서 공통된 관계적 구조를 알아차리는 경험을 집중적으로 하면 그 관계적 구조가 아이들에게 매우 현저해진다. 그 결과, 유사성이 낮거나 차원을 뛰어넘는 사례 간의 비교에서도 공통의 관계적 구조를 알아차릴 수 있게 된다.

시각적 복잡성

영아용 교재·교구, 장난감은 시각적 복잡성 측면에서 다양하다. 어떤 것은 단색의 단순한 모습인 반면, 어떤 것은 알록달록한 색과 무늬 등 장식이 많다. 영아의 관계적 개념 형성을 돕고자 설계된 쌓기 장난감, 수 장난감 등 역시 시각적 특성이 다양하다. 하지만 영아의 관계적 개념 형성에 사물의 시각적 복잡성이 미치는 영향을 살펴본 연구는 아직 많지 않다. 시각적으로 단순화된 물체가 사물 범주의 일반화를 촉진한다는 연구결과를 바탕으로(Son, Smith, & Goldstone, 2008), Park과 Casasola(2015)는 생후 8개월과 14개월 영아들을 대상으로 지지관계를 범주화하는 능력이 사물의 시각적 복잡성에 의해 영향을 받는지 살펴보았다. 즉, 각 연령의 영아들을 두 집단으로 나누어 한 집단은 깃털, 단추, 무늬 등으로 장식된 네 가지 물체 쌍이 지지관계에 놓이는 영상에 습관화시키고, 다른 집단은 아무런 무늬나 장식이 없는 네 가지 물체 쌍이 지지관계에 놓이는 영상에 습관화시켰다. 습관화 후 영아에게 새로운 물체 쌍이 지지관계에 놓이는 영상과 포함관계에 놓이는 영상을 보여 주고 응시 시간을 비교하였다. 그 결과, 장식이 있는 물체 쌍에 습관화된 영아들은 새로운 물체 쌍이 지지관계에 놓일 때보다 포함관계에 놓일 때 더 오래 응시하였고, 밋밋하고 단순한 물체 쌍에 습관화된 영아들은 그렇지 않았다. 즉, 장식이 있는 물체 쌍을 본 영아들만이 지지관계의 일반화에 성공하였다.

장식 유무에 따라 관계 개념 형성이 달라진다

이러한 연구결과는 8~14개월의 영아에게 관계적 범주의 사례를 제시할 때 시각적으로 다소 복잡한 사물을 사용하는 것이 관계적 범주 형성에 도움이 될 수 있음을 시사한다. 그러나 왜 시각적으로 복잡한 사물이 단순한 사물에 비해 이점을 가지는지는 아직 분명하지 않다. 어쩌면 장식이 있는 사물이 영아로 하여금 더 흥미를 갖고 영상을 관찰하도록 했을 수 있다. 또는 장식이 있는 사물이 그렇지 않은 사물보다 지지관계와 포함관계의 차이를 더 분명하게 드러내 주기 때문일 수 있다. 즉, 작은 물체를 큰 물체 안에 넣었을 때 장식이 있는 물체의 경우에는 작은 물체의 아래쪽에 있는 시각적 특성(예: 흰 줄무늬)이 가려져서 보이지 않게 된다. 반면, 장식이 없는 물체의 경우에는 보이는 부분의 높이가 달라질 뿐이다. 따라서 관계의 변화를 더 뚜렷이 보여 주는 물체가 영아의 공간관계 구분에 도움을 주었을 수 있다. 한편, 시각적 복잡성의 효과는 14개월 영아보다 8개월 영아에서 더 분명하게 나타났다. 이는 어린 영아일수록 과제에 대한 흥미와 공간관계 변화에 대한 시각적 단서를 제공하는 사물이 효과적일 가능성을 제기한다.

앞서 언급했듯이, 사물의 시각적 복잡성이 영아의 관계적 개념 형성에 미치는 영향에 대한 연구는 아직까지 거의 없다. 따라서 시각적 복잡성이 매우 높은 사물을 제시할 경우 영아의 반응이 어떠할지는 아직 분명하지 않다. 지나치게 복잡하게 장식된 사물은 오히려 관계적 개념 학습을 방해할 가능성도 있다. 또한 시각적으로 복잡한 물체가 영아가 이미 알고 있는 친숙한 사물(예: 동물, 자동차 등)일 때에도 동일한 이점이 있을지 아직 명확하지 않다. 물체에 대한 사전 경험은 물체 자체에 대한 주의를 증가시켜서 관계적 범주 형성을 방해한다는 연구결과가 있다(Ferry, Hespos, & Gentner, 2015).

구체성 대 추상성

앞서 언급했듯이, 영아기와 달리 유아기 아동은 단 하나의 사례에서 다른 사례로의 관계적 일반화가 가능하다. 하지만 유아의 관계적 일반화도 아직 안정적으로 일어나는 것은 아니어서, 어떤 사례를 제공하느냐에 따라서 관계적 개념의 일반화가 쉽게 일어나기도 하고 그렇지 않기도 하다. 특히, 유아기 관계적 개념의 일반화에 영향을 주는 요인으로 여러 연구자는 사례의 구체성(concreteness) 또는 추상성(abstractness)을 조사해 왔다. 여기에서 구체적 사례란 개, 상자 등 실물(real objects)을 닮은 물체로 구성된 사례를 말하고, 추상적 사례란 점, 선, 도형 등 추상물로 구성된 사례를 말한다. 예컨대, 포함관계를 나타내기 위한 구체적 사례는 바구니 안의 고양이가 그 예이고, 동그라미 속의 점 하나는 추상적 사례의 예라고 할 수 있다. 이처럼 추상적 사례와 구체적 사례를 대비시켜 둘 중 어떤 종류의 사례가 일상생활의 예(즉, 구체적 사례)에 더 잘 일반화되는지를 살펴본 연구들은 대부분 구체적 사례보다는 추상적 사례가 새로운 구체적 사례에 잘 일반화됨을 보여 주었다. 여기에서는 최근 만 3~5세 우리나라 아동을 대상으로 수행된 연구결과를 중심으로, 이러한 추상성의 효과를 살펴본다.

Park과 Casasola(2017)는 만 3~5세 우리나라 유아들을 대상으로 한 사물이 다른 사물의 안에 들어있는 포함관계(in)와, 한 사물이 다른 사물을 떠받치고 있는 지지관계(on), 그리고 한 사물이 다른 사물을 떠받치고 있지 않으나 수직적으로 위에 있는 관계(above)를 일반화하는 능력을 조사했다. 유아들은 먼저 하나의 사례를 보고 나서, 그 후에 제시된 3개의 사례 중 어느 것이 먼저 제시된 사례와 '짝'인지를 선택해야 했다. 사례는 삼각형, 사각형 등의 도형을 사용해 공간관계를 제시한 추상적 사례이거나 또는 고양이, 컵, 빨대 등의 구체물을 사용해 공간관계를 제시한 구체적 사례였다. 연구결과, 만 4세 이상의 유아들은 추상적 사례에서 구체적 사례로 공간관계를 일반화하는 데 성공한 반면, 구체적 사례에서 추상적 사례로 공간관계를 일반화하는 데에는 어려움을 겪었다. 즉, 유아들의 관계적 개념을 촉진하기에는 추상적 사례를 모델로 먼저 제시하는 것이 더 효과적이었다.

한편, 만 4세 이상의 아이들은 추상적 사례로 제시된 관계적 정보를 또 다른 추상적 사례로도 능숙하게 일반화하였다. 이 능력은 특히 만 4~5세 사이에 급격히 향상되는 것으로 나타났다. 이에 비해, 구체적 사례에서 또 다른 구체적 사례로의 일반화는 만 4~5세에 거의 향상되지 않았다. 구체적 사물로 구성된 사례는 공간관계와 관련된 정보 이외에 다른 많은 정보를 유아에게 전달하기 때문에, 여러 정보 중에서 공간관계의 공통성을 찾는 것이 어려웠을 가능성이 있다.

흥미롭게도, 동일한 연구에서 만 4세 이상 아동에게서 나타나는 추상적 사례의 이점이 만 3세 유아에게서는 발견되지 않았다. 만 3세 유아는 추상적 사례(예: 동그라미 안의 점)로부터 공간관계를 인식하는 것 자체를 어려워하는 것으로 보인다.

요컨대, 지금까지의 연구결과를 종합해 보면, 유아가 하나의 사례에서 다른 사례로 관계적 개념을 일반화하는 능력은 구체적 사례보다는 추상적 사례를 모델로 제시하였을 경우에 더 잘 일어난다. 추상적 사례는 또 다른 추상적 사례나 구체적 사례에 쉽게 일반화되는 경향이 있다. 그리고 이러한 추상적 사례의 이점은 만 4세 이상의 아동에게서 분명하게 나타난다.

언어적 명칭

여러 학자는 아동이 범주 또는 개념을 형성할 때 언어가 중요한 역할을 한다고 본다. 우선, 언어는 아동을 사례(exemplar) 간 비교로 '초대'하는 역할을 한다. 아동의 사물 범주 형성에서 사례와 함께 제시된 명사는 그 단어로 지칭되는 사례 간의 공통점을 파악하고자 하는 비교를 촉진한다(Waxman & Markow, 1995). 아동은 어릴 때부터 단어가 어떤 식으로든 같은 것을 가리킨다는 것을 알기 때문이다(Waxman & Hall, 1993). 마찬가지로, 관계적 용어(relational words)는 그 단어로 지칭되는 사례들을 비교하게끔 한다. 즉, 두 상황에서 동일한 관계적 용어가 사용되는 것을 들은 아이는 두 상황을 비교하게 된다. 그리고 이러한 비교 과정이 관계적 범주를 구성하는 공통의 핵심적인 관계적 구조를 산출해 내게 한다. 당장 눈에 보이는 특성만으로는 유사성 및 공통점이 찾기 어려운 관계적 범주 구성원의 특성 때문에, 관계적 범주의 형성은 특히 언어, 즉 공통의 명칭에 의해 이끌어질 가능성이 높다고 할 수 있다.

언어가 관계적 개념 형성을 돕는 또 다른 방식이 있다. 그것은 일단 새로운 개념이 형성되고 나면 그 개념이 기억되기 쉽고 새로운 상황에 적용되기 쉽게 만드는 것이다. 사람들은 명칭이 부여된 사물 범주를 더 잘 일반화한다(Lupyan, Rakison, & McClelland, 2007). 마찬가지로, 관계적 용어를 알면 새로운 예를 마주쳤을 때 동일한 관계적 구조를 지닌 이전 사례를 떠올릴 수 있는 확률이 증가한다. 그 결과, 서로 다른 사례들을 같은 방법으로(단일한 표상으로) 처리할 가능성이 높아진다. 따라서 언어적 명칭은 이러한 표상적 단일성을 촉진함으로써 다양한 맥락에 걸쳐 나타나는 관계적 구조를 인식하도록 도와준다.

실제로, 연구결과들은 관계적 '용어'가 관계적 개념의 일반화를 촉

아동은 관계적 개념을 어떻게 배울까?

진한다는 것을 보여 준다. 예로, 만 4.5세 아동은 칼과 멜론의 관계를 종이와 가위의 관계에 일반화하는 과제에서 쉽게 성공하지 못하는데, 이들에게 "칼은 멜론에 대한 fep이야. 그러면 어떤 것이 종이에 대한 fep일까?"와 같이 연구자가 만들어 낸 공통의 관계적 용어를 사용해서 질문을 한 경우에는 과제를 성공적으로 수행했다(Gentner, Anggoro, & Klibanoff, 2011). 비록 아이가 모르는 낯선 단어이지만, 이 새로운 단어가 아이들로 하여금 두 상황을 비교하게 만들고, 하나가 다른 하나를 자르는 것(cutter)이라는 관계적 개념을 추출해 낼 수 있게 하며 그것을 새로운 사례에 적용할 수 있게 한 것이다.

공간관계의 영역에서도, 아동의 공간어휘 능력은 공간적 사고 능력과 밀접한 관련이 있다. 한 예로, Pruden, Levine 및 Huttenlocher (2011)는 생후 14~46개월의 아동이 가족과의 자연스러운 상호작용 중에 사용한 언어와 생후 54개월에 실시한 여러 가지 공간능력 테스트에서 아동의 수행점수 간의 관계를 분석했다. 그 결과, 14~46개월의 아동이 산출한 공간 어휘의 수가 54개월의 공간적 사고 능력을 예측한다는 점을 발견했다. 뿐만 아니라, 우리나라 만 3~5세 유아들을 대상으로 한 연구에서도, '위에' '아래' '안에' 등 사물의 위치를 나타내는 단어(위치어)를 많이 알고 있는 유아일수록 '위' '아래' '안' 등의 공간관계를 한 사례에서 다른 사례로 일반화하는 과제에서 높은 점수를 보였다(Park & Casasola, 2017).

관계적 언어를 듣고 습득하는 것이 아동의 관계적 개념 형성 및 관계적 사고 능력을 촉진한다는 것을 보여 주는 실험연구 결과도 있다. 미국의 18개월 영아들을 대상으로 지지 관계의 일반화를 조사한 연구에서, 습관화 동안 'on'이라는 단어를 들은 영아들은 지지관계의 범주적 표상을 형성하고 일반화에 성공한 반면, 습관화 동안 아무 단어도 듣지 않거나 일반적인 구절(예: "와, 이것 봐.")만을 들은 영아는 지지관계의 범주적 표상을 형성하지 못했다(Casasola, 2005b). 즉, 친숙한 공간어휘가 영아가 단어를 듣지 않은 상태에서는 형성하지 못하는 범주적 표상을 형성하게끔 도운 것이다. Loewenstein과 Gentner(2005)는 3.5세와 4세 아동들에게 3층으로 된 두 개의 상자를 보여 주고 상자를 탐색하게 하였다. 이때, 한 집단의 아동들에게는 '위' '안' '아래'라는 단어를 사용하고, 다른 집단의 아동들에게는 '여기'라는 단어만을 사용하여 아동들에게 장난감을 놓아보도록 했다. 그러고 나서 연구자는 한 상자에 있는 물체와 같은 위치에 있는 물체를 다른 상자에서 찾아보도록 하였다. 그 결과, 위치어를 들은 아동 집단이 '여기'라는 단어를 들은 아동 집단보다 같은 위치에 있는 물체를 더 잘 찾았다. 이러한 차이는 이틀 후 동일한 과제를 실시했을 때에도 나타났다. 이 연구결과들은 관계적 단어를 듣는 것이 아동으로 하여금 관계적으로 사고하게끔 도우며, 관계적 표상이 지속되도록 돕는다는 것을 의미한다.

관계적 개념 형성 지원 방안

이 절에서는 어린 아동들의 관계적 개념 형성 메커니즘에 대한 주요 연구결과를 정리하여 제공하고자 하였다. 특히, 비교와 추상화, 사례의 개수와 사례의 특성, 관계적 용어의 습득의 영향을 살펴보았다. 살펴본 연구들을 종합해 보면 영아의 관계적 개념 형성이 잘 일어나는 환경은 다음과 같다. 적당히 풍부한 사례를 경험할 수 있는 환경, 즉 한 가지 동일한 사례 반복보다는 어느 정도 유사하면서도 적절한 수준의 다양성을 지닌 사례를 다수 제공하는 것이 좋다. 사례 간 다양성이 너무 클 때에는 오히려 공통점 추출이 방해받을 수 있다. 둘째, 사례를 경험할 때 언어적 명칭(label)을 함께 제공한다. 성인의 말 속에서 관계적 용어를 잘 구분해 낼 수 있도록, 관계적 단어를 반복하여 말해 주고 강조하는 전략을 사용할 수 있다. 셋째, 아동의 흥미를 끌면서도 지나치게 복잡하지는 않은, 적당한 시각적 복잡성을 가진 물체로 관계적 개념의 사례를 보여 준다. 넷째, 개념을 형성하기 시작하면, 그 개념의 추상적 표상을 제공해 주거나 추상적으로 표현해 볼 수 있게 한다. 즉, 관계적 용어 사용과 같은 언어, 지도와 같은 추상화된 그림을 경험할 수 있게 해 준다.

아동은 공간을 어떻게 이해할까?

★ 임여정(한국서부발전(주) 반딧불어린이집 원장)

인간은 3차원의 공간 속에서 태어나고 태어남과 동시에 다양한 경험을 통해 사물과 공간에 대한 이해를 발달시켜 나간다. 아동은 물건의 형태나 자리를 기억했다가 필요할 때 물건을 찾기도 하고, 목적지에 도달할 수 있는 여러 경로를 비교해 보기도 한다. 이 절에서는 아동의 공간 인지 능력이 어떻게 발달되는지를 이해하기 위해 먼저 공간 능력에 대한 다양한 개념(범주)들을 살펴보고, 이를 바탕으로 공간 능력 발달을 지원하는 방법에 대해 알아보고자 한다.

공간 능력에 대한 다양한 접근

공간 능력이라는 단어를 들으면 머릿속에 어떤 장면이 연상되는가? 주어진 도형의 모습을 여러 다른 관점에서 바라보았을 때의 모습을 떠올릴 수도 있고, 지도를 들고 길을 잘 찾아가는 모습을 떠올릴 수도 있다. 공간에 대한 이해는 사물의 형태를 인식하고 눈앞에 있는 관계를 주목한다는 점에서 명시적이고 객관적인 반면, 머릿속에 있는 장소에 대한 기억을 바탕으로 공간 내에서 자신과 특정 지점과의 관계를 이해한다는 점에서 내재적이고 주관적인 특성을 갖기도 한다. 이 같은 공간의 다양한 특성으로 인해 심리학, 지리학 및 교육학,

건축학 등 다양한 학문 분야에서 공간 능력을 주요 연구 대상으로 다루어 왔다.

공간 능력 연구에서의 주요한 학문적 관심사는 사회문화적 상황에 따른 변화를 반영한다. Eliot(1987)은 공간 능력 연구의 주요 발달 흐름을 세 개의 시대로 구분하였다.[1] 공간 연구가 시작된 초기(1900~1960년)에는 공간 능력에 대한 규범적 데이터를 수집하는 데 주로 관심을 두었다. 이 시기에는 사람이나 사물에 대한 이해나 주변 공간에 대한 방향 감각 등이 연령에 따라 어떤 발달적 양상을 보이는지를 연구하였다. 특히 심리학자들은 공간 능력을 인간 지능을 구성하는 하나의 영역으로 간주하고 IQ 검사나 심리측정검사(psychometrics)를 통해 공간 능력의 발달 양상을 확인하고자 하였다. 이 과정에서 공간 능력의 하위 요소가 무엇인지를 밝히고자 하는 연구들이 많이 진행되었으며(Linn & Peterson, 1985; McGee, 1979; Voyer, Voyer, & Bryden, 1995), 공간 능력을 크게 두 가지 하위 요소인 공간적 시각화(spatial visualization)와 공간적 방향화(spatial orientation)로 분류하게 되었다. 공간적 시각화란 마음 속으로 2차원 혹은 3차원의 공간적 형상을 조작하고, 비틀고, 변환하는 능력을 말하고, 공간적 방향화란 어떤 시각적 자극이 다른 각도에서 어떻게 달라 보일지를 상상하는 능력을 말한다. 각각은 종이접기, 도형 맞추기 검사 등을 통해 측정하였다.

----

1) 첫 번째 시대는 규범적 데이터를 수집 · 기술하는 것에 주로 초점을 두었으며, 두 번째 시대는 공간적 행동의 발달이 근본적인 개념적 향상과 어떻게 관련되는지에 초점을 두었다. 세 번째 시대는 세분화된 관심 주제에 집중하는 시기로 학자들의 흥미에 따른 국소적인 주제들을 함께 연결하는 연구가 주로 이루어지고 있다.

공간 능력 검사 측정 도구

종이 도형 맞추기 (Paper Formboard)	72	A	B	C	D
형태 회전 (Figure Rotation)	75	A	B	C	D
종이접기 (Paper Folding)	83	A	B	C	D
블록 회전 (Block Rotation)	90	A	B	C	D

출처: Charcharos et al. (2015).

　이 시기에는 하위 요소에 대한 정량화된 자료 수집을 목적으로 하다보니 대부분의 과제들이 소규모 지필 검사를 통해 실시되었고, 이러한 측정 도구가 인간의 공간 능력과 사고를 제대로 측정하고 있는가에 대한 많은 의문이 제기되었다. 도형 중심의 추상적인 공간 능력 측정 방식은 움직이는 사물을 추론하거나 대규모 공간에서의 공간 기술을 예측하지 못하는 등 맥락적 상황과 사회문화적 상황을 반영하지 못한다는 한계를 갖는다(조성욱, 2008). 또한 심리학적인 과제들은 특정 공간 과제를 수행하는 데 특정한 공간 능력만 사용된다는 인식을 전제로 하기 때문에 포괄적인 공간적 사고력이 아니라 단편적 기능을 측정할 수밖에 없다는 제한점이 있다.

　공간 능력 연구의 두 번째 시대(1960~1974년)에는 공간적 행동에 대한 관심이 높아지면서 개인의 공간 경험이 공간적 사고나 개념의 형성 과정에 어떠한 영향을 미치는지에 대한 연구들이 주를 이루었다. Piaget가 주장한 환경과 아동의 자율적 상호작용이나 Vygotsky

의 사회문화적 상호작용을 통한 심리적 공간의 발달 등이 대표적이다. 이는 지리학위원회(CSTS, 2006)에서 주장하는 공간적 사고(spatial thinking)의 개념과 유사한 맥락으로, 공간적 행동이 공간적 시각화, 공간적 방향화, 공간 관계 등 공간 능력의 하위 요소들이 복합적으로 작동하는 능력이라고 본 것이다. 첫 번째 시대에서의 공간 능력이 특정 공간 정보나 지식에 대한 이해에 주목했다면, 두 번째 시대에서 강조하는 공간적 사고는 주어진 공간 정보에 대한 분석 및 이를 활용한 의사결정 능력이라 할 수 있다.

마지막으로, 세 번째 시대는(1974년~현재) 세분화된 관심 주제에 집중하는 시기로, 공간과 관련하여 흥미에 따른 국소적인 주제들을 함께 연결하는 시도가 증가하고 있다. 다양한 연구법의 발달로 인해 영유아의 공간적 유능성을 입증하며 Piaget가 주장했던 내용을 확인하거나 반증하는 연구들, 위치 기억이나 모형과 지도의 사용, 공간과 언어의 관계, 공간 규모에 따른 공간 행동 등 생활 공간에서의 공간 기술 훈련이나 공간적 행동에 대한 연구들이 많은 관심을 받고 있다(Newcombe & Huttenlocher, 2000, 2006; Plumert & Spencer, 2007). 특히 뇌 발달 연구가 증가하면서 공간 발달의 신경 심리적 기초와 관련된 연구가 늘어나고 있다. 공간 정보를 처리하는 뇌 세포가 언어, 수학 혹은 음악 정보가 처리되는 것과 다르며(Gersmehl, 2005), 공간 정보 안에서도 대상에 대한 정보를 처리하는 영역과 전체 공간에 대한 영역이 구분되어 있다는 사실이 밝혀졌다(신경희, 김초복, 2013; Blazhenkova & Kozhevnikov, 2009).

이상에서 살펴본 바에 따르면 공간 능력에 대한 연구는 시대적 흐름에 따라 다양한 측면에서의 접근이 시도되고 있다. 이러한 접근 중 아동의 공간에 대한 이해가 어떻게 발달되는지를 살펴보기 위해 다음에서는 보다 포괄적인 의미의 공간 능력인 공간적 사고력에 대한 내용을 토대로 발달의 양상들을 살펴보겠다.

공간적 사고의 발달

공간적 사고란 일반적으로 공간을 점유하고 있는 사물에 대한 공간 정보를 부호화하고, 공간적 이미지들을 표상·변환하며, 공간 관계를 추론하고 의사 결정을 내리는 일련의 정신적 활동을 말한다. 이 각각은 공간 개념(concepts of space), 공간 표상(spatial representation), 공간 추론(spatial reasoning)이라고 할 수 있는데, 이 세 요소의 구성적 결합을 통해서 공간적 문제해결이 가능하다고 본다. 그러므로 아동의 공간적 사고가 어떻게 발달하는지를 알아보기 위해서는 이 세 요소에 대한 내용을 서로 연결하여 이해할 필요가 있다.

공간 개념

공간 개념(concepts of space)이란 공간이 가지는 속성에 대한 이해로, 기본적으로 모든 사물이나 현상에 거리, 위치, 각도, 방향, 밀도, 크기, 차원 등의 공간적 속성을 부여함으로써 가능하다. 공간 개념은 공간 지각과 부호화를 통해 형성할 수 있다.

공간적 사고의 출발은 공간 지각(spatial perception)이라 할 수 있다. 공간 지각은 눈을 통해 물체의 패턴, 모양, 움직임 등을 파악하는 것으로 다른 관련 감각 기관과의 협응, 과거 경험의 반영 등이 포함된다(Del Grande, 1990). 공간적 사고는 공간 그 자체와 공간에 존재하는 모든 사물에 대한 인식에서 시작되기 때문에 공간 지각은 모든 공간적 사고의 출발점이라고 할 수가 있다. 최근의 실험 연구는 매우 어린 영아들도 깊이/거리/크기/모양/위치와 같은 공간적 속성을 지각할 수 있으며, 생활 환경에서 경험하는 공간적 현상에 매우 민감하다는 것을 보여 준다(Liben & Christensen, 2010).

감각 기관을 통해 경험된 공간 지식이나 공간 정보들은 이미지의 형태로 보관되는데(Tversky, 2005), 공간적 부호화란 사물의 위치, 모양, 색, 크기, 방향 등의 공간 정보나 지식들이 우리의 기억 속에 어떤 의미체로 저장되는 것을 말한다. 부호화는 크게 공간 내 특정 대상의 형태나 크기, 재질 등에 대한 대상 부호화와 그것의 위치에 대한 위치 부호화로 구분할 수 있다.

대상 부호화

대상 부호화는 형태나 크기, 재질 등 대상에 대한 부호화로 이후 형태 개념의 발달과도 관련된다. 아동은 취학 전부터 형태에 대한 개념을 발달시키는데, 기하도형의 이해는 시각화 수준, 분석적 수준, 관계적 수준, 형식적 연역 수준, 엄밀화 수준으로 발달한다(Clements & Sarama, 2000; van Hiele, 1999). 시각화 수준은 기하도형을 부호화하는 과정에서 시각적 원형을 사용하는 단계로 이때는 도형의 구성 요소나 특성에 초점을 맞추지 않고, 단순히 외형적인 시각적 형태로만 대상을 인식한다. 원, 삼각형, 사각형 등의 기본 도형을 구분할 수 있고 왜 사각형인지를 물어보면 '상자같이 생겼으니까'와 같이 시각적 원형을 사용하여 도형을 설명한다. 그다음 수준인 분석적 수준에서는 지각되는 대상을 분석함으로써 도형의 특성이나 속성에 대해 알게 된다. '꼭짓점이 세 개니까 삼각형'과 같이 도형의 특성에 근거하여 대상을 설명하고 비교할 수 있다. 도형 인식의 발달 단계를 주장한 van Hiele(1999)는 유아들이 시각화 수준에 해당한다고 하였으나, Clements(2004)는 van Hiele의 이론을 비판하면서 유아의 도형 발달 단계에는 전인지 수준과 혼합 수준이 존재한다고 밝혔다. 혼합 수준은 시각화 수준과 분석적 수준 사이에 존재하는 단계로서 유아들도 시각적 원형과 도형의 고유 속성 모두를 반영하여 도형을 분류할 수 있음을 뜻한다.

이러한 기하학적 사고 수준의 발달은 연령에 따른 성숙이라기보다는 교육에 의해 결정된다(Clements & Sarama, 2000; van Hiele, 1999). 특히 Clements(1999; 2004)는 발달 특성상 3~6세 시기가 도형에 대한 많은 기초 개념의 획득이 이루어지며 6세 이후에는 안정기에 접어들기 때문에 유아기가 기하도형 학습의 적기라고 주장한다. 이 시기에 도형과 관련된 다양한 경험이 중요함을 알 수 있다.

위치 부호화

형태나 크기 재질 등의 부호화와 더불어 공간적 사고에 중요한 영향을 주는 것이 위치 부호화이다. 위치 부호화는 실제 주변 환경에서의 공간 위치를 부호화하는 것으로 사물의 분포, 관계, 입지 선정 등 다양한 공간적 사고에 영향을 미치는 중요한 능력이다. 위치에 대한 이해는 3단계로 구분할 수 있으며, 각각은 특별한 유형의 준거 체계(reference system)—자기중심적 표상, 이정표에 의한 표상, 객체중심적 표상—와 관련된다(Huttenlocher & Newcombe, 1984). 첫 단계인 자기중심적 표상(egocentric representation)은 나 자신의 위치와 다른 물체 간의 관계로 이루어진다. 따라서 한 사물의 위치를 표상할 때 '내 왼쪽으로 열 발자국'과 같이 자신을 기준으로 한다. 다음 단계인 이정표에 의한 표상(landmark-based representation)은 목표 물체의 위치가 환경 안에 있는 다른 물체와의 관계로 표상된다. 예를 들어, '탁자 옆에 소파가 있다.', '아빠 뒤에 엄마가 있다.'와 같이 물체나 사람을 이정표로 사용하여 표상하는 것을 뜻한다. 마지막으로, 객체중심적 표상(allocentric representation)은 관찰자의 기준이 아니라 지도나 수직수평선상의 좌표와 같은 객관적 준거체계와의 관계로 공간적 배치를 표

아동은 공간을 어떻게 이해할까?

상한다(Rump & McNamara, 2007; Siegler, 1996).

　위치 부호화에서의 주요 관심은 준거체계의 사용에서 자아중심성이 타자중심으로 바뀌는 시기, 준거체계에 영향을 미치는 방이나 자극물의 배열, 언어적 자극 등이다. 연구 결과에 따르면 타인 중심적 준거체계를 사용하는 시기는 대략 3세 정도이다. 이 때 공간적 자아중심성의 일부가 사라지면서, 3~6세 사이에 유아는 신체를 참조물로 이용할 수 있게 된다(Allen, 1999). 또한 유아는 스스로 움직일 수 있고, 또 자유롭고 적극적으로 공간을 탐색할 수 있는 경우에 위치를 더 잘 구분하고 공간 인지도 높은 것으로 나타났다(Liben & Christensen, 2010). 한편, 위치, 방향, 거리, 높이, 개폐 등과 관련된 공간 어휘의 발달 또한 공간 내 대상 간의 관계를 부호화하는 데 영향을 줄 수 있다.

　아동은 형태 및 위치 부호화에 대한 이해를 통해 공간 개념을 발달시킨다. 유아가 환경과의 상호작용을 통해 공간에 대한 이해를 어떻게 발달시켜 나가는지에 관심을 두었던 Piaget와 Inhelder(1956)는 공간 개념의 발달을 위상적 · 사영적 · 유클리드적 발달의 세 가지로 구분한다. 위상적 공간 관계는 물체의 크기나 기하학적 모양, 각 등의 관계는 고려하지 않는다. 단지 형상과 접근 위치 등의 관점에서 한 물체와 다른 물체 간의 관계를 인식한다. 즉, 근접, 분리, 순서, 연속, 주위와 같은 관계를 이해하는 것이다. 사영적 공간 관계는 몇 개의 물체를 특정 관점에서 서로 결합시킬 수 있는 발전된 단계로서 사물을 옆에서 혹은 앞에서 보는 것과 같이 장소, 위치에 따라 그 사물이 달라 보임을 아는 것이다. 마지막으로, 유클리드적 공간 관계는 수평, 수직의 좌표, 축척, 거리와 비율 등과 같이 안정적이고 추상적인 체계와 관련하여 공간을 표상하는 것으로 공간의 계량적 혹은 측정적 특성과 관련된다. Piaget는 공간 개념 발달에 대해 위계이론(topological primacy thesis)을 주장하면서, 위상적 · 사영적 · 유클리드적 공간 개

넘에 대한 이해가 발달하는 과정에서 각각의 순서관계가 있다고 보았다. 이후 유아의 공간 개념 발달이 어떠한지를 확인하고자 하는 많은 후속연구가 이루어졌고, 발달 시기와 개념의 정교성, 과제의 적절성에 대한 비판과 논의는 지금까지도 계속되고 있다(Beilin, 1984).

공간 표상

공간 표상(spatial representation)에서 표상은 '대신하여 나타낸다'라는 뜻이다. 실제 공간을 머릿속에 그려보거나 그림이나 사진 모형 등으로 대신 나타낸 구체물 등이 모두 공간 표상에 해당된다. 즉, 공간 표상이란 공간이 상징화 · 내재화된 정신적 반영으로(Piaget & Inhelder, 1956), 대상이나 공간의 이미지를 기술하거나 구성 · 조작하는 토대가 되기때문에 공간적 사고의 핵심적인 요소라 할 수 있다.

공간 표상은 내적 표상과 외적 표상으로 구분되는데, 내적 공간표상은 자신이 살고 있는 동네에 대한 인지 지도 등을, 외적 공간표상은 그림, 사진, 모형, 지도, 건축 설계도 등을 의미한다. 공간 표상을 이해한다는 것은 이러한 외적 표상물을 이해하고 사용할 수 있음을 의미한다. 아동이 공간 표상을 이해하고 사용하기 위해서는 실제 공간인 참조 공간과 이를 나타내는 표상물 간의 관련성(correspondence)을 대응시킬 수 있어야 하는데, 이 관련성은 크게 표상적 관련성과 공간적(혹은 기하학적) 관련성으로 구분된다. 표상적 관련성은 상징에 대한 이해로 표상물이 실제 공간을 나타내고 있음을 이해하는가에 대한 부분이고, 공간적 관련성은 조망각도나 방위 등을 달리하였을 때에도 두 공간의 동일한 위치를 이해할 수 있는가에 대한 것이다.

아동이 표상물을 실제 공간에 대한 상징으로 이해할 수 있는 시기는 표상물의 종류에 따라 다소 차이를 보이지만, 사진이나 그림은 2세 전후, 모형은 2세 6개월~3세에 이해할 수 있다(Callaghan, 1999;

DeLoache, 1991; Tomasello, Striano, & Rochat, 1999). 반면, 아동이 지도를 공간표상물로 이해할 수 있는가에 대해서는 학자들마다 다소 다른 의견을 보인다. 취학 전 유아도 지도에 나타난 표시를 이용하여 실제 공간에서의 상대적 위치를 파악할 수 있다고 보는 학자들이 있는 반면(Newcombe & Huttenlocher, 1992), 몇몇 학자는 취학 전 유아가 지도의 관계성을 거의 이해하지 못한다고 주장한다(Liben & Downs, 1989; 1993). 이는 지도에 나타난 기호들이 다른 표상물에 비해 보다 축약된 기호로 표시된다는 점에서 한 가지 원인을 찾을 수 있다. 다른 원인은 지도 제작 시 나타나는 공간적 요소들의 특성 때문일 수 있다.

지도는 제작 시 공간을 바라보는 조망 각도나 방위에 따라 다양한 관점으로 만들어질 수 있으며, 크게 입체 지도와 평면 지도로 구분된다. 입체 지도는 정면에서 바라본 바와 유사하여 일반적인 사물의 원형을 확인하기가 수월하지만, 측면이나 위에서 내려다 본 수직관점의 경우 단순한 사물로 표현된 나머지 대응되는 공간에 대한 특징적 정보를 제공하지 못하기 때문에 실제 공간에 대한 표상으로 이해하기 어렵다. 이는 지도와 같은 공간 전체 뿐만 아니라 단일 대상에 대한 표상에서도 동일하게 적용되어 공간표상의 이해는 정면관점이 평면관점과 측면관점보다 쉬운 반면에 측면관점이 가장 어려운 것으로 나타났다(최낭수, 2000; 홍혜경, 2001; Liben & Yekel, 1996). 따라서 나이 어린 아동의 지도 이해를 돕기 위해서는 방향을 실제 공간과 일렬로 배치해 주고, 이동에 따른 위치의 변화를 지도에 가리켜 볼 수 있는 전략을 사용함으로써 둘 간의 관련성을 계속적으로 대응시켜 나갈 수 있는 경험을 제공할 필요가 있다.

입체 지도	평면 지도

입체 지도와 평면 지도

공간 추론

공간 추론(spatial reasoning)이란 사물 간의 관계 혹은 공간 내 위치 관계를 단순히 표상하는 것을 넘어서 새로운 상황에 적용시키고, 이를 통해 공간적 문제를 해결하는 것이다.

아동은 패턴 블록이나 탱그램, 퍼즐 맞추기를 할 때 그림을 완성하거나 새로운 배치를 구성하기 위해 조각을 돌리거나 뒤집고 옮기면서 직관적으로 위치 변화에 따른 결과를 이해할 수 있다. 이는 아동이 문제를 해결하기 위해 물체를 움직여 다른 형태의 모양을 인식하고 추론하는 과정이라 할 수 있다. 이를 통해 아동은 변형된 모양의 위치 혹은 지점이 어떻게 나타나는지를 예측할 수 있게 된다. 이러한 아동의 이해는 공간추론 능력 발달을 도모하는 데 필수적 개념이 된다 (Casey, Kersh, & Young, 2004).

다양한 공간적 문제를 해결하기 위해서는 공간에 대한 시공간적 정보들과 표상 그리고 표상의 변환뿐만 아니라 실제 공간에 대한 환경 지식도 필요하다. 예를 들어, 실제 공간의 지도를 보고 목적지까지 최단 거리로 찾아가야 하는 상황에서는 거리나 방향에 대한 기초적인 공간감이나 주변 공간에 대한 환경 지식의 수준이 문제를 해결하는 데 중요한 영향을 미친다. 환경 지식은 몇 단계의 과정을 거쳐 발달하는데, 약간의 차이는 있지만 보통 이정표 지식(landmark knowledge), 경로 지식(route knowledge), 개관 지식(survey knowledge)으로 구성된다. 아동은 첫 번째로 주요 지점의 이정표를 부호화하고, 그다음 이정표와 연결된 경로를 표상하며, 마지막으로 조망 지도와 유사하게 전반적인 경로를 통합한다. 개관 지식은 조망 지식이나 형태구성 지식(configurational knowledge)이라 부르기도 하는데, 이는 이정표 지식과 경로 지식의 관계에 근거한 형태학적인 네트워크 등이 통합된 가장 높은 수준의 지식이다(Christensen, 2011; Ishikawa & Montello, 2006).

아동의 환경 지식 발달은 지도 그림 연구를 통해 확인할 수 있다. 지도는 공간에 관한 지식을 가장 정확하게 전달해 주는 수단이자 장소를 그림으로 나타낸 표상 방법으로 공간에 대한 개념과 이해를 도와주는 수단이 된다(최낭수, 2000). 유아의 지도 그림은 인물이나 자연물 중심으로 표현하는 회화적 표현형에서 회화적 표현과 위치나 방향, 지리적 관계의 표현이 공존하는 회화-지도적 표현형, 지도적 표현형으로 구분된다. 초반에는 대상에만 초점을 두는 반면, 점차 위치, 방향, 지리적 관계 등이 포함되게 된다.

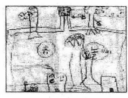

유아의 지도 그림 표현 유형

출처: 홍혜경 외(2007).

이상의 내용을 통해 아동의 공간 인지 능력은 공간의 위상적 구성에서 측정적 구성으로의 변화, 자기 중심적에서 타자 중심적 지식으로의 변화, 이정표 지식에서 경로 지식 그리고 개관 지식으로 변화됨을 알 수 있다(Christensen, 2011; Hart & Moore, 1973; Sigel & White, 1975). 즉, 발달 초기 유아는 주로 자신과 사물, 사물과 사물 등 점과 점의 관계로 위치를 이해하지만, 위, 아래, 옆, 안 등 위상적 관계에 점차 익숙해지면 전후, 좌우, 상하 등 어떤 관점에서의 연결된 1차원적 위치 관계를 이해하게 된다. 그리고 이러한 수직, 수평이나 다양한 경로가 통합되면서 평면에서의 위치, 방향, 크기, 거리 등은 물론 입체 공간에서의 조망각도 등 2차원 이상의 복잡한 위치 관계를 이해할 수 있게 된다.

아동의 공간 능력 발달을 지원하는 방법

공간적 사고의 마지막 단계이자 공간 능력 발달의 목적은 다양한 장면에서 처하게 되는 공간적 문제들을 해결하는 것이다. 그러므로 아동의 공간 능력 발달 지원도 생활 속에서의 공간 경험을 반영하고, 주변 환경에 대한 이해를 높이는 방향으로 이루어져야 한다.

실제적인 경험을 강조하자

미국수학교사연합회(NCTM)에서는 유아의 공간 감각을 발달시키기 위해서 기하학적 관계성(방향, 위치, 도형과 사물의 상대적인 모양과 크기)에 초점을 둔 '실제적인 경험'을 권하고 있다(이순형 외, 2010). 원, 삼각형, 사각형 등 기본 도형을 구체적 물체를 이용하여 조작하면서 도형의 형태나 성질을 탐색할 수 있다. 기본 도형을 이용한 구성 활동을 통해 상대적 모양과 크기에 대한 감각을 익힐 수 있고, 개별 대상에서 전체 공간 내의 위치에 대한 이해도 높일 수 있다. 이때 제공하는 구체물은 별다른 표식이 없는 나무 블록을 이용하는 것이 좋을까 아니면 색깔이나 형태가 화려해서 눈에 잘 띄는 구체물이 좋을까? 도식화된 기하도형은 사물로서의 정보가 적기 때문에 도형 간의 거리나 관계에 집중하게 하는 특성이 있는 반면, 두드러진 특징을 가지는 구체물은 공간 내 위치나 경로를 이해하고 기억하는 과정에서 의미있는 역할을 할 수 있다. 또한 구체물의 조작은 공간 표상을 변환하고 추론하는 데에도 도움이 된다. 시공간적 정보를 회전하거나 대칭시키는 등의 이동하기 과제를 어려워하는 유아들에게 시연할 수 있는 구체물을 제공하게 되면 어린 유아들도 과제를 수행할 수 있다.

실제적인 경험은 공간 내 대상에 대한 이해뿐 아니라 환경 지식의 발달에도 유용하다. 환경에서의 경험, 특히 신체적 행동과 자기 방향을 수반하는 경험은 이후 환경적 지식과 통합된 표상을 발달시키는 데 중요하다(Liben & Christensen, 2010). 다양한 크기의 공간에서의 경험이 위상적 공간 능력 발달에 도움이 되며(Smith, 2006), 차를 타고 가는 것보다 걸어서 환경을 경험하는 경우 더 많은 공간 지식을 습득할 수 있다(Rissotto & Tonucci, 2002). 아동이 생활하는 주변 공간에 대한 경험을 토대로 지도를 만들어 보거나, 낯선 여행지에서 지도를 보면서 경로를 확인하거나 결정하는 경험을 해 본다면 아동의 그래픽 이해 혹은 공간 기술의 발달에 많은 영향을 미칠 수 있다.

움직일 수 있는 구체물은 공간 능력 발달을 돕는다.

출처: 보육사 홈페이지.

상황에 적절한 공간 어휘를 많이 사용하자

공간 언어의 사용은 인간이 공간을 표상하고 추론하는 방식에 영향을 미친다(Hermer-Vasquez, Moffet, & Munkholm, 2000; Loewenstein & Gentner, 2005). '~의 안에', '~의 위에', '~의 옆에' 등 공간 언어에 대한 개념을 이해하는 아이들은 그렇지 않은 아이들과 비교할 때 공간 관계를 더 빨리 일반화하거나 다른 관계로 유추할 수 있다. 이처럼 공간 어휘 사용 능력은 공간 능력 발달을 지원하기 위한 방법으로 중요시되고 있다(김현, 김만, 2005; Clements & Sarama, 2005; NCTM, 2000). 아동의 공간 어휘 발달은 여러 언어에서 유사한 순서를 보이는데, '안(in)/밖(out)/위(up)/아래(under)/가까운(next)/-로(to)/옆(beside)/사이(between)/앞에(in front of)/뒤에(behind)'의 순서로 습득된다(이혜경, 김경란, 2010).

부모나 성인이 사용하는 공간 어휘의 양도 아동의 공간 능력 발달에 중요한 영향을 미친다는 연구 결과들이 있다. 부모가 아동과의 상호작용에서 사용하는 사물의 크기(크다, 작다, 길다, 두툼하다 등)나 형태(원, 사각형, 오각형, 삼각형 등), 공간적 특성(구부러진, 굴곡이 많은, 납작한, 가장자리, 끝이 뾰족한 등)의 공간 어휘의 양이 많을수록 아동의 공간 문제해결 능력도 높게 나타났다(Pruden, Levine, & Huttenlocher, 2011). 뿐만 아니라 최근 연구에서는 맥락에 따른 적응적 사용 능력과 같은 언어 사용의 질도 중요한 것으로 밝혀졌다. 공간 언어 사용의 적응력이 어휘의 양보다도 아동의 공간 기술을 더 잘 예측하는 것으로 나타났다(Miller, Vlach, & Simmering, 2016). 따라서 아동과 상호작용하는 성인들이 상황에 적절한 공간 언어를 잘 이해하고 사용하는 모델을 보이는 것이 중요하다.

다영역 간 통합의 경험을 장려하자

아동을 위한 교육과정에서 공간 능력은 도형에 대한 이해와 함께 수학 혹은 자연탐구 영역의 하위 요소 중 하나로 포함되어 있다. 이로 인해 도형이나 공간의 탐색 및 개념 이해도 특정 영역에서만 다루어야 할 내용으로 간주하는 경우가 있다. 그러나 공간 능력은 심리학, 지리학, 건축학 등 다양한 학문 영역에서 관심을 갖는 주제이며, 아동의 발달 측면에서도 수학뿐 아니라 신체, 언어, 지리, 미술 등 모든 교과 안에 포함되어 있는 포괄적 능력이다. 신체 동작에서는 다양한 움직임으로, 언어에서는 공간 관련 어휘로, 미술에서는 도형이나 공간에 대한 표상의 형식으로 서로 다르게 표현될 뿐, 기본적인 개념은 공통적이라고 볼 수 있다. 따라서 각 영유아의 경험과 요구를 반영한 다양한 관련 활동을 구성하여 공통의 개념을 다양한 방식으로 경험해 보는 기회를 제공해야 한다.

통합적 · 공간적 경험들은 아동이 학습해야 할 많은 정보를 스스로 의미있는 개념으로 조직화할 수 있도록 돕는다. 또한 각 교과 영역 간의 연관성과 지식을 실생활과 관련짓는 능력을 향상시킬 수 있다. 아동은 도형의 모양을 탐색하고, 이름을 익히고, 표상해 보는 등의 통합적 경험을 통해 공간적인 문제 상황에 대한 민감성을 기르고, 공간에 대한 이해와 실천 지식의 수준을 향상시킬 수 있을 것이다.

02
언어 발달

아동의 언어 발달, 무엇에 의해 영향을 받는가?

* 성미영(동덕여자대학교 아동학과 부교수)

언어 능력은 타인과의 의사소통에 있어서 중요한 수단으로 작용하므로 또래와의 관계를 형성하기 시작하는 유아기에는 언어 발달이 다른 발달영역에 비해 더 중요하다. 이처럼 중요한 유아의 언어 발달은 다양한 영향 요인에 의해 예측된다. 어머니와의 언어적 상호작용을 비롯한 양육의 반응성과 민감성, 가정의 풍부한 인지적 자극과 책읽기 활동은 유아의 언어 발달을 촉진하는 대표적인 요인이다. 그럼 아동의 언어 발달은 무엇에 의해 직접적인 영향을 받는 것인가?

놀이 상황과 아이들의 언어 발달

아이들의 언어 발달은 놀이 상황에 따라 차이를 보이는 것으로 나타났다. 먼저, 놀이 상황에 따라 아이들의 어휘 다양도는 어떠한 차이가 있는지 살펴보자.

어휘 다양도(Type-Token Ratio: TTR)란 유아가 산출한 서로 다른 단어 수를 총 단어 수로 나눈 경우를 의미하며, 이 비율이 높을수록 유아가 다양한 단어를 표현한 것으로 해석해 볼 수 있다. 유아의 어휘 다양도는 놀이 상황의 유형에 따라 차이가 있는 것으로 나타났는데, 구체적으로 보면 친숙한 놀이 상황에서보다 낯선 놀이 상황에서 유아가 더 다양한 어휘를 산출하였다(성미영, 장문수, 2014). 이와 같은 결과는 놀이의 주제가 유아에게 친숙할 경우 양적으로 많은 단어를 산출하더라도 한정된 단어를 반복적으로 산출하며, 낯선 주제의 놀이 상황에서는 유아가 양적으로는 그다지 많지 않은 단어를 산출하지만 여러 가지 단어를 번갈아 산출한 것으로 해석해 볼 수 있다. 따라서 유아에게 새로운 놀이 상황을 제공하여 다양한 단어를 학습할 기회를 제공해 줌으로써 어휘 발달을 촉진할 수 있다.

다음으로, 또래와의 놀이 상황과 어머니와의 그림책 읽기 상황에서 아이들이 사용하는 맥락적 · 탈맥락적 언어에 어떠한 차이가 있는지 살펴보자.

맥락적 발화(contextualized talk)란 현재의 상황과 사물에 대해 말하는 경우에 해당한다. 이러한 맥락적 발화가 또래와의 놀이 상황에서 산출된 전체 발화 중 약 80%를 차지하여 주로 사용되는 언어였다. 탈맥락적 발화(decontextualized talk)란 현재 상황이 아닌 상황과 사물에 관한 정보를 공유하거나, 과거 또는 미래에 대해 말하는 경우에 해당하는데(Rowe, 2013), 탈맥락적 발화는 전체 대화의 10% 미만이었다(성미영, 2014). 특히 맥락적 발화의 경우 주로 놀잇감과 놀이 행동을 설명하는 놀이 설명 발화가 빈번하게 제시되었으며, 행동에 대한 평가나 결과에 대한 예측과 같은 탈맥락적 발화는 아주 적게 산출되었다. 그림책 읽기 상황에서 어머니가 유아의 탈맥락적 언어를 촉진하거나 유도하는 발화를 사용한 경우에는 유아의 탈맥락적 언어 사용이 촉진되었다(Curenton, Craig, & Flanigan, 2008). 또래와의 대화 상황에서는 아무래도 유아의 탈맥락적 언어 사용이 또래에 의해 촉진되기는 어려운 것으로 볼 수 있다.

놀이 상황의 차이는 아이들이 대화의 주제를 유지하는 능력에도 영향을 준다. 유아는 일상적으로 경험하는 점심 식사하기나 생일 축하하기 같이 친숙한 놀이 상황에서와, 자주 경험하기 어려운 낯선 놀이 상황에서 대화의 주제를 제시하고 유지하는 기술이 다르게 나타난다 (성미영, 2002). 낯선 놀이 상황에서보다 친숙한 놀이 상황에서 유아는 주제를 먼저 제시하거나 제시된 주제를 유지하는 기술을 더 빈번하게 사용하였다. 또래 간의 상호작용이 활발하게 지속되기 위해서는 유아가 이미 잘 알고 있는 익숙한 상황이어야 하므로, 유아에게 익숙하지 않거나 정보가 전혀 없는 낯선 놀이 상황보다는 친숙한 놀이 상황이 또래간의 대화를 더 촉진하는 역할을 담당한다고 볼 수 있다.

양육자의 언어 자극과 아이들의 언어 발달

양육자, 특히 주 양육자인 어머니의 언어 자극은 아이들의 언어 발달에 영향을 주는 대표적인 요인이다.

자녀와의 놀이 상황에서 어머니는 주로 요구 의도를 사용한 반면, 유아는 주로 제공 의도를 사용함으로써 어머니의 질문에 대한 유아의 반응을 위주로 대화가 지속되는 경향을 보인다. 어머니는 유아로부터 정보를 요청하는 의도를 가장 빈번하게 사용하였는데, 유아보다 숙달된 대화 능력을 갖춘 어머니와의 상호작용에서는 아직 어머니의 반응을 이끌어 내면서 대화를 지속시키기보다는 어머니의 의도에 반응하여 상호작용을 지속시켜 나간다(성미영, 2003). 자녀와의 놀이 상황에서 대화 유도적 양식을 사용하는 어머니의 유아는 지시적 양식을 사용하는 어머니의 유아보다 제공 의도에 의한 반응을 많이 보였으며,

대화를 지속시키기 위한 어머니의 노력에 부응하기 위해서 특히 정보를 많이 제공하였다. 대화 유도적 양식의 어머니는 유아의 반응을 요구하기 위해 빈번하게 질문을 하게 되고, 그 결과 유아는 적극적으로 정보를 제공하게 된다. 놀이 상황에서 대화 유도적 양식을 사용하는 어머니의 자녀는 또래와의 대화에서도 보다 능동적으로 참여할 가능성이 높으므로 지시적이기보다는 대화를 유도하는 어머니의 대화 양식이 바람직한 대화 양식으로 볼 수 있다.

> ⫻ 더 알아보기
>
> 양육자의 직접적인 언어 자극이 유아의 언어 발달을 촉진하는 가장 중요한 요인이지만, 현실적으로 자녀에게 언어 자극을 충분히 제공하기 어려운 경우에는 보완적인 방법의 하나로 어휘 학습용 애플리케이션과 같은 도구를 활용할 수도 있다. 예를 들어, '유아의 한국어 어휘 학습용 애플리케이션 분석' 결과에 따르면(성미영, 2015), 어휘 발달에 문제가 있는 일반 가정 유아나 다문화 가정 유아의 한국어 어휘 능력 향상을 위해 태블릿 PC용 애플리케이션을 활용할 필요성을 제시하고 있다.

아이들의 초기 언어 발달을 진단하는 대표적인 지표로 평균 발화 길이를 들 수 있다. 평균 발화 길이(Mean Length of Utterance: MLU)는 개별 화자의 각 발화 속에 포함된 형태소나 단어 또는 어절 수의 평균을 구한 것으로, 형태소, 단어, 어절 중 어떤 단위의 기준을 사용하느냐에 따라 형태소 단위, 단어 단위, 어절 단위의 평균 발화 길이로 구분된다. 32~42개월 유아를 자녀로 둔 어머니의 경우 어머니가 유아와의 언어적 상호작용에서 사용하는 대화 양식에 따라 유아의 구어발화 특징이 다른 양상을 보이는 것으로 나타났는데, 평균 발화 길이의 경우 대화 유도적 양식을 사용하는 어머니의 자녀가 지시적 양식을 사용하는 어머니의 자녀보다 어절, 단어, 형태소 단위 평균 발화

길이가 모두 더 긴 것으로 나타났다(성미영, 장영은, 장문수, 2016). 대화 유도적 양식을 사용하는 어머니의 자녀가 지시적 양식을 사용하는 어머니의 자녀보다 언어 발달 속도가 더 빠르고, 어휘 발달 수준도 높고, 문장의 길이도 더 길고 복잡한 문장을 사용한다는 선행 연구결과와 마찬가지로(Fewell & Deutscher, 2002; Paavola, Kunnari, Moilanen, & Lehtihalmes, 2005), 이 연구에서도 대화 유도적 어머니의 자녀가 어절, 단어, 형태소 단위 평균 발화 길이에서 더 긴 경향을 보인 것으로 나타나 어머니가 유아에게 제공하는 언어적 자극, 특히 어머니의 대화 양식은 유아의 언어 능력과 직접적인 관련이 있음을 다시 한 번 확인하였다.

가정 문해 환경과 아동의 언어 발달

유아가 부모의 풍부한 언어적 자극과 상호작용, 그리고 다양한 활동과 교육 자료가 제공되는 가정환경에서 성장하는 경우, 이들은 또래에 비해 많은 수의 어휘를 구사하게 되며, 그 결과 또래와의 놀이 상호작용에서 긍정적인 행동을 보인다(장영은, 성미영, 2015). 유아가 많은 수의 어휘를 구사하게 되면 긍정적인 또래관계가 증가하고, 공격성 및 위축 등의 부정적인 또래관계 행동은 감소한다. 어휘 능력의 발달로 인해 비언어적 상호작용이 언어로 대체되는 과정에서 또래 간의 갈등이 해소되고, 놀이의 시작 및 놀이에 대한 요구의 표현이 보다 원활해지면서 공격적인 행동이 감소하게 되어 긍정적인 상호작용이 가능해지는 것이다. 어머니가 가정에서 유아의 인지 발달을 돕는 놀잇감이나 활동을 얼마나 제공하는가, 어머니가 유아와의 상호작용에서 인지발달을 얼마나 촉진하는가, 어머니가 유아의 언어 능력을 돕는 의사소통을 어느 정도 제공하는가, 그리고 어머니가 언어적 상호작용에서 자녀의 신호에 얼마나 민감하게 반응하는가는 유아의 어휘 발달에 커다란 영향을 준다. 어머니의 풍부한 언어적 자극은 자녀의 언어 발달을 촉진하는 중요한 요인이다.

　가정 문해 환경에 관한 선행 연구의 상당수가 가정에서의 문해 활동 경험과 유아의 언어 발달 간의 밀접한 관련성을 보고하면서 유아기의 가정 문해 환경에 대한 관심이 매우 높다. 문해 활동이 풍부하게 제공되는 가정환경에서 성장하는 유아의 경우 어휘 발달 수준이 더 뛰어난데, 부모가 가정에서 유아에게 제공하는 함께 책 읽기 등의 문해 관련 활동의 경험 정도가 유아의 어휘 발달에 직접적인 영향을 주기 때문이다(이강이, 성미영, 장영은, 2008). 유아의 가정에 비치되어 있는 도서가 많고, 부모가 유아와 함께 책 읽기 활동 등 문해 관련 활동을 하거나 직접적으로 문자를 가르치며, 부모 스스로가 책을 읽음으로써 모델링을 제공하는 가정에서는 유아의 읽기 능력이 더 우수한 것으로 나타났다. 부모가 유아와 함께 책 읽기 활동을 하거나 다양한 유형의 문해 활동을 경험하는 것은 유아의 읽기 능력을 향상시켜 준다.

◢◢ 더 알아보기

　단순히 물리적 환경(예: 가정에서 보유한 책 권 수)만으로 가정 문해 환경을 측정하기보다, 아버지를 포함한 부모가 자녀와 함께 하는 문해 관련 활동(예: 자녀와 함께 동화책 읽기)과, 문해 발달에 대한 유아의 관심을 높일 것으로 추정되는 부모 자신의 문해 행동(예: 부모 본인의 책 읽기) 등을 포괄하여 가정 문해 환경을 측정하면 유아의 문해 능력 발달에 미치는 가정 문해 환경의 특성을 보다 총체적으로 파악할 수 있다.

　다문화 가정의 유아는 한 부모의 한국어 능력 부족으로 인해 가정에서 충분한 한국어 자극을 제공받지 못함으로써 우리말 의사소통에 어려움을 겪게 된다. 다문화 가정의 3세 유아가 어린이집에 다니거나 가정에서 학습지 활동을 경험하여 직접적인 한국어 자극에 노출되면 5세에 이르러서는 일반 가정 유아와의 표현 어휘 차이가 조금이나마 줄어드는 경향을 보였다(성미영 외, 2010). 다문화 가정에서는 자녀의 문해 발달을 위한 물리적인 환경이나 자극은 어느 정도 갖추고 있었으나, 정서적인 지지나 인식 부분의 경우에는 일반 가정의 문해 환경에 비해 뒤떨어지는 모습이 확인되었다. 이러한 가정 문해 환경의 차이는 다문화 가정 유아의 언어 능력이 일반 가정 유아와 차이가 나게 되는 요인 중 하나임을 알 수 있다.

∥ 더 알아보기

다문화 가정 유아의 한국어 능력은 초등학교 입학 이후 학업 성취를 예측하는 주요한 요인이다. 다문화 가정 유아가 초등학교에 입학하여 원만한 학교생활을 할 수 있도록 다양한 학교생활 적응 프로그램이 개발되어 있다. 예를 들어, '다문화 가정 미취학 아동의 학교생활 적응을 위한 프로그램'은 2주일 동안의 여름학교 형태로 구성되었으며, 1일 2회씩 8일 동안 총 16회의 한국어 및 특별활동 교육프로그램을 포함하고 있다(김정현, 성미영 외, 2010).

영어 읽기 교육, 어떻게 할 것인가?

* 손승희(미국 유타대학교 교육심리학과 조교수)

대한민국의 교육 열풍을 무엇보다 가장 잘 보여 주는 것이 영어 교육일 것이다. 아이가 태어나면 조기 교육이라는 이름하에 영어 교육이 시작된다. 아기가 말을 하기 전부터 영어와 관련된 동영상을 보여 주기도 하고, 유아원에 들어갈 나이면 영어 교육이 벌써 본격적으로 시작되곤 한다(사교육걱정없는세상, 2014). 정규 유치원 과정을 영어로 배우는 영어 유치원, 영어 특별 활동이 있는 일반 유치원 혹은 어린이집, 시간제로 영어를 교육하는 학원/문화 센터, 그리고 영어 학습지·교재·교구에 이르기까지 영어 교육에 대한 관심은 과히 폭발적이다. 하지만 영어에 대한 교육열과 실제 영어 교육 실태에 비해, 이러한 영어 교육의 방법과 과정이 효과적인지, 어떤 교육 방식이 아동의 발달상 적합한 것인지, 또 관련 연구에서 제안하는 교육 방식이 우리나라의 상황에 적합한지에 대한 논의는 흔하지 않다. 이 절에서는 영어 문해 교육 및 이중 언어 발달에 관한 학계의 연구에 비추어, 아동의 영어 교육, 특히 영어 읽기 교육에 관한 시사점을 제시하고자 한다.[1]

. . . .
1) 영어 읽기 교육에 관한 연구들은 미국 혹은 영국 등의 영어권 국가에서 이루어진 것이 대부분이며, 이와 비슷하게 이중 언어 아동들의 영어 교육 연구 또한 영어권 국가 내에서 태어나 이중 언어를 사용하는 아동들을 대상으로 이루어진 것들이 대부분이다. 이러한 이중 언어 아동들의 많은 경우가 미국에서 가장 흔한 제2언어인 스페인어를 사용하므로, 대부분의 관련 연구들도 스페인어를 사용하나 영어권에서 자라는 이중 언어

영어와 영어 읽기

영어의 특성

영어권에서 성장하는 아동은 알파벳을 이용하여 영어를 배우고 사용한다. 따라서 영어 문해 능력에 있어서 알파벳과 알파벳 문자의 조합 원리를 아는 지식은 필수적이다. 이 알파벳 문자 조합 원리는 각 알파벳 문자가 (혹은 여러 문자가 만드는 문자 결합이 함께) 한 소리를 낸다는 것이다. 이 문자-음가 관계의 원리에 기반하여 알파벳 음가를 익히고 이 소리를 조합하여 단어를 표현하거나 혹은 단어가 나타내는 조합된 소리를 읽어 내는 것이 초기 읽기에서 가장 중심적인 능력이다. 각 문자가 나타내는 소리는 비교적 규칙적이어서, 일단 각 문자의 음가를 익히고 나면 영어의 많은 단어를 큰 문제없이 읽어 낼 수 있다. 또한 접두어와 접미어 등이 사용되는 영어의 문법 구조도 비교적 규칙적이어서(예: '-s' 복수형을 나타내는 방법, 혹은 '-ed' 과거형을 만들어 내는 구조), 이런 문형을 익히게 되면 영어 읽기는 더욱 효과적일 수 있다.

영어와 한글은 모두 소리 문자이다. 한글 읽기도 초성, 중성, 종성이 나타내는 각 문자의 소리를 알고 이를 조합하는 데서 시작한다. 하지만 두 언어에 차이가 있다. 한글은 각 소리뿐만 아니라 음절을 고려해서 모아 쓰는 방식으로 문자를 구성하나(즉, '초성+중성+종성'을 조합하여 한 음절, 한 글자가 됨), 영어의 스펠링은 음절에 구애받지 않고 문

아동들의 영어 읽기 교육을 다룬다. 이러한 영어권의 연구는 한국어를 모국어로 익히고 사용하는 우리나라 아동의 영어 교육 및 발달에 무조건적으로 적용할 수는 없으나 영어, 스페인어, 한국어가 모두 음가를 기본으로 한 소리 글자(표음 문자)라는 공통점에 기반하여 관련 연구의 교육에의 시사점을 유추해 볼 수 있을 것이다. 따라서 이 절에서는 소리 글자 모국어를 사용하는 영어권 아동들에 관한 연구를 인용하였으며, 같은 동양권이라 하더라도 소리 글자가 아닌 표의 문자 중국어를 사용하는 아동들에 관한 영어 읽기 연구는 포함하지 않았다.

자들을 죽 나열한다. 이 외에 영어와 한글 읽기의 큰 차이점은 한글은 자음의 소리가 한 문자로만 나타나나 영어의 경우는 두 개 이상의 자음을 연결하는 자음 결합의 형태가 있어서, 결합된 자음의 경우는 각 자음의 소리를 합한 것과 다른 종류의 불규칙적인 소리를 나타내는 경우가 있다는 것이다. 결과적으로 영어의 자음 소리의 종류는 더 많으며, 결합된 자음의 소리는 따로 익혀야 한다. 자음과 비슷하게 모음의 소리에도 차이가 있다. 한글은 모음자의 소리가 매우 규칙적이나 영어의 경우 한 모음자가 여러 가지 다른 소리를 낸다. 영어 모음의 경우에도 자음과 같이 모음 결합이 가능하고 이 경우에도 다른 불규칙적인 소리가 가능하다. 이런 상대적 규칙성에 기반하여 생각해 보면, 영어는 한글보다 좀 더 불규칙적이어서 각각 예외 및 여러 가지 가능한 소리와 소리 결합 원칙을 아는 것이 중요한 문자라 하겠다.

영어 읽기의 초기 발달

영어를 읽고 이해하기 위해서는 앞서 언급한 소리 결합 및 문자 조합의 원칙을 이해해야 하며, 이를 위해서는 여러 가지 기본 언어 및 문해 능력이 필요하다. 이러한 능력은 실제로 영어 읽기와 쓰기를 배우기 전부터 발달하고 있는 여러 가지 기본적인 언어와 문자 관련 능력들이다(Hammer, Scarpino, & Davison, 2011). 따라서 아동의 조기 영어 읽기 발달을 증진하기 위해서는 이러한 기본 언어 및 문해 능력이 발달할 수 있도록 도와주는 것이 효과적이다. 이 초기 능력들 중 한두 가지의 발달만으로는 영어 읽기 실력이 증진되기 어려우며, 여러 능력들이 골고루 복합적으로 발달해야 가능하다. 이에 학자들은 문해 관련 및 언어 관련의 두 가지 종류의 지식의 발달로 영어 읽기 능력이 증진될 수 있다고 제안하였다(Whitehurst & Lonigan, 1998). 두 가지 관련 지식의 범주와 구체적인 발달 영역은 다음과 같다.

문해의 기본 개념 및 지식

영어 읽기가 가능하기 위해서는 영어 문해의 기본이 되는 문자 조합의 원리 및 개념을 이해하고 사용할 줄 알아야 한다. 문자 조합이란 문자를 보고 그 문자가 해당되는 소리로 바꾸는 것과, 소리를 듣고 그 소리가 해당되는 문자로 바꿀 수 있는 지식이다. 이 문자 조합의 기본 원리를 이해하기 위해서는 글 속의 문자들과 말 속의 소리들을 구분하고, 문자와 그 대응 소리와의 관계를 알아야 한다. 이를 위해 필요한 지식은 음운/음소(문자의 소리) 개념과 문자와 음소를 연결시키는 문자 조합의 원리이다.

• 음운 개념

알파벳 언어를 사용하기 위해서는 말 속에 들어 있는 소리들을 이해 · 구분하고, 그것들을 바꾸거나 사용할 수 있는 기술이 필수이다(예: 소리가 나타나는 순서를 바꾸기, 한 소리를 다른 소리로 바꾸어서 다른 단어로 만들어 버리기 등의 기술)(Wagner & Torgesen, 1987). 음운 개념이 있는지 알아낼 수 있는 활동은 여러 가지가 있는데, 다른 사람의 말 속에 무슨 소리가 들리는가, 그 안에 몇 가지 소리가 있는가, 음율(rhyming)이나 어떤 소리의 규칙이 있는가, 단어의 첫 소리는 무엇이고 혹은 마지막 소리는 무엇인가, 각 개별 소리들을 묶어서 함께 발음했을 때 만들어지는 소리는 무엇인가 등을 알아내는 것 등이다. 예를 들어, 세 가지 소리 /k/, /a/와 /t/를 순서대로 빨리 소리 낸다면, 이 소리는 합하여져 /kat/이라는 소리를 내고 이 소리의 조합은 cat이라는 단어를 나타낸다는 것을 이해하는 것이다(다른 활동의 예는 뒤의 표 참고).

- 단어의 첫소리 찾기: cat: /k/, mad: /m/
- 단어의 마지막 소리 찾기: cup: /p/, kite: /t/
- 단어의 중간 소리 찾기: get: /e/, big: /i/
- 소리를 묶어 단어 만들어 내기: g-o-t: got, t-r-i-p: trip
- 단어의 모든 소리 찾아내기: fin: f-i-n, fox: f-o-x
- 운 맞추기: pat: cat, bug: pug
- 단어의 첫소리 바꾸기: van을 /p/로 바꾸기: pan, moon을 /s/로 바꾸기: soon
- 첫소리 더하기: -ud + /m/: mud, -ump + /j/: jump
- 첫소리 빼 보기: pin - /p/: in, fat - /f/: at

이러한 능력은 아동이 문자를 전혀 모르는 상황에서 혹은 문자를 알아도 문자를 보지 않고 순전히 말하기 듣기를 가지고 해 낼 수 있는 구어적인 능력이다. 아동의 음운 개념은 처음에는 좀 더 크고 구체적으로 구분이 쉬운 단위(단어나 음절)에서 시작되나, 시간이 갈수록 좀 더 작고 비구체적인 소리의 단위(단어의 첫소리, 마지막 소리, 각 자모음의 소리)까지 이해하는 방향으로 발달한다(Adams, 1990). 이런 음운 개념이 중요한 이유는, 알파벳 문자와 그 소리가 음소 단위이기 때문이다. 만약 아동이 각 음소를 듣고 구분할 수 없다면, 그 음소와 대응되는 문자, 그 소리와 소리를 나타내 주는 문자와의 관계 또한 이해할 수 없을 것이다. 실제 연구들에 따르면, 음운 능력이 뛰어난 아동이 영어 읽기를 빨리 배우며(Wagner et al., 1997), 특별히 읽기 장애가 있는 아동에게서 이 음운 능력이 낮은 것이 자주 발견된다(Stanovich & Siegel, 1994). 한편, 아동에게 음운 훈련을 시킬 경우 음운 능력과 읽기 능력이 같이 향상되었다는 연구도 있어(Brady et al., 1994), 영어 읽기를 위해서 음운 개념이 중요하다는 것이 확인되었다.

• 문자 원리(print principles)와 판독

영어 읽기는 알파벳을 아는 것으로 시작된다. 알파벳 모양을 보고 그 이름을 알아서 알파벳 문자들을 구분할 수 있어야 이 문자들이 나타내는 소리를 배우고 구분할 수 있고, 그래야 가장 중요한 문자 원리인 문자와 소리의 대응관계를 이해할 수 있다(Chall, 1967). 때로는 아동이 알파벳 문자의 이름을 가지고 그 소리를 추론하기도 한다. 문자의 소리가 그 이름과 비슷한 경우 아동이 실제로 그 알파벳을 쉽게 배울 수 있지만, 모든 문자의 이름과 소리가 일치하는 것은 아니어서 그렇지 않은 알파벳의 경우는 별도로 그 소리를 구체적으로 배우도록 해야 한다.

앞에서 이야기한 음운 개념은 글자를 배우기 이전에 말하기 듣기를 통해 구어를 사용하는 과정에서 발달하기 시작한다. 하지만 실제로 알파벳 문자를 익히는 과정 중 아동이 알파벳의 소리와 음소 개념에 더 민감하게 되어 결과적으로 음운 개념이 더 발달하기도 한다. 다시 말해 아동이 문자 원리를 배우게 되면 음운의 개념도 함께 더 증진되어(Wagner et al., 1997) '음운 개념 발달 → 문자 원리 개념의 발달 → 음운 개념의 발달'로 상호 발달을 촉진하게 된다. 하지만 알파벳 문자를 아는 것만으로는 읽기 발달이 이루어지기에 충분하지 않으며, 문자를 배우면서 문자의 조합 원리도 함께 알아 가야 계속적인 읽기의 발달이 이루어질 수 있다.

이렇게 문자의 이름과 소리, 문자와 소리의 대응 관계 등의 문자 원리를 익히게 되면, 단어들을 실제 읽을 수 있다. 단어를 보면서 그 안에 있는 문자들이 나타내는 소리들을 하나씩 발음해 나가고 다시 그 소리들을 빨리 조합하여 읽으면, 단어를 읽어 낸 것이다. 이런 식으로 단어에서 말하는 소리를 찾아 조합하여 읽어 나가는 훈련을 지속적으로 하면, 단어 읽기 과정이 점차 자동화되어 신속하게 그리고 큰 노력

없이 술술 영어 단어를 읽게 된다. 많은 영어 단어는 받아쓰기 훈련 등의 개별 단어 읽기 및 쓰기 훈련을 하지 않아도 문자 원리를 이해하고 각 음소의 소리를 조합하는 방식으로 충분히 읽고 배울 수 있지만, 이에 예외가 있다. 또한 흔하게 많이 쓰는 영어 단어들은 개별적으로 하나씩 익혀서 그 소리를 생각하지 않고 빨리 읽어내는 것이 효과적이다. 이런 단어들은 일견 단어(sight words)라고 하는데(보고 바로 읽을 수 있어야 하는 단어라는 뜻), 이런 일견 단어(sight words) 중에는 일반적으로 소리를 내는 원리에 맞지 않게 불규칙적인 소리를 내는 단어가 꽤 많이 있다. 따라서 일견 단어(sight words)들은 각 단어들을 반복적으로 훈련해서 바로 그 단어를 보는 순간, 어떻게 읽어야 하는가 하는 고민 없이 바로 읽을 수 있는 훈련이 효과를 보기도 한다(Ehri, 1995).

일견 단어의 예

a, about, all, an, and, are, as, at, be, been, but, by, called, can, come, could, day, did, do, down, each, find, first, for, from, get, go, had, has, have, he, her, him, his, how, I, if, in, into, is, it, like, long, look, made, make, many, may, more, my, no, not, now, number, of, oil, on, one, or, other, out, part, people, said, see, she, sit, so, than, that, the, their, them, then, there, these, they, this, time, to, two, up, use, was, water, way, we, were, what, when, which, who, will, with, words, would, write, you, your

이 외에도, 인터넷을 검색하면 여러 일견 단어 목록을 찾을 수 있다.

언어 관련 개념 및 지식

읽기가 완전하게 이루어지려면, 판독한 문자의 의미가 무엇인지 정확하고 효율적으로 이해하여야 한다. 단순히 문자의 소리를 파악하고 판독하는 데서 그치는 것이 아니라 각 단어, 문장, 절, 나아가 글 전체가 전하는 의미를 파악하는 것이 읽기의 최종 단계이자 궁극의 목적일 것이다. 이러한 독해를 위해서는 여러 가지 언어 관련 개념과 지식들이 필요하다. 언어 관련 능력은 문자 판독 과정에는 특별히 영향을 주지 않아 영어 읽기 교육에 급급한 교육 현장에서 자주 등한시되는 경향이 있다. 하지만 문자 판독 후의 해독 과정에는 언어 능력이 필수이므로 관련 언어의 개념이 발달하지 않은 아동은 독해에서 어려움을 겪게 된다(NICHD, 2005). 즉, 영어로 말하기와 영어로 읽기는 연관되어 있다(Hammer, Scarpino, & Davison, 2011). 따라서 조기 영어 읽기 교육에서는 문해 관련 교육과 언어 관련 교육이 동시에 이루어지거나, 문해 관련 교육 이전에 언어 관련 교육부터 꾸준히 이루어지는 것이 바람직하다. 문해에 관련된 언어 개념 및 지식은 다음과 같다.

• 어휘

여러 가지 언어 관련 지식 중 가장 중요한 한 가지를 꼽자면, 어휘 능력을 쉽게 떠올릴 수 있다. 단어를 들었을 때 혹은 읽었을 때 무슨 의미인지 이해하고 또 단어가 가리키는 사물이 무엇인지 구별해 낼 수 있는 능력(단어 이해 능력)과 또 사물과 개념을 듣고 이를 나타내는 단어가 무엇이 있는지 그 단어를 말로 표현해 낼 수 있는 능력(단어 표현 능력) 등을 통해 아동의 어휘 능력을 알 수 있다. 이해하고 또 필요한 상황에 사용할 수 있는 단어 능력이 높을수록, 글이 나타내는 바를 이해하는 문해 과정이 수월해지는 것이다(Dickinson et al., 2003; NICHD, 2005). 이러한 어휘 능력은 아동의 기본 배경 지식과 관련이 된다. 글에서 사용된 어휘를 알 경우 그 단어의 의미에 기반하여 직접적으로 독해가 가능한 것과 마찬가지로, 배경 지식이 있는 경우 그와 관련된 글을 읽으면 이해가 쉬울 것이다.

이러한 어휘 능력은 문해 과정뿐만 아니라 판독 과정에서도 중요하다는 것이 밝혀졌다. 놀랍게도 어휘 능력이 높을수록, 아동은 많은 단어를 구별해 낼 수 있는 단어들의 음운 차이에 민감하게 되어 결과적으로 음운 능력도 발달하게 된다(Goswami, 2001). 예를 들어, cat, cast, cats, cap, caps, can 등의 발음이 겹치는 단어들을 아동이 알고 이해한다면, 이 발음이 비슷한 단어들을 각기 다른 단어로 이해하고 구별할 수 있도록 만들어 주는 음운 차이, 즉 어떤 소리가 같은지 그리고 다른지도 함께 이해한다는 것이다. 따라서 어휘 능력이 높은 경우 음운 능력도 발달하여 문자 판독도 수월하게 될 수 있다.

이와 같이 어휘는 읽기의 전 과정에 걸쳐 중요하다고 할 수 있다. 가장 쉽게 어휘를 익히는 방법은 아마 독서일 것이다. 아동이 직접 읽지 않는다고 하여도, 부모나 교사 등과 함께 읽는 그림 동화 등을 통해 여러 가지 새로운 단어를 접할 수 있다. 그리고 그 동화의 배경과 사건들을 통해 단어가 사용되는 상황과 배경을 함께 이해하여 단어 의미 및 사용에 관한 복합적인 이해를 할 수 있다. 더욱 복합적인 개념 이해와 배경 지식 증진이 가능한 상황은 간접 경험인 독서보다는 아동의 직접 경험일 것이다. 집과 학교 밖에서 여러 가지 경험을 많이 할 경우 아동은 그 관련된 경험을 언어로 표현하고 관련 어휘를 이해하고 실제 사용하는 기회를 갖게 된다. 실제 사용하고 익힌 어휘가 영어 어휘가 아니라 한국어에 기반한 단어라 할지라도 아동이 그 개념을 익힘으로 인해 이후 문해 과정이 수월할 수 있다(한국어와 영어 개념의 문제에 대해서 다음 다중 문해 능력의 전이 효과에서 좀 더 자세하게 설명한다). 따라서 어휘와 문해 증진을 위해서는 낱말 카드 외우기 식의 접근은 효과적이지 않다고 하겠다.

• 언어 구조 이해

아동의 전반적인 언어 구조에 대한 이해도 읽기에 도움을 준다고 밝혀졌다. 앞서 언급한 대로, 영어는 접두사와 접미어 등을 사용하여 단어의 의미를 변형시키는 문법 체계를 사용한다. 또 라틴어에 바탕을 둔 접두사와 접미어의 경우, 각 접사에 의미가 있어서 접사가 첨가된 단어의 경우 의미가 변형된다. 예를 들어, 반대의 의미가 있는 'un-'을 'able'과 함께 사용하는 'unable'은 'able'의 반대 의미를 나타낸다. 또 전치사의 사용이 발달하여 전치사 하나의 변화로 전체 문장의 의미가 바뀌기도 한다. 이러한 언어의 특성에 기반하여, 언어 구조 및 문형을 이해하는 것이 아동의 영어 문자 판독과 독해에 필요하다는 것이 밝혀졌다(Bishop & Adams, 1990). 이에 관련 교육은 다양한 구조의 영어 문장에 익숙해지고 기존에 아는 단어들에 여러 가지 접사를 사용하여 다른 단어를 만들어 보는 경험을 통해 이루어질 수 있다.

• 언어 이해 능력

쓰인 글을 읽고 이해하는 능력은, 말로 하는 이야기를 듣고 이해하는 구어 이해 능력과 맞닿아 있다. 예를 들어, 이야기를 듣고 이야기의 구조와 순서를 파악하고 난 후 주요 구조를 담아 다시 서술할 수 있는 능력, 이야기의 중심 주제와 주제어를 알아 낼 수 있는 능력, 이야기에 담겨진 가설을 추론할 수 있는 능력 등이 언어 이해 능력의 예이다(Hickman, Pollard-Durodola, & Vaughn, 2004). 이 구어 이해 능력은 보통 읽기 능력이 발달하기 이전의 영유아기부터 언어 발달이 이루어지면서 꾸준히 발달하는 것이어서 단기간에 발달하지 않으며, 문해 능력을 일단 키운 이후에 언어 이해력과 독해력을 키우겠다는 것은 아동의 실제 발달 단계와 맞지 않는 가설이다. 유아기부터 여러 가지 구조의 이야기와 다양한 장르의 글들을 접하면서 점차적으로 언어 이해 능력을 길러 나가는 것이 바람직하다. 예를 들어, 전래 동화와 창작 동화는 이야기의 전개 방법이 다르며, 주인공의 이야기 전개를 보여 주는 동화와 정보 전달을 목적으로 하는 논픽션, 또 정보 전달을 목적으로 하나 주인공과 그 이야기를 전개하는 방식으로 정보를 서술해 주는 동화 형식의 논픽션 등 장르에 따라 이야기의 구조가 다르다. 같은 장르 안에서도 여러 가지 다른 구조가 있는데, 예를 들어 논픽션 안에서도 시간의 순서에 따라 서술한 글과 논리의 순서에 따라 서술한 글, 순서 없이 여러 가지 의견을 병렬적으로 나열한 글 또는 여러 의견을 대조·대립한 글 등 구조가 다양하다. 이러한 여러 가지 구조와 전개 방식들에 익숙해지도록 다양한 종류의 이야기와 글들을 접해 본다면, 전체적인 글의 의미 파악을 수월하게 할 수 있게 되어 독해에 도움이 될 것이다. 문제는 이런 다양한 구조를 볼 수 있는, 그리고 아동의 수준에 맞는 양질의 논픽션 글을 접하기가 쉽지 않다는 것이다. 다음은 (주로 과학과 관련된) 양질의 논픽션 장르 아동 도서를 찾을 수 있는 아동 도서 수상 목록이다.

아동 논픽션 장르 수상 목록

- American Library Association: Sibert Medal information books
- National Council of Teachers of Englist: Orbis Picture Award for Outstanding nonfiction for children
- American Association for the Advancement of Science/Subaru SB&F Prizes for Excellence in Science Books
- National Science Teachers Association: Outstanding science trade books for students K-12
- National Council for the Social Studies: Notable Social Studies Trade Books for Young People

이중 언어 아동과 영어 읽기 능력 발달

이중 언어 아동의 영어 능력

영어를 제2의 언어로 혹은 외국어로 배우게 되는 아동은 영어가 모국어인 아동과는 영어 읽기 능력과 그 발달 과정에 차이가 있다. 모국어의 경우, 보통 언어 능력이 어느 정도 발달된 후에 문해 능력이 발달되고 이에 관련된 교육을 받게 되어서 '언어 → 문해 능력'의 순서로 발달되어 간다. 따라서 앞서 나열한 영어 읽기의 초기 발달 영역들 중 언어 관련 개념 및 지식이 일찍 발달하기 시작하면서 지속적으로 이 발달이 계속되며, 그 중간에 문해 관련 개념과 지식이 발달하여 문자 판독 능력과 문해 능력이 지속적으로 발달하게 된다. 그러나 외국어 학습의 경우는 꼭 이런 순서가 아니다. 어느 정도 성장한 후 학령기가 되어 영어를 배우게 되는 경우, 이미 한글의 읽고 쓰기가 가능하고 문해의 개념이 있으므로 영어의 읽고 쓰기가 이 시기에 함께 교육되는 것은 무리가 없다. 하지만 영어의 언어 관련 개념이 충분히 없는 상태에서 문해 교육을 하게 되어 영어가 모국어인 아동과는 다른 과정과 어려움을 경험하게 된다.

영어권 국가에서 모국어가 아닌 제2언어로 영어를 배우는 아동, 특히 집에서는 영어 외의 모국어를 사용하고 학교나 어린이집, 유치원 등을 통해 영어를 접하게 되는 아동에 관한 연구를 보면, 외국어로서 영어를 학습하게 되는 우리나라 아동의 어려움을 쉽게 추측해 볼 수 있다. 이 연구들에 따르면, 제2언어로 영어를 배우는 아동의 경우, 학교에서 영어를 적극적으로 배운다 하더라도 영어가 모국어인 아동에 비해 영어 문해 능력이 전반적으로 떨어지는 것으로 드러났다(Han, 2012). 이들은 영어의 초기 읽기 능력에 어려움이 있었고 읽기의 어려움이 지속되는 경향이 있었다. 대조적으로, 제2언어로 영어를 배우더라도 학령기 전부터 영어에 노출되어 익숙해진 아동은 영어 문해 능력에 차이가 없었다. 이는 학교 입학 전 영어의 구어 능력이 영어 문해 관련 능력에 중요한 영향을 미친다는 것을 시사한다. 만약 어렸을 때부터 영어를 사용하는 환경에서 자라는 아동이라면(예: 부모가 집에서 한국어와 영어를 같이 사용하는 환경이거나 집 밖의 모든 환경에서 모국어가 아닌 영어를 사용하는 경우 등), 이 시기에 영어의 언어 개념이 발달하기 때문에 이 언어 개념이 이후의 영어 문해 발달로 연결이 될 수 있을 것이다. 하지만 현재 우리 사회에서 이러한 언어 환경에서 크는 아동은 극히 제한적이다. 그렇다면 보통 집에서는 한국어를 쓰고 영어 수업 등으로 영어에 제한적으로 노출이 되는 대부분의 아동의 경우는 정말 영어 문해 발달이 힘든 것일까.

다중 문해 능력의 전이 효과

제2언어를 배운다는 것은 쉬운 일이 아니다. 한국어와 영어의 말하기/듣기 그리고 읽기/쓰기 능력까지 아동이 배워야 할 것들은 기하급수적으로 늘어난다. 더구나 영어 노출이 제한적인, 한국어가 주 언어인 아동이 영어 읽기와 독해까지 유창하게 습득하기란 쉽지 않다. 여기까지 생각하면 이렇게 여러 가지를 다 어떻게 배우고 어떻게 아이를 교육시켜야 하는지 부모의 입장에서 한숨만 나올 뿐이다. 하지만 다중 언어와 다중 문해를 연구하는 학자들에 따르면, 다중 문해 능력이라는 것이 힘들기는 하나 불가능한 것은 아니다. 특별히 한글과 영어 모두 소리 문자라는 점에서 비슷하기 때문에, 언어 능력과 문해 능력과의 관계도 두 언어가 비슷하다. 관련 연구들에 따르면, 모국어인 주 언어와 외국어인 영어를 각각 따로 배우고 그 능력을 발달시킬 수도 있으나, 실제 언어들은 서로 연관되어 있기 때문에, 한 언어를 배우는 과정에 전반적인 언어 능력이 향상될 수 있고(Cummins, 1981),

또 한 언어의 문해 능력의 일부가 다른 언어의 문해 능력으로 전이되는 발달도 가능하다(Cardenas-Hagan, Carlson, & Pollard-Durodola, 2007). 만약 국어와 한글 실력이 영어 능력으로 확장 혹은 전이될 수 있다면 다중 문해 교육, 특별히 영어 읽기 교육을 위한 효율적인 교육 방법을 새로운 관점에서 고찰해 볼 수 있을 것이다.

우선, 공통 언어 능력 모형(Common underlying proficiency model; Cummins, 1981)에 따르면, 아동은 언어의 종류에 상관없이 공통적으로 사용할 수 있는 기본 언어 지식을 발달시킨다. 어떤 언어이건 한 언어를 배우고 사용함으로써 언어의 기능, 소리, 의미와의 관계, 의미를 이해하는 방법 등을 익힐 수 있다. 그리고 이중 언어에 노출된 아동도 각 언어에 특화된 지식뿐 아니라, 언어에 공통된 지식을 발달시킨다. 제1언어를 배움으로써 전반적으로 공통된 언어 능력이 발달하여, 제2언어를 익힐 때 도움을 받을 수 있는 것이다. 아동은 이런 여러 가지 언어 경험을 통하여 특정 언어에 국한되지 않는, 공통적으로 언어들을 비교 대조할 수 있는 초언어 지식(metalinguistic knowledge) 또한 익힐 수 있다.

다음으로, 다중 문해 능력의 전이 효과 모형을 주장하는 학자들에 따르면, 한 언어의 문해 개념 및 지식의 여러 가지 발달 영역은(앞서 언급한 음운 개념과 문자 원리 등의 문해 개념과, 어휘와 독해 등의 언어 개념) 제2언어의 문해 및 언어 발달 영역들에 직접적으로 적용되어 제2언어의 독해에 도움을 준다(Cardenas-Hagan et al., 2007). 예를 들어, 한글에서의 문자 원리, 즉 자모음과 그 소리의 관계를 이해한 경우, 영어의 문자와 음운의 일대일 관계를 새로 이해할 필요 없이 이미 알고 있는 음운의 특성을 영어에 적용하여 쉽게 이해할 수 있을 것이다. 또 국어 어휘의 발달로 개념을 이해하고 있는 경우, 영어에서 그 개념을 나타내는 단어 이해가 수월할 수 있다.

이 두 가지 모형은 모두 언어 간 문해 능력 발달 영역들이 연동되어 있다는 것을 강조한다. 한 언어에서 익힌 능력은, 새로운 언어의 학습 시 재습득될 필요 없이 그 언어에 곧바로 적용이 가능할 수 있다는 것이다. 읽기를 위한 문해 관련 그리고 언어 관련 발달 영역들 중에서, 다중 문해 능력의 전이 효과에 대해 가장 많이 연구된 영역은 음운 개념이다. 음운 개념은 아동의 초기 문해 능력에 가장 큰 영향을 미치는 기본 문해 관련 요소로서, 교육과 중재 프로그램의 초점이 되어 왔다 (McBride-Chang et al., 2005). 실제 다중 문해의 대상이 모두 소리 문자일 경우, 한 언어의 음운 개념이 발달하면서 음소 단위의 소리에 민감하게 되고, 이 민감성이 다른 언어의 소리를 분석하는 과정에도 작용하게 된다는 것이 여러 연구에서 지적되었다 (Durgunoglu, Nagy, & Hancin-Bhatt, 1993). 미국에 있는 이중 언어를 쓰는 한국 아동들을 연구한 결과, 아동이 한글을 배우게 되면서 영어 문해 발달이 더 잘 이루어진다는 것이 밝혀졌는데(Wang, Park, & Lee, 2006), 연구자들은 이것이 한글을 배우면서 익힌 음운의 원리가 영어의 음운 원리 이해로 전이 되면서 영어 읽기에 도움을 준 것으로 추론하였다. 음운 능력뿐만 아니라 구어 능력도 전이가 된다는 보고도 있다. 예를 들어, 모국어의 어휘 실력과 언어 이해 능력이 이후의 영어의 문자 판독 및 독해 능력과 관련이 있었다(Davidson, Hammer, & Lawrence, 2011).

다중 문해 능력이 전이 가능하다는 것은, 모국어의 실력이 이후 영어의 문해 실력으로 발전될 수 있다는 것을 강조한다. 쉽게 말해, 한국어를 잘하는 아동이 영어도 잘할 수 있는 것이다. 부모 및 또래와 꾸준한 대화와 독서를 통해 한글 어휘와 개념을 많이 익힌, 생각하는 힘이 있는 아동은 영어 독해에도 강점을 보일 수 있다. 또 한글 교육을 통해 음운과 문자 원리를 익힌 아동은 이 원리를 영어에도 쉽게 적용할 수 있다. 즉, 완벽한 이중언어를 익히기 위해 무조건 빨리 영어에 노출시키고 한글 전에 영어부터 배우게 하는 방법이 가장 효과적이 아니라는 의미이다. 물론 이는 제2언어인 영어에 언제 노출되었는지 그리고 제2언어 문해 관련 교육을 언제 시작하였는지에 따라 그 효과가 달라질 수 있다. 영어 말하기/듣기를 학령 전 혹은 초등 저학년에 익히게 되는 경우와, 초등 고학년에 익히게 되는 경우는 영어 말하기 및 읽기 능력에 차이가 날 수 있다. 하지만 정규 교육과정대로 초등학교에 들어와서 영어를 익힌다고 하여도 일단 국어를 통해 다져진 공통 언어 개념, 어휘, 이해력 등과 한글을 통해 다져진 음운과 문자 원리의 이해를 통해 영어의 읽기 학습이 탄력을 받을 수 있다. 영어 읽기 교육에 너무 조급하지 않아도 된다는 뜻이다.

이중 언어 아동의 영어 문해 교육에의 시사점

이중 언어 아동의 문해 및 언어 능력의 전이 효과와 초기 영어 문해의 여러 가지 발달 영역을 우리의 조기 영어 교육 상황에 대입해 보면 여러 가지 교육에의 적용점을 발견할 수 있다. 이에 기반하여 학령기 아동의 조기 영어 읽기 교육에의 시사점을 정리하면 다음과 같다.

첫째, 영어 읽기를 위해서는 문해 관련 개념 및 언어 관련 개념이 골고루 발달을 해야 한다. 가시적인 한두 가지 발달 영역에만 치우진 교육은 바람직하지 않다. 언어 발달이 같이 이루어지지 않으면 높은 수준의 읽기와 독해가 가능하지 않다. 언어 개념의 이해도 조기 영어 읽기 교육의 한 부분이 되어야 한다. 언어 개념과 문해 개념을 함께 익히면서 영어 읽기를 위한 기초 능력을 골고루 발달시킬 수 있다.

둘째, 영어 읽기는 한글 읽기에 비해 더 불규칙적이라는 것을 인식하여, 읽기의 기본 원리부터 정확하게 짚고 넘어간다. 한글에서는 일관적이어서 쉽게 배울 수 있는 자음/모음과 음소의 관계가, 영어에서는 상대적으로 조금 더 비일관적이고 복잡하다. 따라서 이 문자 원리를 익히는 데 있어 시간을 두고 여러 가지 규칙적이고 불규칙적인 예와 단어를 사용하는 훈련이 필요하다. 실제 연구에 따르면, 이렇게 비일관적인 영어(deep orthography)의 읽기를 익히는 데 걸리는 시간이 일관적인 언어의 경우보다 2배 이상 오래 걸리는 것으로 나타났다 (Seymour, Aro, & Erskine, 2003). 특별히 모국어가 아닌 제2외국어로서 이런 언어(영어)를 배워야 한다면, 단어 읽기부터 시작하는 읽기 교육은 바람직하지 않으며, 앞서 언급한 읽기의 기본 원리와 관련 발달 영역들을 차근차근 하나씩 짚고 나가야 하는 것이 필요하다.

셋째, 한글과 영어 문해 능력의 공통점을 최대한 이용하여 영어 읽기를 교육하도록 한다. 음소를 인식하는 훈련과 독해나 어휘 등을 익히는 훈련을 한글 교육과정에서 충분히 시간을 두고 접하고 연습한다면, 영어 읽기와 독해과정에 도움을 줄 수 있다(Scarborough, 2002). 특별히 한글과 영어 문해는 다른 점도 많으나 소리 문자라는 것에서 오는 공통점이 있다. 이런 공통점을 잘 이용하여 한글을 통해 음운의 원리와 문자의 원리를 터득하고 이를 직접적으로 영어 교육에 이용한다면 효율적인 영어 읽기 교육이 이루어질 수 있다.

넷째, 아동이 현재 한글에 대해 알고 있는 것을 스스로 영어 공부 시 접목시키도록 도와준다. 한글과 영어 읽기 능력의 전이는 아동이 스스로 노력을 기울이지 않는다 하더라고 어느 정도 이루어지나, 아동 스스로가 자신이 한글에 대해 알고 있는 지식을 영어에 접목할 수 있다는 것을 인식하게 되면 그 전이가 더욱 효과적으로 이루어질 수 있다. 한글의 자음 조합법을 아는 아동은 그 지식이 영어의 스펠링에도 어느 정도 적용이 될 수 있다는 걸 발견하게 되면 이런 '초언어적인 지식(metalinguistic knowledge)'을 기반으로 더 적극적으로 영어 스펠링의 원리를 파악하려고 노력하고 한글과 비슷한 점이 무엇인지 다른 점이 무엇인지를 이해하면서 자신이 모르고 있는 부분과 일정하지 못해 더 노력이 필요한 부분을 찾아낼 수 있게 된다.

다섯째, 영어 읽기 공부 시, 읽기와 관련되어 영어로 말하기/듣기 활동을 연계시켜 교육하도록 한다. 읽기의 문해 관련 개념은 한글로부터 쉽게 전이가 될 수 있지만, 실제 언어 개념과 구어의 사용 능력은 전이되기 힘들다. 물론 모국어처럼 영어를 말하고 들으면서 자연스럽게 노출되어 영어를 발달시킨다는 것은 우리의 현실상 쉽지 않은 일이나, 책이나 영화, TV 아동 프로그램, 애니메이션 등의 멀티미디어를 이용한다면 어느 정도 구어 사용 상황에 노출될 수 있고, 이를 통해 구어 능력뿐 아니라 언어의 사용 배경인 문화적인 이해도 같이 높일 수 있다.

여섯째, 영어 어휘와 이해력 증진은 영어 읽기의 절정인 독해에 필요한 요소이다. 어휘와 개념을 생각하고 이해할 수 있는 여러 가지 방법을 다각도로 이용하여 교육하도록 한다. 앞서 언급한, 영어에 기반한 멀티미디어를 사용하고 이해하도록 노력하는 것뿐 아니라 한글에 기반한 미디어를 사용하여 여러 가지 개념을 이해하고 생각하는 훈련이 되어 있지 않으면, 영어 단어와 문장을 읽고 판독할 수 있어도 전체적인 의미를 이해하는 독해력은 기르기 쉽지 않다. 이를 위해서 아동이 다양한 문화와 활동을 체험하고 여러 가지 다른 사람의 입장을 이해해 보는 경험들도 필요하다.

아동은 한글을 어떻게 배울까?

★ 최나야(서울대학교 아동가족학과 부교수)

대학생들에게 'ㅋ' 'ㅌ'의 이름을 써 보라고 하면 정답인 '키읔' '티읕'
보다 '키역' '키역' '티글' '티은' 등의 오답이 더 많아 당황하곤 한다. 가
장 과학적이고 배우기 쉽다는 문자인 한글을 어린 시절에 세계에서
가장 빨리 익혔을 텐데 어떻게 된 일일까? 지금 두세 살짜리 자녀에게
열심히 한글 지도를 하고 있는 부모 중에도 이와 비슷한 경우가 있을
것이라 생각된다. 이 절에서는 한글의 특성과 그에 따라 아동이 한글
을 배워 나가는 과정을 살펴본다.

한글의 특성

한글은 창제 시기와 창제자를 알 수 있는 역사적으로 유일한 문자
이다. 조선시대에 쓰이던 여러 문자의 장단점을 수렴하여 창제되었기
때문이다(이익섭, 2000). 가장 발전된 형태의 음소문자인 한글은 그 과
학성과 체계성을 세계적으로 인정받고 있다(송기중, 1991). 한글이 워
낙 독특한 문자 체계여서 한글을 습득하는 유아의 문해 발달도 독특
한 면이 있다. 따라서 한글의 특성부터 이해해야 그에 맞게 지도를 할
수 있다. 먼저 한글의 특성을 살펴보자.

음소문자

음소문자란 글자의 기본 단위가 음소로 이루어지는 문자를 말한다. 이 음소들이 모여서 음절과 단어를 이룬다. 'ㄴ' 'ㅏ' 'ㅂ' 'ㅣ'가 모여 '나' '비', 그리고 '나비'가 된다.

한글에서는 19개의 자음과 21개의 모음이 서로 뚜렷하게 구별된다. 한글맞춤법에 따르면 한글은 자음 14개(ㄱㄴㄷㄹㅁㅂㅅㅇㅈㅊㅋㅌㅍㅎ)와 모음 10개(ㅏㅑㅓㅕㅗㅛㅜㅠㅡㅣ), 총 24자로 구성되어 있다. 이 24자로 적을 수 없는 소리는 두 개 이상의 자모를 더해 쓴다. 이에 따라 복합자음 5개와 이중모음 11개까지 포함한 자음과 모음을 순서대로 구분하여 나타내면 다음과 같다.

한글의 자음 · 모음

자음 (닿소리)	ㄱ, ㄲ, ㄴ, ㄷ, ㄸ, ㄹ, ㅁ, ㅂ, ㅃ, ㅅ, ㅆ, ㅇ, ㅈ, ㅉ, ㅊ, ㅋ, ㅌ, ㅍ, ㅎ
모음 (홀소리)	ㅏ, ㅐ, ㅑ, ㅒ, ㅓ, ㅔ, ㅕ, ㅖ, ㅗ, ㅘ, ㅙ, ㅚ, ㅛ, ㅜ, ㅝ, ㅞ, ㅟ, ㅠ, ㅡ, ㅢ, ㅣ

자질문자

하나의 소리를 다른 소리와 구별되게 해 주는 성질을 '(변별적) 자질'이라고 한다. 한글에서는 기본자에 가획이 이루어지며 다른 자모가 되기 때문에 최초의 자질문자(featural system)라고 일컬어졌다(Sampson, 1990). 한글 자모는 그 자체가 소리의 특질을 반영한다. 24개의 기본 자모에 발성기관의 모양과 소리의 특성이 시각적으로 표현되었기 때문이다. 같은 계열이면 그 모양도 유사한 점이 독특하다. 예를 들어, 기본 자음 'ㄱ, ㄴ, ㅁ, ㅅ, ㅇ'에 하나씩 획을 더하면 'ㅋ, ㄷ, ㅂ, ㅈ, ㅎ'가 되면서 같은 계열 내의 다른 소리로 바뀌는데, 시각적인 형태만 보아도 서로의 관련성을 짐작할 수 있다. 모음 역시 'ㅏ, ㅓ, ㅗ, ㅜ'에 가획을 하면 'ㅑ, ㅕ, ㅛ, ㅠ'라는 다른 모음이 만들어진다. 이러한 규칙적이고 조직적인 특성 때문에 한글은 매우 터득하기 쉽다.

음절 단위 모아쓰기

음소문자는 보통 영어와 같이 음소를 옆으로 나열해서 풀어쓰기를 하는 것이 원칙이다. 반면, 중국어와 같이 글자 하나하나가 의미단어를 형성하는 단어문자의 경우 또는 일본어처럼 하나의 글자가 하나의 음절을 나타내는 음절언어의 경우는 모아쓰기를 한다.

한글은 음소문자이지만 2~4개의 자모를 조합한 '글자'를 단위로 표기한다. 하나의 음절은 하나의 글자가 되어 시각적으로 네모 안에 꼭 들어맞게 표기된다. 이 양면성 때문에 한글을 '알파벳-음절체(alphabetic-syllabary)구조'로 부르기도 한다(Taylor & Taylor, 1995).

따라서 한글에서는 음소와 음절이 둘 다 중요한 음운론적 단위가 된다. 일반적으로 음소문자는 유아에게 자모의 이름과 소리를 가르침으로써 음소 단위에서 지도를 시작한다. 그런데 한글은 먼저 음절 단위를 이용해 지도하는 것이 특수한 현상으로 여겨진다. 우리나라의 교사들은 '가갸거겨고교구규그기' 등이 쓰인 표준 CV(자음+모음) 음절표를 이용해 학습을 돕고, 유아는 5세쯤이면 CV 단어를 잘 읽으며 일부는 쓸 수도 있게 된다(Cho & McBride-Chang, 2005).

뛰어난 표음성

한글 자모를 이용해 거의 대부분의 소리를 표현할 수 있다. 로마자에서는 'a, e, i, o, u'의 5개 모음밖에 없어서 /ㅡ/나 /ㅓ/와 같은 모음은 표시하기 어렵다. 이에 비해 한글에는 로마자에 없는 'ㅓ, ㅡ, ㅐ, ㅚ, ㅟ'와 같은 단모음이 5개 더 있고, 그 밖에도 11자의 중모음 'ㅑ,

ㅕ, ㅛ, ㅠ, ㅒ, ㅖ, ㅢ, ㅘ, ㅙ, ㅝ, ㅞ'가 있어 훨씬 풍부한 소리를 낼 수 있다(김정수, 1990; 이익섭, 2000).

자음 또한 각 기본 자형에 가획이 이루어지면서 거센소리와 된소리로 바뀌어 다양한 소리를 표현해 낸다. 예컨대, 연구개음의 경우 한글은 'ㄱ' 'ㅋ' 'ㄲ'의 세 가지 소리가 모두 존재하는 것에 비해, 로마자는 유성, 무성 대립만 발달하여 이 계열에서 'g' 'k' 두 글자만 쓰인다. 더욱이 유성 연구개음 /ㅇ/을 우리는 단일자 'ㅇ'으로 쓰는데 로마자는 'ng'로 겹쳐 표시한다. 따라서 표음 능력에서 한글은 로마자보다 우수하다(김정수, 1990). 바로 이 점 덕분에 문자가 없는 민족을 위한 한글의 세계화가 가능한 것이다.

일관적인 자소-음소 대응 관계

글자의 발음이 항상 동일하기 때문에 해독이 쉽고 동시에 철자법도 쉽게 배울 수 있다. 몇 가지 규칙만 알면 단어를 이루지 않는 글자도 올바르게 읽을 수 있다(박권생, 1993). 따라서 한글은 얕은(shallow) 수준의 정자법 체계로 분류된다.

영어는 하나의 소리가 여러 글자에 대응되거나 하나의 글자가 여러 소리에 대응된다. 이에 비해, 한글은 자모, 즉 글자가 소리와 1:1로 대응되는 체계라서 매우 이상적인 표음언어이다(김정수, 1990; 이익섭, 2000). 한글에서 조합 가능한 글자의 수는 1만 1,172자이고 단어 수는 대략 40만 개가 넘지만, 음소와 자소는 각각 50개 정도이기 때문에 자소-음소 대응 규칙에 따라 읽는 것이 글자나 단어를 기억하여 읽는 방법보다 효율적이다(권오식, 윤혜경, 1996).

표의주의를 따르는 표기

한글은 표음문자이면서도 발음 나는 대로 표기하는 것이 아니라 그 단어의 뜻을 밝히기 위해 기본 형태소의 원형을 그대로 둔 채 분절하여 표기를 한다. 읽기의 편리성을 위해 소리보다는 의미를 더 중요시하는 것이라 볼 수 있다(이문정, 2004). 이 특성은 단어를 재인할 때 음절을 바로 식별하고 기억하게 해 준다(이익섭, 1992). 소리 나는 그대로 표기를 하면 읽기에 도움이 될 것 같지만 뜻을 금방 이해하기에 오히려 방해가 된다.

문자에 대한 이해의 발달

영유아는 문자가 의미 없는 상징이 아니라 목적과 기능을 가졌음을 알게 된다. 그들은 그림책의 제목, 부모가 보는 신문을 가득 채운 글자, 자신의 물건에 쓰여 소유를 나타내는 세 글자의 이름 등 의미 있는 맥락에서 반복적으로 보는 문자들을 경험한다. 주변 사람들이 주고받는 말이 문자로 쓰여 이를 다시 읽게 되는 과정을 관찰하는 것은 특히 중요하다. 이 과정을 통해 문자가 무언가를 '나타낼 수 있음'을 이해하게 되기 때문이다.

또한 유아는 문자의 형태, 이름, 소리 등, 문자가 가진 특성들에 점차 관심을 갖게 된다. 시각적 변별력과 시각적 기억력이 발달하면서 유아는 주변에서 자주 보는 글자의 모양에 호기심을 보이고, 글자들이 각각 다른 모양을 가지고 있다는 것을 알게 된다. 수, 방향, 형태 항상성과 관련된 유아기의 시지각 능력이 한글 단어 읽기에 영향을 미치는 변인임을 보여 준 연구는 자연스럽게 시지각 능력이 발달한 상태에서 문자 학습이 원활하게 이루어짐을 시사한다(최나야, 2009a).

유아는 각 글자가 고유한 이름을 가지고 있다는 것도 배운다. 'ㄱ' 'ㄴ' 'ㄷ'이 각각 '기역' '니은' '디귿'이라고 불리는 것을 학습하는 것은 단순한 암기 이상의 의미를 갖는다. 임의적으로 정해진 문자라는 상징에 이름과 의미를 부여하면서 영유아는 그 문자의 사용자가 된다.

그리고 글자의 소리는 글자의 이름과 함께 글자에 대한 지식, 즉 자모 지식(alphabet knowledge)의 중요 내용을 차지한다. 하나하나의 글자가 각각 다른 소리를 나타낸다는 것을 이해하는 것은 표음문자 체계에서 가장 중요한 원리(alphabet principle)를 습득했음을 뜻한다. 이후의 읽기 발달 과정에서 유아가 단어나 문장을 소리 내어 읽게 될 때, 모든 글자를 통문자로 암기해서 읽는 것은 아니다. 'ㄱ'은 /ㄱ/ 소리가 나는 글자이므로 '가방'의 '가'는 /가/라고 소리 난다는 지식은 유아의 읽기 능력의 기초로 작용한다. 유아가 자모의 이름과 소리 그리고 한글의 고유한 원리인 가획 원리와 합성 원리에 대한 지식을 획득하면 실제로 쓰이지 않는 어려운 한글 단어까지도 더 잘 읽게 된다(최나야, 이순형, 2007a).

또한 유아는 문자가 어떤 약속에 따라 쓰이는 것을 알게 된다. 많은 문화에서 글자를 왼쪽에서 오른쪽으로, 위에서 아래로의 순서로 쓴다. 성인과 함께 책을 읽는 경험을 하면서 영유아는 문장의 단어가 왼쪽에서 오른쪽으로, 위에서 아래의 순서로 배열되어 있음을 알게 된다. 단어 개념이 발달한 유아는 글을 손가락으로 가리키며 읽을 수 있는데, 이때 손가락의 움직임을 보아도 글의 방향성에 대한 이해가 나타난다. 문자는 띄어쓰기라는 규칙을 통해 배열되고, 물음표, 마침표, 느낌표, 따옴표 등의 구두점과 함께 쓰인다. 문자의 표준성에 관심을 갖는 단계에서 영유아는 바르게 읽고 바른 철자로 쓰는 것에 더 많은 관심을 보인다.

아직 글자를 모르는 유아는 맥락에 의존해서 읽는다. 과자 포장지의 제품명, 그림책의 제목을 '읽을' 수 있게 해 주는 것이 바로 맥락이다. 자주 보던 그림과 함께 배열된 글자들이 맥락으로 작용한다. 만 4세 정도의 유아는 이처럼 친숙한 맥락 속의 글자들을 읽을 수 있다

(McDevitt & Ormrod, 2007).

만 5세쯤 되면 단어 개념이 부쩍 성장한다. 유아는 처음에는 쓰인 단어가 어떻게 보이는지, 즉 생김새에만 집중한다. 그러다가 점차 단어에 포함된 일부 글자들을 음성적 단서로 쓰기 시작한다(Ehri & Robbins, 1992). '곰' '고래' '고양이'에 공통적으로 포함되는 /ㄱ/를 인식하는 것이다.

유아기가 끝나 가고 초기 학령기에 도달할 때쯤 '실험적 읽기'가 이루어진다(McGee & Richigels, 1996). 이 시기는 관습적인 읽기로 나아가는 관문이 된다. 실험적 읽기 단계의 아동은 높은 수준의 자모 지식을 보인다. 자모 대부분의 형태와 소리를 알고 있다. 또한 자모의 철자와 소리 간의 관계를 이해하게 된다. 이들은 알고 있는 자모, 단어, 소리를 사용해서 정확하게 읽으려고 노력한다(Jalongo, 2000).

읽기와 함께 쓰기 행동도 점차 발달한다. 영아는 필기도구를 가지고 그림을 그리거나 쓰는 것이 재미있음을 알게 되는데, 이 재미가 유지되려면 쓰기를 억지로 시켜서는 안 된다. 숟가락, 포크, 젓가락 사용하기, 스티커 떼어 붙이기, 장난감 조작하기 등의 여러 가지 활동을 통해 손을 점차 정밀하게 사용할 수 있게 되는 것도 쓰기 발달에 중요하다.

또한 영아는 쓰기의 기능을 학습한다. 주로 부모나 손위 형제자매가 무언가를 쓰는 것을 보고 쓰는 것이 의미 있는 행동임을 알게 된다. 이러한 일상적 경험을 통해 쓰기의 기능을 학습하고, 말하기와 마찬가지로 쓰기를 통해 상호작용할 수 있음을 배운다. Lamme(1985)이 '전-문자적 쓰기(prealphabetic writing)'라고 명명한 영아의 쓰기는 글자의 형태를 갖추지 못하기 때문에 읽기는 어렵다. 그림과 글자 쓰기를 구분하지 않지만, 점차 조절된 끼적거리기를 할 수 있게 되고, 분명한 선이 나타난다.

유아기의 쓰기는 '초보적 쓰기'(McGee & Richigels, 1996) 또는 '문자적 쓰기(alphabetic writing)'(Lamme, 1985)라고 일컬어진다. 만 4세 무렵에는 그리기와 쓰기가 분명히 구분된다(Graham & Weintraub, 1996). 유아는 성인의 쓰기를 흉내 낸 물결치는 선의 모양이나 연결된 고리 모양을 쓴다. 그래서 이 시기의 쓰기를 유사 쓰기(pseudowriting)라고 하기도 한다. 물론 주변에서 많이 보았거나, 자신과 가족의 이름 등 의미 있는 글자들은 관례적인 수준에서 쓸 수 있다.

또한 유아기에는 쓰기와 관련된 상위언어 지식이 발달한다. '미음은 네모예요.' '이거 내 이름에 들어 있는 글자랑 똑같아요.'와 같은 유아의 발화는 문자에 관한 지식을 드러낸다. 이 시기 유아는 글자의 규칙에 관한 질문을 많이 한다. 이후에 부분적으로 관례적인 문자 쓰기 단계에서는 글자의 크기와 비율이 일정하게 조절되지 않는다. 창안적 글자(invented spellings)나 틀린 철자도 쓰지만 철자에 맞추어 쓰려는 욕구를 보인다. 관례적 쓰기로 발전하면서 크기와 비율이 일정해진다. 이 시기에는 말과 글의 관계를 이해하고, 읽는 사람을 염두에 두고 글을 쓴다.

만 5세 이후부터 초기 학령기까지의 아동은 '실험적 쓰기'(McGee & Richigels, 1996)를 보인다. 이 단계에는 쓰기에 관한 규칙들을 습득해서 보다 정확하게 쓰게 된다. 그리고 쓰기 전략도 발전시켜 보다 세련된 쓰기를 할 수 있다. 글자와 소리 간의 관계, 즉 알파벳 원리를 깨달아서 철자대로 글을 쓰려고 노력한다. 글자를 보고 베껴 쓰는 행동도 보인다. 다른 사람에게 의미를 전달하려면 정확하게 써야 한다는 것을 안다. 쓰기의 규칙들에 민감해져 띄어쓰기를 시도한다. 그러나 이 시기에도 철자는 완벽하지 않으며, 글자에 관해 알고 있는 지식을 활용한 창안적 글자 쓰기도 병행하여 나타난다. 소리를 다루는 능력인 음운론적 인식이 발달할수록 아동은 철자를 정확하게 쓰며, 이러한 능력은 점차 자동화된다(Hemphill & Snow, 1996). 초등학교에 들어간 이후 아동이 쓰는 글자는 점점 작아지고 부드러워지며 규칙적이 된다 (Graham & Weintraub, 1996).

우리나라 유아의 읽기 발달

앞에서 살펴본 한글 고유의 시각적·청각적 특성은 아동의 문해 발달에 영향을 준다(윤혜경, 권오식, 1994; 윤혜경, 권오식, 안신호, 1995). 그 증거로는 기존의 읽기 발달 단계 이론과는 달리 한글 읽기 발달 단계에 고유한 과정이 존재한다는 점을 들 수 있다. 여기서는 단어 읽기를 중심으로 알아보자.

단어 전체를 단위로 읽기

우리나라 3세 유아의 50% 정도는 단어 전체를 단위로 하여 읽는다 (윤혜경, 1997b). 주변에서 자주 경험하거나 성인으로부터 배운 비교적 쉬운 단어를 통째로 익혀 같은 단어를 다시 보았을 때 기억해서 읽는 것이다.

글자를 단위로 단어 읽기

한글은 음소(자모)를 음절(글자)로 모아서 쓰기 때문에 각 글자들은 서로 시각적으로 뚜렷하게 구분된다. 유아는 우선 음절의 수를 인식하고, 다음으로 글자-음절의 일대일 대응관계를 깨닫는다. 마지막으로 글자의 발음 항상성을 이해하면서 재인 단위가 단어에서 글자로 바뀐다.

이렇게 글자가 재인 단위가 되는 시기는 3~4세에 짧게 존재하며, 한글 읽기에서 고유하게 나타나는 단계이다(윤혜경, 1997b; 이차숙, 1999b).

'글자 수-음절 수 대응 전략', 그리고 단어 전체를 암기하는 것이 아니라 이름 등에 나타나는 친숙한 글자를 찾아서 읽는 '아는 글자 이용 전략' 등은 한글 체계의 특성과 직접적으로 연관된 해독 전략이다.

'음절체+종성'과 '글자핵+종성자' 대응

글자-음절 대응 수준에서 자소-음소 대응 수준으로 가기 전에 짧게 존재하는 기간이다. 이는 한글의 독특한 철자 체계 때문에 나타나는 고유한 현상이다(권오식, 윤혜경, 이도헌, 2001).

우리나라 유아는 4.5~5세 때 많이 쓰이는 단어에 포함된 CV(자음+모음) 음절을 읽고, 5세쯤이면 대부분의 CV 단어를 잘 읽으며 일부는 쓸 수도 있게 된다. 그 후에 자모의 이름과 소리, 자모 합성 규칙을 배우게 된다. 따라서 5~6세에 전형적인 CV 음절에 자음(받침)을 더해 읽는 것을 할 수 있게 되고, 학교에 들어가는 6세쯤에는 대부분의 아동이 CVC(자음+모음+자음) 단어를 잘 읽을 수 있다(Cho & McBride-Chang, 2005).

자소와 음소 인식

재인 단위가 글자에서 자소로 이동하면서 각각 글자와 음절의 구성 단위인 자소와 음소를 인식한다. 음소와 자소는 각각 음절과 글자라는 형태의 일부를 구성하고 있어 어린 유아에게는 직접 경험되지 않는다. 자소와 음소를 경험하려면 글자와 음절의 형태를 해체하여 일부를 추출할 수 있는 능력이 먼저 필요하다(권오식 외, 2001).

우리나라의 유아의 자소 단위 처리 능력은 4세 반 정도부터 발달하기 시작하여 1학년 때는 거의 완벽한 수준에 도달한다. 음소에 대한 인식은 자소에 대한 인식보다 늦어서 4, 5세 무렵에 시작된다. 더 어린 유아에게 자소와 음소, 즉 낱자 단위를 가르치거나 훈련시킬 수는

아동은 한글을 어떻게 배울까?

있지만, 발달적으로 적합하지는 않다.

자소-음소 대응 지식 획득

글자와 소리 간의 관계를 인식함을 말한다. 아동이 쓰이지 않는 글자(예: 엳, 꽅)까지 읽을 수 있으면 자소-음소 대응 규칙을 터득한 것이다(윤혜경, 1997a). 영어권 아동은 6, 7세가 되어야 음소 인식이 가능하지만(Treiman & Baron, 1983), 한국 유아의 자소-음소 대응 지식은 받침 없는 글자의 경우 4세 정도에, 받침 있는 글자는 1년쯤 뒤에 나타난다(윤혜경, 2001).

한글에서는 자소-음소 대응 관계가 정확하기 때문에 이 규칙을 발견하면 곧바로 해독이 가능해진다(이차숙, 1999a). 7세 아동이 쓰이지 않는 글자 조합을 읽을 때, 미국 아동은 30%, 독일 아동은 73%의 정답률을 보인 반면, 우리나라 아동은 받침이 있는 저빈도 글자의 경우에도 83.8%의 높은 정답률을 보였다(윤혜경, 1997a). 이는 한글의 자소-음소 대응 관계의 파악이 쉬움을 보여 주는 예이다.

이와 같이 한글 단어를 해독하는 과정은 단어에서 글자로, 글자에서 '글자핵+종성자'로, 결국 자소-음소 대응 지식으로 발달한다. 즉, 단어를 더 작은 단위로 쪼개어 인식하다가 결국 다시 통합하여 해독하게 된다. 다만, 이러한 재인 단위 발달에는 개인차가 있다. 또한 한 단계가 다른 단계와 중첩되어 나타나기도 한다.

글자-소리 관계가 규칙적이고 예측 가능한 문자일수록 아동은 읽기를 쉽게 배운다(Harris & Hatano, 1999). 이 경우에 해당하는 문자는 스페인어, 포르투갈어, 이탈리아어, 독일어, 핀란드어 등이고, 반대로 불규칙성으로 인해 배우기 어려운 문자는 영어, 프랑스어, 그리스어 등이다. 한글은 규칙성의 수준이 가장 높은 문자라고 해도 과언이 아니므로 우리나라의 유아는 문자를 익히기에 큰 이점을 가진다.

우리나라 유아의 쓰기 발달

영유아의 쓰기 발달 과정은 선형적이기보다는 발달적이다(이차숙, 2004; Clay, 1991; Sulzby, 1985). 이는 한 단계를 거친 후 다음 단계로 올라가면 그 전 단계의 행동이 사라지는 것이 아니라, 다양한 쓰기 행동이 동시에 나타날 수도 있음을 뜻한다.

쓰기에 있어서도 우리나라 유아는 비교적 빠른 발달을 보이는 것으로 밝혀졌다(조선하, 우남희, 2004; 최나야, 2009b). 한글의 모아쓰기 방식으로 인해 유아의 음절(글자) 단위 쓰기가 외국 유아에 비해 일찍 나타난다. 또한 단어와 문장 수준으로 쓸 수 있는 취학 전 유아도 많은 것으로 나타났다. 이러한 결과는 취학 전의 문해 지도에 대한 높은 관심을 반영한다. 또한 글자와 소리 간의 관계가 분명한 한글의 특성이 유아의 쓰기 발달에 영향을 주는 것으로 볼 수 있다.

이영자와 이종숙(1990)은 우리나라 유아의 쓰기 발달 단계를 6단계로 제시하였다. 가장 먼저 끼적거리기는 단계(1단계)에서는 글자의 형태는 나타나지 않으나 세로선에 이어 가로선이 나타난다. 그다음 2단계에서는 한두 개의 자형이 우연하게 나타나고, 3단계에서는 이러한 자형이 의도적으로 나타난다. 4단계에서는 글자의 형태가 나타나는데, 형태나 방향이 틀린 자모를 쓰기도 한다. 5단계의 유아는 단어를 쓸 수 있는데, 이 중 하위 1단계에서는 자모음의 방향이 틀리거나 부분적으로 틀린 철자를 쓰고, 하위 2단계에서는 완전한 단어를 쓴다. 그리고 마지막 6단계에서는 문장 수준으로 쓸 수 있다. 6단계의 하위 1단계에서는 역시 문장의 형태는 나타나지만 부분적으로 틀릴 수 있고, 틀린 글자 없이 완전한 문장을 쓰는 경우를 하위 2단계로 보왔다.

　이러한 단계와 관련지어 우리나라의 1~3세 영유아에게 자신의 이름과 아는 글자들 그리고 문장을 자유롭게 써 보게 했을 때, 1세아는 세로선이나 가로선을 끍적거리기, 2세아는 1~2개 자형을 우연히 또는 의도적으로 쓰는 정도, 3세아는 1~2개의 자형 또는 완전한 글자를 쓸 수 있다(이영자, 이종숙, 이정욱, 1997).

　만 4~6세 유아의 자유 쓰기에서는 총 10단계가 발견되었다(최나야, 2009b). 크게는 비관습적 단계와 관습적 단계로, 세부적으로는 비자모, 자모, 자모 결합, 단어, 문장의 순서로 구성되어 있다. 이에 따라 쓰지 못하고 그리는 단계에서부터 완전한 문장을 쓰는 단계까지 나누어 보았을 때, 취학 직전의 유아 중 60%는 8단계의 단어 수준 쓰기를 할 수 있었고, 11%는 문장 수준으로 쓰는 모습을 보였다. 쓰기 발달 단계가 높은 유아는 자모 지식도 높은 수준인 것으로 나타났다.

유아의 쓰기 발달 10단계

단계			단계별 특징	설명
I 비관 습적 단계	비자 모	1	그리기로 대체	쓰기는 하지 못함
		2	끍적거리기	수직선, 수평선, 곡선 등의 선형으로 갈겨 씀
		3	자모와 비슷한 형태	한글 자음, 모음은 아님
	자모	4	독립적인 자음과 모음	한글 자음 또는 모음이 나타남
		5	불완전하게 결합 된 자음과 모음	자음과 모음 형태를 부적절하게 결합함. 한글 체계에 존재하지 않는 글자 만들어 씀

II 관습적 단계	자모 결합	6	완전한 글자	완전한 음절 단위의 글자. 단어를 이루지는 않음
		7	불완전한 단어	철자가 틀린 단어
	단어	8	완전한 단어	철자까지 맞게 쓴 단어
		9	불완전한 문장	문장 형태로 썼으나, 철자, 구두점 틀림
	문장	10	완전한 문장	완벽하게 쓴 문장

출처: 최나야(2009b).

영유아를 위한 한글 지도 방법

발현적 문해(emergent literacy)란, 자연스럽게 나타나는 읽기/쓰기 행동을 의미한다. 따라서 이 관점에서는 직접적인 교육에 따라서보다는 영유아 스스로가 읽기와 쓰기에 필요한 지식을 능동적으로 구성한다고 본다. 사회적 상호작용을 통해 영유아의 문해 능력이 발달하므로, 맥락을 고려하여 영유아에게 풍부한 경험을 제공해야 한다는 것이다. 특히 문자가 풍부한 환경이 중시된다. 영유아를 둘러싼 주변 환경에는 버스 노선도, 메뉴판, 장보기 목록, 전화번호, 그림책, 간판 등 셀 수 없이 다양한 인쇄물이 존재한다. 이러한 환경이 곧 문해 환경으로 작용하여 영유아의 자연스러운 문해 발달을 촉진한다.

부모와 교사는 글자에 대한 유아의 관심이 나타나는 시점을 주의 깊게 포착해야 한다. 이러한 호기심이 나타날 때 교육이 이루어지면 효과적이기 때문이다. 학습지를 활용한 반복적이고 탈맥락적인 조기 문자 교육이 성공하지 못하는 이유도 여기에 있다. 학습지가 성향에 잘 맞는 일부 유아에게는 부작용을 걱정하지 않아도 되지만, 대부분의 경우 오히려 문해에 대한 성향을 해치곤 한다. 한글 학습이 삶에서 처음으로 경험하는 관습적인 학습이 되면서 배우는 것 자체에 대한 부정적인 인식을 형성하게 되는 경우를 자주 보게 된다. 문해 발달은 각 글자를 단순히 암기하는 것만으로 이루어지지 않고, 음운론적 인식과 처리 능력의 발달이 순조롭게 이루어져야만 가능하다(최나야, 이순형, 2007b, 2008). 다음과 같은 방법들로 자연스럽게 영유아의 문해 발달을 도울 수 있을 것이다.

- 좋은 그림책을 활용해 자주, 아이가 원할 때마다 읽어 주며 풍부한 언어적 상호작용을 한다. 이야기 전체를 이해하는 가운데 차츰 단어를 인지하도록 한다.
- 어른이 책, 신문, 잡지, 목록 등 다양한 읽을거리를 읽는 모습을 자주 보여 준다.
- 주변에서 익숙한 글자 찾기를 시도한다. 이름에 들어간 글자부터 시작해도 좋다.
- 몸, 손으로 글자 만들기 등 대근육을 사용한다. 손가락으로 허공에 글자 써 보기, 나뭇가지로 흙바닥에 쓰거나 붓에 물을 묻혀 벽에 써 보게 할 수도 있다.
- 영아 때부터 끼적거리기와 그림 그리기를 장려한다. 탁자, 바닥, 벽에 전지를 붙여 주거나 큰 칠판을 활용해도 좋고, 이면지와 스케치북 등을 집안 곳곳에 둔다.
- 마커, 색연필, 연필 등의 필기도구도 여기저기에 비치한다.
- 성향에 반하여 학습지 연습을 과하게 시키는 것은 조심해야 한다.
- 철자와 획순을 틀려도 되는 시기이므로 정확한 글자를 강조하지 말고, 마음대로 만들어 쓰는 창안적 글자도 장려해야 한다.
- 한글 자모의 모양을 변형하여 다른 글자 만들기를 놀이처럼 시도해 본다. 이를 통해 한글의 가획 원리를 익힐 수 있다.
- 자석이 부착된 자모 블록으로 냉장고 위에 그림을 만든다. 반드시 올바른 글자나 단어를 만들지 않아도 글자 모양을 보고 만지면서 천천히 익히게 된다.
- 자모 블록으로 자음과 모음을 결합하는 놀이를 한다.
- 채소로 글자 도장을 만들어 찍어 본다.
- 등이나 손바닥에 쓴 글자나 단어를 촉감으로 알아맞히는 놀이를 한다.
- 쪽지, 목록, 카드, 편지, 일기 등 실생활에 필요한 의미 있는 글쓰기로 쓰기가 충분히 발달한다. 놀 때도 이러한 활동이 포함되도록 하고, 쓰려는 시도

를 칭찬해 준다.

• 취학 직전 또는 취학 후에 글자에 대한 인식 수준이 또래보다 낮다고 여겨지는 경우에는 의미 있는 읽기 활동을 통해 음운론적 인식과 단어 식별을 명시적으로 지도할 필요가 있다. 이때 활용할 수 있는 방법들은 다음과 같다.

  – 한글 음절표를 활용한다.

  – 모양이 비슷한 글자들을 짝지어 비교해 본다.

  – 비슷한 단어들을 비교하여 보여 준다(예: 모래–고래).

  – 음절과 음소를 다루는 말놀이를 한다(예: 글자 수 맞히기, 끝말잇기, 음절/음소 바꾸기 등).

  – 간단한 단어, 문장을 소리 내어 함께 읽는다.

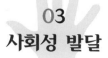

03
사회성 발달

우리 아이 공격성, 어느 정도일까?

✱ 정현심(명지대학교 대학원 아동학과 객원교수)

어린이집에서 단체생활을 시작하는 자녀를 둔 부모는 대부분 자녀가 다른 아이를 다치게 하지 않고 자신이 원하는 바를 달성하는 것을 바란다. 이러한 친사회적 행동과 반대되는 반사회적 행동은 개인이나 집단에 해가 되는 행동으로, 아동의 반사회적 행동은 주로 공격성으로 나타난다. 공격성은 타인에게 해가 되는 행동으로, 영아기 후반이 되면서 또래와의 상호작용 증가로 공격성이 빈번하게 나타난다 (Dodge, Coie, & Lynam, 2006; Tremblay, 2004). 아이들의 공격성을 그대로 두면 아동기와 청소년기를 거쳐 반사회적인 생활로 연결될 수 있다. 이러한 과정을 예방하기 위해 이 절에서는 공격성의 유형과 영향 요인들을 확인하고, 가정과 어린이집에서 아동의 공격성 감소를 지원하기 위한 방안들을 살펴본다.

공격성이란?

공격성은 다른 사람에게 상처를 주거나 해를 주는 것을 목적으로 하는 행동(Parke & Slaby, 1983)으로, 그 기능과 형태라는 차원으로 분류할 수 있다(정현심, 2014). 먼저, 공격성의 기능에 따른 구분은 공격성에 내재되어 있는 목적이 자신을 방어하기 위한 것인지, 자원을 획득하기 위한 것인지에 따라 반응적 공격성과 주도적 공격성으로 구분된다. 다음으로, 공격성의 형태에 따른 구분은 공격성이 표출되는 방식이 신체적인지, 언어적인지, 관계적인지에 따라 신체적 공격성, 언어적 공격성, 관계적 공격성으로 구분할 수 있다.

공격성을 기능으로 구분하면, 반응적 공격성과 주도적 공격성으로 구분된다. 반응적(적대적) 공격성은 지각된 위협, 두려움, 도발에 대한 적대적이고 분노적인 대응으로 정의할 수 있다(Vitaro, Brendgen, & Tremblay, 2002). 주도적(도구적) 공격성은 타인에게 해를 끼치거나 지배 혹은 강제하려고 의도한 것으로 정의된다. 반응적 공격성은 다른 사람이 자신의 목적을 막으면 이에 대한 반응으로 화를 내는 것 같은 방어적 대응으로 공격적 반응을 보이는 것이다. 주도적 공격성은 자신의 목적을 달성하기 위해 공격적 행동을 하는 것이므로, 예상되는 이익에 의해 유발되는 목표 지향적 특성을 지니고 있다. 놀이 상황에서 자연적 관찰을 통한 연구에서 주도적 공격성과 반응적 공격성 간 낮은 상관을 보였으나(Polman, Orobio de Castro, Koops, van Boxtel, & Merk, 2007), 교사의 평정을 통한 연구에서는 높은 상관을 보였다(Vitaro et al., 2002).

공격성을 형태로 구분하면 외현적 공격성과 관계적 공격성으로 구분된다. 외현적 공격성은 다시 신체적 공격성과 언어적 공격성으로 구성된다(Solberg & Olweus, 2003; Stockdale, Hangaduambo, Duys,

Larson, & Sarvela, 2002). 신체적 공격성은 물리적 힘을 사용해서 다른 사람에게 해를 주거나 신체에 피해를 입히는 성향으로(Dodge et al., 2006; Ostrov et al., 2013), 밀기, 때리기, 차기, 할퀴기 등이다. 언어적 공격성은 언어를 매개로 다른 사람에게 심리적·사회적으로 해를 끼치는 성향으로(Hamilton, 2012), 별명 부르기, 협박하기, 놀리기 등이다. 관계적 공격성은 사회적 관계인 또래관계에 피해를 주어 상대에게 피해를 입히는 것으로(Card, Stucky, Sawalani, & Little, 2008; Crick & Grotpeter, 1995), 사회적으로 배제하기, 악의적인 소문 내기 등을 의미한다. 언어적 공격성과 신체적 공격성은 종종 두 가지를 함께 묶어 외현적 공격성으로 해석되기도 하지만, 특히 집단 맥락에서는 두 가지 형태를 구분하여 연구하는 것이 의미가 있다(Bergsmann, De Schoot, Schober, Finsterwald, & Spiel, 2013).

공격성은 어떻게 발달하는가?

아이들의 다양한 공격성이 영아기, 유아기, 아동기를 거쳐 청소년기에 이르기까지 얼마나 안정적으로 발달하는지에 관한 의문들이 있어 왔다. 영아기 후반이 되면서 또래와의 상호작용 증가로 공격성이 빈번하게 나타난다. 아이들은 1세 정도에 잡거나 미는 것과 같은 공격적 행동에 필요한 운동 기술을 획득하며, 자신이 원하는 것을 얻기 위한 주도적 공격성을 보인다(Hay et al., 2011). 1세 영아가 자

친구가 들어가 있는 상자에 들어가겠다고 다투는 영아

장난감 바구니를 혼자만 차지하려는 유아

신이 원하는 장난감을 주지 않는 다른 영아에게 무력을 사용하는 연구에서 이를 확인할 수 있다(Caplan, Vespo, Pedersen, & Hay, 1991).

3~6세의 유아기에 신체적 공격성은 감소하지만 언어적 공격성은 증가한다(Alink et al., 2006; Tremblay et al., 1999).

아동기 중기 정도가 되면, 아동이 갈등을 해결하는 방식을 알게 되어 신체적 공격성과 언어적 공격성이 전반적으로 감소하는 경향을 보인다(Dodge et al., 2006). 그러나 3~10세의 공격적인 아동은 이후 삶에서 공격적이고 반사회적인 청소년으로 성장하는 경향이 있다(Cillessen & Mayeux, 2004).

공격성에 영향을 미치는 요인은 무엇인가?

아동의 공격성에 영향을 미치는 요인은 아동의 기질이나 성격과 같은 요인에서 가정환경, 부모의 양육태도와 또래와의 관계, 미디어에 이르기까지 다양하다. 여기서는 가족과 또래 그리고 대표적인 미디어인 TV를 중심으로 살펴본다.

가족

부모의 공격적이고 위압적인 훈육 경험은 아동이 공격성을 학습하게 되는 방법 중 하나이다. 아동은 부모와의 상호작용을 통해 자신을 형성하므로, 자신에게 공격적으로 행동하는 부모의 모습을 모방해 이들과 유사한 모습을 보인다. 이와는 다르게 애정적이지 않은 양육을 경험한 경우에 아동은 애정을 철회하는 것 같이 관계적 공격성의 성향을 보이기도 한다(Kuppens, Grietens, Onghena, & Michiels, 2009).

가정의 갈등이 지속되면 아동은 형제 혹은 또래와 공격적인 상호작용을 할 가능성이 높아진다(Davies & Cummings, 2006). 또한 부모는 자녀의 행동에 관한 논쟁을 하게 되고, 부부 간 갈등의 증가는 다시 자녀의 공격성이나 다른 문제행동의 증가를 촉진하게 된다(Cui, Donnellan, & Conger, 2007).

또래

또래는 아동의 공격적 행동 발달에 강한 영향력을 가진다. 공격적인 아이는 다른 공격적인 아이들과 친구가 되고, 이들의 공격적인 행동들을 지지한다(Powers, Bierman, & The Conduct Problems Prevention Research Group, 2013). 이들은 공격하는 대상을 공유하기도 하고, 함께 또래를 공격하기도 한다.

또한 또래 간의 인기도 아동의 공격성과 밀접한 관련을 가지고 있다. 인기 있는 아동은 인기를 얻고 유지하기 위한 수단으로 다른 사람을 무시하고 위협하는 것과 같은 외현적 · 관계적 공격성을 사용하였다(Bagwell & Coie, 2004). 다른 한편으로 매우 공격적인 아동은 또래에게 거부되는데, 반대로 또래에게 거부당한 경우 아동의 공격적 행동이 증가한다.

TV

아동의 발달에 영향을 미치는 문화적인 영향 중 하나인 TV는 아동의 공격성에도 영향을 미친다. TV를 시청하는 아동이 덜 시청하는 아동에 비해 더 공격적인데, 이는 TV가 공격적 행동의 모델을 제시하기 때문이다. 아동을 대상으로 하는 많은 TV 프로그램이 신체적 공격성을 포함하고 있다(Wilson et al., 2002). 또한 이러한 폭력적인 TV에 자주 노출된 아동은 공격적이고 폭력적인 성인으로 성장한다(Fuld et al., 2009).

공격성은 어떻게 감소시킬 수 있는가?

아동의 공격적 행동을 감소시키기 위해 부모와 교사를 지원할 수 있는 방안에 대해 살펴보면 다음과 같다.

비공격적 놀이 환경 조성

아동의 공격성을 감소시키기 위해 사용하는 방법 중 한 가지는 공격성을 유발하는 다양한 공격적인 장난감들, 예를 들어 총이나 칼과 같은 것들을 사 주지 않거나 치우는 것이다(Dunn & Hughes, 2001). 또한 아동에게 폭력적인 TV를 시청하지 않도록 하거나 친사회적인 주제를 가진 TV 프로그램을 시청함으로써 아동의 친사회성을 향상시키는 것도 도움이 될 수 있다.

이타적 모델 제시

가정에서 부모가 자녀를 때리는 경우에도 아동이 공격적인 행동을 학습할 수 있다. 또한 형제자매가 공격적인 행동을 하는 경우에도 마찬가지이다. 따라서 공격적인 행동과 양립할 수 없는 공유, 도움이나

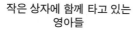

작은 상자에 함께 타고 있는
영아들

협동해서 태극기를 만들고 있는
유아들

협동과 같은 친사회성을 가진 이타적 모델을 아이들에게 제시함으로써 협동이나 공유와 같은 행동을 강화하고, 심각한 공격적 행동을 무시함으로써 친사회적 행동을 증가시키고, 적대성을 감소시킬 수 있다 (Conduct Problem Prevention Research Group, 1999).

사회인지적 개입

공격적인 아동의 사회인지적 결핍과 왜곡이 타인의 고통과 괴로움에 대한 동정을 방해해 공격적 행동에 이르게 한다. 따라서 공격적인 아동은 자신의 분노를 조절하고, 또래에게 적대적 의도를 과잉귀인할 가능성을 줄이도록 감정을 이입하고, 타인의 조망을 갖는 것에 숙련되도록 도와주는 사회인지적 개입을 통해 이익을 얻을 수 있다(Crick & Dodge, 1996).

아동의 사회성, 어떻게 길러 줄까?

★ 유주연(아동학 박사)

어린이집이나 유치원 등의 기관에 자녀를 보내는 부모가 교사에게
가장 흔하게 하는 질문 중 하나가 "우리 아이가 친구와 잘 지내나요?"
이다. 여럿이 함께 생활하는 교육기관에 잘 적응하는 것은 또래와 잘
어울리는 것과 밀접한 관계가 있으므로 부모들의 이러한 관심은 당연
하다. 우리나라는 2016년을 기준으로 만 1세 영아의 66%, 만 2세 영아
의 85%가 어린이집을 이용하고 있는 것으로 나타나고 있는데(보건복
지통계연보, 2016), 기관을 경험하는 시기가 앞당겨짐에 따라 부모들이
자녀의 또래관계, 즉 사회성에 관심을 갖는 시기 또한 빨라지고 있다.

어린이집에 데리러 갈 때마다 늘 혼자만 놀고 있는 것 같아 염려가
되는 만 1세 아이, 도통 놀잇감을 나누지 못해 또래들과 놀이는커녕
다툼이 빈번한 만 2세 아이를 둔 엄마의 고민은 주변에서 이야기하는
대로 아이가 자라면서 저절로 괜찮아지는 문제일까? 유치원을 다니는
아이가 친구들이 자신과 잘 놀아주지 않는다고 속상해 하는데 혹시
내 아이가 학교에 들어가서 왕따가 되는 것은 아닐까? 이 절에서는 부
모는 자녀의 사회성 발달에 있어서 나이대별로 무엇을 기대하는 것이
적절하며 어떤 도움을 줄 수 있는지에 대해 이야기하고자 한다.

사회성은 타고 난다?

사회성은 인간이 자신을 둘러싼 주위 환경에 적응하고 주변 사람들과 원만한 관계를 맺는 것을 의미한다. 사회적 관계는 아동기에서 노년기에 이르기까지 인간의 삶에 대한 만족도에 가장 주요한 '바로미터[1]'가 될 뿐 아니라, 4차 산업혁명 사회에 필요한 인재상에서도 주요요소[2]로 꼽고 있다. 아이들을 행복하고 유능한 인간으로 키우는 것은 가정과 사회 모두가 공통으로 추구하는 교육 목표이다. 즉, 아이들의 사회성 발달은 교육의 주요한 키워드이며 목적이다.

그렇다면 사회성은 과연 환경과 교육을 통해 길러지는 것인가? 사회성 발달의 중요성에도 불구하고 사회적 능력을 길러주기 위한 구체적인 방법이나 노력에 대한 관심은 인지-지식 중심 교육에 비해 저조하다. 이는 사회성이 선천적으로 타고나는 특성이거나 혹은 개입이 불가능하다고 여겨서일까? 우리는 매우 어린 시기부터 부모를 비롯하여 주위 사람들과 눈만 마주쳐도 벙긋벙긋 웃는 아기가 있는 반면, 유독 낯가림이 심하여 엄마가 눈앞에서 사라지기만 해도 울고 사람이 다가오는 것을 피하는 아이가 있음을 경험적으로 알고 있다. 사람을 좋아하고 쉽게 어울리는 특성은 타고나는 부분이 분명 크게 영향을 끼치는 듯하다.

아이가 타고난 기질은 사회적 능력이 발현되는 단계에서부터 드러난다. 사람들에게 먼저 다가가고 사람들과 함께 있는 것을 즐기는 외향적이고 적극적인 성향의 아이들은 사람들과의 관계를 맺기에 유리

---

1) 1930년대 말 미국 하버드대학교 입학생 268명의 삶을 73년간 추적 조사한 미국의 조지 베일런트(George E. Vailant) 교수는 행복의 제1조건으로 '친밀한 인간관계'의 경험과 유지를 꼽았다.
2) 2016년 다보스포럼에서 4차 산업혁명은 사람을 다루고 타인과 협업하는 능력을 가진 사회적 인재를 요구한다고 강조하였다.

하다. 반면, 내성적이고 소극적인 성향의 아이는 사람들과 함께 하는 기회 자체가 제한될 수 있다. 까다로운 기질을 가진 아이의 경우, 양육자의 긍정적이고 일관된 반응을 이끌어내지 못하여 불안정한 애착으로 이어져 이후 사회적 관계에도 영향을 받을 수 있다.

아이가 타고난 외향적이고 적극적인 기질은 사회적 관계를 시작하는데 유리하게 작용할 수 있으나 이것이 곧 원만하고 성공적인 사회적 관계와 직결되는 것은 아니다. 단순한 접촉이 아닌 지속적이고 깊이 있는 관계를 맺기 위해서는 다른 사람의 생각이나 감정을 이해하고 적절하게 반응하는 공감능력, 다른 아이의 말을 잘 들어주고 필요를 이해하여 적절히 양보하고 때로는 놀이를 자신감 있게 주도할 수 있는 능력, 양보나 배려 등의 친사회적 기술, 놀이성이 풍부하여 또래들에게 매력을 갖는 것, 자기조절능력 등의 사회적 기술 혹은 유능성이 요구된다. 이는 지적 능력처럼 일정 부분 타고나는 특성의 영향이 있으나 환경에 따라 훈련·강화될 수 있다.

부모와의 관계는 아이의 사회적 능력에 가장 직접적인 영향을 미치는 환경요인이라 할 수 있다. 부모는 아이가 가장 먼저 만나는 타인이며 가정은 가장 먼저 접하는 사회이다. 가정 내에서 부모와의 경험은 이후 또래관계나 더 큰 사회집단에서의 적응에 영향을 준다. 부모와의 관계에서 흔히 '애착'을 언급하는데, 애착이란 특정 사람과의 교류를 통해 형성한 친밀감을 의미한다. 인간이 생애초기에 부모와 맺은 애착은 이후 보다 다양한 사람, 넓은 차원에서의 긍정적 관계 형성을 의미하는 사회성의 초석이 된다. 영아기에 부모와 불안정 애착을 맺었던 성인의 경우 청년기 연인과의 관계에서 심한 의존성을 보이거나 (조영주, 최해림, 2001; 하상희, 2015) 이후 대인관계에서 문제를 경험하는 비율이 높은 것으로 나타난다(박상희, 이남옥, 2014). 즉, 부모와의 관계 경험이 다른 사회적 관계에 반영되는 것이다.

사회성은 어떻게 발달하는가?

갓난아기들은 자신의 필요를 오직 울음으로 표현하지만, 주변 환경을 파악하고 언어를 이해하게 되면서부터는 자신의 요구를 적절한 사람에게 정확하면서 효율적으로 전달할 수 있게 된다. 사회성 역시 어린 영아들의 경우 사람에 대한 관심의 표현정도로 나타났다면 유아기에 이르면 신체적·인지적 발달과 축적된 사회적 경험을 바탕으로 타인과 긍정적인 상호작용 및 관계를 유지할 수 있는 적절한 사회적 기술을 사용할 수 있게 된다.

사회성은 타인과의 상호작용 혹은 관계를 통해 드러나지만 그 뿌리는 자신에 대한 인식과 이해에서 시작된다(Lewis & Carpendale, 2004). 즉, 스스로를 어떻게 보는지가 다른 사람들과의 상호작용 방식과 내용을 결정하게 된다. 이는 성인의 경우에도 찾아볼 수 있다. 예를 들어, 상대방의 불친절한 태도에 대해 자존감이 높은 사람의 경우 '저 사람이 기분이 나쁜가 보다.'고 여기는 반면, 자존감이 낮은 사람의 경우 '나를 무시한다.'고 받아들일 수 있다. 같은 상황에 대한 이러한 인식의 차이는 상황에 대한 전혀 다른 반응과 행동을 야기할 수 있다. 사회적 행동에 영향을 주는 자기에 대한 태도와 자존감은 영유아기에 이루어지는 자신에 대한 이해가 바탕이 된다.

영아는 생후 6개월에서 12개월 정도에 이르면 자신이 세상과 구분되는 독자적인 존재라는 것을 인식하게 된다. 이후 아이들은 자신이 가진 능력을 시험해 나가며 스스로의 속성을 파악하고 자신을 정의하게 된다. 자신에 대한 정의에는 스스로에 대한 태도나 가치가 담기게 된다. 걸음마기(12~24개월) 영아가 간식이 들어있는 그릇을 지속적으로 엎어버리는 행동은 단순히 음식이 쏟아지는 것이 재미있어서 만이 아니라 엎었을 때 엄마가 보이는 놀라고 당황해하는 반응을 보는 것

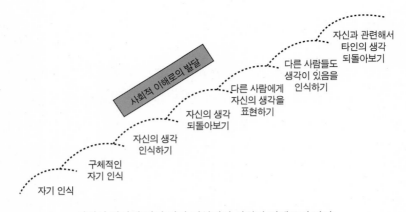

사회성 발달에 있어 자기 인식에서 사회적 이해로의 발달

출처: Kostelnik, Gregory, Soderman, & Whiren (2011).

이 흥미롭기 때문이다. 이 과정에서 아이는 '나는 엄마를 깜짝 놀라게 할 수 있다.'는 자신의 능력으로 스스로를 정의하게 된다. 자신에 대한 정의는 이후 '나는 우리 반에서 제일 빨리 달릴 수 있어.'라는 식으로 자신의 특성을 또래나 주변과 비교하여 설정하기도 하며 '나는 규칙을 잘 지키는 아이야.'라는 식의 도덕적 기준을 반영하기도 한다. 유아기에서 학령기에 이르면 자기에 대한 개념은 스스로에 대한 평가로 이어지게 된다. 자신의 가치('나는 내가 좋아, 친구들은 날 좋아하지 않아'), 능력('나는 무엇이든 잘 할 수 있어')에 기반하여 아이들은 자신을 긍정적 · 부정적으로 평가하며, 이러한 평가의 결과인 자아존중감은 또래 혹은 타인과의 상호작용과 관계에 영향을 미치게 된다.

사회성의 발달은 이렇듯 스스로를 인식하고 파악하는 것에서 시작된다. 영아들은 자신에게 집중하고 자기 주변에 대한 주도적 탐색을 통해 사회성의 기반을 닦고 있는 것이다. 주변에 대한 탐색은 놀잇감이나 생활용품 등의 사물을 조작하고 자연과 환경을 관찰하는 가운데 이루어진다. 갓 돌을 지난 영아가 주방의 살림살이를 뒤지거나 개미들의 움직임에 집중하는 모습은 이 시기 아이들의 주요 발달 과업인 환경탐색이다. 이러한 탐색과정은 아이들의 능력에 대한 발견을 가져오며, 이는 곧 자신의 특성에 대한 인식으로 이어진다. 조작과 관찰 등의 탐색작업은 대개 독립적으로 이루어지며 이를 혼자놀이라고 부른다. 비록 또래나 집단에 대한 관심은 배제되어 있으나 영아의 혼자놀이는 사회적 고립이나 관계의 단절을 의미하지 않는다. 혼자놀이는 자기 인식, 자기 이해의 발달을 돕는 과정으로서 사회성 발달의 근간이 된다.

혼자놀이를 주로 하는 시기의 영아는 주양육자인 성인과의 관계가 또래와의 교류보다 의미가 있다. 성인은 영아의 제한적인 능력을 고려하여 적절한 자극과 반응을 보임으로써 영아가 성공적인 상호작용을 경험하도록 도울 수 있다. 이 시기 양육자와 맺은 긍정적인 관계 경험, 즉 안정적인 애착 형성은 이후 사회성 발달의 토대가 된다. 요즘은 아이들이 일찍부터 기관에서 교사와 또래들과 관계를 맺으며 사회적 경험의 폭이 넓어졌다. 두돌 이전의 영아를 기관에 보내는 부모라면 아이가 또래와 함께 놀이하지 않는 것을 걱정하기보다는 충분히 혼자놀이에서 집중할 수 있는 환경인지, 아이가 혼자놀이에서 보이는 관심사는 무엇인지 그리고 교사가 아이와 질적인 상호작용을 하고 있는지에 중점을 두는 것이 이후의 건강한 사회성 발달과 관련이 있다는 점을 알아둘 필요가 있다.

혼자놀이 하는 만 1세 영아

영아가 주변 사람들에게 호기심으로 접근한다면 유아기에 이르

교사와 놀이하는 만 1세 영아

러 아이는 타인의 입장이나 생각에 대해 관심을 갖고 나와 다른 특징을 가진 또래와의 놀이에서 재미를 느끼게 된다. 만 2세경이 되면 또래와 간단한 역할놀이를 시작하는데, 이는 이후 규칙이 있는 집단놀이 등으로 발전된다. 또래와의 놀이가 활발해지는 것과 동시에 또래 간의 갈등도 보다 잦아지게 된다. 이 시기 유아는 타인에 대한 이해를 키워 나가고 있지만 여전히 자기중심적인 사고가 우세하다. 아이의 발달적인 입장과 한계를 이해하고 배려하는 성인과의 상호작용과는 달리 유사한 발달적 제약을 가진 또래 간 상호작용의 경우 갈등이 쉽게 유발된다. 즉, 또래에 대한 관심이 시작됨과 동시에 또래관계에서의 어려움을 호소하는 경우가 빈번해지는 것이다. 이러한 또래 간 갈등은 타인과 사회의 기대에 적절한 행동을 할 수 있는 자기 조절능력과 타협을 위한 친사회적 기술을 연습하는 과정이다. 따라서 부모와 교사는 아이들이 또래와의 갈등을 슬기롭게 해결하고 이러한 성공적인 갈등해결 경험이 반복되도록 도와주어야 한다.

부모가 어떻게 도와줄 수 있을까?

앞서 우리는 영아의 혼자놀이나 유아의 또래갈등 경험이 사회성 발달에서 갖는 의미를 살펴보았다. 아이들이 사회성을 발달시켜 나가는 과정에서 부모는 어떠한 도움을 줄 수 있는가? 취학 전 아이들의 경우, 부모의 적절한 개입은 자녀의 또래관계에 긍정적인 영향을 주는 것으로 나타난다(Ladd & Golter, 1988). 부모의 또래관계 개입은 다양한 형태로 나타날 수 있는데 발달시기에 따라 적절한 방식을 선택해야 한다.

부모의 또래관계 개입유형

조정(arrangement) 및 중재(moderation)	부모가 또래와 만날 수 있는 기회를 만듦
지도(supervision) 및 감독(monitoring)	부모가 또래와 상호작용하거나 놀이하는 상황에서 필요한 사회적 기술을 직접 지도함
조언(consultation) 및 지지(support)	부모가 또래관계에서의 갈등이나 어려움에 대한 이야기를 들어주고 함께 해결책을 도출함

출처: Ladd & Golter (1988).

또래관계를 막 경험하기 시작하는 영유아의 경우, 부모가 또래와의 만남의 기회를 제공하고, 놀이 친구를 선택하는 등의 물리적 환경을 조직하며, 또래와의 상호작용에 필요한 친사회적 기술을 모델링하거나 직접 지도하는 등의 적극적인 지원이 가능하다. 어린이집이나 유치원에서 또래와 처음 만나게 되는 경우 아이는 낯선 환경에서 다수의 또래를 한꺼번에 감당해야 하는 상황에 부딪히게 된다. 이 경우 부모가 미리 한두 명의 또래와 익숙한 장소(가정이나 동네 놀이터)에서 만날 수 있는 기회를 만들어 준다면 아이는 보다 편

친구들과 역할놀이를 하는 만 3세 유아

안하게 또래에게 다가갈 수 있다. 또한 함께하는 경험을 자주 가져 친해진 또래가 있다면 집단에도 보다 편안하게 적응할 수 있다. 특히 기질적으로 수줍음이나 두려움이 많은 아이의 경우, 이러한 부모의 개입은 원만한 또래관계를 경험하는 데 도움이 될 수 있다. 영유아의 경우 차례를 기다리거나 놀잇감을 나누는 등의 다른 사람을 이해하고 배려하는 사회적 기술이 미숙하여 또래와 갈등상황에 자주 부딪히게 된다. 이러한 사회적 기술은 부모나 성인이 직접 지도 혹은 모델링을 통해 알려주고, 이를 또래와의 상호작용에서 활용할 수 있도록 도와주는 것은 아이가 긍정적인 또래관계를 경험하는 데 필수적이다. 이처럼 어린아이의 경우 원활한 또래관계를 위해 부모가 물리적 · 사회적 환경 조직이라는 보다 직접적인 방식의 지원을 하는 것이 효과적이다. 아이가 언어적으로 상황이나 자신의 감정을 충분히 전달할 수 있는 시기가 되면 부모는 또래관계에서의 갈등이나 어려움에 대한 이야기를 나누고 조언이나 지지를 할 수 있게 된다. 이 과정에서는 무엇보다 아이의 감정에 공감해 주되 상황을 객관적으로 볼 수 있도록 조언해 주는 것이 아이의 사회성 발달에 도움이 된다.

이러한 방식으로 부모나 성인이 영유아의 사회성 발달을 위해 또래관계를 지지하고 지원해 주는 것은 중요하다. 그러나 현실에서 부모의 개입은 유독 또래 간 갈등 상황에 집중하는 경향이 있다. 자녀가 문제나 어려움에 당면했을 때 이를 잘 해결할 수 있도록 돕는 것이 부모로서는 당연한 노릇이다. 하지만 아이들의 놀이에 성인이 개입하여 갈등이 일어날 상황을 사전에 차단해 버리거나 이미 다툼이 일어난 상황에서 성인이 개입하여 잘잘못을 가려 주는 것은 또래 갈등상황이 사회성을 발달시킬 수 있는 기회임을 간과한 과도한 개입이다. 외동아에 비해 형제가 많은 아이의 사회성이 높다는 것은 경험적 · 학문적으로도 입증되었다. 이는 사회 관계 내에서 경험하는 갈등을 통해 아이들은 사회적 기술을 습득하고 있음을 시사한다. 부모나 성인은 아이들의 또래 간 갈등상황을 문제가 아니라 교육의 기회로 보는 시각이 필요하다.

아이의 사회성은 부모의 영향력을 크게 받는다. 가정은 아이가 처음 만나는 사회이고, 부모는 아이가 처음 경험하는 관계이기 때문이다. 아이들은 가정의 모습과 관계에서의 역할을 더 큰 사회에 투영한다. 특히 사람에 대한 태도와 행동양식은 평소 부모가 아이를 대하는 태도와 행동의 영향을 지대하게 받는다. 부모의 양육행동을 애정과 통제를 기준으로 네 가지 유형으로 나누어 보았을 때 부모의 양육 태도가 아이의 사회성에 미치는 영향은 분명하게 드러난다. 먼저, 민주적 유형의 부모는 아이를 사랑하는 만큼 분명히 지켜야 하는 기준을 일관성 있게 수용하도록 훈육한다. 민주적인 부모 아래에서 자란 아이들은 부모가 자신을 사랑한다는 신뢰하에 자기 조절능력, 책임감이 높아지게 된다. 부모에게 받은 충분한 사랑은 타인에 대한 긍정적인 인식, 적극적인 태도로 나타나며 남을 배려하고 기다릴 수 있어 사회적 적응력 또한 높은 경향이 있다. 독재적 유형의 부모는 애정이 낮으며 아이를 강하게 통제하는 경우이다. 독재적 유형의 부모 아래에서 자란 아이들은 엄격한 기준과 독단적인 훈육을 받게 되는 반면, 감정에 대해 존중받지 못해 무력감에 빠질 수 있다. 부모의 명령대로 움직이다 보니 사회성이 부족하고 의존적인 성향을 보일 수 있으며 감정표현이나 통제에 어려움을 겪어 대인관계에서의 적응에 문제를 보일 수 있다. 반면, 허용적 유형의 부모는 아이에게 애정은 높지만 통제하는 정도가 낮은 경우이다. 자신의 행동을 무조건적으로 허용하며 어떠한 감정을 드러내든 받아 주는 부모 아래에서 자란 아이는 행동이나 감정을 어떻게 다루고 표출하는 것이 적절한지 배울 기회가 없다. 방임적 유형의 부모는 말 그대로 자녀를 방임하며 애정도 훈육도 없는 경우이다. 부모의 무관심 속에 자란 아이는 부모의 관심을 끌기 위해 과도한 행동이나 감정 표현을 하거나 낮은 자존감 속에 소극적인 태도를 보일 수 있다. 또래관계에서 문제행동을 보이거나 소외될 가능성이 크다.

아이가 가정 밖 또 다른 세상에서 교사, 또래 등 여러 사람을 만나고 함께 생활하는 시기가 빨라진 요즘, 이제 막 걸음마를 시작하는 아이의 사회성에도 관심을 갖게 된다. 걸음마기 영아의 경우 자신에게 집중하는 활동 역시 사회성 발달의 중요한 시작임을 이해하고 이를 충분히 지지해 주는 것이 부모와 교사의 역할이다. 부쩍 또래와 어울리는 시간이 많아지는 유아들의 경우 또래 간 갈등 자체가 사회적 기술을 훈련하는 기회임을 이해하고, 이러한 경험을 더 자주 만들어 주며, 그 안에서 적절한 행동지침을 지도해 주는 것이 필요하다. 이와

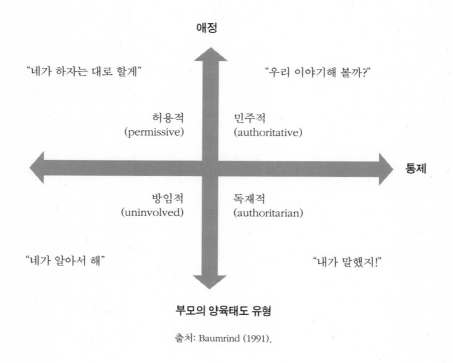

부모의 양육태도 유형

출처: Baumrind (1991).

같이 부모와 교사는 발달적 특성에 대한 이해를 바탕으로 영유아의 사회성-사회적 기술의 습득을 보다 적절하게 지원해야 한다. 다만, 여기서 간과하지 말아야 할 점은 사회성은 특정 경험이나 지도로 형성되지 않는다는 점이다. 사회성의 근간은 나와 다른 사람에 대한 태도이며 이 태도는 평상시 부모와 교사가 영유아를 어떻게 대하고 존중하는지를 통해 형성된다. 결국 아이의 사회성은 부모와 교사, 즉 주변 성인들이 보이는 행동의 거울이란 점을 주지해야 한다.

아동의 사회성, 어떻게 길러 줄까?

04
정서 발달

어떤 아동이 정서를 잘 조절할까?

* 김정민(대구가톨릭대학교 아동학과 조교수)

'우리 아이는 왜 이렇게 까다로울까?' '우리 아이는 왜 이렇게 화를 잘 낼까?'와 같은 의문은 부모라면 한 번쯤 가져 봤을 만한 생각이다. '다른 집 아이는 방긋방긋 잘 웃으며 부모가 하지 말라고 하는 것은 잘 참을 줄 아는데, 왜 내 아이만 자기 뜻대로 되지 않으면 소리를 지르고, 바닥에 드러눕는 걸까?' 이런 의문이 들 때, '이 아이가 대체 누구를 닮은 거야?'라는 생각도 해 봤을 것이다. 그런데 모든 부모가 똑같은 고민을 하는 것은 아니다. 어떤 부모는 아이가 너무 조용해서, 또 어떤 부모는 아이가 너무 잘 울어서, 또 다른 부모는 아이가 너무 활발해서 걱정이다. 이는 아이들이 각자 다른 방식으로 자신을 표현하고 있으며, 아이가 자신의 감정을 표현하고 조절하는 방식이 다름을 잘 보여 준다.

바로 여기에서 우리의 의문은 시작된다. 갓 태어난 아기도 예민하거나 순하다고 구분할 수는 있지만, 아이가 점점 자라면서 각자의 성격이 보다 뚜렷해짐을 느끼게 된다. 이는 아이가 성장하면서 자신의 감정을 점차 잘 이해하게 되고, 각자 자신만의 방식으로 감정을 표현하며, 그 과정에서 표현을 절제하거나 조절하려고 노력하기 때문이다. 아이는 동일한 유전자를 지니고 태어나지도 않으며, 동일한 환경에서 성장하지도 않는다. 자신의 정서를 발달시켜 나가는 과정에서 각자가 가진 특성과 환경은 다른 방식으로 영향을 미치게 되며, 그 결과 현재의 모습이 탄생하는 것이다. 그렇다면 처음의 의문으로 돌아가 아이가 가진 어떤 특성 때문에, 그리고 어떤 환경 때문에 각각의 아이가 자신의 정서를 표현하고 조절하는 방식이 다른지 그 궁금증을 풀어 보기로 하자.

손위 형제자매가 동생보다 더 잘 참을까?

아이가 부모의 말을 알아듣기 시작하고 점점 시간이 흐르면서, 이전보다 훨씬 다양한 감정을 아이에게서 발견하게 되며, 또 필요한 때는 참거나 애써 자신의 감정을 감추려는 모습도 보이게 된다. 갓 태어나 울음만으로 자신을 표현하던 아이가 점차 자신의 감정을 조절하여 다양하게 표현할 수 있게 되는 것은 마치 숫자를 모르던 아이가 숫자를 셀 수 있게 되는 것과 같은 과정처럼 보인다. 언어와 수를 습득하는 능력이 발달하는 것과 마찬가지로, 아이가 자신과 타인의 정서를 이해하고 적절하게 조절하여 표현하는 능력 역시 연령이 증가하면서 발달한다.

자신의 정서를 인식하고 표현하는 능력은 생애 초기부터 발달한다. 어린 영아는 타인과의 상호작용을 통해 그 사회의 적절한 정서 표현 방식을 배우며, 이와 함께 자신이 느끼는 정서에 대한 이해 능력 또한 발달시켜 나간다. 만 2세 무렵에 자아개념이 발달함에 따라 자신과 타인의 존재를 구별하게 되고, 유아기 이후 타인과의 외적인 차이뿐만 아니라 내적인 차이에 주목하게 되면서 점차 타인의 정서를 인식할 수 있게 된다(이순형 외, 2016). 자신과 타인의 정서에 대해 이해하게 되면서 영유아는 자신의 정서를 더 잘 조절할 수 있게 된다.

아이가 자신이 느끼는 정서 상태를 그대로 나타내지 않고, 적절하게 조절하여 표현하는 정서 조절 능력은 영아기부터 아동기까지 단계를 거쳐 발달한다(Kopp & Neufeld, 2002). 12~18개월 무렵의 영아는 특정 상황에서의 사회적 요구에 대해 막연하게 인식하여 대부분 양육자의 지시나 명령에 순응하는 행동을 보인다. 이후 2세 무렵이 되면 표상과 기억 능력이 발달하면서 양육자의 의도를 기억하여 사회적 기대에 따라 자기행동을 조절할 수 있게 된다. 취학 전 유아는 정서를 더 잘 조절할 수 있으며, 성장하면서 다양한 종류의 감정을 일으키는 상황에 직면하면서 감정을 조절하는 기술도 함께 발달해 간다. 만 3~5세는 유아가 정서를 이해하고 조절하는 능력이 발달하는 결정적인 시기이다(Cole, Deniss, Smith-Simon, & Cohen, 2008). 이 시기의 유아는 특정 상황에서 발생하는 정서와 부정적 감정들을 감추거나 줄이려고 하며(Cole, 1986; Fabes & Eisenberg, 1992), 정서조절 전략에 대해서도 확실하게 인식하게 된다(Denham, 1998; Denham & Kochanoff, 2002; Lemerise & Arsenio, 2000).

그렇다면 30개월 즈음의 동생과 만 4세(6세) 언니가 있다고 가정하고, 이들의 정서조절 능력에 대해 알아보자. 아이들이 특정한 상황에서 자신의 실제 감정을 숨기고 타인이나 상황을 고려하여 적절하게 표현하는지를 살펴볼 수 있는 대표적인 실험으로 '실망 선물 실험'(Cole, 1986; Cole, Zahn-Waxler, & Smith, 1994; Saarni, 1984)을 소개한다. 이 실험에서는 실망스러운 선물을 받은 후 유아가 보이는 긍정적·부정적 정서표현을 관찰하는데, 아이가 자신의 실망스러운 정서를 감추는 능력은 사회적으로 적절하게 정서를 표현하는 것으로 볼 수 있다(Garner & Power, 1996). 이 실험에서 이 두 아이는 어떤 반응을 보일까? 아마도 동생은 실망스러운 선물을 받고 자신의 실망스러운 정서를 표정에 그대로 드러낼 가능성이 크고, 언니는 상대방을 고려해서 자신의 실망스러운 정서를 감추고 애써 웃음을 보이려 노력할 가능성이 클 것이다. 연구자들에 따라 이 실험에서 영유아가 보이는 정서조절 능력 발달 시기에 대해 서로 다른 견해를 보이지만, 대체로 상황에 적절하게 정서를 표현하는 능력은 유아기 이후부터 연령이 증가하면서 발달하는 것으로 보고 있다(김정민, 이순형, 2013; 이승은, 2011; 지경진, 이순형, 성미영, 2004; 한유진, 유안진, 1998; Gnepp & Hess, 1986; Gross & Hariss, 1988; Josephs, 1994; Underwood, Coie, & Herbman, 1992; Zeman & Shipman, 1996).

이와 같이 아이의 연령은 아이가 자신의 정서를 얼마나 적절하게 표현하고 조절하는지를 결정하는 아주 중요한 요인이 된다. 이제 막 말을 하기 시작한 아이가 보이는 부정적 정서반응(예: 계속 울기, 심하게 화내기 등)에 너무 많은 의미를 부여하지 말아야 할 것이다. 그리고 자신이 원하지 않은 생일 선물을 받고 아이가 잔뜩 실망스러운 표정

유아의 반응을 알아보는 실망 선물 실험

출처: 문혁준 외(2016).

을 짓고 있다 하더라도, 그 모습에 서운해하지는 말자.

남자아이와 여자아이는 정말 다른가?

평상 시 우리는 남자아이와 여자아이가 보이는 표정과 정서 표현에 대해 어떤 생각을 갖고 있을까? 여자아이는 남자아이보다 웃거나 우는 등의 감정 표현을 많이 하고 섬세하고 부드럽다고 생각할 것이다. 실제 연구에서도 생후 첫 해부터 여자아이가 남자아이보다 더 많이 웃고 운다고 보고되고 있다(Weinberg, Tronick, Cohn, & Olson, 1999). 또한 여자아이는 또래 및 교사와의 대화에서 정서와 관련된 단어를 더 많이 사용하며 다른 사람이 어떻게 느끼고 있는지를 더 잘 이해하는데, 이러한 경향은 십대까지 지속된다(Kostelnik, Whiren, Soderman, & Gregory, 2009).

일반적으로 여자아이와 남자아이가 보이는 정서 반응이 다르고 여자아이가 훨씬 세련되게 자신의 정서를 잘 조절한다고 생각하는 데는 몇 가지 이유가 있을 것이다. 먼저, 남녀 성차 자체의 유전적 특성에서 기인하는 차이에 대해 생각해볼 수 있다. 즉, 남자아이는 남성 호르몬인 안드로겐의 영향으로 신체적 활동성이 높고 타인을 이해하는데 있어서 내적인 정서 상태보다 외적으로 드러나는 단서에 주목하는 경향을 보이는 반면, 여자아이는 타인의 정서표현 및 내적 정서 상태에 보다 민감하게 반응한다는 것이다(이순형 외, 2016). 태어날 때부터 정해져 있는 유전적 특성으로 인해 정서 표현과 조절에서 남녀 차이가 나타난다는 설명은 우리가 가장 쉽게 이해할 수 있는 설명으로 보인다.

그런데 정말 남자아이와 여자아이가 보이는 차이를 호르몬과 같은 생물학적·유전적 요인만으로 설명할 수 있을까? 이 질문에 대해

긴 설명을 하기 전에 먼저 답해 보자면, '아니다'. 아이가 지닌 생물학적 특성이 성차에 영향을 미치기는 하지만, 정서 표현과 조절에서 나타나는 성차는 아주 어린 시기부터 아이에게 성별에 적합한 방식으로 자신의 정서를 드러내도록 누군가 요구한 결과일 수 있다. 그리고 아마도 부모가 '누군가'에 해당되는 가장 대표적인 인물일 것이다. 실제 많은 학자는 정서 표현과 조절에서 나타나는 성차는 아주 일찍부터 상당 부분 직접적으로 가르쳐지고 모델링되는 것으로 보고 있다(Kostelnik et al., 2009). 예를 들어, 부모는 아주 어린 영아 때부터도 아들보다는 딸에게 얼굴 표정을 더 다양하게 짓고, 여아와 대화할 때 남아보다 감정에 관한 어휘를 더 자주 사용하며, 남아보다 여아에게 다양한 정서를 표현하도록 격려한다(Bukatko & Daehler, 2004; Kuebli, Butler, & Fivush, 1995). 아이의 정서 표현과 조절에 미치는 부모의 영향에 대해서는 이 절의 뒷부분에서 좀 더 자세히 살펴볼 것이다.

정리해 보면, 여자아이와 남자아이가 각각 자신의 정서를 표현하고 조절하는 방식은 다른 것 같다. 그런데 우리가 일상적으로 알고 있는 것과 연구를 통해 드러난 사실들을 모두 진실이라고 말할 수는 없다. 아이는 저마다 자신만의 고유성과 개성을 지니고 있으며, 설령 아이에게 성별에 따른 차이가 나타난다 할지라도 너무 뚜렷한 구분은 짓지 않는 것이 좋을 것이다. 자녀가 현재 자신의 정서를 얼마나 풍부하게 표현하는지, 자신의 정서를 얼마나 적절하게 조절하는지는 그냥 그 아이의 특성일 뿐이다. 그 아이가 여자라고 해서 또는 남자라고 해서 어떻게 해야 한다는 정답은 없으며, 아이에게 그 정답을 강요하지는 말아야 할 것이다.

순한 아이가 자신의 감정을 더 잘 조절할까?

갓 태어난 아기가 보이는 반응은 매우 다양하다. 어떤 아기는 잘 울지 않고, 우유도 잘 먹고, 배가 부르면 잘 자는 반면, 어떤 아기는 긴 시간 동안 계속 울고, 재우는 것도 힘들고, 작은 자극에도 잘 깨어난다. 보통 우리는 전자의 아이를 '순하다'고 표현하고, 후자의 아이를 '까다롭다'거나 '예민하다'고 표현하는데, 이와 같이 아기가 태어날 때부터 타고난 성향을 '기질'이라고 한다. 그렇다면 아주 어린 시기에 순한 기질의 아기는 이후에도 긍정적 정서 반응을 많이 보이고, 까다로운 기질의 아기는 이후에 부정적 정서 반응을 많이 보일까? 기질과 정서조절의 관계를 밝힌 연구들을 통해 그 답을 찾아볼 수 있을 것이다.

기질은 유전적으로 타고난 특성으로, 개인의 성격 형성에 중요한 역할을 한다(Rothbart, Ahadi, & Evan, 2000). 연구자들마다 기질에 대해 다양한 정의를 내리고 기질의 특성 역시 다양하게 분류하고 있는데, 그중 Rothbart 등(2001)은 영아의 기질을 부정적 정서, 의도적 통제, 외향성이라는 세 가지 차원으로 구분하였다. 부정적 정서는 슬픔, 공포, 분노/좌절, 불안, 반응 회복률/진정성으로 구성되고, 의도적 통제는 억제 조절, 주의 통제, 낮은 자극 선호성, 지각 민감성으로 구성되며, 외향성은 접근성, 강한 자극 선호성, 미소/웃음, 활동 수준, 충동성, 수줍음으로 구성된다.

아동이 자신의 정서를 조절하는 능력은 기질적 경향들에 의해 영향을 받을 가능성이 매우 높다(Blair, Denham, Kochanoff, & Whipple, 2004). 많은 연구자가 이러한 기질의 세 가지 측면이 아동의 정서조절과 어떻게 관련되는지 살펴보았는데, 특히 영유아의 반응성과 부정적 정서성이 정서조절과 밀접한 관련이 있는 것으로 나타났다(권연희, 2011; 김정민, 이순형, 2014; 이경님, 2009; 이지희, 문혁준, 2008; Eisenberg,

Fabes, Nyman, Bernzweig, & Pinuelas, 1994; Yamurla & Altan, 2010). 즉, 부정적 정서반응을 더 많이 나타내는 기질을 가진 영유아가 자신의 정서를 잘 조절하지 못하고 부정적 정서조절 전략을 더 많이 사용하였다. 정서성과 함께 주의 통제 및 의도 통제는 유아가 자신의 정서를 감독하고 조절하고 다양한 전략을 사용하는 능력과 관련이 된다. 실제 영유아가 자신을 잘 통제하고 주의 집중하는 성향을 가질수록 자신의 정서도 더 잘 조절하는 것으로 나타났다(김정민, 이순형, 2014; Blair et al., 2004; Yamurla & Altan, 2010). 마지막으로 유아의 활동성, 접근성, 충동성 등의 성향을 포함하는 외향성은 외부 자극에 대한 유아의 정서적 반응 및 대처방식과 관련되는데, 접근성과 융통성이 높은 아이는 자신의 정서를 보다 잘 조절하고, 문제 중심적인 대처 등 긍정적인 정서조절 방식을 더 많이 사용하는 것으로 나타났으며(이경님, 2009; Yamurla & Altan, 2010), 활동성이 높은 아이는 공격적이거나 회피적인 부정적 정서 조절 방식을 더 많이 사용하는 것으로 나타났다(임희수, 박성연, 2002).

이와 같은 연구 결과들은 아동의 정서조절 능력이 후천적인 요인들에 의해 형성되기는 하지만, 선천적인 요인에 의한 것임을 알려 준다. 기질이 정서조절과 관련되는 주요한 요인임이 확인되었음에도 불구하고 아동의 정서조절에 영향을 미치는 요인들은 셀 수 없이 다양하기 때문에, 아이가 태어나면서부터 가진 기질이 이후에도 아이의 정서발달에까지 그대로 이어진다고는 말할 수 없다. 그러나 아동이 현재 보이는 정서표현 방식이나 반응의 일부는 그 아이가 선천적으로 가지고 태어나는 고유의 특성임을 인정할 때 아이의 정서조절 능력과 정서발달에 대해 보다 잘 이해할 수 있을 것이다.

머리로 마음을 다스릴 수 있을까?

아동의 정서조절 능력은 일부 타고난 특성일 수 있지만, 자신의 노력을 통해 의도적으로 조절할 수 있는 부분이기도 하다. 그러한 노력 중 하나가 지금도 우리 신체의 가장 높은 곳에서 활발하게 움직이고 있는 뇌의 활동, 즉 인지 활동이다. 발달적 인지신경과학 관점(Bell & Wolfe, 2004; Cacioppo & Berntson, 1999)에 따르면, 정서와 인지는 복잡하게 연결되어 있으며 정보를 처리하고 행동을 실행할 때 함께 작용한다. 정서는 사고, 학습, 행동을 조절하는 데 도움을 주며, 인지 과정은 정서를 조절하는 역할을 한다.

영유아의 정서조절에 영향을 미치는 인지 능력 중 최근 연구를 통해 그 영향력이 입증된 요인으로 '실행기능'을 들 수 있다. 실행기능은 사고와 행동의 의식적 조절과 관련된 일련의 정신 기능으로서(Baddeley, 1996; Perner & Lang, 1999; Zelazo & Müller, 2002), 억제, 작업 기억, 전환 또는 인지적 유연성, 계획 등의 다차원적 요인으로 구분되며(Anderson, 2002; Esther, Antonio, Aransasu, & Camio, 2010; Huges, 1998; Miyake, Friedman, Emerson, Witzki, & Howerter, 2000; Zelazo & Müller, 2002), 일반적으로는 억제, 인지적 유연성, 작업 기억이 실행기능의 공통적인 요인으로 산출된다(이명주, 홍창희, 2006). 억제는 목표나 과제 수행과 관련되지 않는 사고 과정이나 행동들을 억제하거나 억누르는 능력을 의미하며(Rothbart & Posner, 1985), 인지적 유연성은 반응을 전환하고, 대안적 전략을 고안하고 주의를 분할하여 다양한 정보원을 동시에 처리하는 능력을 의미한다(Anderson, 2002). 그리고 작업 기억은 특정 목표 달성을 위해 단기 기억에서 정보를 유지하고 다루는 일련의 과정을 의미한다(Baddeley, 1986).

영유아의 실행기능이 정서조절에 영향을 미치는지를 살펴본 연구에 따르면, 실행기능과 정서조절이 서로 관련됨을 밝히고 있다(김정민, 이순형, 2013; Carslon & Wang, 2007; Esther et al., 2010). 특히 실행기능의 여러 영역 중 자신의 행동이나 사고를 억제하는 능력이 정서조절과 관련되는 것으로 나타났다. 이는 자신의 행동을 적절하게 통제하고 불필요한 생각을 억누를 수 있는 아동이 자신의 정서도 보다 적절하게 조절할 수 있음을 의미한다.

실행기능과 정서조절의 관계를 밝힌 연구들을 통해 인간이 자신의 생각과 사고 과정을 조절하여 자신의 정서를 조절하는 것도 가능함을 알 수 있었다. 인지와 정서의 관련성을 보다 폭넓게 이해하기 위해 실행기능뿐 아니라 어떤 상황에서 어떠한 정서를 표현하는 것이 적절한지 그 규칙을 잘 이해하고 사용할 수 있는 아동이 자신의 정서를 잘 조절하여 표현할 수 있다는 점도 추가적으로 고려해 볼 수 있을 것이다. 결론적으로, 머릿속에서 이루어지는 사고 과정이 마음속에서 이루어지는 정서조절 과정을 완전히 좌우할 수는 없겠지만, 마음을 다스리는 데 어느 정도는 도움을 주는 것으로 보인다.

부모가 화를 잘 내면 아이도 화를 잘 낼까?

영유아의 성별과 정서조절 간의 관련성을 살펴보는 과정에서 부모의 역할을 짧게 언급한 바 있는데, 본격적으로 영유아의 정서조절 발달에 있어 부모가 어떠한 역할을 하는지 살펴보자. 아이가 자신의 인생에서 가장 처음, 가장 가까이에서 그리고 가장 오래 만나는 사람이 부모이기에 부모는 아동의 발달에 가장 중요한 영향을 미치는 요인으로 꼽을 수 있다. 영유아는 다양한 정서들의 표현 유형과 의도 그리고 정서조절 방법을 가족과의 상호작용 속에서 처음 배운다(Denham, 1998). 부모는 정서와 관련된 다양한 상황에서 자신의 정서를 표현하고, 자녀의 정서에 대해 반응하며, 자녀가 자신의 정서를 표현하고 조절하는 방식을 지도하는데, 이 과정에서 정서의 사회화가 이루어진다. 가족마다 정서 표현과 조절에 대한 신념이 다르기 때문에 바람직한 정서사회화 방식이 무엇인지에 대해 공통된 결론을 내리기는 어렵다. 그러나 발달심리학자들은 아동이 사회적으로 기대되는 방식으로 정서를 표현하고 조절할 수 있도록 하는 것이 바람직하다는 점에 대해서는 대부분 동의한다(Eisenberg, Cumberland, & Spinard, 1998).

정서사회화와 관련되는 요소들이 매우 다양하고 그 과정이 복잡하지만, Eisenberg 등(1998)은 정서사회화의 일반 과정을 구조화하여 모델을 제시하였다. 그들은 이 모델에서 부모의 정서적 양육방식 중 아동의 정서에 대한 부모의 반응, 정서에 대한 부모의 논의, 부모의 정서표현을 강조했다. 이 모델에 따르면, 아동과 부모의 개인적 특성이나 사회문화적 환경은 정서와 관련된 부모의 양육방식에 영향을 미치며, 부모의 정서적 양육방식은 최종적으로 아동의 정서 및 사회성 발달에 영향을 미친다. 이때 아동의 기질이나 성격, 정서와 관련된 다양한 특성들은 부모의 정서적 양육행동이 아동의 정서 및 사회성 발달에 미치는 영향을 중재한다.

이 모델에서 제시한 바처럼, 정서사회화 과정에서 부모의 정서 관련 특성과 양육방식이 아동의 사회정서 발달 미치는 영향은 많은 연구를 통해 증명되어 왔다. 어머니가 부정적인 정서표현을 많이 하고 정서조절을 잘하지 못하는 경우 유아기 및 아동기의 자녀 역시 정서조절 수준이 낮은 것으로 나타났다(김은경, 송영혜, 2008; 김정민, 김지현, 2013; 여은진, 이경옥, 2009; 이경님, 2009; 임희수, 박성연, 2001; Garner & Power, 1996; Valiente, Eisenberg, Shepard, Fabes, Cumberland, Losoya, & Spinard, 2004). 유아의 정서표현에 대한 어머니의 부정적 정서반응은 유아의 낮은 정서조절 수준과 관련이 있었으며(김은경, 송영혜,

2008: Eisenberg & Fabes, 1994), 긍정적 정서반응은 또래에 대한 유아의 긍정적인 정서반응과 관련이 있었다(Denham, Mitchell-Copeland, Strandberg, Auerbach, & Blair, 1997). 어머니의 양육행동 역시 유아와 아동의 정서조절 능력과 관련이 있었는데, 어머니가 자녀에게 온정적이고 애정적인 양육태도를 가진 경우 자녀가 정서조절을 더 잘하는 것으로 나타났다(임희수, 박성연, 2001; 채영문, 2010). 이와 같은 연구결과들은 결국 부모가 자녀 앞에서 자신의 정서를 어떻게 표현하고 자녀에게 어떠한 태도를 보이는지에 따라 자녀의 정서표현과 조절 능력이 달라질 수 있음을 잘 보여 준다.

따라서 내 자녀가 긍정적이고 화를 잘 참을 줄 알고 다른 사람 및 상황을 잘 고려해서 자신의 정서를 표현하기를 바란다면, 부모부터 먼저 평소 자신이 가정에서 우울 및 분노와 같은 부정적 정서를 지나치게 표현하지는 않았는지, 자녀에게 어떠한 표정과 태도로 이야기 했는지 스스로 평가해 볼 필요가 있다. 자녀의 정서조절 능력에 있어서 부모의 영향력이 크다는 것은 부모가 자녀에게 부정적인 영향을 미칠 수 있음을 의미하지만, 반대로 그만큼 자녀가 자신의 정서를 잘 다루기 위해 노력하는 과정에서 부모가 도움을 줄 수 있음을 의미한다. 내 자녀가 정서적으로 건강한 아이로 성장하기를 원한다면, 부모 먼저 긍정적으로 반응하고 자녀에게 애정적이고 합리적인 태도를 보이기 위해 노력할 필요가 있을 것이다. 그리고 자녀와의 상호작용을 통해 자녀의 정서를 이해하기 위해 노력하고, 자녀의 정서에 대해 적절한 반응을 보여 줄 필요도 있을 것이다. Gottman(1997)은『정서적으로 유능한 아이로 키우기(Raising an emotionally in telligent child)』에서 부모가 자녀의 감정을 코치하는 것이 도움이 된다고 하였다. 일상생활에서 또는 자녀가 정서적으로 불편함을 느끼고 있다고 생각될 때, 다음의 방법을 참고해 보자.

부모가 자녀의 감정을 코치하는 다섯 단계의 방법

① 자녀의 정서를 인식하라.

② 자녀의 정서를 인지함으로써 자녀와 친밀감을 높이고, 자녀를 지도할
   수 있는 기회로 삼아라.

③ 자녀의 감정을 공감하여 경청하고, 인정해 주어라.

④ 자녀가 느끼는 정서를 언어로 표현할 수 있도록 도와주어라.

⑤ 자녀가 스스로 문제를 해결할 수 있도록 도와주되, 행동의 제한을 두어라.

출처: Gottman(1997).

정서는 아동의 삶에 어떤 영향을 미칠까?

* 오지은(한국국제대학교 유아교육과 조교수)

우리는 기쁨, 슬픔, 공포, 분노, 당황과 같은 여러 정서를 느끼며 살아간다. 정서는 살아가면서 겪는 다양한 상황에서 필연적으로 수반되고, 우리는 종종 기뻤던 일이나 슬펐던 일과 같이 정서를 중심으로 상황을 기억하여 세상을 경험한다. 또한 우리는 정서를 통해 세상과 소통한다. 아기의 미소를 보며 함께 미소 짓고, 타인의 슬픔을 공감하고 위로한다. 한편으로는 같은 상황에서도 저마다 다른 정서를 경험하기도 한다. 예컨대, 놀이기구를 타기 전 무서움을 느끼는 사람이 있는 반면, 흥미를 느끼는 사람도 있다. 개인이 느끼는 정서는 심장이 빨리 뛰고 땀이 나는 것과 같은 신체 반응, 얼굴 표정, 언어, 행동으로 나타난다. 우리는 보다 적응적인 삶을 살기 위하여 정서를 조절하는 노력을 기울인다. 시험을 치거나 발표를 할 때와 같이 긴장된 순간에는 숨을 크게 쉬거나 편안한 생각을 하며 긴장을 풀어 더 좋은 결과를 얻으려고 노력한다. 또한 기쁜 순간에 옆에 슬픔을 느끼는 사람이 있다면 타인을 배려하여 기쁨의 표현을 자제하기도 한다. 이렇게 우리의 삶에 깊숙이 연관되어 있는 정서가 아동의 삶에는 어떠한 영향을 미치는 것일까? 이 절에서는 아동의 정서가 어떠한 과정을 통해 발달되며, 정서가 아동의 삶에 어떠한 영향을 미치는지를 살펴본다.

아동의 정서 발달 과정

어린아이도 정서를 인식하고 표현하며 조절하는 행동을 한다. 엄마나 친구가 슬퍼할 때 함께 슬픈 표정을 짓거나 난처해 하기도 하며, 눈물을 닦아 주거나 쓰다듬어 주는 위로의 행동을 하기도 한다. 아이들이 어떻게 정서를 알고 표현하며 조절하는가에 대한 발달과정을 살펴보자.

정서 출현

정서는 언제부터 출현하는 것일까? 기쁘고 행복할 때 미소를 짓고, 화나고 불편할 때 찌푸리거나 우는 아기들의 표현이 어느 나라에서나 유사하게 나타나는 것을 볼 때, 기본적인 몇몇 정서는 유전적으로 프로그램 된 생득적인 것으로 볼 수 있다. 영아는 생후 1년 이내에 기본적인 일차 정서를 표현할 수 있게 된다. 대표적인 일차 정서는 기쁨, 분노와 슬픔, 두려움이다(Izard, 1994).

신생아가 출생 직후 보이는 미소는 의미가 없는 배냇짓으로 여겨지나, 4주 무렵에는 움직이는 물체나 어머니의 목소리와 같은 자극에 미소를 보인다. 6~10주 무렵에는 기쁨의 정서를 상대에게 표현하기 위한 사회적 미소(social smile)를 나타내며(Srofe & Waters, 1976), 이 사회적 미소는 영아와 부모의 애착관계를 형성하는 중요한 요인이 된다.

출생 초기 영아는 배고픔이나 불편함 또는 고통스러운 자극에 대하여 울음으로 괴로움을 나타낸다. 이후에는 점차 자신이 원하는 것이 이루어지지 않을 때의 좌절감 때문에 분노가 일어난다. 출생 초기 영아는 울음으로 분노를 표현하고 4~6개월 무렵에는 소리를 지른다.

큰 소리, 높은 곳, 어두운 곳과 같이 신체적·심리적으로 위협을 가하는 요인들은 공포를 유발한다. 그리고 6~8개월 무렵이 되면 인지

정서는 아동의 삶에 어떤 영향을 미칠까?

발달로 인하여 낯선 것에 대한 경계심을 가지게 된다. 특히 애착 대상자와 떨어지거나 낯선 사람과 만나는 것은 공포의 원인이 되어 낯가림과 불리불안의 행동으로 나타난다(정옥분, 2006).

영아는 18개월 무렵에 자신이 타인과 다른 개체임을 아는 자아인식(self-cognition)이 생겨나고, 자신의 행동에 대한 인지적 평가를 할 수 있게 된다. 이는 기쁨, 분노와 슬픔, 두려움의 일차 정서에서 더 분화된 자긍심, 당황, 수치, 죄책감, 질투 등의 이차 정서의 발달을 이끈다(Lewis, Alessandri, & Sullivan, 1992; Lewis, Stanger, & Sullivan, 1989).

정서 이해: 자기 정서 이해

영아는 6개월 무렵에 정서의 의미를 알고(Bornstein, 1995), 1세 정도에 자신이 느끼는 정서를 자신의 것으로 인식할 수 있다. 3~4세 무렵에는 자신의 정서 상태를 알고 표현하는 것이 가능하다(Saarni, 1990). 5세 미만의 유아는 아직 한 상황에서 여러 정서를 경험할 수 있다는 것을 이해하지 못하여, 하나의 상황에서는 하나의 정서만을 경험할 수 있다고 생각한다. 이 시기의 유아는 해당 정서가 긍정적인 정서인지 부정적인 정서인지에 대해서는 명확하게 구분할 수 있다. 하지만 분노, 슬픔, 두려움 등의 부정적 정서들 간의 구분에 대해서는 혼동하기도 한다(Denham & Couchoud, 1990). 그리고 부정적 정서보다 기쁨, 행복과 같은 긍정적 정서를 더 쉽게 이해한다(Harter & Buddin, 1987). 또한 정서의 원인에 대해서 알 수 있어서 자신이 왜 그러한 기분이 드는지를 이야기할 수 있다(Stein & Trabasso, 1989). 5~6세 이후의 유아는 '자랑스럽고 행복하다' '낯설고 무섭다'와 같이 긍정, 부정의 같은 정서군에 대해서는 동시에 여러 정서를 느낄 수 있다는 것을 이해한다. 이후 아동기가 되면서 '무섭지만 재밌다'와 같이 점차적으로 하나의 상황에서 여러 복합 정서를 동시에 경험할 수 있으며, 긍정과 부정 정서를 동시에 느낄 수 있다는 것을 안다(Brown & Dunn, 1996; Wintre & Vallance, 1994).

정서 이해: 타인 정서 이해

1세 무렵의 영아는 낯설거나 모호한 상황에서 어머니의 얼굴 표정을 보고 행동을 결정한다(Sorce, Emde, Campos, & Klinnert, 1985). 새로운 상황에 대하여 접근하는 것이 망설여질 때 믿을 수 있는 양육자가 보이는 미소, 고갯짓과 같은 표정과 행동으로부터의 정서적 정보를 얻고 이를 이용하여 자신이 어떠한 행동을 할 것인가를 판단하는 것이다. 이러한 현상을 사회적 참조(social referencing)라고 일컫는데, 영아가 타인이 보이는 정서를 이해하고 의도를 파악할 수 있다는 것을 나타낸다(Rosen, Adamson, & Bakeman, 1992).

영아가 타인의 정서를 유추할 때 처음에는 눈물을 흘리거나 웃는 등의 신체로 나타나는 표현적 단서를 사용한다. 성장하면서 점차 상황의 맥락 속에서 타인이 보이는 정서의 의미와 원인을 알게 된다(Lagattuta & Wellman, 2001). 동화책 속 등장인물의 정서를 알 수 있으며, '친구가 엄마가 보고 싶어서 슬퍼하고 있어요.'라고 표현하는 것과 같이 타인이 보이는 정서의 원인을 유추하여 이해할 수 있다. 그리고 해당 정서가 어떠한 행동을 야기할 것인가를 예측할 수 있다(Russell, 1990). 6~9세의 아동은 정서를 해석하기 위해서 상황적 맥락과 신체적 반응 단서들을 모두 활용하기 시작한다. 두려운 상황이지만 웃고 있는 그림과 같이 외양과 실제가 다른 서로 대립되는 상황에서 아동은 실제 정서가 무엇인지 유추하기 위하여 상황적 맥락, 표정, 행동을 모두 살펴 종합적으로 판단할 수 있다(Davis, 2001; Friend & Davis, 1993; Hoffner & Badzinski, 1989).

정서조절

자극이나 상황에 따라 어떠한 정서적 반응을 나타내는가는 기질의 한 측면으로 정서성(emotionality)으로 불리며, 출생 시부터 타고나는 측면이 있다(Rothbart, Ahadi, & Hershey, 1994). 사람에 따라 같은 자극이라도 다른 정서를 경험할 수도 있으며, 긍정 또는 부정 정서의 정도가 강하거나 약할 수 있다. 정서조절의 한 측면으로 긍정 정서를 높이고 부정 정서를 낮춰 보다 바람직한 정서 상태를 유지하려는 행동(Thompson, 1994)은 적응적인 삶에 도움을 줄 수 있다. 우울할 땐 즐거운 영화를 보기도 하고 운동을 하기도 하며, 즐거운 사람들과 만나 우울감을 극복하려고 노력한다. 이러한 긍정·부정 정서의 조절은 영아기부터 나타난다. 영아는 12개월 이전에 부정적 정서에서 벗어나기 위한 시도를 하며, 3세 이전에 다양한 전략을 이용하여 부정적 정서를 줄이려고 한다(Mangelsdorf, Shapiro, & Marzolf, 1995; Shaffer, 2008). 유아는 무서움 같은 부정적 정서를 야기하는 상황을 피하기 위하여 눈을 감거나 고개를 돌리기도 하고, 잠들기 전 어두운 방에서 무서움을 극복하기 위해 노래를 부르거나 즐거웠던 일을 떠올리는 등의 행동을 한다.

우리는 일상에서 보다 긍정적인 정서 상태를 지속하려는 노력 외에도 상황에 적절하게 대응하기 위하여 인지적 판단을 통해 정서를 숨기거나 조절하고자 한다. 이는 정서조절 또는 정서규제로 불리며, 정서인식과 정서표현을 포함하여 정서지능(emotional intelligence)으로 이야기되기도 한다(Mayer & Salovey, 1997). 이때의 정서조절은 사회규범, 타인의 요구 및 관계, 상황적 맥락을 고려하여 적절하게 반응하고 행동하기 위하여 이루어지는 것이다. 초기 영아는 자신이 경험하는 정서를 있는 그대로 표현하지만 차츰 부정적 정서를 조절하려는 노력을 한다. 영아는 18개월 무렵에 부정적 정서를 숨길 수 있게 되는

데, 점차 사고 능력이 발달함에 따라서 인지적 판단을 통해 정서를 조절한다. 상황과 타인을 고려하여 적절히 대응하기 위하여 정서를 숨기기도 하고 더욱 드러내기도 하는 것이다. 정서조절은 참을성과 관계가 있는데, 참을성은 유아기에 크게 향상된다(Bridges & Grolnick, 1995). 그리하여 3세 무렵의 유아는 정서를 더욱 능숙하게 숨기거나 드러낼 수 있다. 생일에 친구가 마음에 들지 않는 선물을 주었을 때 유아는 친구를 고려하여 실망감을 숨기기도 하고, 친구의 생일을 축하할 때 기쁨을 더 크게 드러내기도 한다. 상황에 적절한 정서표현 양식은 해당 문화권에 영향을 받아 결정되며, 6~10세의 아동들은 해당 문화에서 통용되는 정서 표현의 규칙들을 습득하는 것으로 보고된다(Gnepp & Hess, 1986; Saarni, 1995). 유아는 정서표현에 따른 피드백을 직간접적으로 경험함으로써 상황에 적절하게 정서를 표현하는 법을 습득한다. 예컨대, 자긍심을 표현하는 것이 긍정적으로 인정되는 문화권의 유아는 자신에 대한 자랑스러움의 정서를 드러냄으로써 보다 긍정적인 피드백을 경험한다. 한편, 그렇지 않은 문화권의 유아는 자랑스러움의 정서표현을 절제하고 숨기는 행동 양식을 습득한다.

정서가 아동의 삶에 미치는 영향

정서는 기분이 좋고 나쁨의 측면에서 더 나아가 행동을 이끄는 동기가 된다(Kalat & Shiota, 2007). 기쁠 때는 콧노래를 흥얼거리고 환호하며, 무서울 때는 움츠리고 도망간다. 정서 상태는 행동으로 연결되는 속성을 지니고 있기 때문에 아동이 내포한 긍정·부정 정서의 정도는 일상 또는 어떠한 자극이나 상황에서 아동이 어떠한 행동을 하는가에 영향을 미칠 수 있다.

또한 정서조절의 발달 과정에서 살펴보았듯이 아동은 점차 타인과 상황을 고려하여 정서를 적절히 조절하고 나타내는 대응 방법을 습득한다. 아동이 가진 긍정·부정 정서의 정도와 정서조절 능력의 발달 정도는 아동이 맞닥뜨리는 매 순간의 상황에 대한 행동에 차이를 가져오고, 아동의 삶 전반에 영향을 미칠 것임을 예견해 볼 수 있다. 정서를 조절하는 것이 아동의 삶에 어떠한 영향을 미치는가에 대해 구체적으로 살펴보자.

정서와 친사회적 행동

아동이 돕기, 나누기, 협동하기와 같은 친사회적 행동을 하며 사회적으로 보다 바람직한 삶을 살아가기 위해서는 정서의 발달이 필요하다. 친사회적 행동을 하기 위해서는 우선 타인이 겪는 어려움과 고통을 인식할 수 있어야 한다. 나의 일이 아니더라도 다른 사람의 상황과 감정에 관심을 가지고 이해할 수 있어야 한다. 타인에 대한 조망수용 능력이 높은 아동이 친사회적 행동을 하는 경향이 높다는 사실(Goodman, 2006)은 이를 뒷받침한다. 또한 다른 사람의 감정을 함께 느낄 수 있어야 한다. 타인이 슬퍼하거나 고통스러워할 때 나도 슬픔과 고통스러운 감정이 들고, 타인이 기쁘고 행복할 때 나도 기쁘고 행복할 수 있어야 한다. 감정이입은 아동이 친사회적 행동을 하도록 이끄는 동기 요인이 되는데, 감정이입을 할 수 있는 아동은 다른 사람이 슬픔과 고통에서 벗어나서 기쁨과 행복을 느낄 수 있도록 돕는 행동을 한다(Batson, 1991; Hoffman, 1975). 타인의 얼굴표정과 행동 및 상황에서의 정서를 읽고 이해하여 공감하며, 나의 정서를 활용하여 다른 사람을 위로하고 돕는 아동은 성숙한 인간관계 속에서 더불어 사는 사회를 구성하는 일원으로 성장할 수 있다.

정서와 사회적 관계

아동이 가진 정서는 사회적 관계에 깊숙이 관여한다. 부정적 정서가 높은 아동은 사회적으로 바람직하지 못한 행동을 하는 경향이 있고, 긍정적 정서가 높은 아동은 보다 바람직한 행동을 하는 경향이 있다. 특히 분노와 같은 부정적 정서는 반사회적 행동과 관계가 있다. 분노가 높은 아동은 충동적·공격적·적대적이며, 과잉행동을 하는 경향이 높다(성미영, 권기남, 2010; Arsenio, Cooperman, & Lover, 2000; Rubin, Hymel, Mills, & Rose-Krasnor, 1991; Tackett et al., 2013). 또한 부정적 정서의 정도가 높은 아동은 또래 거부 정도도 높다(Stocker & Dunn, 1990). 분노와 같은 부정적 정서는 충동적이고 공격적인 행동으로 나타나고, 이러한 행동이 지속되는 것은 원활한 또래 관계를 방해하며, 또래관계에서 거부의 위험 요인으로 작용할 수 있다.

최근에는 아동의 부정적 정서성이 부모의 양육 행동에도 영향을 준다는 것이 밝혀졌다. 과거에는 어머니의 양육 방식이 아동의 정서에 어떠한 영향을 주는가에 대한 연구가 주로 이루어졌다. 하지만 이와는 반대로 아동이 가진 정서가 어머니의 양육 방식에 영향을 미치고, 어머니의 양육 방식은 다시 아동에 정서에 영향에 미치는 양방향적 관계가 밝혀지고 있는 것이다. 부정적 정서성이 높은 아동을 양육하는 어머니는 보다 어려움을 토로한다. 어머니는 영아가 보이는 단서에 민감하게 반응하고 지지적인 양육태도를 취해야 하는데, 자주 짜증을 내거나 울면 어머니의 민감한 반응 정도는 감소되고 심지어는 무반응적인 태도를 취하기도 한다. 또한 어머니의 지지적인 양육은 감소하고 통제적인 양육 방식이 행해진다(Kochanska, Friesenborg, Lange, & Martel, 2004; Mills-Koonce et al., 2007; Walling, Mills, & Freeman, 2007). 게다가 어머니의 적절하지 못한 양육 방식은 다시 자녀에게 부정적인 영향을 미치고, 이러한 악순환은 자녀와 어머니의 관계를 해친다(김수정, 정익중, 2015).

아동이 가진 정서의 긍정·부정 정서의 정도는 아동을 둘러싼 사회적 관계에 영향을 미치므로 정서를 조절하는 노력이 필요하다. 화를 잘 내는 부정적 정서가 높은 아동이라도 정서를 조절할 수 있으면 공격적인 행동과 같은 사회적으로 바람직하지 않은 행동을 줄일 수 있다(Eisenberg & Fabes, 1992). 부모나 교사는 아동의 부정적 정서성을 낮출 수 있는 방법을 모색하여 도움을 주어야 한다.

아동은 자신이 가지고 있는 기질적 요소의 한 차원으로서의 정서 외에도, 타인과의 관계 및 상황에 따른 인지적 판단을 통해 적절히 대응하기 위해 정서를 조절하는 능력의 발달이 필요하다. 정서를 적절히 조절하기 위해서는 우선 자신과 상대의 정서 상태를 인식할 수 있어야 하며, 왜 그러한 정서를 보이는가를 이해할 수 있어야 한다. 그리고 상대의 요구 및 상황에 대한 인지적 판단을 통하여 그에 적절하게 대응하기 위해서 자신의 정서를 조절할 수 있어야 한다. 정서를 조절하는 능력이 높은 아동은 타인과의 관계에서 사교적이며 사회적으로 유능한 행동을 하는 한편(Eisenberg & Fabes, 1992), 자신의 정서를 적절하게 조절하는 능력이 부족한 아동은 사회적 관계에 대한 지식이 부족하고 대인관계의 기술도 부족한 것으로 알려진다(Katz & MaClellan, 1997).

이러한 정서조절 능력은 아동 주변의 사회적 관계 중 또래와의 관계에서 중요한 역할을 한다. 정서조절 능력이 높은 아동은 또래관계에서 보다 친밀하고 유능한 행동을 한다(Denham et al., 2003). 친구의 정서를 파악하여 공감하고 이해해 주며, 자신의 정서를 조절하며 적절한 반응을 할 수 있는 아동은 또래와 보다 원만한 관계를 유지할 수 있다. 반면, 이러한 능력이 부족하고, 특히 서로 간의 의견이 조율되지 않거나 자신의 주장이 관철되지 않는 갈등 상황에서 자신의 정서를 적절히 조절하는 능력이 부족한 아동은 갈등 상황을 슬기롭게 해결하지 못하고 행동문제로 이어질 가능성을 내포하고 있다.

정서와 사고

정서는 생각에 영향을 미칠 수 있다. 정서는 인지적인 사고 과정과 평가에 영향을 주기 때문에(Folkman & Moskowitz, 2000), 우리의 생각은 때때로 신나고 행복할 때와 화나고 슬플 때의 정서적 상태에 따라 달라진다. 같은 상황이라도 신나고 행복한 정서 상태일 때는 보다 긍정적인 관점에서 바라보고 해석하는 한편, 화나고 슬픈 정서 상태일 때는 보다 부정적인 관점에서 보고 해석하는 경향이 있다.

또한 정서는 사고를 확장하는 기능을 한다. 긍정적인 정서는 제한되고 편협한 사고로부터 벗어나 여러 가지 관점에서 조망할 수 있게 한다. 긍정적인 정서는 사고에 주의를 기울이는 것을 돕고 유연하게 만듦으로써 문제에 대하여 다양한 대처 방법을 모색하게 하여 창의적이고 확장된 대처를 가능하게 하는 것이다. 게다가 이러한 대처 방법은 다시 긍정적 정서를 강화하여 긍정적 정서와 바람직한 문제해결의 선순환의 관계를 형성한다(Fredrickson & Joiner, 2002).

정서는 인지와 함께 작용하여 기억과 학습에 영향을 미친다. 특정 상황에서 느끼는 정서는 아동이 그 상황에 대해 기억하는 것을 돕거나 방해한다. 학습 과정에서의 긍정적인 정서는 아동이 학습에 주의를 기울이고 노력을 하도록 돕는다(Linnebrink & Pintrich, 2003). 또한 학습에서의 긍정적인 정서는 아동이 학습에 흥미를 느끼게 하는 동기유발의 역할을 하기도 한다. 긍정적인 정서가 아동의 학습을 돕는 역할을 하기도 하지만, 학습에 있어서 항상 긍정적인 정서만 느끼기는 어렵다. 때로는 지겹고 불안하고 걱정되며 속상한 정서를 느낄 수 있다. 중요한 것은 자신의 정서를 조절할 수 있는 능력이다. 학습 과정에서의 부정적인 정서의 성공적인 조절 여부는 학습의 결과에 영향을 미친다(Pekrun, 2006). 자신과 타인의 정서를 인식하고 이해하여 더 나은 결과를 위하여 적절하게 표현하고 행동하는 정서적 능력이 높은 유아가 초등학교 1학년의 학업에서도 더욱 높은 성취를 보인다는 연구결과(Trentacosta & Izard, 2007)는 정서와 학습 사이의 연관성을 뒷받침하며, 정서를 조절하는 능력이 학업을 수행하는 데 있어서 중요한 요소임을 말해 준다.

정서와 정신건강

아동의 정서 상태는 정신건강으로 이어질 수 있다. 아동의 부정적 정서 상태는 정신건강을 저해하는 직접적인 원인으로 꼽힌다. 분노, 슬픔, 두려움 등의 부정적 정서는 직접적으로 스트레스를 야기하는 요인이 되며, 불안과 우울에도 영향을 미친다(Pervin, 2003; Tackett et al., 2013: Vujanovic et al., 2013). 부정적 정서 상태가 높은 아동은 일상적인 생활에서 야기되는 일상 스트레스 및 특정한 부정적인 사건이 발생했을 때 더욱 큰 스트레스를 받으며, 불안과 우울의 정도가 높다. 스트레스는 부정적 자극이나 상황에 대한 개인의 인지적 평가에 따르기 때문에(Lazarus & Folkman, 1984), 같은 자극이라도 개인에 따라 스트레스의 정도가 다르게 지각될 수 있는 것이다. 부정적인 자극이 어떤 아동에게는 강한 스트레스로 여겨질 수 있는 반면, 어떤 아동에게는 큰 스트레스로 작용하지 않을 수 있다. 즉, 스트레스의 정도에는 자극이나 사건에 대한 아동의 인지적 평가와 해석이 중요한 것이다. 긍정 · 부정 정서 상태는 세상을 비관적 · 낙관적으로 보는 시각에 영향을 미치기 때문에 보다 긍정적인 정서 상태를 지닌 아동은 부정적인 자극이나 상황을 보다 긍정적으로 해석하고 평가 하여 정신건강에 이로울 수 있다.

아동이 지닌 긍정·부정 정서를 적절히 표현하도록 지원하는 것은 정신건강에 도움이 된다. 아동이 높은 수준의 부정적 정서를 지녔다면 이를 표현하여 해소하도록 하는 것이 도움이 된다. 부정적 정서 상태가 높은 아동에게 부정적 정서를 드러내지 않도록 제한하고 억압하는 것은 일시적으로는 부정적 정서가 줄어든 것처럼 보일 수 있으나 근원적인 해결 방안이 되기는 어렵다. 정서를 표현하지 못하도록 막는 것은 오히려 정신건강을 해치는 우울과 불안을 야기할 수 있다(Larson & Chastain, 1990). 실제로 슬픔, 분노, 기쁨 등의 정서를 표현하도록 조직하여 지원한 프로그램을 통해 아동의 긍정적 정서가 향상되고 부정적 정서가 감소되는 효과를 나타냈다(오지은, 2016). 아동의 건강한 발달을 위하여 양육자와 교사는 아동이 안전한 환경에서 부정적 정서를 건설적으로 방출하도록 도와야 한다.

정서지능 측면의 정서조절 능력 또한 정신건강과 관련이 있는데, 우선 자신의 정서 상태에 대한 명확한 인식은 심리적 건강에 도움이 된다. 자신의 정서 상태를 알고 이해하는 것은 자신이 상황에 적절하게 정서를 조절할 수 있다는 믿음 및 자신감과 관계가 있으며, 실제로 보다 적절한 정서조절 전략의 사용과 연관이 있다(Mayer, Gaschke, Braverman, & Evans, 1992; Salovey, Mayer, Goldman, Turvey, & Palfai, 1995; Salovey et al., 1995). 그리고 자신의 정서를 정확하게 인식하고 상황을 고려하여 적절하게 정서를 조절하는 능력이 높은 아동은 삶의 만족감과 자존감이 높은 반면, 낮은 정서조절 능력을 보이는 아동은 두려움과 우울, 걱정이 보다 높다(Garnefski, Rieffe, Jellesma, Terwogt, & Kraaij, 2007; John & Gross, 2004).

아동의 정서조절을 위한 제안

긍정적인 정서 상태를 유지하며, 상황에 맞게 정서를 조절할 수 있는 대처 능력을 가진 아동은 보다 적응적이고 성공적인 삶을 살 수 있다. 사회적으로 보다 바람직한 행동을 하고 주위의 사람과 친밀하고 원활한 관계를 맺는다. 또한 확장된 사고를 하고 심리적으로 안정되어 있다. 아동이 이러한 바람직한 정서 상태와 정서조절 능력을 갖도록 지원하기 위하여 다음의 방안들을 제안한다.

- 아이의 정서를 읽어주고 이해해 주어, 아이가 자신의 정서에 관심을 가지고 인식하며 언어와 행동으로 적절히 표현할 수 있도록 한다.
- 동극, 미술, 춤과 같은 활동을 이용하여 부정적인 정서를 안전한 환경 속에서 표출하여 해소할 수 있는 기회를 제공한다.
- 아이가 흥미를 가지고 몰입할 수 있는 영화, 운동, 책 등을 제시하여 즐거움을 느끼고 부정적인 상황과 정서를 잊을 수 있도록 한다.
- 부모와의 관계, 또래와의 관계, 교사와의 관계, 이웃과의 관계 등에서 발생하는 다양하고 구체적인 상황에 따른 정서에 대한 이야기를 하는 시간을 가진다. 타인의 정서에 대해 알아보고 적절히 반응하는 방법에 대한 토의를 해 보며 간접 경험을 해 볼 수 있도록 한다.

2부

아동의 양육환경

05
부모-자녀 관계

생각처럼 안 되는 자녀와의 관계,
어디서부터 풀어 나갈까?

★ 정윤주(인천대학교 소비자·아동학과 교수)

부모와 자녀는 선택의 여지없이 자연의 섭리에 따라 만나 평생 지속되는 관계를 이루게 된다. 자연이 맺어 준 것이니 애쓰지 않아도 마음과 말이 통하며 서로 이해하고 있는 그대로 수용하면서 관계 속에서 편안할 수 있어야만 할 것 같다. 하지만 삶에서 겪는 수많은 일이 그렇듯 부모-자녀 관계도 기대나 희망대로만 되지는 않는다. 때로는 다른 어떤 인간관계보다 더 어렵게 느껴지고 해결하기 힘겨운 문제들이 생겨나 난감해지기도 한다. 자녀와의 관계가 쉽지 않다는 부모들은 "머리로는 알겠는데 마음이 안 따라 줘서 막상 아이를 마주 하면 나중에 후회할 말이나 행동을 해요." "다 아는데 행동은 그렇게 안 돼서 어떻게 해야 할지 모르겠어요." "아이에게 뭘 어떻게 해줘야 할지 모르겠어요. 자녀양육 정보를 찾아보고 그대로 하려고 하는데 자연스럽게 안 돼요. 저는 모성애가 없나 봐요."라고 호소한다. 생각처럼 안 되는 자녀와의 관계, 어디서부터 풀어 나가야 할까?

생각처럼 안 되는 자녀와의 관계, 어디서부터 풀어 나갈까?

- 사례 1. "내가 너 같았으면, 다 잘했을 거야. 도대체 뭐가 부족해서 그러니?"

어머니는 툭하면 무섭게 화를 내며 때리셨다. 아버지는 집에 무관심하고 가장 노릇도 못했다. 어머니는 아버지한테 받는 스트레스를 전부 자식들한테 풀었다. 집이 싫어서 일찍 결혼했고, 내 아이한테는 좋은 엄마가 되려고 최선을 다 했다. 장난감이며 책이며 교구 같은 좋다는 건 다 사줬고 돌 되기 전부터 문화센터도 데리고 다녔다. 우리 어머니가 나한테 이렇게 해줬다면 나는 일등만 했을 텐데, 우리 애는 뭐가 부족한지 만날 이것저것 다 흘리고 다니고 산만하고 제대로 하는 게 없다.

- 사례 2. "아까 놀아 달라고 하더니 혼자서 잘만 노네."

우리 아이는 이상하다. 같이 놀자고 해서 놀아 주려고 하면, 엄마는 본체만체하며 혼자서 논다. 혼자서 잘 놀면서 왜 놀아 달라고 졸랐는지 모르겠다. 꼭 내가 설거지나 청소하면서 정신없이 뭘 하고 있을 때 놀자고 한다. 하던 일 다 하고 나중에 놀아 주겠다고 아이에게 말한 후 일 끝내고 약속했던 대로 같이 놀자고 하면 별 반응이 없다. 혹시 같이 놀게 되어도 내가 하자는 놀이를 아이가 별로 좋아하지 않는 것 같다. 이럴 때 허탈하고 아이한테 배신당한 기분이 든다. 아이가 뭘 바라는 건지 모르겠다.

- 사례 3. "알았어. 그런데 말로 해."

우리 둘째 아이를 어린이집에 보냈는데 적응을 못해서 한 살 더 먹으면 다시 보내려고 한다. 같은 반 다른 아이들은 거의 다 적응이 되던데 우리 아이만 그랬다. 아이들한테 어떻게 해 줘야 되는지 모르겠다. 첫째는 말을 늦게 했다. 아기 때부터 울면 바로바로 봐 줬더니 말을 안해도 다 알아서 해 주는 걸 알아서 그런지 말을 늦게 배우는 것 같았다. 그래서 둘째는 말을 빨리 배우라고 울어도 봐 주지 않고 내버려뒀다. 그래야 말을 할 필요가 있어서 말을 빨리 배우게 될 것 같았다.

이 사례들은 어머니들이 자녀와의 관계에서 힘든 점들을 보여 주고 있다. 사례 1의 어머니는 아이를 위해서 할 수 있는 모든 것을 하고 있는데 그런 노력이 너무나 무색하게도 아이가 하는 '짓'은 어머니를 실망하게 하고 화나게 할 뿐이다. 사례 2의 어머니는 아이가 놀자고 하니 없는 시간 쪼개서 놀아 주려고 하는데 아이의 반응이 신통치 않아 속상하고 난감하다. 사례 3의 어머니는 첫째 키운 경험으로 터득한 것이 있어서 둘째는 더 잘 키우려고 다른 양육방식을 시도했는데 아이는 어린이집에 적응도 못하니 아이에게 뭘 어떻게 해 줘야 하는 것인지 모르겠고 혼란스럽다.

엄마라면 누구나 사랑하는 자녀를 위해 자신이 할 수 있는 모든 노력을 다한다. 하지만 최선을 다하는 것이 자녀와의 관계에서 항상 최선인 것은 아니다. 앞의 사례들에서 어머니들이 힘들어하는 아이의 행동과 그에 따른 어머니의 고민은 달라 보이지만 근본적인 이슈는 아이의 정서적 요구에 대한 어머니의 민감성과 반응성이다. 아이에게 좋을 것 같은 모든 것을 다 해 주지만 그것이 아이가 원하는 것 혹은 아이의 발달단계에서 적절한 것이 아니라면 민감하지 못한 것이다. 아이가 놀아 달라고 할 때 즉시 놀아 주기보다 자신이 놀아 줄 수 있는 상황이 될 때까지 기다리라는 것은 민감하지 못한 것이다. 또한 아이가 불편하고 스트레스받아서 엄마의 도움이 필요하다는 신호를 보내는데 반응하지 않는 것은 그것이 무슨 이유 때문이든 민감하지 못한 것이다. 이러한 이슈를 인식하지 못한 채 최선을 다하기만 하는 것은 자녀와 좋은 관계를 갖고 싶은 어머니에게 허탈감과 실망만

생각처럼 안 되는 자녀와의 관계, 어디서부터 풀어 나갈까?

을 안겨 줄 수도 있다. 그렇다면 어머니의 민감성과 반응성은 어떻게 형성되는 것이며, 자녀와의 관계에 어떤 영향을 어떻게 미치는가? 민감성과 반응성이 부족한 어머니는 어떻게 해야 하는가? 이러한 것을 이해하기 위하여 여기서는 애착(attachment)과 성찰기능(reflective functioning)을 살펴보려고 한다.

애착

애착은 아기와 양육자 사이에 형성되는 강한 정서적 유대이다. 아기와 양육자 사이에 이루어지는 수많은 상호작용의 결과로 아기는 양육자에게 애착을 형성한다(Bowlby, 1969, 1982). 아기는 자신이 보내는 여러 가지 신호에 민감하고 적절하게 반응하는 양육자에 대해 안정애착을 형성할 가능성이 높은데, 안정애착을 형성한 아동은 양육자에 대해 신뢰를 형성하고 자신을 사랑받을 만한 소중한 존재라고 보게 된다. 또한 양육자에 대한 신뢰는 사람들 전반과 세상에 대한 관점에까지 적용되어 안정애착을 형성한 아기는 사람은 믿을 수 있는 존재이고 이 세상은 살 만한 곳이라는 긍정적인 세계관을 지니게 된다. 반면에 민감성과 반응성이 부족한 양육자의 아기는 자신이 보내는 신호에 대해 양육자로부터 무관심이나 일관성 없는 반응을 얻게 되고 불안정애착을 형성할 가능성이 높다. 불안정애착 중 회피애착은 아기가 보내는 신호에 대해 양육자가 무시하거나 놀리거나 귀찮아하는 반응을 보이는 경우에 형성된다. 이런 아기는 감정표현을 억제하는 경향이 있으며 사람이나 세상은 믿을 수 없으므로 혼자 알아서 살아야 한다는 세상관을 갖게 된다. 불안정애착 중 저항애착은 양육자가 일관성 없고 예측할 수 없는 방식으로 반응하는 경우에 형성된다. 이런 아기는 과장된 감정표현이나 분노 표현으로 양육자가 자신이 보내는 신호를 놓치지 않게 하려고 한다. 또한 혼란애착은 왜곡되고 일반적이지 않은 양육 행동에 의해 형성된다. 혼란애착이 형성되게 하는 양육 행동의 특징은 아이를 놀라게 하고 공포를 느끼게 한다는 점이다. 이런 비전형적 양육 행동을 보이는 부모는 대체로 해결되지 않은 정서적 트라우마를 경험했다는 공통점이 있다. 이와 같이 아기가 양육자와의 관계에서 형성한 애착은 정서조절, 대인관계, 자아개념 형성에 영향을 미치고, 아기가 성장하여 부모가 되면 자신의 자녀와 관계를 맺고 양육하는 방식에도 영향을 미치게 된다.

어머니의 아동기 애착과 자녀양육

유아기 자녀를 둔 어머니의 아동기 애착과 현재 성격특성 간의 관계를 살펴본 연구(정윤주, 2008)에서 아동기 애착이 안정적이지 않은 어머니의 자존감과 자아유능감이 낮은 것으로 나타났다. 이러한 성격특성은 부모로서 자녀를 양육하는 데 대해서도 자신감이 없는 것으로 나타나 자녀와의 관계에서 어려움을 느낄 때 자신이 할 수 있는 게 별로 없다고 생각하며 회피하게 되는 요인일 수 있다. 반대로 부모가 자녀양육에 있어서 자신의 통제력이 낮다고 지각할수록 자녀에게 지시적이고 강압적인 양육 행동을 보일 가능성이 크다는(Guzell & Vernon-Feagans, 2004) 연구결과도 있다. 이처럼 부모의 자신감은 자녀양육 행동에 영향을 미치는데, 부모의 어린 시절 애착 관련 경험이 자신감 형성에 중요하다.

어머니의 아동기 애착은 자녀양육 스트레스 및 부모역할 부담감과도 관계가 있는 것으로 나타났다(정윤주, 2008). 어머니가 자신의 어머니에 대해 아동기에 형성했던 애착이 안정적일수록 자신의 자녀를 양육하면서 느끼는 스트레스가 적으며, 부모역할을 하는 것에 대한 심리적 부담감도 적게 느끼는 것으로 나타났다. 또한 어머니의 아동기 애착이 안정적일수록 유아기 자녀의 자율성을 격려하는 양육 행동을 더 많이 하고 거부나 방임적인 양육 행동은 적게 하였고, 애착이 안정적이지 못할수록 어머니는 정서적으로 냉담하여 자녀의 요구에 민감하게 반응하지 못하고 주변의 자극에 의해 정서적 안정을 잃기도 쉬운 것으로 나타났다.

George와 Solomon(2008)에 따르면, 자녀를 양육하는 부모의 행동을 그 영향을 받게 되는 아동을 중심으로만 볼 것이 아니라 양육 행동을 하는 주체인 부모를 중심으로 하여 살펴보기도 해야 한다. 즉, 어린 시절 부모로부터 받았던 양육의 경험에 따라 사람은 자녀양육이라는 것이 어떤 것인가에 대한 내적표상을 형성하고, 이것은 자신이 부모가 되었을 때 자녀를 양육하는 행동에 영향을 미치게 된다. 어린 시절에 자신의 부모를 통해 경험한 내용은 성인이 되어 부모역할을 하게 되었을 때 부모로서의 자아를 인식하고 그 역할을 감당하려는 심리적 태도와 밀접하게 관련되는 것이다.

자녀양육에 관해 긍정적인 감정을 많이 느끼는 것은 삶의 질이 높은 것과도 관련성이 있다고 한다(박지선, 유영주, 2014). 즉, 자녀를 양육한다는 것에 대해 긍정적인 감정을 느낀다면 자녀와의 관계에서 어려움을 덜 겪을 것이고 자신의 삶 전반에 대해서도 좀 더 만족할 수 있다는 것이다. 반대로 자녀양육은 힘겨운 것, 괴로운 것이라는 선입견을 가지고 있다면 자녀의 기질이나 행동특성으로 인한 양육 스트레스, 부모로서 수행해야 하는 역할에 대한 부담감에서 오는 양육 스트레스가 모두 높을 것이고 그로 인해 자신의 삶이 전반적으로 만족스럽지 못하다고 평가하게 될 수 있다.

이처럼 어린 시절에 부모로부터 어떤 양육을 받았는가는 성인이 되어 자녀를 양육하는 것에 영향을 미쳐서 자녀에게 영향을 미친다. 또한 부모역할이란 어떤 것인가, 자녀를 양육한다는 것은 어떤 것인가에 대한 생각에도 영향을 미침으로써 자녀양육을 얼마나 힘든 것으로 경험하게 하는가에도 영향을 미친다. 따라서 자녀를 어떻게 대해야 할지 모르겠고, 아이와의 관계가 마냥 힘들고, 자녀양육 방법에 대해 아무리 좋은 정보를 많이 알고 있어도 그것을 마음으로 실천하기 어렵고, 자녀양육에 따른 스트레스가 감당하기 어렵게 느껴진다면, 무엇보다도 자신의 어린 시절 어머니와의 관계, 어머니의 양육 행동을 돌아보고 그것이 현재 자신이 부모역할을 하는 데 어떻게 영향을 미치는지를 살펴볼 필요가 있다.

부모의 돌봄 시스템

애착이론에 따르면 인간은 돌봄 시스템(caregiving system)을 가지고 있다. 돌봄 시스템은 타인에게 보호와 돌봄을 제공하는 행동들로 이루어져 있고 자녀 등 애착대상의 건강과 안녕을 증진시키는 기능을 한다(Bowlby, 1982, 1988). 부모가 되면 애착대상에게 보호와 돌봄을 구하던 입장에서 자녀에게 보호, 위안, 돌봄을 제공하는 입장으로 전환하는 것이 매우 중요하다. 그러나 이런 모드 전환이 모든 부모에게 자연스럽게 이루어지지는 않으며, 그에 따른 어려움을 겪는 경우가 있다. 부모의 돌봄 시스템은 아동이 두려워하거나 위험에 처해 있거나 스트레스를 받고 있다는 것을 부모가 아는 상황에서 활성화된다. 아이와 분리될 때, 아이가 위험할 때, 아이가 불편하거나 스트레스 받아서 울음 등 신호를 보낼 때 부모가 그것을 알아차리면 돌봄 시스템이 활성화된다(George & Solomon, 2008). 그렇다면 이러한 것을 알아차리는 부모의 민감성은 어디에서 오는가?

부모의 성찰기능

부모는 아동이 보내는 신호를 알아채고, 그 의미와 의도를 이해할 수 있을 때 가장 민감하게 반응할 수 있는데 그러려면 성찰기능 (reflective functioning)이 필요하다. 자신과 타인의 행동을 정신적 상태 (생각, 감정, 의도)를 고려하여 이해하는 능력을 성찰기능이라고 한다 (Fonagy, Steele, Moran, Steele, & Higgitt, 1991). 성찰기능이 좋은 부모는 자녀의 행동을 행동 이면의 정신적 상태에 근거하여 이해할 수 있다. 예를 들면, 아이가 우는 것은 화가 났기 때문이라고 이해하고, 엄마에게 매달리는 것은 무섭기 때문이라고 이해할 수 있다. 성숙한 성찰기능이 있다는 것은 사람의 정신적 상태가 어떻게 기능하는지를 이해하고 있다는 것이다(Slade, 2005). 즉, 감정이라는 것은 격해졌다가도 시간이 지나면 진정된다는 것, 감정은 불분명하고 알아차리기 어려울 때가 있다는 것, 감정은 다른 감정을 유발하기도 한다는 것, 자신의 행동이든 타인의 행동이든 감정에 의해 유발된다는 것을 알고 있다면 성숙한 성찰기능을 발휘할 수 있다.

성찰기능이 좋은 부모는, 예컨대 아이가 짜증을 부리는 이유가 엄마를 힘들게 하려는 게 아니라 어린이집에 장시간 있다 와서 피곤한데 목욕을 해야 하기 때문이고, 자신이 아이에게 화를 내고 있는 이유가 아이의 행동 때문이 아니라 직장에서 받은 스트레스 때문이라는 것을 이해할 수 있다. 성찰기능이 좋은 어머니는 자녀의 행동과 자신의 행동을 이면의 사고와 감정에 입각해서 이해할 수 있으며 감정이라는 것은 어떤 상황에서 유발되어 다른 상황으로 옮겨갈 수 있다는 것도 이해한다. 이러한 성찰기능은 어머니의 민감성(Grienenberger, Kelly, & Slade, 2005)에 영향을 미쳐서 아이의 애착형성에 영향을 미친다. 이런 성찰기능이 부족하다면 어머니는 자녀의 행동을 이해하기 어렵고 따라서 상호작용이 원활하게 이루어지지 않으며 아이와의 관계에서 어려움을 겪게 될 수 있다.

어머니의 트라우마와 민감성

어머니가 겪은 대인관계의 스트레스가 뇌 활동에 영향을 미치고 그에 따라 정서조절과 자녀에 대한 민감성에도 영향을 미칠 수 있다는 것을 보여 준 연구결과가 있다. 어린 시절 부모로부터 적절한 양육을 받지 못하고 학대받은 부모는 그렇지 않은 부모와 자녀양육 행동이 다를 수 있다는 것을 시사한다. 극단적인 경우이기는 하지만, 타인과의 관계에서 경험한 폭력으로 인해 외상 후 스트레스 장애(Posttraumatic Stress Disorder: PTSD)를 겪고 있는 어머니와 그렇지 않은 어머니에게 자녀가 스트레스받는 장면을 보여 주며 뇌가 어떻게 활성화되는지를 fMRI로 비교한 연구결과(Moser et al., 2013)를 살펴볼 필요가 있다. 이 연구에서 발견한 것은 PTSD 어머니는 자녀가 놀이하는 장면을 볼 때와 달리 자녀가 어머니와 분리되며 스트레스받는 장면을 볼 때는 전전두엽 피질 활성화가 나타나지 않았다는 것인데 이것은 PTSD가 없는 어머니와 달랐다. 전전두엽 피질은 정서조절에 관여하는 영역으로서 PTSD 환자에서 활성화가 감소되는 것으로 알려져 있다. 또한 PTSD 어머니는 PTSD가 없는 어머니와 대조적으로 자녀가 스트레스 받는 장면을 볼 때 감정에 관여하는 변연계의 활성화 정도가 더욱 상승하며 높은 수준의 스트레스를 보고하였다(Schechter et al., 2012).

어린 시절 부모의 부적절한 양육이나 방임, 학대를 겪는 것과 같은 트라우마 경험으로 인해 뇌기능이 달라져서 스트레스 받을 때 정서조절이 어려운 부모는 정서적으로 무감각해져 아이가 필요로 하는 정서

생각처럼 안 되는 자녀와의 관계, 어디서부터 풀어 나갈까?

적 상호작용을 하기에는 민감성과 반응성이 낮다. 그런데 아동의 신호와 정신적 상태에 대한 민감성이 낮은 부모는 아동에게 심각한 스트레스를 겪게 하여 아이에게 트라우마와 같은 영향을 미치게 된다. 즉, 아동은 스트레스 상황에서 정서조절을 하지 못하고 정서적으로 무감각해지는 증상을 보이게 되며, 이러한 아동의 증상은 성인기까지 지속되며 비전형적인 자녀양육 행동의 원인이 되어 자녀의 혼란애착 형성 가능성을 높이는 것으로 나타났다. 이와 같이 어머니의 트라우마 경험에 따른 뇌의 변화와 스트레스 상황에서의 정서 조절 어려움은 안정애착 형성에 매우 부정적인 둔감한 양육 행동이 대물림되게 하는 것으로 보인다(Dutra, Bureau, Holmes, Lyubchik, & Lyons-Ruth 2009). 이러한 연구결과를 통해 알 수 있듯이, 부모가 어린 시절에 방임이나 학대적인 가정환경에서 성장한 경우 뇌의 신경학적 특징으로 인하여 자녀가 정서적 도움을 원할 때 보내는 신호에 민감하게 반응하기 어렵다.

부모 성찰기능과 양육 행동

성찰기능을 사용할 수 있는 능력이 있다면 부모는 자신과 각자 의견이 다를 수 있다는 것을 이해한다. 성찰기능이 좋은 부모는 아이의 정신적 상태가 자신과는 다르고 각자의 정신적 상태가 서로의 행동에 영향을 미칠 수도 있다는 것을 안다. 부모가 아동의 정서적 신호에 민감하고 적절히 반응할 수 있으려면 부모 자신과 아동의 정신적 상태를 인식하고, 정신적 상태에 의해 행동이 유발된다는 것을 인식하며, 이런 것들이 실제 상황에서 어떻게 나타나고 아동에게 어떻게 영향을 미치게 될 것인지를 이해해야 한다. 예를 들어, 블록쌓기 놀이에 한창 몰입해 있는 아이에게 어머니가 그림책을 같이 보자고 한다면 아이는 하고 있는 놀이를 계속 하고 싶어서 어머니의 제안을 거절하게 된다. 그런데 어머니가 아이의 거절 원인을 아이의 마음(정신적 상태)에서 찾기보다 자신에 대한 거부라고 자의적으로 받아들인다면 어머니로서의 자신감을 잃게 될 수 있다. 이런 상황에서 어머니가 아이를 이해하려면 블록쌓기에 빠져 있는 아이의 정신적 상태와 아이의 거절을 엄마에 대한 거부라고 받아들인 엄마 자신의 정신적 상태를 알고 아이가 놀이에 완전히 몰입해 있는 것과 엄마의 제안을 거절한 것을 관련지을 수 있어야 한다. 즉, 어떤 상황에서 어머니가 자신의 정서적 경험과 아이의 정서적 경험을 구분하는 것은 매우 중요하다(Fonagy, Gergely, Jurist, & Target, 2002; Slade, 2005).

부모가 자신과 아이의 정서적 상태와 그것이 행동에 영향을 미친다는 것을 인식하지 못하면 서로 이해하지 못하게 되고 의사소통이 어려워짐으로써 정서 조절 문제와 스트레스 증가로 이어진다. 아이가 혼자 놀이에 몰입하고 있는데 엄마가 자꾸 그림책을 같이 보자고 한다면 아이는 아이대로, 엄마는 엄마대로 불만스러워질 것이다. 어머니가 아이의 상태를 이해하고 "엄마가 너랑 같이 놀고 싶은데 같이 해도 될까?"라고 말하며 그림책 보기를 권하는 대신 아이가 몰입해 있는 블록놀이에 참여하고자 한다면 이 상황에서 아이도 어머니도 만족스러울 수 있을 것이다. 어머니의 공감 능력이 높을수록 자녀를 양육하면서 느끼는 스트레스가 적다고 한다(최미경, 2010). 아이가 원하는 것과 어머니가 원하는 것이 다를 수 있고 같은 상황에서도 아이의 감정은 어머니의 감정과 다를 수 있다는 것을 이해한다면 아이와의 관계가 좀 더 편안해질 수 있을 것이다.

생각처럼 안 되는 자녀와의 관계, 어디서부터 풀어 나갈까?

부모의 어린 시절과 정서적 특징 살펴보기

건강한 부모-자녀 관계는 아동의 정신건강에 필수적인 조건이다. 영아기에 양육자와 건강한 관계를 경험하여 안정애착을 형성한 아동은 자신이 요구하면 양육자가 보호와 위안을 준다는 것을 알고 그로 인해 마음이 든든하여 세상 탐색에 적극적으로 나설 수 있다(Cassidy & Shaver, 2008). 애착에 기반을 둔 안전에 대한 확신이 없다면 정서적으로 성장하고 건강한 관계를 발달시키고 자신감 있게 탐색할 수 있는 능력이 현저히 줄어든다. 건강하지 못한 부모와의 관계 속에서 불안정애착이 형성된 아동은 스트레스를 조절하는 능력이 약하며 행동과 정서적인 문제를 겪기가 쉽다(Bakermans-Kranenburg, Van Ijzendoorn, & Juffer, 2005). 또한 아이가 성장하여 부모가 되면 어린 시절 부모와의 관계 경험이 자신의 아이와 관계를 형성하는 데 영향을 미친다. 생각처럼 안 되는 아이와의 관계 때문에 심각한 어려움에 처해 있다면, 그 원인이 부모의 어린 시절 경험에 기인하는 것은 아닌지 살펴보고 부모의 정서적인 측면을 돌보는 데서 해결의 실마리를 찾아야 할 수도 있다.

어머니는 어떻게 성장해야 할까?

*김진경(한국방송통신대학교 유아교육과 조교수)

부모는 자녀가 태어나서 성장하여 가정을 떠날 때까지 다양한 부모역할을 수행한다. 부모역할은 자녀가 성장함에 따라 계속적으로 변화하는데, 자녀가 영아기, 유아기, 아동기, 청소년기일 때 바람직한 부모의 역할이 다르다. 이러한 부모의 역할을 발달적 역할이라 한다. 자녀의 성장과 더불어 변화하는 부모기의 역할과 관련하여 Galinsky(1987)는 태아에서부터 18세까지 자녀를 둔 228명의 부모를 면접하여 다음과 같이 부모기의 단계를 도출하였다. 부모기의 단계는 부모상 정립 단계(image making stage), 양육 단계(nurturing stage), 권위 단계(authority stage), 설명 단계(interpretive stage), 상호 의존 단계(interdependent stage), 떠나보내는 단계(departure stage)로 이루어진다. 이 절에서는 부모 중 특히, 어머니의 역할이 자녀의 성장과 더불어 어떻게 발달하는지 알아본다.

① 부모상 정립 단계	- 임신 기간 동안 자신의 신체적·심리적 변화에 적응함. 부모기 준비 단계임 - 임신 후 첫 3개월 동안 임신을 수용하게 되며, 4~6개월에는 태아에 대한 이미지를 형성함 - 자신의 부모와의 관계를 평가하고 동일시 과정을 보내며, 배우자와의 관계 및 미래의 역할에 대한 이미지도 갖게 됨
② 양육 단계	- 자녀의 출생에서부터 생후 2년까지의 시기임 - 주요 과업은 자녀와 애착을 형성하는 것임 - 아기의 출생으로 가족 내의 균형이 깨지면서 새로운 관계 재정립됨
③ 권위 단계	- 자녀가 만 2세에서 4~5세에 해당되는 시기임 - 부모는 권위가 무엇이며, 왜 필요하고, 권위를 어떻게 세워야 하는지 등에 대한 기준을 결정함 - 부모는 완벽할 수 없으므로 자녀가 더 이상 자기의 부속물이 아니고 하나의 독립된 체계임을 인정하게 됨
④ 설명 단계	- 자녀가 5세 무렵부터 12~13세까지인 초등학교 시기임 - 주요 과업은 자녀에게 세상을 설명해 주는 것임 - 자녀에게 자아개념을 발달하게 해 주며, 질문에 답하고, 필요로 하는 기술과 정보에 접근할 수 있는 기회를 제공함
⑤ 상호 의존 단계	- 자녀가 청소년기에 들어서는 시기임 - 부모는 거의 성인이 되어 가는 자녀와 함께 새로운 관계를 형성함 - 주요 과업은 자녀의 성에 대한 이해, 자녀의 정체감 수용하기, 성장한 자녀와의 새로운 유대감 형성 등임
⑥ 떠나보내는 단계	- 자녀가 청년기에 해당되는 시기임 - 부모의 엄격한 통제는 완화된 통제로 바뀌고, 자녀가 변화하는 과정에서 겪었던 모든 경험을 되돌아봄 - 주요 과업은 자녀의 독립에 대해 준비하는 것

출처: Galinsky (1987).

태내기 엄마(부모상 정립 단계)

모든 사람이 엄마가 되면서 자연스럽게 부모역할에 익숙해지는 것은 아니다. 엄마의 삶에 있어서 아기의 존재는 여러 가지 변화를 가져오므로 임신 시기부터 부모됨에 대한 준비를 하는 작업이 필요하다. 태내기는 부모의 입장에서는 이미지 형성 단계로 부모상의 정립기이다. 출산 전에는 심상만을 갖고 있기 때문에(Galinsky, 1987), 부모역할을 어떻게 준비하고 수행할 것인지에 대해 생각하고 연습하는 단계이다. 태내기는 부모역할을 준비하는 시기이며, 태내기 부모역할은 태아에 대한 애착과 함께 아기가 자신과 분리된 존재임을 이해하는 것에서부터 시작된다. 태아를 가진 부모는 출산에 대해 흥분하면서도 자신이 부모로서의 능력을 갖추고 있는지 불안해하기도 한다. 또한 배우자 및 자신의 부모와의 관계 변화에 대해서도 대비해야 한다.

임신의 수용

임신 중에 여성의 신체 내부에서는 복잡한 호르몬과 신진대사 변화가 일어난다. 임산부는 신체적 변화와 함께 심리적 변화를 민감하게 느끼게 되는데, 건강한 아이를 낳을지, 출산의 고통이 얼마나 심할지, 위험하지는 않은지 등의 염려를 하게 된다. 임신부는 막연한 임신에 대한 두려움에서 벗어나 임신의 전 과정을 이해하고 임신을 긍정적으로 수용하며 각 단계별로 요구되는 것을 잘 파악하여 실천할 필요가 있다.

태교

태아에게 바람직한 환경을 만들어 최적의 상태에서 태아가 건강하게 성장하도록 배려하는 것이 태교이다. 태내 환경은 외부로부터 자극이 차단되는 곳으로서 태내 환경이 적절하지 못한 경우 태아에게 치명적일 수 있다. 따라서 태교는 과거에서 현재에 이르기까지 내용에서 약간의 차이는 있을지라도 근본적인 목적은 동일하다고 할 수 있다. 즉, 임신 이전부터 출산 전까지 이루어지는 모든 교육을 말하는 것으로, 부모와 태아 모두에게 행해지는 교육을 말한다.

우리나라의 전통 태교 중 대표적인 태교를 살펴보면 다음과 같다. 우리나라 전통사회에서는 태교를 임신 중에만 하는 것이 아니라, 임신 전부터 시작된다고 보았다. 태교는 배우자 선택에서부터 시작되며 심신을 건강하게 유지하여 부모로서 자격을 갖추도록 노력하는 것이다. 태아를 하나의 인격체로 여겨 태어남과 동시에 한 살이라는 나이를 부여하였는데, 이는 태아를 생명체로 존중했음을 반영하는 것이다. 전통 태교에 대한 기록은 여러 문헌에 기록되어 있다. 고려시대 말에 정몽주의 모친 이 씨가 쓴 『태중문훈』과 조선시대에 허준이 쓴 『동의보감』에 태교와 관련된 내용이 부분적으로 기록되어 있다. 또한 조선후기에 사주당 이 씨(1803)는 『태교신기』라는 지침서를 집필하였는데, 10장으로 구성된 『태교신기』는 태교에 대한 내용을 종합적이고 체계적으로 서술되었으며, 어머니의 태중교육 10개월이 출생 후 스승에게 배운 10년보다 중요하다고 언급하여 태교의 중요성을 강조하였다. 『태교신기』의 내용을 살펴보면 태교의 이치에 대해 밝히고 있으며, 태교를 실천해야 하는 이유와 실천하지 않았을 때 입게 되는 손해에 대해 이야기하고 있다. 또한 어머니뿐 아니라, 아버지의 태교를 강조하고 있다.

이렇게 문헌에 언급된 태교와 더불어, 서민 사이에서 구전되어 전해지는 구전태교가 있다. 구전태교는 문헌에 기록되지 않는 내용까지 갖추고 있어 우리나라 전통사회가 얼마나 태교를 강조해 왔는지 알 수 있다(류점숙, 국주영, 2000). 남도지방에서 전해 내려오는 삼태도

(三台道)와 칠태도(七台道)가 있다. 이 중 칠태도는 사회적으로 명예와 돈이 있는 가정에서 지켜졌으며, 그렇지 못한 가정에서는 삼태도만을 지켰다. 이와 같이 우리 조상은 태아에게 좋은 환경을 마련해 주고 마음과 몸가짐을 바르게 하는 태교를 매우 중요시하였다.

한편, 태내기에 관한 많은 연구를 통해 자궁 내 환경이 태아의 발달에 중요한 영향을 미친다는 사실이 밝혀짐에 따라 태교에 대한 관심이 증가하고 있다. 특히 태아의 두뇌 발달에 태교가 미치는 영향이 크다는 것이 밝혀지면서 태교가 더욱 강조되고 있다. 이러한 태교는 태아의 발달뿐 아니라 임산부와 태아가 건강하게 생활하도록 돕고, 태아에게 보다 안전하고 편안한 태내 환경을 제공해 준다는 데에 그 의미가 있다. 현대사회에서 이뤄지는 태교에는 청각태교, 태담태교, 시각태교, 운동태교 등이 있다.

영아기 엄마(양육 단계)

출생 후 영아는 자기 힘으로 아무것도 할 수 없는 무력한 상태이므로 부모의 책임은 이 시기 동안 가장 크다고 할 수 있다. 이 시기의 가장 중요한 발달과업은 영아와 애착을 형성하는 것으로, 안정애착 형성에 부모를 비롯한 양육자의 역할은 절대적이다. 생후 초기 경험은 이후의 전인격적 발달에 지속적으로 영향을 미치는 것으로 많은 연구에서 확인되었다. 따라서 이 시기 동안 상대적으로 가장 가까이에서 영아와 시간을 보내는 부모의 역할이 특히 중요하다고 할 수 있다. 영아기에는 부모와 영아의 상호작용의 질이 매우 중요한데, 영아기의 부모역할은 다음과 같이 정리해 볼 수 있다 .

어머니는 어떻게 성장해야 할까?

양육자

아기가 태어나서 생후 1년간은 누군가의 보살핌 없이는 생존이 불가능하다. 부모는 영아의 수면과 수유 및 배설 등 모든 것을 보살펴야 하는데, 이러한 역할을 양육자로서의 역할이라고 할 수 있다. 또한 영아의 안전을 배려한 물리적 환경을 구성하는 것도 영아기 부모의 중요한 역할이다. 영아가 성장하여 이동 능력을 갖추면 활발하게 움직이면서 다양한 시도를 한다. 이 시기에 부모는 자녀가 다치거나 아프지 않도록 안전하게 보호하는 역할을 수행해야 한다. 자녀에게 안전한 환경을 마련함으로써, 이 시기의 발달과업인 자율감 성취를 위한 자유로운 탐색 기회를 제공해야 한다.

기본적 신뢰감 및 애착 형성의 조력자

영아기의 애착을 형성하는 데 있어서는 무엇보다도 부모의 역할이 중요하다. 영아는 양육자와 상호작용을 하며 기쁨을 느끼고 괴로울 때 위로받는다. 부모와의 긍정적인 상호작용으로 안정애착을 형성한 영아는 어머니를 안전기지로 삼고 정서적 안정감을 느낀다. 영아기에 부모가 일관성 있고 민감하게 영아의 욕구를 반응하면 영아는 부모에 대해 안정애착을 형성하면서 기본적 신뢰감을 갖게 된다. 신뢰감은 양육자에 대한 긍정적 감정인 애착을 형성하는 기초가 된다. 반대로 부모가 일관성 없고 무관심하게 영아를 돌보는 경우에는 타인에 대해 불신감을 발달시키게 되며, 이는 불안정애착 형성을 초래하게 된다.

자극 제공자

영아는 주위의 모든 사물에 대해 호기심을 보이며 탐색하고자 여러 시행착오를 한다. 이 시기는 감각기관을 이용해서 세상을 이해하므로, 부모는 영아가 오감을 이용해서 외부와 상호작용할 수 있는 기회를 제공해 주어야 한다. Piget는 영아기를 감각운동기라고 지칭하면서 영아기에 풍부한 감각적 경험이 필요함을 강조하였다. 즉, 감각운동 능력을 촉진할 수 있는 흥미롭고 자극이 될 수 있는 환경을 제공할 필요가 있다는 것이다. 부모는 영아에게 흥미 있고 매력적인 환경을 조성함으로써, 영아가 스스로 여러 가지 시행착오를 겪으며 시험해 보고 탐색해 볼 수 있는 기회를 갖도록 해야 한다.

자율성 발달의 조력자

영아는 점차 스스로 먹고, 대소변을 가리고, 옷을 입을 수 있는 능력인 자조 능력을 갖추게 된다. 이러한 자율감의 증가로 인해, 영아는 "싫어." "안 해." "내 거야." 등의 반항적인 언행을 보이게 된다. 자신의 생각을 표현하고 고집하려고 하는 모습을 보이면서, 이 시기를 '제1 반항기'라고도 한다. 또한 생후 1년 정도 되면 영아는 이동 능력이 발달하고 언어로 자신의 의사표현을 간단히 할 수 있게 된다. 이 시기부터 영아는 주위 세계를 활발하게 탐색하고자 하면서, 이를 저지하려는 부모와의 사이에서 갈등을 경험하게 된다. 이때 부모가 지나치게 영아의 요구를 제한하지 않으면서 주위를 탐색하도록 허용하고 격려해 주면 영아는 자율성을 발달시키게 된다. 부모가 영아의 행동을 지나치게 제한하고 간섭하면 수치심이 생기면서 자신의 능력에 대한 회의감이 생길 수 있다. 따라서 부모는 영아의 능력에 맞는 일을 스스로 해 볼 수 있는 기회를 제공하고 긍정적으로 동기부여를 함으로써 자율성 발달을 촉진해야 한다.

유아기 엄마(권위 단계)

유아기의 부모는 권위 단계에 해당되는데, 이때 부모는 자녀에게 기본적인 규칙과 제한을 두며 이를 지키도록 이해시키고 격려한다. 유아기의 아이는 신체적인 의사표현에서 언어적인 표현을 구사하고, 외적인 통제에 주로 의존하던 상태에서 내적인 통제를 할 수 있게 된다. Erikson의 심리사회적 발달단계에 따르면 자율감에서 자발성을 거쳐 근면성으로 이어지는 시기에 해당한다. 유아기에는 두 단계의 심리사회적 발달을 겪게 되는데, 18개월~3세에 자율성 대 수치심 및 회의가 생기고, 3~6세 사이에 주도성 대 죄의식의 발달단계를 맞게 된다. 또한 유아와의 상호작용을 통해 성인은 자녀양육에 있어서 새로운 방법을 학습한다. 점차 자녀가 성장함에 따라 유아의 변화된 욕구에 맞추어 부모도 '욕구를 충족시켜 주고자 하는 욕구'로 변화되고, 부모와 유아는 상호의존적으로 상호 작용하게 된다. 부모와 유아는 각각 발달과 사회화를 자극하는 자원으로 작용한다.

훈육자

유아는 부모의 양육과정을 통해 부모가 지지하는 사회문화적 가치를 인식하고 학습하게 된다. 부모의 인정과 부정은 유아로 하여금 자신의 어떤 행동이 행동규준에 적절한지 알게 한다. 유아는 부모에게 의존하며 사회화를 경험하므로, 이 시기에 보이는 부모의 언행은 유아에게 자연스럽게 내면화된다. 훈육이란 유아를 지도하는 구체적인 행동으로 부모는 어떤 형태로든 자녀의 행동을 통제하게 된다. 이때 '되는 행동'과 '안 되는 행동'을 명확하게 가르치기 위해서는 특히 일관성 있는 태도로 행동 범위를 제한해야 한다.

자아개념 발달 조력자

유아기에 해결해야 할 중요한 과업 중의 하나는 긍정적인 자아개념을 형성하는 것이다. 자아개념은 개인의 자신에 대한 판단으로, 그가 속한 환경 안의 의미 있는 사람들과의 상호작용과 밀접한 관련이 있다. 따라서 자녀에게 가장 의미 있는 사람인 부모는 자녀의 자아개념 형성에 중요한 영향을 미친다. 자아개념은 경험을 통하여 습득한 자기 자신에 대한 개념으로, 주위에서 자신을 중요한 사람으로 인정할 때 긍정적인 자아개념을 형성하게 된다. 유아의 요구에 일관되고 민감하게 반응하고 긍정적인 격려와 칭찬을 제공하는 부모에 의해 양육된 경우에, 유아는 자신을 존중받을 만한 가치가 있는 중요한 존재로 인식하며 긍정적인 자아존중감을 발달시킨다. 반면, 유아의 요구에 일관되게 반응하지 못하고 부모의 양육태도에 기복이 심하거나 온정과 민감성이 떨어지며, 자녀를 신뢰하지 못하고 지나치게 간섭하고 통제하는 부모를 둔 유아는 자신이 보호받고 존중받을 만한 가치가 없다고 느끼는 경향이 있었다. 즉, 부모는 자녀에게 온정적이며 요구에 민감하게 반응함으로써, 자녀가 힘들 때나 즐거울 때나 언제나 의지할 수 있는 든든한 안전기지로 유아 곁에 머무는 것이 중요하다.

자율성 및 주도성 발달 조력자

18개월에서 3세 사이의 유아를 둔 부모의 과업은 자율성 발달에 효과적으로 대처하는 것이다. 먼저, 부모는 자녀가 자율적인 존재로 발달됨을 인정하며, 유아의 적극적인 주변 탐색을 위한 안전한 환경을 마련할 필요가 있다. 부모가 자녀의 자율성을 존중하지 않고 스스로 해 볼 수 있는 기회를 박탈한다면, 유아는 자신감을 잃고 수치심에 빠지며 수동적인 성격의 소유자가 될 수 있다. 자녀를 부모의 부속물이 아니라, 독립된 인격체로서 존중해야 한다. 한편, 이 시기는 간단한 것을 스스로 해 봄으로써 자율감을 얻게 하지만, 지나치게 어려운 과업으로부터는 보호받을 필요도 있다. 특히 대소변을 가리는 생리작용을 지나치게 강요해서는 안 된다. 또한 자율감을 성취한 유아는 다음 단계로 자기가 무엇을 스스로 할 수 있는가를 시험해 본다. 이 시기의 유아는 풍부한 상상력을 발휘하여 놀이에 열중하면서 여러 가지 역할을 수행하고, 호기심을 만족시키기 위하여 질문을 많이 한다. 이때 유아가 새로운 일을 시도하여 성공하면 주도성이 발달되어 새로운 시도를 계속 확대하게 된다. 따라서 부모는 자녀가 스스로 능력을 발휘하도록 주변을 탐색할 수 있는 풍부한 경험을 제공해야 한다. 특별한 활동을 성취하는 성공적인 경험들이 축적되면서 유아는 자신이 무언가를 할 수 있다는 긍정적인 사고를 형성하게 된다.

자기조절 능력 발달 조력자

유아는 규칙과 한계 설정 속에서 만족지연이나 자기통제와 같은 조절 능력을 발달시키게 된다. 이 시기의 유아는 자기를 조절할 수 있는 힘을 기르게 된다. 순응은 유아가 부모의 요구에 일치하는 행동을 하게끔 하는 자기조절력의 초기 형태이다. 부모가 유아의 순응을 요구함에 따라 유아의 순응도 지속적으로 증가하는 양상을 보인다. 유아기 초기에는 부모의 외적인 통제에 의해 순응행동을 하는데, 연령이 증가하면서 점차적으로 내적 규준에 의한 순응이 가능하게 된다. 특정 상황에서 부모가 유아의 현재 행동을 통제하는 이유에 대해 명료하게 설명할 경우, 유아는 순응 과정을 통한 성취감을 맛볼 수 있다. 이러한 경우, 부모의 외적 기준이 자연스럽게 내면화된다. 유아가 보이는 비순응 행동과 거부전략도 연령이 증가함에 따라 다르게 나타난다. 단순한 환기, 직접 보여 주고 손으로 이끄는 등의 신체적 안내가 어린 유아의 비순응에 유효하다면, 학령기에 가까운 취학 전 유아에게는 언어적 제언과 추론, 협상 과정을 통해 충분히 설득하는 과정이 필요하다.

풍부한 경험 제공자

유아기는 전조작기에 해당되므로, 부모는 유아가 사물과 사건을 어떻게 인지하는지 특성을 고려하여 발달에 적합한 환경을 구성하여야 한다. 특히, 유아는 무엇이든지 관심을 가지며 탐색하고 조작해 봄으로써 물리적 지식을 습득하므로 실험과 조작이 가능한 환경 구성이 요구된다. 또한 최적의 인지적 발달을 만족시키기 위한 다양한 사물과 경험을 제공해야 한다. 특히, 놀이 활동은 학습을 위한 중요한 수단이므로, 발달을 촉진할 수 있는 놀이 활동을 격려한다. 부모는 유아기의 자녀에게 긍정적인 학습이 이루어지도록 발달과 교육에 적합한 환경, 놀잇감, 교재 · 교구 등을 선별하여 제공해야 한다.

아동기 엄마(설명 단계)

아동기에는 학업적 성취나 또래와의 상호작용, 학교생활을 통해 근면성을 발달시켜 나간다. 아동기의 부모는 설명 단계로, 부모는 자녀의 끊임없는 질문에 응답하며 세상을 설명해 준다. 부모는 아동이 보다 성공적인 경험을 할 수 있도록 배려해 주고, 문제행동에 대해서도 적절한 지도가 필요하다.

심리적 지지자

아동은 학교생활이라는 새로운 사회생활 속에 적응하면서 교사 및 또래와 관계를 형성하고 자신에 대한 평가를 받게 된다. 아동은 자신의 성취 결과를 또래나 외적 기준과 비교하면서 여러 영역에서 자신의 능력에 대해 평가받고, 자신의 능력이 부족하다고 느끼는 경우에는 수치감을 느낀다. 아동이 또래관계를 잘 형성하지 못하는 경우에는 아동의 전인격적인 발달에 부정적인 영향을 미친다. 따라서 부모는 특히 자녀의 또래관계에 관심을 갖고 격려자로서의 역할을 수행해야 한다. 만약 또래관계의 어려움을 자녀가 경험하고 있다면 언제든지 부모나 교사에게 도움을 요청하도록 심리적 지지자, 지원자로서의 역할을 감당해야 한다. 자녀의 문제나 고민을 사소한 것으로 생각하고 무시하는 것이 아니라, 진심으로 그 문제를 걱정하며 함께 해결책을 찾아나가려는 태도는 자녀에게 신뢰감을 줄 수 있다. 이러한 격려자로서의 부모 역할은 아동기를 넘어 청년기에 이르기까지 계속되어야 한다.

훈육자

아동기에는 초등학교에 입학하면서 다양한 행동과 태도를 배우게 되므로, 부모는 아동의 발달수준에 적합한 효과적인 훈육 방법을 모색해야 한다. 아동은 학교에 입학하면서 취침과 기상, 준비물 챙기기, 숙제하기, 공부하기 등 새로운 생활습관에 적응하고 건강한 가치관을 형성해야 한다. 특히, 아동기에는 어렸을 때 사용했던 부모의 양육방법이 더 이상 적절하지 않으며, 아동의 신체적 측면보다는 심리적 측면에 더 관심을 두어야 한다. 이 시기에는 부모가 체벌이나 명령보다는 자연적·논리적 귀결을 사용하여 바람직한 행동을 형성시키는 것이 적절하다. 즉, 부모는 아동을 무시하거나 권위주의적인 방법으로 훈육하기보다는 긍정적이고 민주적인 훈육 방법을 사용해야 한다. 한편, 아동기에는 부모에 대한 자녀의 관점에도 변화가 나타나는데, 부모에 대해 무조건 신뢰하며 따르던 유아기의 태도에서 벗어나 객관적이고 비판적인 관점을 취하기 시작한다. 아동은 부모의 훈계에 반발하고 저항하는 태도를 보이기도 하는데, 부모와의 갈등이 새롭게 시작되는 시기라고 할 수 있다. 따라서 부모는 자녀에게 자신도 부정적인 감정과 긍정적인 감정을 모두 가지고 있는 인간이며, 실수할 수 있고 완벽하지 않다는 것을 이해시켜야 한다.

근면성 발달 조력자

아동기는 생산적인 일에 에너지를 쏟음으로써 매우 활동적이며 여러 기술을 습득하는 시기이다. 아동은 주어진 일을 해내고 성공하는 경험을 통해 근면성을 발달시키게 된다. 반면, 주어진 과제를 잘 끝내지 못하고 실패를 거듭하게 되면 위축되며, '나는 아무 것도 못해.' '나는 해낼 수가 없어.'와 같은 열등감을 형성하게 된다. 따라서 아동기 부모의 중요한 역할 중 하나는 자녀의 근면성 발달을 함양시키는 것이다. 부모는 지나친 기대를 하지 않고 아동의 수준에 맞는 적절한 과제를 부여하여 다양한 영역에서 성공하는 경험을 축적하도록 도와준다. 아동의 능력에 알맞은 과제를 제공하며 작은 성취에도 칭찬과 격려를 제공하여 아동이 기쁨과 만족감을 느낄 수 있도록 해야 한다.

긍정적인 자아개념 발달 조력자

Erikson은 아동기를 자아 성장의 결정적 시기라고 보았으며, 아동에게 건전한 자아상을 확립시켜 주는 것이 중요한 과업이라고 하였다. 먼저 아동이 현실적인 자신감을 갖게 하기 위해서, 부모는 아동을 신뢰하면서 정확하고 민감한 강화를 통해 아동 스스로 자신의 능력을 정확히 이해하고 판단할 수 있도록 해야 한다. 아동기의 자아개념은 타인과의 관계에서 타인이 자신을 어떻게 생각하는지의 영향을 많이 받는다. 따라서 부모는 아동의 장점을 발견하도록 노력하고 그것을 인정하고 격려하며, 성공 경험을 많이 할 수 있는 기회를 제공한다. 친구나 형제자매와의 비교를 삼가고, 누군가와의 경쟁에서 이기라는 압력을 가하기보다는 아동이 스스로 자신의 장점을 인식하고 잠재된 역량을 발휘하도록 개별적인 관심과 격려가 중요하다. 반면, 아동의 부족한 점과 실수를 지적하면, 아동은 자신을 쓸모없는 사람, 가치 없는 사람이라는 부정적인 자아개념을 형성하게 된다. 아동이 실패한 일에 대해서도 그 노력을 인정해 주는 등 긍정적인 반응을 보여주는 것이 바람직하다.

다양한 학습경험 제공자

아동은 무한히 성장할 가능성을 지니며, 부모는 자녀의 가능성이 최대한으로 발휘되도록 최선을 다해야 한다. 부모는 자녀의 능력을 개발하도록 가정환경을 조성하고 학교생활에 관심을 보이며 적절한 방과 후의 활동을 경험하는 기회를 제공한다. 가정 밖의 활동에는 학습 영역(예: 영어, 수학, 글쓰기, 컴퓨터 등), 예능 영역(예: 음악, 미술, 무용 등), 스포츠 영역(예: 발레, 태권도, 수영, 스케이트 등) 등이 포함된다. 이러한 경험들은 노력과 기술로 성취되는 자신의 능력에 대한 자신감을 고취시킬 수 있다. 또한 부모는 아동의 학습 내용에서 어려움을 겪는 부분을 설명하고 자료를 제공하는 학습 조력자로서의 역할을 수행해야 한다.

사회적 능력 촉진자

아동기는 사회성 발달에 있어서 또래집단의 역할이 보다 중요한 시기이므로 교우관계의 지도가 중요하다. 학령기 아동은 특히 또래집단에 속하고자 하는 강한 욕망을 가지고 있기 때문에 보다 구조화된 집단 활동에 적극적인 반응을 보인다. 아동기를 거치면서 아동은 사회성과 도덕적 책임감을 발달시킬 뿐 아니라, 집단 내에서의 오락과 흥미 있는 활동에 참여할 수 있다. 부모는 자녀가 어떤 또래집단에 소속되느냐에 대해 관심을 가져야 하며, 또래집단에 소속되지 못한 아동에 대한 대책도 세워야 한다. 부모는 자녀의 또래를 알고 있어야 하며, 또래와 잘 어울리지 못하는 어려움이 있다면 원인에 따라 적절히 지원해야 한다. 또래와 협동하기, 또래 도와주기, 요청이나 제안을 하는 언어 기술, 분노 조절 능력 등 긍정적인 사회적 기술을 함양하도록 도와야 하며, 다른 사람의 관점을 이해할 수 있는 능력을 길러 주어야 한다.

정서조절 지원자

아동기에는 여러 가지 정서 중 특히 분노와 좌절감을 학교생활에서 흔히 경험하는데, 이는 반드시 조절되어야 하는 정서라고 할 수 있다 (Brooks, 2008). 부모는 아동의 관점에서 자녀를 이해하고 공감하며 자녀에 대한 비판의 말을 자제해야 한다. 문제 상황에서 조급해하지 않으며 여유를 가지고 유머있게 넘길 수 있어야 하며, 자녀가 표현하는 감정에 관심을 기울여 주는 노력이 있어야 한다. 부모는 아동이 느끼는 감정은 존중하고 수용하되, 새로운 시각으로 아동이 경험하고 있는 문제를 해석해 줌으로써 긍정적으로 사고하도록 도와야 한다. 부모가 해결책을 제시하기보다는, 부모가 아동의 문제를 진지하게 함께 고민하며 해결책을 찾아보며 아동의 노력하는 모습을 격려해야 한다.

06
양육환경

아동이 안전한 환경은 어떻게 만들까?

* 우현경(서울대학교 느티나무어린이집 원장)

아동은 안전할 권리를 가진다. 최근 우리 사회는 어느 때보다 아동의 신체적 · 정서적 안전에 관한 관심이 높은데, 아동의 안전문제는 우리 사회의 지속과 미래의 안전에 직결된다는 점에서 중요하다. 그렇다면 아동이 안전하다는 것은 어떤 의미이고, 아동을 위한 안전한 양육환경은 어떤 환경일까?

안전이란 아동이 위험이나 사고로부터 신체적 · 정신적 · 정서적으로 보호되고 있으며, 물리적 · 물질적 · 도덕적 위험이 없는 상태나 상황을 말한다. 반대로 안전에 문제가 발생한 것으로 볼 수 있는 안전사고는 충돌/충격, 찔림, 화학적 영향, 온도, 의료 시설 및 약물, 기타 물리력, 호흡장애, 과도한 동작 등으로 유발되어 신체적 · 정신적 · 정서적 손실을 초래하거나 사망하는 사건을 말한다(황성은, 강부성, 2014). 아동의 안전을 위해서는 안전사고 이외에도 아동대상 범죄와 권리침해, 아동의 심리적 복지에 부정적인 영향을 미치는 학습환경과 생활환경이 폭넓게 고려되어야 한다. 결국 안전한 양육환경은 물리적인 환경의 안전을 기본으로 아동을 양육하는 부모와 교사를 포함한 인적 환경과 더 나아가 아동이 속한 사회의 제도와 문화까지 포괄적으로 안전성을 검토하고 증진할 때 만들어질 수 있다.

이 절에서는 아동이 성장하고 성숙해 가는 기본적인 환경인 가정과 어린이집, 공원과 놀이터를 포함한 지역사회 환경의 안전성에 대해 논하고자 한다. 특히 이러한 양육환경이 가지는 놀이와 학습의 공간으로서의 의미를 생각해 보고, 아동의 안전을 위해 지속적으로 보완해야 할 부분을 살펴보고자 한다.

양육환경의 안전 점검하기

시야를 넓혀 전 세계적으로 아동의 양육환경을 살펴보면, 우리나라의 아동은 상대적으로 안전한 환경에서 자라고 있다. 2016년 UNICEF 발표 자료에 따르면, 우리나라의 5세 이하 영아사망률은 193개국 중 두 번째로 낮았으며 영양과 위생, 교육 등의 지표에서 매우 우수한 수준을 보였다(UNICEF, 2016). 기후변화와 기상이변으로 인해 가뭄과 같은 자연재해를 지속적으로 경험하여 기아와 가난에 처한 아동, 전쟁과 같은 극단적인 위험 상황에 노출된 분쟁 지역 아동에 비해 우리나라의 아동은 안전하다고 볼 수 있다. 그러나 우리나라 역시 남북 분단 상황이나 지속적으로 악화되고 있는 대기오염과 같이 아동의 안전을 위협하는 여러 요인을 가지고 있다. 구체적으로 안전사고에 관한 통계치를 살펴보면, 아동안전사고 사망률은 아동인구 10만 명당 2006년 7.14명에서 2014년 2.93명으로 줄어들었지만 아동안전사고 발생 건수와 이로 인한 손상 발생 건수는 2006년 439건에서 2014년 751건으로 오히려 증가하였다. 특히 다른 선진국에 비해 아동·청소년의 교통사고 발생률과 자살률이 매우 높아 우리나라의 아동이 충분히 안전하다고 볼 수는 없는 상황이다(한국보건사회연구원, 2015).

아동의 안전을 위한 양육환경의 여러 측면 중 물리적 요소는 가장 기본적으로 점검해야 할 부분이다. 양육환경의 물리적 요소에는 공간과 시간뿐만 아니라 삶의 방식도 포함되기 때문이다(Senda, 2015). 아동 양육에 어떤 도구들이 사용되는지, 아동이 직접 접하는 가정과 지역사회의 주된 생활방식이 어떻게 변화하는지에 따라 양육환경의 안전성도 달라진다. 예를 들어, 자동차가 늘어나면서 외출과 여행이 편리해지고 생활반경이 넓어졌으나 동시에 주택가와 교육시설 주변의 교통사고 발생 가능성이 높아져 아동의 자유로운 실외활동이 가능한 공간과 시간은 줄어들었다. TV, 비디오 게임, PC, 스마트폰 등의 기기와 IT 기술이 발달하고 가정과 교육시설에 보급되면서 아동의 일상생활, 학습, 놀이의 형태에 큰 변화가 일어났다. 변화는 긍정적인 방향과 부정적인 방향의 양면을 모두 포함하고 있어 기기와 기술의 발달은 아동에게 많은 유익과 기회를 제공하는 동시에 체력 저하나 스마트폰 중독과 같은 문제를 불러오는 위험요인이 되고 있다.

사회 분위기가 아동에게 얼마나 너그러운가도 아동의 안전과 관련된다. 일본의 경우, 아이들의 놀이 중 소음이 크다는 이유로 주민 민원이 있어 법원이 공원 분수를 철거하거나 지역 주민의 반대로 대기 아동이 많음에도 불구하고 어린이집을 설치하지 못하기도 하였다(Senda, 2015). 우리나라에서도 낮은 출산율로 인해 어린 아동과 아동을 양육하는 부모에 대한 사회적 관심과 너그러움이 확대되고 있으나 최근 노키즈존(No-Kids Zone)에 대한 논쟁에서 나타났던 아동에 대한 불편한 시선 역시 존재하고 있다. 아동이 공공장소에서 보호의 대상으로 존중받기보다는 골칫거리로 여겨지는 사회적 분위기는 아동의 안전을 위협하는 요인이자 저출산의 원인이 될 수 있다.

공간, 시간, 생활방식, 사회의 인식과 분위기 등의 여러 측면에서 아동안전을 점검하고 보완한다면 각 요소들이 가진 문제점이 개선할 수 있을 뿐 아니라 요소들 간에 상호 관련된 내용들까지 파악하여 더욱 근본적이고 장기적으로 양육환경을 개선할 수 있을 것이다.

아동안전을 위한 가정과 어린이집 환경

가정은 아동이 가장 안전하게 보호받을 수 있는 장소여야 함에도 불구하고 실제는 그렇지 못하다. 안전사고로 인해 아동이 신체적 손상을 입은 장소를 살펴보면 집과 주택가의 비율이 38.7%로 도로 및 교통지역(30.3%), 학교 및 교육시설(8.2%)보다 높게 나타났다(한국보건사회연구원, 2015). 전체적으로 아동안전사고의 가장 큰 원인은 교통사고이나 1~5세의 경우 사고 장소의 65.6%가 집주변이고 학령기 이후 학교 및 교육시설에서의 사고 비율이 높아지는 양상(6~12세 6.4%, 13~17세 15.9%)을 보여 가정과 어린이집, 학교 주변 교통안전을 위한 노력이 시급하다. 교통사고 다음으로 많이 일어나는 아동안전사고는 추락 및 미끄러짐인데, 이 사고는 영유아기 원인을 알 수 없는 사고 다음으로 높은 비율을 차지하는 주요 사고(0세 16.0%, 1~5세 25.8%)로 나타나 가정에서 특별히 유의해야 하는 사고 유형으로 볼 수 있다. 이러한 결과들을 종합해 보면 아동의 경우 집과 주택가에서 일어나는 안전사고의 비중이 커서 이에 대한 가족의 인지와 예방 노력이 필요하며, 아동의 연령에 따라 차별화된 예방 조치 및 안전교육이 진행되어야 함을 알 수 있다(김미숙, 2016). 무엇보다 영유아기는 화상, 익사/질식, 추락 등에 가장 취약한 시기이므로 영유아가 생활하는 가정과 보육시설은 이들 사고에 대비한 물리적 안전장치를 갖추어야 한다.

안전한 양육환경을 강조하면서도 잊지 말아야 할 부분은 가정과 어린이집이 아동에게 있어 놀이와 학습이 일어나는 가장 중요한 생활공간이라는 점이다. 안전관리에 치우쳐 지나치게 폐쇄적·제한적으로 환경을 구성하거나 운영하는 경우 신체 활력을 떨어뜨리고 스트레스와 공격성을 높여 장기적으로 아동의 안전을 해칠 수 있다. 이러한 관점에서 어린이집의 환경이 어떤 요소를 갖추어야 하는지를 66개 해외 사례 중심으로 살펴본 연구(이정원 외, 2016)에서는 아동의 놀이와 발달을 자극하면서도 신체적·정서적 안정감을 줄 수 있는 주요 공간적 요소들을 다음과 같이 제시하였다.

- 신체발달을 위한 공간: 놀이 공간(실외놀이터, 놀이기구, 중정, 캐노피가 설치된 전이 공간 등), 자율적 공간(안전하여 자율적 놀이가 가능한 공간), 가구의 놀이기구화(계단, 램프, 벽 등의 활용)
- 인지발달을 위한 공간: 가변적 공간(가변형 벽체 사용), 다양한 형태와 크기의 창문, 다양한 재료와 색상이 사용된 공간, 다양한 시각적·촉각적 자극 요소를 제공하는 공간
- 정서발달을 위한 공간: 좁고 아늑한 공간, 아동 치수의 가구와 시설물, 큰 개구부(전창, 천창, 테라스 유리문 등), 집과 같은 친숙한 공간
- 사회성 발달을 위한 공간: 다양한 모임 공간

등하굣길 환경과 안전

현재 우리나라 아동 손상의 가장 큰 원인은 교통사고이다. 이를 예방하기 위해 현재 학교와 교육시설 주변을 어린이보호구역(스쿨존, school zone)으로 정하여 차량 운행 속도의 상한을 시속 30km로 제한하고 주정차를 막는 제도가 시행되고 있다. 이처럼 아동 보행자의 안전을 위해 횡단보도와 신호등을 정비하고 과속방지턱을 설치하고 불법주정차를 막는 등의 노력이 진행됨에도 불구하고 학령기 이후 교통

사고가 급증하는 양상이 지속적으로 나타나 더 많은 보완책이 필요한 상황이다.

등하굣길은 아동 대상 범죄와 관련된 공간이기도 하다. 2009년 이후 경찰청 주관으로 전국에서 실시되고 있는 아동안전지킴이 제도는 대표적인 범죄예방 프로그램이다. 그러나 담당 인력의 교육과 관리감독, 아동안전지킴이집과의 연계 등의 부분에 미흡한 점이 있고, 실증연구가 부족하여 범죄예방의 실효성이 불분명한 상황으로 제도의 발전이 필요하다(김정규, 김문호, 2015).

최근 등하굣길 안전과 관련하여 일상적으로 자동차를 이용하는 것에 대해 여러 논의가 있다. 영국의 경우 항상 자동차를 타고 등하원 또는 등하교하는 아동의 경우 길에 대한 안전의식이 부족하고 지역사회 환경에 대한 이해도 낮은 것으로 나타났다. 또한 이러한 아동기 안전의식 부족은 이후 걸어서 혹은 자전거를 타고 통학하게 될 때 사고 비율이 2배 이상 높아지는 원인으로 분석되었다(변혜령, 2013). 유사한 문제가 영유아의 과도한 유모차 이용에서도 나타난다. 영아기는 물론 유아기까지 지속적으로 유모차를 타는 경우 자신의 발로 서고 걷는 경험을 통해 길러지는 체력과 운동능력을 포함하여 안전을 위한 지식, 태도, 기술을 발달시킬 기회가 부족해진다. 모순적인 부분은 사실 많은 부모가 아동의 안전을 위해 차량을 이용한 등하교와 유모차 사용을 선택한다는 점이다. 보행자용 인도가 확보되지 않아 차량과 자전거가 섞여 이동하는 상황과 같이 물리적 환경의 안전성이 낮아서 유모차를 이용한다. 또한 걸어서 등교할 경우 인적이 드문 골목으로 이동해야 하기 때문에 부득이 차량을 사용하는 경우도 많이 있다. 따라서 먼저 학교와 어린이집 주변의 등하굣길을 아동에게 안전한 공간으로 정비하고 어린이집, 학원 등의 통학 차량에 대한 관리·감독을 강화하며 어린이보호구역과 아동안전지킴이 등의 제도를 개선하는 과정이 선행되어야 한다. 동시에 부모와 교사는 과도한 차량 이용이 성인중심의 안전관리가 아닌지, 오히려 어린이보호구역 내 주정차 등으로 등하굣길 안전성을 떨어뜨리는 것은 아닌지 성찰하고 장기적으로 아동이 더 안전할 수 있는 환경을 만들어 가기 위해 노력할 필요가 있다.

아동안전을 위한 지역사회 환경

지역사회는 아동을 포함한 모든 세대의 구성원들이 일상생활을 함께하는 환경이다. 주거지와 교육시설, 공공시설, 생활편의시설 및 여가를 위한 위락시설 등이 인접한 지역사회 환경은 구성원들의 생활을 지원해 주는 환경으로 특히 아동과 그 가족의 일상생활에 직접적인 영향을 끼친다(최목화, 2013). 구체적으로 아동은 자신이 속한 환경 안에서 그 환경에 내재된 자원들을 활용하며 놀이 행위를 포함한 행동을 하게 된다. 이러한 장소-자원-행동의 관계를 생각해 볼 때 아동중심의 아동친화적인 지역사회를 만드는 것은 아동안전을 증진하고 아동발달에 긍정적인 영향을 줄 수 있다.

1960년대 집합주택단지 개발이 시작되고 1990년대 대단위 아파트단지가 늘어나면서 최근 아동이 집과 어린이집 또는 학교를 제외하고 주로 접하는 환경은 보행로, 주차장, 놀이기구로 구성된 놀이터이다. 이런 장소는 과거에 비해 자연적 요소가 현저하게 부족하고 차량 통행 등의 위험 요인이 있어 아동의 놀이 장소가 되기에 어렵다. 이 공간에서 아동이 보이는 행위는 신체적 행위에 치우치고 교류, 협동, 경쟁, 역할과 규칙 등의 개념이 포함된 사회적·인지적 행위가 적게 나타나는 경향이 있다(민병호, 2001). 도시 지역사회의 경우 자동차 중심으로 재구성되어 골목문화가 사라지면서 길이 더 이상 아동에게 안전한 놀이공간이나 만남의 공간이 아니다.

아동이 안전하고 건강하게 성장할 수 있는 생활환경, 즉 아동친화적인 지역사회 환경을 조성하려면 다음의 조건을 고려할 필요가 있다(변혜령, 2013; 최목화, 2013).

① 자연환경 요소를 풍부하게 제공하여 아동의 감각적 자극을 촉진하도록 한다. 구조화된 놀이기구를 설치하기보다는 비구조화된 풍부한 자연 요소를 제공하여 놀이를 통해 배우고 자연과 상호작용하는 균형적 발달을 촉진한다.

② 빠르게 성장하는 아동의 변화와 이에 따른 요구에 적합한 지역사회 환경을 조성한다. 발달에 적합한 놀이, 교육, 의료 등을 종합적으로 제공하여 신체적 건강뿐 아니라 정신적 건강도 돌볼 수 있도록 한다.

③ 아동을 양육하는 부모와 가족을 지원하는 지역사회 환경을 구축한다. 아동 또는 아동의 부모뿐만 아니라 아동을 양육하는 가족이 건물 속에 고립되어 외로운 시간을 보내는 수직적인 삶을 살지 않도록 경험과 정보를 나누고 도움을 받는 수평적인 교류가 가능하도록 한다.

④ 지역사회 구성원들이 함께 할 수 있는 자원을 늘려 구성원 간의 상호 이해가 높아지고 세대 간 연계성도 높아질 수 있도록 한다. 예를 들어, 놀이터와 노인정, 청소년 체육시설의 구분하여 운영하면 공간 확보와 질 높은 환경 조성이 더 어려워진다. 따라서 집단 구분을 없애고 모든 구성원이 함께 할 수 있는 장소와 자원을 늘린다.

⑤ 지역사회 특성을 반영한 환경 계획으로 아동의 정체감 형성에 도움을 준다. 지역의 문화와 역사를 소개하여 아동이 지역을 더

쉽게 이해하고 친숙해지며 지역 공공기관과 시설물들을 안전하게 이용할 수 있도록 돕는다. 특별히 아동 특유의 독자성을 가진 아동 문화를 조성하고 전달할 수 있는 지역사회 공간을 마련하는 것도 중요하다.

공원 및 놀이터 환경과 안전

공원과 놀이터에서 아동의 안전사고는 일반적으로 세 가지 단계를 거쳐 일어난다(Senda, 2015). 즉, 이용자 안전성, 기구 또는 공간의 안전성, 그리고 환경의 안전성이다. 먼저, 이용자 안전성은 아동이 어떤 행동을 하느냐에 따라 결정된다. 아동은 어떤 놀이를 할지, 어떤 옷을 입고 신발을 신을지 등을 결정하는데, 끈이 달린 옷을 입거나 미끄럼틀 난간 밖으로 몸을 내밀며 내려오는 행동은 사고 위험을 높인다. 다음으로, 기구 또는 공간의 안전성은 놀이기구의 구조가 대표적인 예이다. 아동의 옷이 걸리거나 끼일 만한 부분이 있는지, 이용 아동이 떨어지지 않도록 난간이 설치되어 있고 충분한 높이인지에 따라 안전성이 달라진다. 마지막으로, 환경의 안전성은 아동과 기구가 속한 환경 전반의 안전성으로 바닥재가 충분히 충격을 흡수할 수 있는지, 안전 관리 및 감독을 담당하는 성인이 있는지와 관련된다. 이러한 세 단계 안전성은 아동의 안전을 위해 모두 충족되어야 한다. 다시 말해, 아동은 놀이터에서 안전하게 노는 방법을 배우고 익힐 수 있어야 하고, 놀이터의 놀이기구와 시설물은 구조적으로 위험 요소가 없어야 하며, 놀이터의 환경이 안전하게 조성되는 동시에 성인의 적절한 감독이 필요하다.

놀이터 안전 관리에 있어 중점을 두어야 할 부분이 무엇인지에 대해 영국의 공공놀이터 안전관리제도는 다음과 같이 설명하고 있다(행정안전부, 2011).

- 어린이 공공놀이터 관리 및 운영 주체는 전문성과 공신력을 갖춘 안전검사기관(검사자)으로부터 단계적으로 안전검사를 받아야 하며, 검사 결과를 바탕으로 놀이터 개·보수 및 교체를 해야 한다.
- 어린이 놀이터는 가능한 한 많은 놀이적 가치를 가져야 하므로 재미있으면서 아동의 흥미와 도전을 이끌어야 한다. 부딪히고 멍들고 넘어지는 것은 놀이 중 항상 발생하는 일들로 이 과정을 통해 아동이 배운다는 가치에 초점을 두어야 한다.
- 놀이터는 놀이와 함께 안전이 최우선시되어야 한다. 이를 위한 어린이 놀이터 안전관리제도의 주요 관건은 특정 기준의 부합여부가 아니다. 어린이가 사용하는 데 있어 어떠한 위험 요소가 내재되어 있는가를 미리 파악하고, 놀이 중에 발생할 수 있는 자연스러운 사고보다는 심각한 상처와 상해의 발생을 최소화하도록 효과적으로 대응하는 것이다.

놀이터와 공원에서 아동이 즐겨 사용하는 미끄럼틀, 그네와 같은 움직이는 기구들은 근본적으로 사고의 위험이 있다. 아동이 자신의 몸을 능숙하게 통제하려면 많은 연습과 경험이 필요하고 경미한 사고가 있을 수 있다. 그러나 끼임이나 걸림, 추락과 같은 심각한 사고는 예방을 위해 최대한의 노력을 해야 한다. 다시 말해, 아동을 위한 안전관련 정책은 충분한 관리감독을 통해 이러한 사고를 예방하고자 하는 방향으로 진행되어야 한다. 사고 가능성 때문에 단순하게 미끄럼틀과 그네를 철거하는 것은 아동의 권리를 침해하고 성인의 책임을 회피하는 것이다.

아동안전을 위한 법과 제도의 개선

아동안전을 위한 법과 제도는 기본적으로 아동권리 우선의 관점에서 수립되어야 한다. 아동에게 직간접적인 영향을 미치는 모든 법과 제도는 내용을 결정하고 실행하는 데 있어 아동의 안전을 최대한으로 보장하는 것을 목표로 하고 아동을 양육하는 부모와 교사 그리고 사회가 가지는 책임을 강조해야 한다.

아동안전을 증진시키기 위해 필요한 가장 기본적이고 필수적인 과정은 실패 사례를 누적적으로 수집하고 분석하는 것이다. 아동의 안전을 위협하는 여러 요소를 파악하고 주요 원인을 밝히면 효과적인 예방책을 마련하고 타당한 교육 자료를 개발할 수 있게 된다. 현재 영유아에게서 많이 발생하는 추락 및 낙상 사고는 교통사고와는 다르게 사고와 관련된 공간과 상황, 보호자 요인 등의 사고 배경에 대한 자료가 부족하여 최적의 예방책을 찾기 어렵다(김미숙, 2016). 국가 차원에서 제도적으로 아동안전에 관한 정보를 수집하고 분석하여 연령별, 상황별로 집중 개입이 필요한 환경을 찾을 수 있도록 체계적인 데이터베이스를 구축할 필요가 있다.

아동안전을 증진시키기 위해서는 관련 법령과 제도도 정비되어야 한다. 법은 아동안전을 위한 필수적인 조건이 일정 시점부터 명료하게 실행되도록 하고 강제력을 가질 수 있다는 점에서 의미가 있다. 그러나 실제로 법이 존재함에도 불구하고 실효성이 떨어지거나 상황이 변화하여 부족함이 나타나는 경우가 있어 적절한 법 개정과 제도적인 보완을 해 나가야 한다. 한 예로 자전거를 탈 때 헬멧 등의 안전장비를 착용하도록 「도로교통법」이 의무화하고 있음에도 불구하고 범칙금이 적고 단속이 거의 이루어지지 않아 제대로 지켜지지 않고 있다. 자전거 사고가 아동교통사고 중 큰 부분을 차지하므로 헬멧 착용에 대한 안전교육과 인식 개선, 단속 강화 등의 조치가 필요하다. 통학차량에 전후방 카메라 설치를 의무화하는 등 통학차량을 집중 관리하고 어린이보호구역에 설치된 CCTV를 활용해 과속 차량과 불법주정차 차량을 단속할 수 있도록 하는 등 제도의 실효성을 높이기 위한 지속적인 법 개정 역시 필요하다(도남희 외, 2015).

현재 안전 관련 법 규정이 여러 곳에 나누어져 있고, 안전관리를 위한 평가기준이나 점검을 실시하는 기준도 정부부처, 지방자치단체, 기관에 따라 각기 다른 부분도 실효성 있는 아동안전관리를 어렵게 하는 원인이 된다. 어린이집, 학교, 아동 이용 시설 등에 대한 안전관련 법 규정을 구체적이며 일관된 내용으로 통합하고 여러 주체에 의해 사용되는 평가지표, 모니터링 지표와 같은 안전기준을 명료하게 정리할 필요가 있다.

무엇보다 항상 아동의 안전에 관해 생각하는 전문 인력이 필요하다. 위험 상황은 아동과 가까운 곳에서 예측하지 못한 때에 나타나므로, 학교 인력, 공원관리 인력, 공무원 등 여러 조직에 항상 안전에 대해 생각하고 반응하고 효율적인 행동을 취할 수 있는 전문 인력을 양성하여 배치해야 할 것이다.

아동안전을 위한 교육

아동에게 가장 자연스러운 배움은 생활 속에서 직접 경험하고 능동적으로 익히는 과정을 통해 일어난다. 이런 점에서 자연을 가까이하는 경험은 자연스럽게 아동이 안전에 대해 배울 수 있도록 이끈다는 장점을 가진다. 숲과 같은 자연 속에서 아동은 놀이를 통해 살아있는 여러 생물과 접하고 다양한 감각 경험을 하게 되는데, 이 과정에서 벌을 만나거나 특정 식물에 쓸려 발진이 일어나거나 나무에서 떨어지는 등의 위험에 노출된다. 따라서 자연공간에서 놀이는 다양하고 전문적인 안전지식을 배우고 정확한 기술을 체화할 수 있는 안전교육의 방식이다. 혼합 연령으로 구성된 집단놀이도 아동 간에 안전에 관한 지식이 자연스럽게 전달될 수 있는 유익한 경험이다. 그러나 도시화, 저출산 등의 사회변화로 아동이 자연 속에서 집단놀이를 통해 꼭 필요한 안전지식을 배우고 익힐 기회가 급격히 줄어들고 있어 안타깝다. 한편으로는 생활문화가 빠르게 변화하면서 이전에 없었던 새로운 위험 요소도 나타나 아동의 안전을 위협하고 있다. 이런 이유로 아동안전교육의 필요성이 높아지면서 제도적으로 교육과정을 통해 체계적인 안전교육이 실시되고 있다. 어린이집과 학교에서 연간계획에 따라 진행되는 안전교육이 이전에 비해 내용이 보완되고 더욱 안정적으로 실시되는 만큼 계속해서 방식에 있어서도 아동에게 적합하게 놀이와 체험을 통해 진행되도록 할 필요가 있다.

아동안전교육의 대상인 아동은 영아기, 유아기, 학령기, 청소년기마다 발달적으로 매우 큰 차이를 보이므로 안전교육에 있어서도 차별화된 내용을 강조할 필요가 있다. 특히 시기별로 발생하는 안전사고 내용을 파악하여 교육에 반영하여 적극적으로 사고를 예방할 수 있어야 한다. 예를 들어, 영아는 화상, 익사 및 질식, 추락에 가장 취약하므로 부모와 교사에게 이와 관련한 내용을 적극적으로 교육해야 한다. 남자 청소년은 각종 안전사고에 매우 취약한 집단이므로 위기대처 능력을 길러 주어야 하는 반면, 여자 청소년은 가장 큰 손상 원인이 자해 및 자살이므로 이와 관련한 교육과 함께 상담과 치료가 지원될 수 있어야 한다.

성인의 지도감독이 부족한 경우 아동안전사고가 늘어난다. 어린이집에서 생활하는 아동이 가정에서 생활하는 아동보다 부상을 덜 경험하는 가장 큰 이유가 교사의 안전지도 및 감독 때문이라는 연구결과

아동이 안전한 환경은 어떻게 만들까?

도 있다(Sandseter, Sando, 2016; Schwevel, Brezausek, & Belsky, 2006). 이러한 결과들은 양육환경을 조성하고 변화시켜 가며 보완하는 존재이자 일상적으로 아동안전의 책임을 지는 부모와 교사가 어떠한 안전의식을 가지고 있는지 그리고 아동안전을 위해 얼마나 훈련되어 있는지가 매우 중요하며, 또한 이들을 대상으로 한 아동안전교육의 필요성이 높음을 보여 준다.

궁극적으로 아동과 부모, 교사, 지역사회 인력이 함께 참여하여 활동하는 형태의 아동안전 관련 통합프로그램이 각 대상별로 실시하는 교육과 병행될 필요가 있다. 예를 들어, 범죄를 실행하고자 하는 동기가 있어도 기회가 갖춰지지 않으면 발생하지 않는다는 범죄기회론의 맥락에서 아동대상 범죄의 예방을 위해 추진되었던 아동안전지도 제작 사업이 있다. 학령기 아동대상 범죄의 경우 학교 주변 통학로가 범죄에 취약할 수 있으며, 특히 사각지대나 감시의 눈길이 적은 공간 등에 대한 판별 능력 학습 및 교육이 필요하다(강석진, 박정은, 이승재, 이경훈, 2013). 아동안전지도 제작은 단순히 아동의 안전과 관련된 요소를 표시한 지도를 결과물로 제시하는 것뿐만 아니라 아동과 교사, 부모, 주민이 함께 참여하여 현장조사를 실시하고 학교 주변 곳곳의 안전도를 평가하는 과정을 통해 안전교육이 이루어지는 장점이 있다. 앞으로도 아동과 교사, 부모, 주민이 함께 참여하여 안전의식을 높이고 환경을 정비하여 안전사고를 실질적으로 예방할 수 있는 사업이 개발되고 지속적으로 실시되길 기대한다.

더 안전한 양육환경의 시작

대부분의 경우 큰 사고 이전에는 29개의 작은 사고와 300개의 잠재적 징후들이 있으며, 이러한 현상을 하인리히의 법칙이라 부른다

(Heinrich, 1931). 작은 사고 경험을 통해 큰 사고를 예방할 수 있다는 의미이다. 아동의 경우 피해가 없거나 있다 해도 단기간에 회복이 가능한 정도의 상처가 생기는 작은 사고들을 경험하면서 안전에 대한 실제적인 학습을 하게 된다. 이렇게 맥락이 있는 생활 속에서 체험을 통해 진행된 학습이 이후에 겪을 큰 사고를 예방해 줄 수 있다.

아동이 건강하게 자라기 위한 환경은 반드시 안전성을 확보해야 한다. 최선을 다해 크고 작은 사고를 예방하고 효율적으로 대처할 수 있는 전문가들이 일해야 하며, 사회가 아동의 안전에 관심을 가지고 동참해야 한다. 그러나 안전한 양육환경이 단순하게 모든 위험 요소를 배제하고자 하는 통제 위주의 환경은 아니다. 아동을 위한 양육환경은 과도하게 안전성을 중시하기보다는 아동의 관점에서 가능한 개방적이어서 아동이 자유로운 활동을 할 수 있도록 구성되어야 한다. 지나치게 안전을 강조하여 폐쇄적으로 구성된 환경은 아동의 활력을 떨어뜨리고 자유를 제한하여 부적응행동을 유발할 수 있다.

현실적으로 모든 사고가 예방되는 거의 완벽하게 안전한 환경에서 자라는 것이 가능한가? 또 이러한 양육환경이 아동에게 이익이라고 볼 수 있을까? 재난과 사고는 항상 일어날 수 있고 이것이 지구환경과 인간 사회의 자연적 속성인 이상 우리는 아동이 이러한 고난을 극복할 힘을 가지고 미래를 세워 갈 수 있도록 지원해야 한다. 실패나 작은 사고를 겪더라도 극복해 내는 용기와 열정을 가진 사람으로 양육하는 환경이 아동에게 가장 안전한 양육환경일 수 있다.

양육, 어디에서 도움받을 수 있을까?

* 최인화(명지대학교 사회복지학과 부교수)

가족은 가장 기본적인 사회집단으로 가족 구성원이 가지고 있는 욕구를 일차적으로 충족시키는 기능을 하며, 여기에는 자녀양육도 포함된다. 특히 가족 내 자녀의 성장 발달을 지원하는 것은 법적으로도 부모에게 주어진 책무로 「아동복지법」 제5조에서 "아동의 보호자는 아동을 가정에서 그의 성장 시기에 맞추어 건강하고 안전하게 양육하여야 한다."(법제처 국가법령정보센터)고 명시하고 있다. 그러나 조부모를 가족 구성원으로 포함하였던 전통적인 가족구조에서 핵가족으로의 변화, 그리고 이웃들 간의 교류가 거의 사라진 지역사회 환경의 변화는 부모로 하여금 자녀양육에 많은 어려움을 겪게 한다. 현대사회의 부모는 가족 내에서 자연스럽게 이루어졌던 자녀양육 관련 기술의 전수나 조력을 더 이상 기대할 수 없을 뿐만 아니라 친척이나 이웃과의 왕래도 적어짐으로써 바람직한 부모의 역할을 학습할 기회도 그리 많지 않다(한미현 외, 2017). 지역 공동체에서 자녀양육에 필요한 지원을 받지 못하는 많은 부모가 시간과 공간의 제약 없이 정보를 얻을 수 있는 온라인 공동체를 통해 양육과 관련된 정보를 주고받지만 이는 최근의 '안아키(약 안 쓰고 아이 키우기) 현상'(머니투데이, 2017. 5. 4.)이 보여 주듯 전문가에 의해 검증되지 않은 정보의 홍수로 인해 부모를 또 다른 혼란에 빠뜨리기도 한다. 또한 여성의 경제활동 참여 증가로 맞벌이 부모가 늘어남에 따라 자녀양육을 가정 내에서만 감당하기에는 많은 현실적인 제약이 따른다.

현대사회에서는 아동이 건강하게 출생하여 행복하고 안전하게 자랄 수 있도록 하는 데 국가와 지방자치단체가 나서서 아동과 그 보호자 및 가정을 지원할 것을 요구한다(「아동복지법」제4조). 특히 6세 미만 영유아의 경우 「영유아보육법」을 통해 영유아가 안전하고 쾌적한 환경에서 건강하게 성장할 수 있도록 보육할 책임이 모든 국민에게 있음을 명시하고 있다(법제처 국가법령정보센터). 보육이란 '영유아를 건강하고 안전하게 보호·양육하고 영유아의 발달 특성에 맞는 교육을 제공하는 어린이집 및 가정양육 지원에 관한 사회복지서비스'(「영유아보육법」제2조)로 국가와 지방자치단체는 보호자와 더불어 영유아를 건전하게 보육할 책임을 지며, 이를 위해 중앙육아종합지원센터와 지방육아종합지원센터를 설치·운영하도록 「영유아보육법」제7조에 명시하고 있다. 2017년 9월부터는 영유아의 보호자를 대상으로 한 영유아의 성장·양육 방법, 보호자의 역할, 영유아의 인권 등에 대한 교육을 실시할 수 있다는 조항이 새로이 시행된다(「영유아보육법」제9조의2). 이 절에서는 가정과 지역사회 그리고 국가가 우리 아이를 함께 기르는 데 있어 지역 공동체와 온라인 공동체를 연계하는 서비스에는 무엇이 있는지 육아종합지원센터를 중심으로 살펴본다.

육아종합지원센터

육아종합지원센터는 「영유아보육법」제7조 및 같은 법 시행령 제12조, 지방자치단체 조례에 따라 현재 중앙(1)과 시·도(18), 시·군·구(75)를 포함해 2017년 3월 8일 기준 전국에서 총 94개소가 운영되고 있다.

중앙육아종합지원센터 홈페이지

출처: http://central.childcare.go.kr/

● 사업목적
- 지역사회 내 육아지원을 위한 거점기관으로서 어린이집 지원·
  관리 및 가정양육 보호자에 대한 맞춤형 지원
- 보육컨설팅, 교직원 상담 및 교육 등 어린이집 지원 기능과 부모
  에 대한 상담 및 교육, 일시보육 서비스 등 가정양육 지원 기능의
  지역 내 원스톱(one-stop) 육아지원 서비스 제공

● 온라인에서 이용할 수 있는 가정양육지원 서비스
- 어린이집 이용 정보(어린이집 이용 안내, 어린이집 검색, 입소 대기
  신청 안내)
- 양육정보(육아상식, 건강발달, 영양정보, 나들이정보, 시간제 보육안내)
- 맞춤형 부모교육(클로버 부모교육, 자녀권리존중 부모교육, 가정 내
  놀이 환경 점검 부모교육, 아동학대예방 부모교육, 포괄적 양육정보 안
  내 부모교육)
- 맞춤형 양육 서비스(온라인 양육 상담, 아이사랑 플래너 상담, 부모양육

태도 척도 및 역할 가이드 개발, 장난감 도서 대여 및 놀이실 운영 지원)

- 열린부모 참여지원(어린이집운영위원회 지원, 부모모니터링 운영
  지원)
- 부모교육 자료실(동영상 자료실): '부모용 아동학대 예방 동영상'
  자료

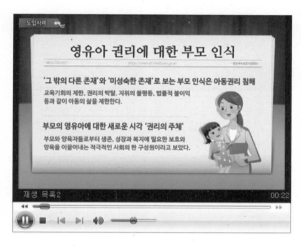

부모용 아동학대 동영상

출처: http://central.childcare.go.kr/ccef/community/ebook/EbookSl.
jsp?BBSGB=1079&flag=Sl&BID=2837

● 지역사회에서 가족이 함께 이용할 수 있는 가정양육지원 서비스
- 장난감·도서 대여 및 놀이실(체험실) 운영을 통해 영유아 놀이
  경험 및 부모-자녀 간 상호작용의 기회를 지원
- 영유아의 건강한 발달을 위한 다양한 놀잇감 및 활동 공간, 놀이
  체험 프로그램을 제공하여 놀이의 장을 마련하고 부모의 양육부
  담 경감을 지원
- 영유아 가족행사 및 놀이 프로그램을 진행하여 가정 내 양육기능
  강화를 지원

－ 전국 육아종합지원센터 중 장난감 대여 서비스 및 영유아가 가족과 함께 이용할 수 있는 놀이실(체험실)의 운영 현황은 중앙육아종합지원센터 홈페이지에서 확인할 수 있다.

성동구 육아종합지원센터의 영유아플라자 놀이실

우리동네 보육반장

서울시에서 부모의 자녀양육을 지원하기 위해 시행하는 제도에 '우리동네 보육반장'이 있다. 우리동네 보육반장은 지역사회 내 육아와 관련된 다양한 물적ㆍ인적 자원(어린이집, 유치원, 병원, 복지관, 상담소, 도서관, 박물관; 육아종합지원센터의 부모교육, 영유아놀이 프로그램; 보육교사, 보육전문가, 육아도우미, 재능 기부자, 자원봉사자)을 서로 잘 연계하고 관리하여 양육자에게 원스톱으로 육아 서비스를 제공하는 역할을 하는 사람이다.

● 주요 상담 내용
－ 0~7세 영유아 가정, 출산 및 전입 가정을 위한 다양한 양육 상담
－ 지역 내 부모자조모임 정보 제공
－ 지역 내 육아 자원, 어린이집 정보 제공
－ 시간제 보육 관련 정보 제공

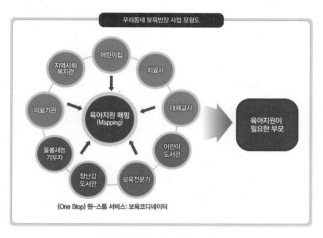

서울특별시 보육포털 서비스

출처: http://iseoul.seoul.go.kr/portal/boyukChief/boyukChiefInfo.do

– 보육료, 양육수당 지원 및 신청 관련 정보 제공
– 기타 양육 관련 상담

● 전화상담 방법
– 국번없이 120(다산콜)
– 행정동별 보육반장 연락처
　(120 연계 핸드폰 번호가 보
　육반장 배치동마다 제공됨)
– 전화상담 가능 시간: 월~
　금요일 오전 9시부터 오후
　6시까지

보육반장 포스터(서울특별시 중구)

- 서울시 25개 구마다 '우리아이 놀이터' e-book 제공(2017. 4. 7. 발간; http://iseoul.seoul.go.kr/portal/info/boyukDataList.do?pageIndex=1&gubun=2)

우리아이 놀이터 e-book 표지(서울특별시 중구)

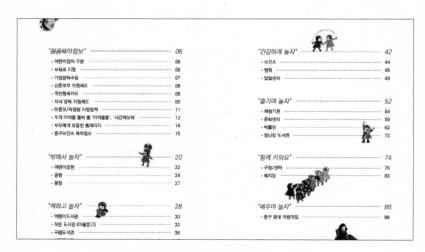

우리아이 놀이터 목차(서울특별시 중구)

서울특별시직장맘지원센터

서울지역 직장맘을 위한 원스톱 종합지원 서비스로 임신·출산·육아기 직장맘의 모성보호 및 일·가족 양립을 지원하고, 직장·가정 내 고충, 개인심리·정서, 역량강화 교육 등 직장맘을 위한 맞춤형 종합지원 시스템을 구축하며, 일·가족 양립제도의 사회적 인식 확대 및 문화 조성과 직장맘 지원을 위한 관련 기관 네트워크 구축 등을 목표로 한다.

- **● 상담**
- − 직장 내 고충, 가족관계에서의 고충, 개인적 고충에 대한 상담
- − 전화 상담(전화번호 02-335-0101/다산콜 120 + 5번, 상담시간 평일 9~22시, 토요일 9~18시)
- − 온라인 상담(홈페이지 '종합상담 > 온라인 상담' 메뉴 클릭)
- − 이메일(workingmom@hanmail.net) 상담

서울특별시직장맘지원센터 비전 및 목표

출처: 서울특별시직장맘지원센터 홈페이지(https://www.workingmom.or.kr/mom_home/)

- 찾아가는 상담(신청을 받게 되면 전화를 통해 찾아가는 상담의 필요성 등을 확인하고, 확인이 되면 만남의 일시 및 장소를 협의한 후, 찾아가는 상담이 진행됨. 홈페이지 '종합상담 > 찾아가는 상담' 메뉴 클릭)

● **직장부모커뮤니티 지원**
- 직장과 지역에서 함께 고민하는 직장맘, 직장대디의 모임을 지원
- 직장부모들이 만든 커뮤니티라면 무엇이든 가능(아이들을 위해, 가족을 위해, 나를 위해 할 수 있는 다양한 활동 등)
- 2017년 총 24개의 직장부모커뮤니티 활동(2017년 4월 기준)

● **교육 내용**
- 직장 내 권리 확보를 위한 교육
  ① 출산휴가, 육아휴직 똑똑하게 사용하기
  ② 직장맘이 알아야 할 노동상식 톡톡
  ③ 노동법률 기획 강좌
  ④ 직장 내 고충, 상담으로 해결하기
- 보육 및 부모 교육
  ① 직장맘도 이렇게 하면 좋은 부모가 될 수 있어요
- 심신통합치유를 위한 교육
  ① 직장맘과 자녀를 위한 몸 UP! 마음 UP!
  ② 이완 휴식 요가 프로그램
- 직장맘을 위한 인문학, 힐링 프로그램
  ① 직장맘들을 위한 인문학 멘토 초청 강연
  ② 직장맘 힐링 이렇게 하자!
- 찾아가는 교육
  ① 직장맘 15인 이상이 모여 신청하면 원하는 시간에 원하는 장

소로 찾아가는 교육을 진행

　② 교육 주제: 출산휴가, 육아휴직 똑똑하게 사용하기, 직장맘이
　　알아야 할 노동상식 톡톡, 부모교육 등

- 찾아오는 교육

　① 매년 4~11월 중 센터 건물 교육장이나 대관 장소에서 진행

　② 교육 주제: 출산휴가, 육아휴직 똑똑하게 사용하기, 직장맘이
　　알아야 할 노동상식 톡톡, 기획강좌 등 다양한 주제

07
교육환경

효과적인 유아교육, 무엇을 어떻게 가르칠까?

※ 김혜라(대덕대학교 유아교육과 부교수)

유아에게는 무엇을, 어떤 내용을 가르쳐야 할까? 유아기에게는 교육과정 내용을 선정할 때 무엇을 배워야 한다기보다는 어떠한 학습경험을 지니는가가 더 강조되는 경향이 있다. 유아가 무엇을 꼭 배워야 하는 어떤 것이 정해져 있다기보다 어떠한 교육환경에 놓여 있는가가 유아의 교육에 더 중요한 요인이라는 의미이다. 이 절에서는 유아교육의 내용을 선정할 때 고려해야 할 사항에 대해서 탐색해 본다.

유아교육의 내용을 선정할 때 고려할 사항은 무엇인가?

영유아의 교육은 내용 자체보다 내용을 어떤 기준을 통해서 선정하여 어떤 방식으로 영유아와 함께 내용을 나누는가에 더 초점을 둔다. Bredekamp와 Rosegrant(1995)는 영유아를 가르치는 내용을 선정하는 과정에서 다양한 질문을 통해 영유아에게 적절한 교육 내용을 제시하고 있는지 검토할 것을 제안하고 있다. 몇 가지 예를 들어 보자.

먼저, "교사는 교육이 이루어지는 과정에서 영유아의 지식 구성을 격려하는가?"라는 질문이다. 영유아가 지식을 구성하는 것 자체도 중요하겠지만, 교사가 그 과정 속에서 영유아와 끊임없이 상호작용하면서 영유아의 지식 구성 과정을 격려하고 돕는 것이 영유아에게는 긍정적인 영향을 미치게 된다. 자신이 하고 있는 것에 대한 칭찬과 격려는 유아에게 긍정적 정서를 경험하도록 하며 이는 내적 동기로 작용하기 때문이다.

또 다른 질문으로 "교육과정이 영유아와 교사에게 흥미로운가?" 라는 질문이다. 교육과정이 영유아에게 흥미로운 내용이어야 한다는 점에는 누구나 다 동의할 것이다. 흥미가 있어야 영유아가 내용에 집중하게 되고 흥미로부터 배움이 시작되기 때문이다. 그렇다면 교육과정에 대한 교사의 흥미는 어떠한 의미가 있을까? 영유아의 교육과정이 교사에게 흥미롭지 않다면 교사는 영유아와 교육 내용의 출발점에서 실존적 만남을 이루기 어렵다. 교사와 영유아 서로가 내용에 대한 공감과 교감이 있어야만 의미 있는 교육이 가능하다는 점을 고려할 때 교육과정에 대한 교사의 흥미는 매우 중요한 요인이 된다.

다음으로, "교육과정이 문화적·언어적 다양성을 잘 반영하는 내용인가?"도 교사가 끊임없이 고민해야 하는 질문이다. 각 영유아의 개인차, 영유아 가족의 다양성을 고려한 교육과정일 때 영유아가 고립감이나 소외감을 느끼지 않고 자신이 우리 반에서 소중하고 존중받는 주요 인원임을 느끼고 교육과정에 더 성실하게 참여하게 된다.

끝으로, 이러한 질문은 어떠한가? "교육과정의 결과나 정답에만 집중하지 않고 영유아가 교육과정에서 탐구와 탐색을 하도록 촉진하고 있는가?" 결과나 정답에만 몰두하게 되면 지식을 습득했는가 그렇지 않는가, 즉 내용 자체를 강조하게 되는데, 이는 영유아 교육의 바람직한 방향이라고 할 수 없다. 결과에 연연하지 않고 영유아가 과정을 즐기며 과정 속에서 자신이 알고 싶은 것을 더 탐색하고자 하는 태도를 칭찬해 주고 격려해 주어야 할 것이다.

물론 결과가 중요하지 않다는 것은 아니다. 영유아는 성공의 경험을 맛보게 되었을 때 인지적인 희열감을 느끼게 되며, 이는 자존감, 자아효능감으로 이어지게 된다. 따라서 "영유아가 성공의 느낌을 경험하는가? 성공으로 인한 학습의 즐거움을 인지하는가?"라는 질문도 역시 필요하다.

유아교육 유형별 교육 내용 및 방법은 어떠한가?

유아를 가르칠 때 우리는 무엇을 고려해야 할까? 우선적으로 유아가 무엇을 할 수 있는가, 즉 유아의 발달적 능력을 고려해야 할 것이다. 또한 우리 사회가 유아에게 바라는 기대를 고려해야 할 것이다. 즉, 우리 사회의 가치와 유아가 습득하길 원하는 지식의 본질에 기초하여 유아교육의 내용 및 프로그램이 결정되어야 한다.

모든 유아가 똑같은 것을 배우거나 모든 유아에게 적합한 단 하나의 프로그램이 있을 수 없다. Schwartz와 Robinson(1982)은 현대 유아교육에서 다루어지는 교육 내용을 여섯 유형으로 구분하였다. 여기에서는 Schwartz와 Robinson이 구분한 유아교육 유형별 교육 내용 소개 및 교육 방법을 소개한다. 이 여섯 유형은 서로 배타적이지 않고 경우에 따라서는 이러한 유형의 몇몇이 함께 적용되어 유아교육의 내용이 구성하기도 한다.

효과적인 유아교육, 무엇을 어떻게 가르칠까?

사실축적 중심

사실축적이란 유아가 경험하고 관찰한 구체적 사실이 중시되는 관점으로서 유아가 오감을 통해 알게 되는 사물의 물리적 속성, 현재 유아가 경험하는 다양한 사건 및 상황, 지금까지 발견된 역사적 경험 등 모든 사실이 유아교육의 내용이 된다는 것이다. 물체의 크기, 색깔, 무게, 냄새, 촉감, 소리 등이 교육의 내용이 될 수 있고, 교사는 유아가 다양한 사실을 경험을 통해 알아 갈 수 있도록 지도한다. 이렇게 축적된 사실은 유아가 다른 내용을 습득하는 데 바탕이 되며 새로운 내용을 구성할 때 유용하게 활용된다. 사실축적은 유아가 주관적으로 자신의 관심사만을 축적하는 경향과 교사 주도적 설명으로 이루어지는 경향이 있으므로 교사는 이러한 점에 유의하여 유아가 보다 다양한 사실에 관심을 갖고 자발적으로 탐색하면서 사실을 습득할 수 있도록 지도해야 할 것이다.

• 교사의 check list
  - 유아는 어떠한 사실을 알게 되었는가?
  - 유아가 알게 된 사실은 유아가 알 가치가 있는 사실인가?
  - 유아는 새로운 사실을 알게 되는 과정에서 즐거움을 경험하는가?
  - 유아가 알게 된 사실은 다른 사실을 습득하는 과정에 활용되는가?
  - 유아는 자발적으로 다양한 사실을 알기 위해서 탐색하는가?

기술축적 중심

기술축적이란 유아가 세상을 살아갈 때 필요한 기술이 유아교육과정의 주요한 내용이 된다는 관점으로 기본생활습관, 사회적 기술뿐 아니라 글쓰기, 셈하기, 대근육 · 소근육 운동기술 등이 모두 포함된다. 유아기는 옷 입고 벗기, 이 닦기, 정리 정돈하기 등 기본생활기술을 습득해야 하는 시기이다. 또한, 친구 사귀기, 친구와 협력하기, 갈등 해결하기, 의사소통하기 등 사회적 기술을 습득해야 한다. 뿐만 아니라 읽기, 쓰기, 셈하기, 비교하기, 분류하기, 그리기, 만들기, 문제해결하기 등 학문적 기술의 습득도 요구된다. 기술축적 중심 유아교육 내용은 같은 기술을 반복적으로 연습하는 경험에 의해서 잘 습득될 수 있다. 이 과정에서 교사 주도적인 지시보다 유아가 즐겁게 놀이하면서 기술을 습득할 수 있도록 지도하는 교사의 역량이 필요하다.

• 교사의 check list
 - 유아는 어떠한 기술을 습득하게 되었는가?
 - 유아가 습득한 기술은 유아의 일상생활에서 가치있게 활용되는 것인가?
 - 유아는 기술을 습득하는 과정에서 즐거움을 경험하는가?
 - 유아가 습득한 기술은 또 다른 기술을 습득하는 데 도움이 되는가?
 - 유아는 자발적으로 기술을 습득하기 위해서 노력하는가?

교과 중심

교과 중심은 학습할 내용이 유사한 것끼리 범주화하여 하나로 묶어서 제시하는 것을 의미한다(박찬옥, 서동미, 2015). 초등학교 이후 교육과정에서는 학문의 단위로 교과를 제시하고 있다. 유아교육에서는 하나의 교과를 중심으로 활동이 이루어지기보다는 두 교과 이상의 내용들이 통합적으로 운영하고 있다. 유아교육은 교과별로 꼭 학습해야 할 내용이 정해진 교육이 아니므로 하나의 주제에 대해서 다양한 영역들을 함께 다루는 것이 유아에게 더 효율적인 교육이 된다. 하나의 교과가 중심이 되어 활동이 진행되더라도 관련된 다양한 영역을 통합적으로 다룰 때 유아의 흥미와 관심이 지속될 수 있다.

단원(주제) 중심

주제 중심은 교육 내용을 교과로 구분하지 않고 유아와 관련된 일상적 경험, 날씨나 계절, 사회문화적 특징, 유아에게 흥미로운 사건이나 사물 등을 중심으로 주제를 선정하여 활동을 진행하는 것을 의미한다. 유아교육현장에서는 주로 생활주제라는 이름으로 하나의 주제를 선정하고 그와 관련된 세부적인 내용들을 하나씩 활동으로 진행하는 방식을 사용한다. 하나의 주제는 관련된 내용의 소주제로 구성이 되고 하나의 소주제는 일주일 정도의 단위로 유아들과 세부 활동을 하게 된다. 주제를 선정할 때 가장 고려해야 할 점은 유아에게 흥미로운 주제인지를 파악하는 것이다. 흥미로운 주제로 교육이 진행되어야 유아가 몰입할 수 있게 되어 교육이 효과적으로 이루어질 수 있다.

개념 중심

개념이란 학습 내용을 구성하고 조직하는 핵심적인 구성 요소로 지식이나 정보를 이끌어 내는 최소 단위가 된다. 개념을 습득한다는 것은 유아가 세상을 살아갈 수 있는 역량을 키우는 일로 유아는 새로운 것에 대해서 다양한 질문을 던지고 그 해답을 찾고자 하는 과정을 통해 개념을 습득하게 된다. 유아의 호기심에 대한 탐구와 이에 대한 답을 찾는 과정은 이후 교육과정의 교과 체제에서 학문적 탐구의 기초가 되고 학문적 개념 습득으로 이어진다. 유아교육에서 개념 중심 교육과정을 적용한다는 것은 어떠한 개념을 습득하는 것보다 어떻게 개념을 습득하도록 할 것인가에 초점을 맞추어서 교수 내용을 구성해야 한다.

• 교사의 check list
 – 유아는 어떠한 개념을 알게 되었는가?
 – 유아가 습득한 개념은 유아에게 의미 있는 개념인가?
 – 유아는 새로운 것에 대하여 다양한 질문을 던지고 해답을 찾는 과정을 경험하는가?
 – 이러한 과정은 유아에게 즐거움을 주는가?
 – 유아가 습득한 개념은 활용되는가?

통합적 접근

통합적 접근이란 현재 많은 유아교육 프로그램에서 추구하는 접근으로 사실, 기술, 교과, 주제, 개념이 통합적으로 제시되어야 한다는 것이다. 이는 지식의 내용이 강조되는 것보다 내용이 지닌 가치를 강조하는 접근으로 유아가 배우는 내용이 지닌 의미를 중시한다. 결과보다는 과정에 관심을 두고 유아의 흥미와 관심에 따라 계획된 내용이 수정 · 변경되기도 한다. 통합적 접근은 유아 자신이 교육의 가장

효과적인 유아교육, 무엇을 어떻게 가르칠까?

중요한 핵심 가치라는 입장에서 교육이 유아의 일상생활로부터 시작되어 전개되어야 한다는 점을 강조하고 있다. 따라서 교사 중심의 계획적 · 형식적 교육에서 벗어나 유아의 관심에 따라 교육 내용이 통합적으로 이루어진다.

> • 교사의 check list
> - 유아는 배우는 과정에서 내용이 지닌 의미를 인지할 수 있는가?
> - 유아의 흥미와 관심에 따라 계획한 내용을 수정·변경하여 진행할 수 있는가?
> - 유아의 사전 경험으로부터 교육이 시작되는가?

발달에 적합한 실제를 위해 고려할 점은 무엇인가?

유아교사는 유아의 발달과 학습을 돕는 과정에서 주요한 의사결정자의 역할을 한다. 유아교사는 발달에 적합한 실제를 위해 다음과 같은 사항을 고려하여 교수–학습 방법을 전개할 필요가 있다(NAEYC, 2009).

유아의 발달과 학습에 대해서 아는 것

각 연령과 발달 단계에서의 주요 특성을 아는 것은 중요하다. 연령에 따른 발달적 특성은 유아의 발달과 학습을 위해서 어떤 경험을 제공하는 것이 가장 바람직한지에 대한 정보를 제공해 준다. 또한 교사는 유아의 학습을 증진시키고 가족 구성원과 의사소통할 수 있도록 계획을 세워야 한다. 이를 위해 교사는 교실 경험에서 정보를 수집하며, 그 정보를 교수법과 학습 모두를 향상시킬 수 있는 발달 평가 과정의 일부에 활용한다.

개별적으로 무엇이 적합한 것인지 아는 것

유아 개개인의 특성에 대해서 아는 것은 우리가 무엇을 가르치고 어떻게 보호해야 하는지에 대한 정보를 제공해 준다. 유아의 놀이를 관찰하고 물리적 환경과의 상호작용을 관찰하면 우리는 개개인의 유아의 흥미, 능력, 발달 과정을 알 수 있다.

문화적으로 무엇이 중요한지 아는 것

교사는 유아의 가족, 그들의 가정과 공동체에서의 삶을 형성하는 요인 · 가치 · 기대에 대해서 알기 위해 끊임없이 노력해야 한다. 이러한 사회문화적 배경 정보는 각 유아와 가족을 위한 의미 있고 존경심 가득한 학습을 제공할 수 있도록 해 준다.

교사는 따스한 환경을 만드는 것과 지속적 의사소통을 위한 절차를 개발하는 것의 중요성을 인식하여 가족 구성원과 상호적인 관계를 유지해야 한다.

효과적인 발달에 적합한 실제 교수 전략

- 유아가 무엇을 할 것인가, 무슨 말을 할 것인가 확인한다. 유아와 가까운 곳에 앉아서 관찰하면서 유아에게 적절한 코멘트를 해 준다. 유아는 교사가 자신에게 주의를 기울이고 있고 따뜻한 시선으로 자신에게 집중하고 있다는 것을 인식하며 안정감을 느끼게 된다.
- 유아가 한 행동에 대해서 칭찬하거나 평가하는 것보다 그들의 끈기와 노력에 대해서 격려한다. 과정과 노력에 대한 격려가 유아의 행동을 변화시킬 수 있다.
- 일반적인 말들보다 특별한 피드백을 제공한다. 구체적이고 적절한 피드백이 효율적이다.

- 교사는 자신의 행동으로 태도, 문제에 접근하는 방식, 다른 사람에 대한 행동을 유아에게 모범을 보인다. 말로만 설교하는 것은 효과가 없다. 직접적인 교사의 태도, 행동이 유아의 행동을 바꿀 수 있다.
- 유아에게 어떤 것을 하기 위한 정확한 방법을 증명해서 보여 준다. 이는 일반적으로 어떤 방식으로 일을 해야 하는 데 필요한 절차와 관련이 된다. 이러한 과정을 통해 유아는 절차와 과정을 중요하게 생각하게 되고 자신이 어떤 일을 할 때도 적합한 절차를 찾아본다.
- 유아가 현재 능력을 조금 능가하는 도전을 할 수 있도록 한다. 이러한 도전을 통한 성공 경험은 유아의 자존감 및 자아효능감을 증가시키고 또 다른 도전의 출발선이 된다.
- 유아의 생각을 이끌어 낼 수 있는 질문을 한다. 유아의 사고 확장을 위해 다양한 질문을 활용한다. 교사의 질문은 유아가 사전 지식을 활용하여 새로운 지식을 형성하도록 하는 데 효과적이다.
- 유아가 현재 지닌 최상의 능력을 활용할 수 있도록 유아의 생각을 돕는 단서를 제공한다.
- 유아가 활용할 수 있는 직접적인 정보를 제공한다. 직접적인 정보나 증거를 활용하는 과정은 유아의 지식 변화, 사고 확장으로 이어진다.
- 유아의 행동을 위한 방향을 제시한다.

학부모의 학교참여, 왜 필요할까?

★ 김은영(서울대학교 학부모정책연구센터 연구교수)

학부모 학교참여란?

학부모 학교참여의 정의와 필요성

자녀를 학교에 보내면서 부모는 학부모가 된다. 학부모는 자녀의 입학식에 참여하고, 가정통신문이나 문자로 학교생활 안내를 받는다. 학부모교육에 참여하기도 하고, 담임교사와의 상담을 통해 자녀의 학교생활에 대해 이야기를 듣고 궁금한 점을 묻기도 한다. 공개수업에 참여하여 자녀의 수업 모습을 지켜보거나, 운동회나 학교 축제를 참관하며 학교생활에 대해 자녀와 함께 이야기를 나누기도 한다. 또한 등하교 시간에 학교 앞 횡단보도에서 교통지도를 하기도 하고, 학부모모임에 참석하기도 한다. 학부모회나 학교운영위원회에 참여하여 학교 운영 전반에 대한 의견을 제안하기도 한다. 학령기 자녀를 둔 대다수의 학부모가 한두 번은 경험하는 이러한 활동은 '학부모 학교참여'의 구체적 모습이다.

학부모 학교참여는 이와 같이 "학부모가 교육의 주체로서 제반 학교교육 및 학교운영에 대해 학교와 소통하고 협력하며, 교육을 지원함으로써 학생인 자녀의 건강한 성장과 발달을 도모하는 것"(이강이, 최인숙, 서현석, 2012)을 의미한다. 학교교육에 이와 같이 다양한 학부모 학교참여 활동이 있고, 학부모가 바쁜 시간을 쪼개어 참여하는 이유는 무엇일까? 학부모는 학교교육의 방관자가 아닌 교육 주체의 일원이기 때문이다. 「교육기본법」 제13조는 학부모의 자녀교육에 대한 권리와 책임을 명시하고 있으며, 학부모는 교육 주체로서 그 책임을 인식할 필요가 있다. 교육현장의 궁극적 변화는 학교교육의 변화뿐만 아니라 학부모의 자녀교육과 학교에 대한 인식 변화가 함께 이루어질 때 가능하기 때문이다. 학부모 학교참여가 자녀의 교육적 성과를 향상시킬 뿐만 아니라 사회성 발달, 행동 발달에 긍정적인 영향을 미치고 있음은 이미 여러 선행 연구에서도 입증되고 있다(Grolnick & Slowaczek, 1994; Hill & Craft, 2003; Ho & Williams, 1996; Sheldon, 2007).

학부모 학교참여의 발전 과정 및 유형

우리나라의 학부모 활동은 1945년 해방 이후, 열악한 교육재정 상황을 극복하기 위해 학교 재정지원 중심으로 시작되었다. 학교별 후원회, 사친회, 기성회, 육성회 등 시기에 따라 그 명칭은 달라졌지만, 학교 재정지원 위주의 학부모 활동은 전후 교육시설 복구, 인구 증가에 따른 교실 부족 해결 기여 등 교육 기반 마련에 기여하였다. 그러나 학부모 부담 가중, 교권 추락 등의 부작용으로 1996년 육성회가 폐지되었고, 교육부는 '학부모회 규약'을 마련하여 학부모회 활동을 장려하였다. 맞벌이 가정 등 가족 형태의 변화에 따라 자녀양육 및 교육의 어려움을 호소하는 학부모가 증가하면서 학생 및 학부모 중심 교육정책이 추진되고, 2009년에는 정부 수립 이후 최초로 교육부에 학부모지원 업무를 전담하는 학부모정책팀이 신설되었다.

학부모지원정책 추진으로 구체화된 우리나라의 학부모 학교참여는 대체로 학부모 교육기부, 학부모교육, 학부모-학교 소통의 세 유형으로 구분된다(이강이, 최인숙, 서현석, 2013). '학부모 교육기부'는 학부모가 학교교육을 위하여 대가를 바라지 않고 자신의 시간, 지식, 기술 등의 도움을 제공하는 모든 학교참여 활동이다(김은영, 이강이, 정정화, 2016). 녹색어머니회의 교통지도, 운동회 등 학교행사 지원, 도서관 활동 지원, 방과후 활동 지원, 재능기부 등이 그 예시이다.

'학부모교육'은 "자녀를 교육기관에 위탁한 학부모가 자녀교육 및 학업, 진로선택, 학교생활 등과 관련한 역할수행에 필요한 지식, 태도, 정보, 기술을 습득하기 위해 참여하는 교육뿐만 아니라, 행복한 교육 공동체를 구축하고 학교 및 교사와 동반자적 관계를 수립하기 위한 인식과 태도 및 구체적 방법을 배우기 위해 주체적으로 참여하는 교육"(진미정, 이강이, 이현아, 서현석, 최인숙, 2014)으로 정의된다. 학부모교육은 부모교육, 평생교육, 학부모 학교참여의 세 관점이 통합되는 독자적 영역으로 입학 전의 예비학부모 오리엔테이션, 부모-자녀 간 원활한 소통을 위한 대화법이나 아동학대 예방 등의 주제별 학부모연수, 학부모회나 운영위원회 임원을 위한 학부모리더 연수 등을 그 예로 들 수 있다.

'학부모-학교 소통'은 학생의 바람직한 성장과 발달을 위하여 학부모와 교사를 비롯한 학교교육 공동체의 구성원이 교육 주체로서 서로 책임을 공유하고 학생에 대한 정보와 생각을 상호 교류하는 협력적 의사소통 과정이다(옥선화, 서현석, 최인숙, 2012). 학교설명회·학교홈페이지·가정통신문이나 문자 메시지를 통한 학교생활안내, 학부모회나 학교운영위원회 등을 통한 학부모 의견 수렴, 학부모 총회, 학부모상담 등은 학부모-학교 소통의 예시이다.

학부모 학교참여 실태

학부모 학교참여의 변화를 지속적으로 파악하고, 참여 실태 및 학부모 요구에 근거한 수요자 중심의 학부모정책 설계를 위해 2010년 이후 '학부모의 자녀교육 및 학교참여 실태조사'가 이루어지고 있다. 2010년[1] 초·중·고등학교 학부모 2만 5,022명을 대상으로, 2011년,[2] 2012년,[3] 2015년[4] 초·중·고등학교 학부모 1,500명을 대상으로 실시된 실태조사에 근거한 학부모 학교참여 실태 주요 내용은 다음과 같다.

교육기부

2012년 실태조사에 의하면, 학부모의 교육기부 평균 참여 횟수는 6개월 기준 3.07회였으며, '전혀 안 함'(42.1%), '1~3회 이하'(32.1%), '3회 이상'(25.8%)의 순으로 나타났다. 2015년 실태조사에서 평균 참여 횟수는 1년 기준 1.38회였으며, '전혀 안 함'(48.6%), '1~3회 이하'(38.3%), '3회 이상'(13.1%)의 순서로 나타났다. 2012년에 비해 교육기부 참여 횟수가 감소하였고, 참여하지 않는 학부모의 비율도 오히려 증가한 결과이다.

교육기부 영역별 참여율은 2012년의 경우, '학교운영행사지원'(32.3%), '안전 및 생활지도'(30.7%), '모니터링'(25.3%), '학생상담'(18.1%), '학부모 학교참여 지원'(14.8%), '각종 교육활동 지원'(11.6%), '취약계층을 위한 자원봉사'(11.0%)의 순으로 나타났다. 2015년의 경우, '안전 및 생활지도'(27.6%), '학교운영행사지원'(24.3%), '모니터

---

1) 최상근, 양수경, 차성현(2010). 학부모 자녀교육 및 학교참여 실태조사·분석. 한국교육개발원.
2) 최상근, 김형주, 전선미(2011). 2011년 학부모의 자녀교육 및 학교참여 실태조사연구. 한국교육개발원.
3) 이강이, 그레이스정, 이현아, 최인숙(2013). 2012년 학부모의 자녀교육 및 학교참여 실태조사 연구. 서울대학교 학부모정책연구센터.
4) 이강이, 박혜준, 그레이스정, 최혜영(2015). 2015년 학부모의 자녀교육 및 학교참여 실태조사. 서울대학교 학부모정책연구센터.

링'(19.5%), '학생상담'(18.0%), '학부모 학교참여 지원'(12.0%), '각종 교육활동 지원'(9.7%), '취약계층을 위한 자원봉사'(5.5%)의 순으로 나타났다. 2012년과 2015년 조사 결과에 의하면, '학교운영행사지원' 및 '안전 및 생활지도' 영역에 대한 학부모 교육기부 참여율이 가장 높다.

'교육기부가 학교에 도움이 된다'는 응답은 44.5%(2012년), 42.3%(2015년)로 나타났다. 2012년에 비해 2015년 조사에서는 참여율 및 교육기부가 학교교육에 도움이 된다는 인식 모두 낮아졌다. 두 조사 모두 자녀의 학교급이 낮을수록, 자녀의 성적이 높을수록, 부모가 외벌이인 경우, 부모 연령이 30대인 경우, 학부모회에 참여하는 경우에 교육기부 참여 횟수 및 교육기부가 학교에 도움이 된다는 응답이 많았다.

학부모교육

학부모교육 수강 경험이 있는 학부모는 27.1%(2011년), 27.5%(2012년), 27.7%(2015년)로 참여율이 유사하다. 학부모교육 참여 학부모의 수강 빈도는 '1회'(2012년, 62.0% → 2015년, 56.0%), '2회'(2012년, 27.6% → 2015년, 32.9%), '3회'(2012년, 9.4% → 2015년, 6.5%)의 순으로 나타났다.

학부모교육 수강 기관은 2012년 조사의 경우, '자녀 재학 중인 학교 또는 인근 학교'(55.4%)가 가장 많았고, 이어서 '교육청, 학부모지원센터'(26.6%), '시·군·구청, 주민자치센터'(13.1%), '민간기관 및 단체'(8.5%), '교육부'(6.8%), '본인의 직장'(0.5%) 순으로 나타났다. 2015년 조사에서는 '자녀 재학 중인 학교 또는 인근 학교'(64.4%)가 가장 많았고, 이어서 '교육청, 학부모지원센터'(31.7%), '민간기관 및 단체'(7.2%), '시·군·구청, 주민자치센터'(6.0%), '교육부'(4.1%), '본인의 직장'(1.1%) 순으로 나타나 여전히 학교와 교육청 위주의 학부모교육이 이루어지고 있음을 알 수 있다. 2012년에 비해 '민간기관 및 단체'(7.2%) 비율이

'시·군·구청, 주민자치센터'(6.0%)보다 증가한 것은, 학교, 교육청, 자치단체와 같은 공공기관 뿐만 아니라 민간기관이 실시하는 학부모 교육에 대한 관심의 증가를 의미한다고 볼 수 있다.

학부모교육 내용은 2012년 조사의 경우, '학교폭력예방'(42.4%), '대화기법 역할훈련'(27.6%), '교육 제도 및 정책'(25.4%), '학습 지도'(22.3%), '인성 및 예절 지도'(21.1%), '진학 및 진로 지도 교육'(16.7%)의 순으로 나타났다. 2015년 조사에서는 '학교폭력예 방'(50.2%), '자기주도학습 및 학습지도 교육'(30.0%), '자녀와의 대화 기법 및 부모역할 훈련'(29.3%), '진학 및 진로 지도 교육'(27.2%), '자녀 인성 및 예절지도'(27.2%)의 순으로 나타났다. '학교폭력예방'(50.2%) 을 위한 학부모교육이 2012년, 2015년 모두 가장 많이 이루어졌다. 이에 비해 '자기주도학습 및 학습지도 교육'과 '진학 및 진로 지도 교 육'은 2012년에 비해 2015년에 많이 증가하였는데, 이는 학부모의 자 녀의 학습 및 진로지도에 대한 요구가 반영된 것으로 볼 수 있다. '학 부모교육이 자녀교육에 도움이 된다'는 응답 비율은 91.6%(2011년), 95.6%(2012년), 94.2%(2015년)로 나타나 학부모교육에 대한 학부모 만족도는 매우 높다고 볼 수 있다.

학부모교육을 받지 않는 학부모를 대상으로 그 이유를 살펴본 결 과, 2012년 조사에서는 '시간이 맞지 않아서'(35.7%), '시간이 없어 서'(28.3%), '교육정보가 없어서'(20.1%), '교육 필요성을 느끼지 못 해'(12.2%), '교육이 개최되지 않아서'(3.7%)의 순으로 나타났다. 2015년 조사에서는 '시간이 맞지 않아서'(79.8%), '시간이 없어서'(14.4%), '교육 정보가 없어서'(5.5%), '교육이 개최되지 않아서'(4.5%), '교육 필요성을 느끼지 못해'(0.2%)의 순으로 나타났다. 2012년에 비해 '시간이 없어서' 응답은 감소하고 '시간이 맞지 않아서'라는 응답은 증가하였다.

향후 자녀교육 및 양육을 위해 필요한 교육 내용에 대해 2011년 조사 결과는 '인성 및 예절 지도'(30.5%), '대화기법'(23.5%), '진학 및 진로지도'(13.2%), '교육 제도 및 정책'(9.7%), '폭력예방'(9.7%)의 순으로 나타났다. 2012년 조사에서는 '인성 및 예절 지도'(27.0%), '대화기법'(20.2%), '진학 및 진로 지도'(16.0%), '교육 제도 및 정책'(14.7%), '폭력예방'(11.1%)의 순으로 나타났다. 자녀의 학교급이 낮을수록 '인성 및 예절 지도'에 대한 학부모교육을, 학교급이 높을수록 '진학 및 진로 지도'에 대한 학부모교육을 필요로 한다는 응답 비율이 높았다. 2015년 조사에서는 '인성 및 예절 지도'(22.2%), '진학 및 진로 지도'(21.1%), '교육 제도 및 정책 안내'(16.4%), '자녀와의 대화기법 교육'(13.3%)의 순으로 나타났다. 2011년, 2012년, 2015년 조사 모두 '자녀 인성 및 예절 지도'를 위한 학부모교육에 대한 요구가 가장 많았다. 또한 '진학 및 진로 지도' '교육 제도 및 정책 안내'에 대한 교육 요구는 매년 증가한 반면, '자녀와의 대화기법 교육'에 대한 요구는 감소하였다. 이는 '자녀 인성 및 예절 지도' '진학 및 진로 지도' '교육제도 및 정책 안내'에 대한 학부모들의 관심 증가를 의미하며, 향후 학부모교육의 주요 내용으로 다루어져야 할 필요가 있음을 시사한다.

학부모-학교 소통

학부모와 학교의 소통 방법은 면대면 상담, 전화 등 통신, 서신 및 알림장, 집단모임 등이 있다. 학부모와 학교의 소통은 2010년 조사에서는 집단모임(36.4%), 전화 등 통신(22.4%), 면대면 상담(12.7%), 서신 및 알림장(8.2%)의 순으로 나타났으며, '만난 적 없다'는 응답은 20.4%였다. 2011년 조사에서는 집단모임(40.7%), 서신 및 알림장(17.5%), 전화 등 통신(15.6%), 면대면 상담(14.8%)의 순으로 나타났으며, '만난 적 없다'는 응답은 11.4%로 감소했다. 이에 비해 2012년 조사에서는 면대면 상담(33.5%), 전화 등 통신(22.7%), 서신 및 알림장(19.6%), 집단모임(17.5%)로 나타났으며, '만난 적 없다'는 응답은 6.7%였다. 2015년 조사에서는 면대면 상담(32.1%), 집단모임(24.5%), 전화 등 통신(12.6%), 서신 및 알림장(8.0%)으로 나타났으며, '만난 적 없다'는 응답은 22.8%였다.

2010년과 2011년에 비해 2012년 이후 교사와의 '면대면 상담' 비율은 크게 증가하였다(12.7% →14.8% → 33.5% → 32.1%). '만난 적 없다'는 응답 빈도는 감소하였으나, 2015년에는 다시 증가하였다(20.4% →11.4% → 6.7% → 22.8%). 면대면 상담, 전화 등 통신 상담 등 다양한 방법으로 상담이 가능한 학부모 상담주간 참여율은 35.2%(2010년), 52.2%(2012년), 52.1%(2015년)였으며, 학교설명회 참여율은 43.3%(2012년), 40.1%(2015년)로 나타났다.

'면대면 상담'은 학부모와 교사의 다양한 소통 방법 중, 자녀 위주의 가장 개인적 내용으로 소통할 수 있는 방법이다. 교사면담 내용은 2011년, 2012년, 2015년 모두 '학업 및 학습방법' > '학급 생활' > '진학 및 진로' > '교우관계'의 순으로 나타났다. 자녀의 학교급이 낮을수록 '학업 및 학습방법' '교우관계' '학급 생활'에 대한 상담이 많았고, 학교급이 높을수록 '진학 및 진로'에 대한 상담이 많아 학교급에 따라 학부모-교사 상담의 내용에 차이가 있었다(이강이 외, 2013). 면대면 상담에 대한 만족도는 2011년 조사 이후 지속적으로 상승하였다(88.1% → 92.7% → 93.1%).

학부모 학교참여의 효과

학부모 학교참여에 대한 학부모 인식

학교운영위원회, 학부모회 활동 참여 경험이 있는 학부모의 94.9%는 학교운영위원회, 학부모회 활동이 학교에 도움이 되는 것으로 응답하였다. 학부모 학교참여 시범학교 사업을 경험한 학부모는 교육 기부, 학부모교육, 학부모-학교 소통을 통해 학교교육에 대한 이해가 증가하고, 자녀와의 의사소통 및 자녀교육에 도움이 되었으며, 학부모교육 참여를 통해 학부모 자신의 발전에 도움이 되었다고 응답하였다(이강이 외, 2015). 교사와의 면담 횟수가 많을수록, 면담 만족도가 높을수록, 교육기부 경험이 있는 학부모가 그렇지 않은 학부모에 비해, 학부모교육 참여 경험이 있는 학부모가 그렇지 않은 학부모에 비해 학교만족도가 높았다. 부모효능감 역시 교사와의 면담뿐만 아니라 서신, 전화, 메일, 문자 등을 이용한 비대면 상담 경험이 많을수록, 학부모교육 참여 경험이 없는 학부모에 비해 참여 경험이 있는 경우에 더 높았다(이강이 외, 2012; 이강이 외, 2013).

학부모 학교참여를 통한 변화

학부모 학교참여 시범학교 사업을 경험한 학교, 학부모, 학생에게 어떤 변화가 있었으며, 궁극적으로 학교교육을 어떻게 변화시켰는가는 향후 학부모정책의 추진 방향에 대한 길잡이가 될 수 있다는 점에서 사업 결과에 주목할 필요가 있다. 2014~2015 학부모 학교참여 시범학교 사업에 참여한 학부모 설문조사 및 교사 서면 조사에 근거한 변화는 다음과 같다(이강이, 김은영, 2016). 먼저, 시범학교 학부모는 사업을 통해 교육기부, 학부모교육, 학부모-학교 소통이 증가하였으며, 학교교육, 가정에서의 자녀교육, 학부모 본인의 발전에 도움이 되었다고 인식하였다. 또한 학부모회 참여 학부모의 양적 증가 외에도, 학부모 주도적 활동 및 학교운영에 대한 학부모 의견 반영 증가로 학부모회가 활성화되었다고 인식하였다. 이러한 학부모 학교참여 경험을 통해 학부모가 학교운영 주체라는 인식이 향상되고, 학부모 학교참여 사업이 학교발전에 긍정적 영향을 미쳤음에 동의하는 학부모는 약 80%에 이르렀다.

시범학교 교사가 평가한 학교, 학부모, 학생 측면의 사업 효과 역시 학부모의 평가와 유사하다. 먼저, 학교 측면에서는 학부모의 교육기부로 다양하고 창의적인 교육활동을 진행함으로써 학생의 꿈과 끼 발산에 도움이 되었다. 학교, 학부모 간 원활한 소통을 통해 학부모 의견을 학교교육에 반영하고, 가정에서의 학생 특성을 파악하여 학생지도에 효과적이었다. 이와 같은 학교교육의 질적 향상으로 학부모의 학교, 교사에 대한 신뢰도 및 공교육 만족도가 증가하였으며, 학부모 민원이나 학교폭력 횟수가 현저히 감소하였다.

학부모 측면에서는 학교참여 활동을 통해 학교 문턱이 낮아지고 학교 방문에 대한 부담이 감소하였으며, 학교교육 활동과 교사, 자녀교육에 대한 이해가 증가하여 자녀와의 공감대가 형성되었다. 또한 학부모교육을 통해 평생학습 기회가 제공되어 학부모의 역량강화가 이루어졌으며, 소외계층 학생 지원을 통해 나눔의 기쁨을 경험할 수 있었고, 인근 학교 학부모회와의 교류를 통해 지역사회와 마을공동체에 긍정적 영향을 보급할 수 있었다.

학생 측면에서는 다양하고 창의적인 교육 활동이 증가하였으며, 학교-가정 간 학습 연계 및 보충학습 내실화로 기초학력 신장에 도움이 되었다. 이를 통해 학생의 학교생활 자신감이 향상되었으며, 학교교육 만족도가 향상되었다. 학부모의 학교참여 활동으로 부모-자녀 간 대화가 증가하고, 학부모의 교육에 대한 인식이 변화되면서 부모-자녀 관계가 개선되었다. 또한 본인의 부모가 아니라도 학부모, 학생 유대감이 강화되어 친숙한 이웃관계 형성에 도움이 되었다.

행복한 교육공동체 실현을 위한 학부모 학교참여 활성화 방안

사회적 · 제도적 측면

학부모의 자녀교육 및 학교참여 실태조사에 따르면, 60% 이상의 학부모가 「교육기본법」에 따라 교직원, 학생 등과 더불어 학부모가 학교 운영의 주체임을 알고 있다. 또한 학교 운영의 주체로서 학교교육 개선활동에 참여할 의사가 있는 학부모 역시 50% 이상이었다(최상근, 김형주, 전선미, 2011; 이강이 외, 2013; 이강이 외, 2015).

이와 같은 학교참여에 대한 학부모의 긍정적 인식에도 불구하고 학부모의 학교참여는 개인 · 학교 · 사회 및 제도적 차원의 저해요인이 있다. 그중 사회적 · 제도적 차원의 학부모 학교참여 저해요인은 '국가 및 시 · 도 교육청 차원의 지원 부족'(2011년, 33.9% → 2012년, 27.9% → 2015년, 22.6%), '학부모교육 프로그램의 부족'(2011년, 29.1% → 2012년, 34.9% → 2015년, 36.1%), '학부모 참여에 대한 사회의 부정적 인식'(2011년, 24.8% → 2012년, 14.9% → 2015년, 19.9%), '필요한 사회적 제도 미비'(2011년, 12.2% → 2012년, 22.3% → 2015년, 21.4%) 등이 있다. 이러한 결과는 학부모가 학교참여를 통해 교육 주체로서의 역할을 수행하고, 자녀양육과 교육 문제에 대한 어려움을 줄일 수 있도록 지원하는 사회적 · 제도적 차원의 기반이 필요함을 의미한다.

통계청(2016)의 일 · 가정 양립 지표 주요 결과에 의하면, 학령기 자녀를 둔 가정의 맞벌이 비율은 50%가 넘는다. 학부모 총회, 학부모 상담 등 자녀 학교행사 참여를 위한 학부모 특별휴가는 대구, 제주 등 극히 일부 지역의 공무원에게만 해당될 뿐이고, 연차휴가조차 제대로 사용하지 못하는 것이 현실이다. 따라서 먼저, 학부모가 자녀의 교육 활동에 참여할 수 있는 시간을 제도적으로 보장해 주는 학부모 학교참여휴가제의 도입을 고려해 볼 수 있다. 학부모 학교참여휴가제는 범국가적 저출산 문제에 대응하기 위한 가족친화적 사회환경 조성 및 일과 가정 생활 양립 지원의 측면에서도 필요하다(진미정, 김엘림, 이현아, 2012). 이와 관련해 교육부는 2016년 업무계획 발표에서 학교와 가정의 소통 강화를 위해 맞벌이 부모도 자녀의 학교 생활을 쉽게 파악할 수 있도록 '학부모 학교참여휴(공)가제 도입'을 추진하겠다고 밝혔다. 최근 충북, 대구, 제주 등 일부 지방자치단체가 조례로 '자녀학교행사참여휴가'를 제정하여 학부모인 공무원이 자녀의 학교행사나 상담에 참여할 수 있도록 특별휴가를 실시하기 시작했다(김은영, 진미정, 2016). 이는 학부모 학교참여 휴가제 도입에 대한 필요성의 인식 및 그 실천의 시작으로 볼 수 있다.

다음으로, 학부모지원센터의 안정적 운영이 필요하다. 교육당사자인 학부모의 자녀교육 및 학교참여 권리 수행을 위한 지원체계를 구축하고, 학부모 대상 교육 및 상담, 정보 서비스 제공을 통한 학부모 자녀교육 역량을 강화하기 위해 2011년 국가 차원의 학부모지원정책을 수행하는 허브기구로 전국학부모지원센터가 출범하였다.

이후 시·도 교육청 및 교육지원청에서 운영하는 지역학부모지원센터가 점차적으로 설치되어 2016년 현재 전국에 93개소가 있으나 지역별로 센터 수의 편차가 크다. 지역학부모지원센터는 학부모정책 실현의 주요 기반이라는 점에서 설립 당시 학부모교육, 학부모상담, 학부모 학교참여 지원을 주요 목표로 선정하였으나, 현재 지역별 상황에 따라 센터별로 중점 추진사업의 내용에 차이가 있다. 또한 지역학부모지원센터의 실무담당 인력은 센터별 1~2명에 불과한 계약직으로 운영되며, 낮은 임금, 역량강화 기회 부족 등 처우가 열악한 상황이다.

우리나라 어디에서든 학부모가 필요한 교육이나 상담을 받을 수 있고, 학교참여에 필요한 지원을 받기 위해서는 지역학부모지원센터가

지역별 편차 없이 안정적으로 운영되고 질 높은 서비스를 제공할 수 있어야 한다는 점에서 관련 법의 제정 및 인력지원 등의 개선이 필요하다(진미정, 김은영, 최진아, 2016). 학령기 부모를 지원하는 지역학부모지원센터는 건강가정지원센터, 육아종합지원센터와 더불어 주요 부모교육 기관임에도 불구하고 현재 근거 법이 미비하여 안정적인 정책수행 및 예산 확보에 어려움을 겪고 있다.

학교, 학부모의 인식 측면

학부모 학교참여 활성화를 위해서는 이와 같은 제도적 보완과 더불어 학교, 학부모의 인식 변화가 필수적이다. 즉, 학교와 학부모는 서로를 교육의 동반자로 인식하고 학교운영이나 교육을 위해 적극적으로 협력할 필요가 있다.

먼저, 학부모 학교참여의 긍정적 효과 확산을 위해서는 소수 학부모의 중복 참여를 넘어 참여 학부모 범위의 확대가 필요하다. 이를 위해 학교는 맞벌이 가정이나 아버지 참여 확대를 위해 주말, 저녁 시간대의 프로그램을 확대할 필요가 있다. 또한 조손가정, 한부모가정 등 취약계층에 대한 배려가 필요하며, 학부모가 참여하지 못하는 학생에 대한 배려가 필요하다.

학부모 학교참여의 장기적 실천을 통해 학교참여가 문화로 정착할 수 있도록 학교는 단기간의 1회성 행사 위주 활동 대신 장기적 계획을 수립하고 예산 지원 없이도 일반화가 가능한 활동을 강구할 필요가 있다. 이를 통해 교사 업무를 경감하고, 학부모에게 연간 계획을 학기 초에 미리 공지하여 참석 가능한 일정을 계획할 수 있도록 배려할 수 있을 것이다. 또한 학부모가 부담 없이 학교를 방문하여 학부모단체 회의나 모임을 진행할 수 있는 학부모 공간 마련이 필요하다. 이와 관련해 학부모실을 설치하는 학교가 늘어나고 있으며, 긍정적 효과가 보고되고 있다.

학부모는 내 자식만이 아닌 학교와 전체 학생을 위한다는 봉사정신으로 학부모 학교참여를 실천하는 자세가 필요하다. 사회 전체적으로 기부문화 형성이 요구되는 것과 관련해, 교육기부에 대한 전국민적 인식 개선이 필요하다. 학교교육을 위해 다수 학부모가 개인의 시간, 재능, 공간 등을 조금씩만 기부한다면, 소수 학부모에 집중된 부담을 줄일 수 있으며, 학부모 학교참여의 긍정적 효과가 보다 많은 학부모와 자녀로 확대될 수 있기 때문이다. 학부모교육에 참여하는 것은 올바른 교육관을 정립하여 자녀 지도에 도움이 될 뿐만 아니라, 부모 자신의 역량강화를 통해 교육기부를 실천할 수 있고, 나아가 학부모 자신의 새로운 직업세계를 열 수 있는 기회가 될 수 있다.

무엇보다도, 학부모 학교참여의 긍정적 효과가 확산될 수 있도록 학교 주도가 아니라 학부모가 교육 주체의 일원으로 주체적으로 참여하는 학부모 학교참여가 되어야 한다. 이를 위해 새로운 학년이나 학기 시작 전에 다수 학부모의 의견을 수렴하고, 소수 학부모의 의견을 전체 의견으로 확대하는 것을 방지할 필요가 있다.

학부모 학교참여의 목적이 학생(자녀)의 긍정적 발달을 위한 지원임을 고려해 볼 때, 학부모 학교참여 프로그램에 학생 의견 및 요구 사항을 반영하기 위한 대화 창구가 필요하다. 또한 학부모, 학생, 학교가 지역사회의 주요 구성원이라는 점에서 학교와 지역사회의 협력을 통해 학교참여를 확대할 필요가 있다.

학부모 학교참여가 학교, 학부모 모두의 부담을 줄여 주고 미래의 인재를 함께 키워 갈 행복한 교육 공동체로 공존하기 위해서는 아직 해결해야 할 과제들이 분명 남아 있다. 그러나 학부모와 교사의 학부모 학교참여에 대한 긍정적 경험은, 학교 교육의 변화를 위해 학부모 학교참여가 어떤 역할을 할 수 있는지 그 필요성을 명확하게 제시하고 있다. 이제 전국의 단위학교와 학부모가 학부모 학교참여로 어떻게 교육을 변화시키고, 학생(자녀)의 성장을 지원할지 함께 고민하고 실천할 시간이다. 학부모가 교수의 주체로서 학교 교육을 지원함으로써 학생인 자녀의 건강한 성장과 발달을 도모할 수 있다. 학부모 학교참여가 부모의 자연스러운 권리와 의무로 인정되는 사회가 된다면, 지난 10년 간 약 80조 원을 투입했지만 여전히 세계 최저 수준인 출산율도 자연스럽게 상승할 것으로 기대된다.

08
육아정책

영유아기 보육과 교육, 어디로 가야 하는가?

* 이소은(한국방송통신대학교 유아교육과 교수)

현재 유보통합에 대한 논의가 활발히 진행되고 있으나 현 시점에서 보육과 교육으로 이원화된 우리나라의 보육·교육 제도와 정책을 이해하기 위해서는 보육과 교육제도 각각에 대한 이해가 필요하다. 이 절에서는 보육·교육 제도와 정책의 의미와 기본적인 개념을 알아보고, 한국 영유아기 보육과 교육이 나아가야 할 방향에 대해 고찰해 본다.

보육·교육 제도와 정책의 개념 및 목적

2000년 대 이후 시대적·사회적 요구를 반영해 우리나라의 보육·교육 제도와 정책은 급변하고 있다. 제도는 '국가나 사회구조의 체계 및 형태, 정해진 법규'를 말하며, '일정한 목적을 이루기 위해 필요한 행동들에 관한 원칙, 지침, 일정한 계획 혹은 조직화된 노력' 등을 정책이라고 한다. 모든 제도와 정책은 그 실천 이념에 따라 통제되는 만큼 우리나라의 보육·교육 제도와 정책도 관련 법규와 사회의 이념을 따르며, 시대적·사회적 요구에 의해 변화하고 진화해 가고 있다. 여기서는 먼저 보육제도 및 교육제도의 개념과 목적 그리고 이념과 기본방침에 대해 알아본다.

보육제도 및 교육제도의 개념과 목적

보육제도의 개념 및 정책의 목적

1991년 1월에 제정된 「영유아보육법」에 의하면 보육이라는 용어는 보호 또는 양육(care)과 교육(education) 모두를 의미하는 것으로 기존의 탁아라는 용어가 보육으로 대체되었다. 우리나라의 보육제도와 정책은 복지사회이념을 전제로 하고 있는데, 이는 「영유아보육법」 제1조에서 보육의 목적을 가정 복지 증진에 두고 있는 것을 통해 알 수 있다. 보육정책은 아동에 대한 보호와 교육 등 아동의 삶의 질, 복지와 관련된 국가정책이라고 할 수 있다. 또한 영유아와 가정이 도움을 필요로 할 때 국가가 조직적으로 개입하는 것으로 보호와 교육을 합리적으로 조화시켜 영유아가 건전한 사회 구성원으로 성장할 수 있도록 돕는 데 그 의의가 있다. 이를 바탕으로 보육정책의 개념 정의를 해 보면, 보육정책이란 "국가 및 공공단체가 공권력을 바탕으로 복지사회이념을 실현하기 위해 영유아를 대상으로 실시하는 보육활동 전반에 관한 기본지침"(권건일, 1996)이라고 할 수 있다.

우리나라의 보육 사업은 1991년 제정 및 공포된 「영유아보육법」과 같은 법 시행령 및 시행규칙에 따라 실시되었으며, 2004년에 전면 개정되었고, 그 이후로도 지속적으로 현대사회의 변화를 반영하여 개정되고 있다. 보육사업을 담당하는 정부부서는 몇 차례의 변화가 있었다. 보건복지부가 담당하던 보육사업을 2004년 6월 12일 여성가족부가 이관받아 당해 연도의 보육 사업 지침을 마련하여 이에 따른 보육

사업의 실행을 담당해 왔었다. 그 후 2008년 2월 29일에 새로 개편된 보건복지가족부로 관할 부서가 이전되었고, 보건복지가족부가 복건복지부로 다시 명칭을 변경하여 현재까지 관련 정책을 시행하고 있다.

우리나라에서 보육제도와 관련 정책은 빈민 아동을 위한 구제사업의 일환으로 양질의 보육을 제공하는 것을 목적으로 하는 선별적 정책이 주를 이루었으나, 현대에 와서는 영유아보육에 보편성과 공공성의 원리가 적용됨에 따라 보편적 제도와 정책의 목적으로 변화하였다. 현행 「영유아보육법」 제1조(목적)에서는 보육의 목적을 "영유아의 심신을 보호하고 건전하게 교육하여 건강한 사회 구성원으로 육성함과 아울러 보호자의 경제적·사회적 활동이 원활하게 이루어지도록 함으로써 영유아 및 가정복지 증진에 이바지함"으로 규정하고 있다. 즉, 우리나라의 보육정책은 아동정책이자 가족정책의 일환으로서 보육이 필요한 아동에게 질 높은 보육 서비스를 제공하는 것을 목적으로 하고 있다. 이러한 특성은 우리 사회의 산업화가 진전되면서 여성 인력의 활용이 요구되던 경제적 상황과 급속한 핵가족화 등 사회적 변화 상황 속에서 가정 내, 특히 여성의 역할로 인식되었던 자녀양육을 국가적·사회적 차원에서 인식하고 이를 제도적으로 보장하기 위한 결과라고 볼 수 있다. 즉, 현대의 보육사업은 아동 측면의 강조와 함께 여성의 사회 진출 증가와 더불어 기혼여성 인력의 활용이라는 목적을 갖는다. 이처럼 보육정책에 있어 보육의 목표, 내용, 과정, 평가 및 적용 범위와 대상에 대한 기본적인 지침은 시대적 배경이나 상황에 따라 다르게 적용된다.

교육제도의 개념 및 정책의 목적

우리나라의 교육제도를 보면 1991년 3월 8일 「지방교육자치에 관한 법률」(법률 제4347호)이 발표되어 지방의회의 교육위원회가 각 지역의 특수한 교육업무를 시행할 수 있게 되었지만, 기본적인 교육제도는 여전히 '각 학교에 대한 규정' '교과용 도서에 관한 규정' 등으로 중앙정부에서 관할하고 있으며, 지방교육위원회의 권한은 지방교육 예산에 관한 사항으로 제한되어 있다. 교육법의 기본원칙은 의무교육, 무상교육, 교육의 자주성, 전문성, 정치적 중립성 등이다. 「헌법」 31조에서는 "모든 국민은 능력에 따라 균등하게 교육을 받을 권리를 가진다."라고 명시하여, 교육의 자유를 전제로 하여 생존권적 기본권으로서의 교육권 보장을 규정하고 있으며, 이는 공교육제도의 정비를 통해 국가가 적극적으로 국민의 교육권을 보장해야 함을 말한다. 이처럼 우리나라의 교육제도와 정책은 「헌법」에 보장된 기본권으로서의 교육받을 권리의 실현을 그 목적으로 한다. 사회의 급속한 변화와 다양한 교육 문제 속에서 유아교육에 대한 인식이 높아지고, 그 필요성이 부각되면서 특히 유아교육에 대한 제도와 정책의 정비가 요구되어 2004년 1월 29일 「유아교육법」을 제정하였고, 2010년 3월 24일 개정을 시작으로 현대사회의 다양한 요구에 발맞추어 수정되고 있다.

보육제도 및 교육제도의 이념과 기본방침

보육의 이념 및 기본방침

1991년 개정된 「영유아보육법」에 나타난 보육이념은 선진국의 보편주의적 접근을 근간으로 하고 있다. 기존 가족위임형 보육에서 국가·사회·가족 책임공유형 보육으로, 민간의존형 보육에서 보육의 공공성을 강화하는 방향으로, 공급자 중심 보육에서 수요자 중심 및 공급자 만족형 보육으로의 전환을 의미한다. 즉, 부모가 일할 수 있는 여건을 제공한다는 가족복지와 부모의 노동권 보장의 측면 외에도 모든 아동의 성장과 발달을 촉진하는 최적의 조건을 제공하는 것을 아동의 기본권으로 보장하려는 측면이 강조된다. 결국 사회와 국가가 아동이 신체적·정서적으로 건강하게 성장할 수 있는 환경을 보장한다는 원칙과 더 나아가서 사회가 공동으로 책임지는 집단양육으로서의 보육제도의 필요성을 강조하며 이에 대한 비용을 국가와 사회가 부담하는 공적 체계로 인식하는 것이다. 부모의 취업 여부나 소득 수준 등을 아동의 보육받을 권리에 차별적 요소로 적용하는 선별주의가 아닌 모든 아동에게 동일한 요소로 적용하는 보편주의 보육의 핵심 요소는 사회적 연대를 중시하고 모든 아동에게 평등한 보육받을 권리를 보장하는 것이다. 이러한 제도의 정착은 모든 아동의 양육은 국가의 몫이라는 보편주의 공동양육 이념에 의하여 가능하다. 따라서 민간에 의존한 보육보다는 공적 보육이 당연시되고 비용은 모든 국민의 공동 부담인 국가 재원으로 해결하고자 노력하고 있다.

교육의 이념 및 기본방침

교육이념은 교육이 지향하는 궁극적인 가치이며, 교육을 통하여 실천하고자 하는 이상적 인간상이다. 「교육기본법」에 따르면, 교육은 홍익인간의 이념 아래 모든 국민으로 하여금 인격을 도야하고 자주적 생활능력과 민주시민으로서 필요한 자질을 갖추게 하여 인간다운 삶을 영위하게 하고 민주국가의 발전과 인류공영의 이상을 실현하는 데 이바지하게 함을 목적으로 한다. 그리고 이를 실현시키기 위한 기본방침으로 모든 국민에게 평생에 걸쳐 학습하고 능력과 적성에 따라 교육받을 권리인 학습권을 부여하고, 모든 국민은 성별, 종교, 신념, 사회적 신분, 경제적 지위 또는 신체적 조건 등을 이유로 교육에 있어서 차별을 받지 않는다는 교육의 기회 균등과 교육의 자주성, 자율성, 전문성을 보장하고 있다.

교육기본법 제2조 (교육이념) 교육은 홍익인간(弘益人間)의 이념 아래 모든 국민으로 하여금 인격을 도야(陶冶)하고 자주적 생활능력과 민주시민으로서 필요한 자질을 갖추게 함으로써 인간다운 삶을 영위하게 하고 민주국가의 발전과 인류공영(人類共榮)의 이상을 실현하는 데에 이바지하게 함을 목적으로 한다.

현대사회의 변화와 보육 · 교육 제도

현대사회의 급격한 변화는 영유아기 보육과 교육에 있어 다양한 요구를 창출하고 있다. 여기서는 현대사회의 여러 변화로 인한 보육 · 교육 환경의 변화와 그에 따른 보육 · 교육 제도의 변화에 대해 생각해 본다.

보육 · 교육 환경의 변화

고령화와 저출산으로 집약되는 인구 변화의 특징

우리나라는 2004년에 65세 이상 노인이 인구의 8.7%로 고령화사회에 접어들었으며, 2019년에는 노령화인구가 14.4%에 달하여 고령사회(aged society)로, 2026년에는 초고령사회로 진입할 것으로 추계된다. 고령화사회에서 초고령사회로 도달하는 데 선진국과 비교하여 유례없이 빠른 인구의 고령화 시대를 맞이하고 있다. 특히 우리나라의 합계 출산율은 2005년 이후 세계 최하위에 머물러 2010년 1.23명, 2016년 1.17명으로 OECD 평균 1.71명에 크게 못 미치는 수준이다. 현재 추세가 지속될 경우 향후 10년 안에 생산가능인구 감소(2017), 고령사회 진입(2018) 및 총인구 감소(2019) 등 인구변화로 인한 위험이 가시화될 전망이다.

출산연령대 여성의 경제활동 참여 저조

주 출산연령대 여성의 경제활동 참가율이 타 연령대에 비해 대폭 낮아지는 M-커브 현상이 지속되고 있다. 보육실태조사에 따르면, 구체적으로 영유아 부모의 25.2%가 경력단절 경험이 있으며, 주요한 이유(48.7%)는 '아이 맡길 곳이 마땅치 않아서'라는 응답이 많았다(보건복지부, 2012).

분류	전체
아이 맡길 곳이 없어서	48.7%
몸이 힘들어서	32.3%
일이 많아서 육아에 지장	11.4
아이 맡기는 비용이 많이 듦	3.8%
기타	3.7

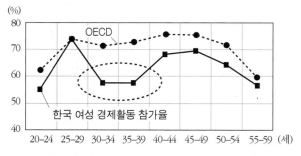

영유아 부모의 경력단절 이유 및 여성 경제활동 참가율

출처: 보건복지부(2013).

낮은 경제성장

현재 우리나라는 특별한 계기 없이는 과거와 같은 빠른 속도의 경제성장을 기대하기 어렵다. 우리나라의 경제성장률을 살펴보면 2001~2010년의 경우 4.4% 정도였으나, 향후 10년은 2.8%, 그 이후 10년은 1.7% 정도로 전망되고 있다. 일자리 창출과 분배 개선 효과는 점

영유아기 보육과 교육, 어디로 가야 하는가?

차 약화되고 있으며, 가장 큰 문제로는 중산층 감소, 고용불안 심화 등으로 취약계층 증가가 우려되고 있다. 2014년을 기준으로 최저생계비 미만 소득의 절대빈곤 인구는 약 480만 명(인구의 9.6%)이고 상대빈곤율(중위소득의 50% 미만)은 14.3%으로 이는 OECD 평균 10.58%에 비해 비교적 높다.

영유아 보육과 교육 격차 확대

인적자원 개발 관점에서 영유아기의 중요성은 저출산 시대에 더욱 부각되나 '가능한 최적의 출발선(The Best Possible Start)' 제공이 쉽지 않을 전망이다. 영국의 사례를 보면, EPPE Project(2007)의 경우 1명의 유아가 유아교육기관에 다니도록 약 2,500파운드(£)를 지원하는 것은 가난한 부모의 수입을 약 1만 7,000파운드를 직접 지원하는 것과 동일한 효과 산출한다고 보고하고 있다. 우리나라의 경우 현재 가장 큰 교육정책이 집중된 대학입시를 기준으로 보면, 상위 10%의 사교육비 지출은 하위 20%의 2.34배에 달하며, 수능점수 차이를 월소득 기준으로 보면 월소득 200만 원 이하는 평균 287.63점, 500만 원 초과는 317.38점으로 나타났다(2013년 통계). 또한 국제결혼 증가, 가족해체 및 장애아동의 증가 등으로 관심을 쏟아야 할 취약계층이 향후 지속적으로 증가할 것으로 예상된다.

환경의 변화가 보육·교육 정책에 주는 시사점

높은 사교육비 및 보육비 부담

높은 사교육비 및 보육비 부담은 가구의 소득수준에 관계없이 출산 중단의 매우 중요한 이유가 되고 있다. 따라서 출산과 양육에 유리한 환경 조성을 위해 기업·가정의 문화개혁과 아울러 '보육·양육에 대한 국가책임제'를 확고히 할 필요가 있다. 영유아 가구 중 23.7%는 보육비 지원이 출산계획에 영향을 미치고 있다고 응답하였으며, 완전 무상 보육 시 추가 출산 계획이 있는 가구는 17.4%(보건복지부, 2012) 정도로 조사되고 있다.

OECD 국가들의 가족지출 수준과 출산율 간에는 상관관계가 있지만 헝가리, 독일 등 예외적 국가도 있다. 우리나라는 가족지출 0.5% (2007), 출산율 1.15명(2009)으로 모두 최하위 수준이다. GDP 대비 가족정책 지출 비중(2007)은 스웨덴 3.4%, 영국 3.2%, 프랑스 3.0%, OECD 평균 2.2%로 보고되고 있다.

국가	GDP 대비 가족지출 (2007)	출산율(2009)
헝가리	3.34%(2위)	1.33명(31위)
독일	1.83(18위)	1.36명(32위)
미국	0.66%(32위)	2.01명(7위)
캐나다	0.96%(29위)	1.68명(18위)

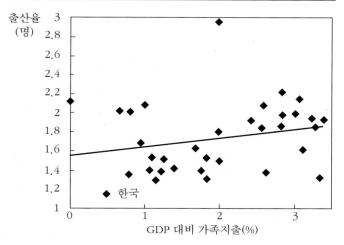

가족지출수준과 출산율 및 예외적 국가들

출처: OECD SOCX (2012).

출산 및 양육 부담 등이 여성의 경제활동 저해

'고용률 70% 달성'을 위해서는 여성고용률 증가가 핵심이나 출산 및 양육 부담 등이 여성의 경제활동을 저해하고 있다. 영유아 부모의 25.2%가 경력단절 경험이 있으며, 주 이유는 '아이 맡길 곳이 마땅치 않아서'(48.7%)라고 보고하고 있다(보건복지부, 2012). OECD는 노동시장에 대한 여성 참여를 높이는 것이 안정적이고 지속 가능한 성장을 위해 필수적인 요소라고 판단하여 권고하지만 이를 위해서는 여성인력을 적극적으로 활용하고 경력단절이 없도록 배려하는 세심한 보육·양육·교육 환경의 개선이 필요하다. 우리나라는 OECD와 비교하여 영아의 시설 이용률은 높은(한국 56.8%, OECD 권고는 30% 미만) 반면, 여성고용률(한국 53.1%, OECD 평균 56.6%)은 낮다. OECD 주요 국가의 경우 1980년대 이후 저출산 문제와 여성고용촉진 문제를 국가의 정책적 개입을 통해 동시에 해결하고 있다.

미래인구의 질적 수준 저하 가능성에 적극적인 대처 필요

낮은 경제 성장, 고용 불안, 가족 해체 등 취약계층 증가로 인한 미래인구의 질적 수준 저하 가능성에 대한 적극적인 대처가 필요하다. 생애주기 과정에서 가장 중요한 시기인 영유아기의 건전한 성장과 발달을 담보하는 질 높고 공평한 보육과 교육의 기회가 보장될 필요가 있다. 그러므로 환경변화에 대한 정책 대상을 모든 영유아에게로 확대하고, 연령·신체·가구 여건 등을 고려한 맞춤형 지원이 필요하다. 또한 2013년 7월에 실시한 학부모 의견 조사의 결과를 분석한 결과 취업모의 경우는 비취업모에 비해 제한된 운영 시간과 등하원이 불편하고, 저소득 가구일수록 비용이 부담되며, 고소득 가구일수록 토요일·휴일 돌봄이 부족하다고 응답하였다. 특히 세계 각국의 연구에서도 아동에 대한 정부의 조기투자는 아동 당 1달러($)를 투자할 경

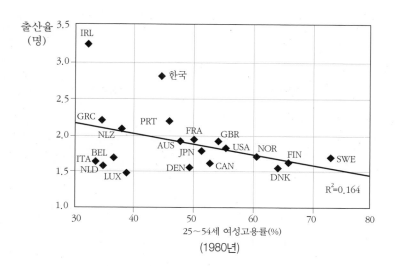

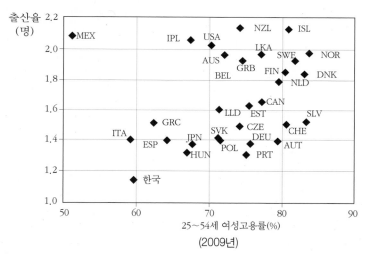

OECD 주요국의 고용률과 출산율 변화

출처: OECD Family database(2012).

우 4달러($)의 사회적 환원 효과가 발생하는 것으로 보고되고 있다.
미국 국립 조기교육 연구소(NIEER)의 2003년 보고서도 지능 및 학업
성적 향상, 유급·특수 학급 비율 감소, 흡연 가능성 감소, 건강, 사회

영유아기 보육과 교육, 어디로 가야 하는가?

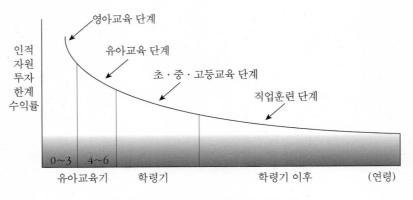

영아교육 단계

인적
자원
투자
한계
수익률

유아교육 단계

초 · 중 · 고등교육 단계

직업훈련 단계

0~3   4~6

유아교육기   학령기   학령기 이후   (연령)

영유아기의 인적 자원 투자 대비 회수비율

출처: Heckman (2006).

적 지원 필요성 저하 등을 보고하고 있다. 또한 Heckman(2006)은 각
생애 단계별로 투자비용을 동일하게 산정할 경우, 영유아기의 인적
자원 투자 대비 회수비율이 가장 크다고 보고하고 있다.

보육 · 교육 정책의 문제점과 개선방향

여기서는 우리나라 현행 보육 · 교육 정책의 문제점에 대해 생각해
보고, 이를 개선할 수 있는 방안에 대해 알아본다. 이를 통해 우리나
라의 영유아기 보육과 교육이 나아가야 할 방향에 대해 고찰한다.

보육제도의 문제점과 개선방안

보육 서비스는 미래 인적 자원에 대한 투자, 여성의 경제활동 지원
및 저출산 대책으로서의 중요성을 지닌 핵심적인 사회정책으로 자리
잡고 있다. 정부는 보육은 미래를 위한 투자라는 정책기조에 따라 '중
장기 보육계획'을 수립 · 시행하므로, 국가가 책임지는 보육 지원의
틀을 단계적으로 확립해 나가고 있다. 제1차 중장기보육계획은 새싹

플랜(2006~2010년)으로 시작하였으나, 이후 아이사랑 플랜으로 변경되어 제1차 계획 보완·수정이 2009년부터 2012년까지 실시되었고, 2013년부터 2017년까지 제2차 중장기 보육계획을 기반으로 하여 보육제도의 문제점과 개선방안이 실시되고 있다. 현재 시점에서 부각되는 보육제도의 문제점과 이를 위한 개선방안을 정리하면 다음과 같다.

● 보육제도의 문제점
① 국가의 투자 수준이 상향되어야 한다.
② 예산 사용의 형평성·효율성이 재고되어야 한다.
③ 대부분이 민간어린이집에 의존하고 있다.
④ 보육정책이 영아나 취학 아동보다 유아에게 집중되어 있다.
⑤ 국·공립 시설과 마찬가지로 민간 시설의 운영 지원을 보조해야 한다.
⑥ 보육 인력의 처우 수준이 낮다.
⑦ 보육 재정이 부족하다.
⑧ 보육 프로그램의 질적 수준에 문제가 있다.

● 보육제도의 개선방안
① 어린이집 관련 정책으로 우선 국공립어린이집이 확충되어야 한다.
② 영아 전담 어린이집의 확충이 필요하다.
③ 장애아 어린이집을 내실화해야 한다.
④ 어린이집 평가인증제의 확대 및 사후 관리가 필요하다.
⑤ 보육교사의 전문성 확보가 필요하다.
⑥ 교사 대 아동 비율을 낮춰야 한다.
⑦ 보육교직원의 처우 개선이 필요하다.
⑧ 정부의 보육 비용 분담률을 높여야 한다.

⑨ 민간시설에 대한 정부 지원이 확대되어야 한다.

⑩ 보육료 체계의 개선이 필요하다.

⑪ 보호와 교육의 적절한 조화가 이루어져야 한다.

⑫ 질 높은 보육프로그램을 운영할 수 있는 교재·교구에 대한 지원이 시급히 요구된다.

이와 같이 2009년부터 2012년까지 실시된 제1차 중장기 보육계획

---

1. 부모의 보육·양육 부담 경감

- 0~5세 보육료·양육수당 전 계층 지원
- 보육료 적정화 및 부모 추가 비용 경감

2. 수요자 맞춤형 보육·양육 지원

- 아동과 가족 특성별 맞춤형 지원
- 장애아·다문화 영유아 맞춤형 지원

3. 공공성 확대와 품질 관리 강화

- 믿고 맡길 수 있는 어린이집 확대
- 서비스 질 관리 강화 및 진입·퇴출 등 연계

4. 양질의 안심 보육 여건 조성

- 보육 인력의 역량 지원 강화 및 처우 개선
- 영유아의 발달에 적합한 질 높은 보육 프로그램 제공
- 아이가 안전한 보육 환경 기반 마련

5. 신뢰가 있고 투명한 보육 생태계 구축

- 참여·정보공개·신뢰 등 민관 협력 기반 조성
- 효율적·체계적인 보육 3.0 관리 시스템 구축

6. 보육 서비스 재정 및 전달체계 개선

- 체감도 높은 보육·양육지원 전달체계 강화
- 중앙-지방 간 보육 재정의 합리적 분담
- 바람직한 한국형 유보 통합 추진 방안 검토

제2차 중장기 보육계획 6대 추진 과제

출처: 보건복지부(2013).

에 대한 한계를 극복하고자 2013년부터 2017년까지는 6개의 추진과제를 가지고 다음과 같은 개선방안을 계획하고 실현해 가고 있다.

유아교육제도의 문제점과 개선방안

유아교육과 보호정책 검토 결과: OECD 검토단이 제시하는 문제점과 개선방안

우리나라는 지난 2003년 OECD 검토단의 방문으로 이루어지는 '유아교육과 보호정책 검토'를 받았다. 그 결과 제시된 유아교육제도의 문제점과 개선방안을 정리하면 다음과 같다.

● 유아교육제도의 문제점

① 3세 이후의 유아는 주로 정해진 학습 결과, 즉 일반적으로 읽고 쓰는 능력과 셈하기에 집중해야 하는 '학생'으로 간주하는 경향이 있는 등 유아에게 무엇이 최선인지에 대한 표상이 모호하고 모순된다.

② 교육예산 중 1%만이 유치원교육에 투자되고 있다. 특히 사립 유치원에 대한 지원이 적다.

③ 느슨한 규제 기준과 낮은 재정 보조 수준에서 운영되고 있는 서비스들은 유아의 발달과 학습 향상에 큰 도움이 되지 못한다.

④ 장학과 평가 과정이 교육의 효과에 주의를 기울이기보다 환경이나 교육과정 및 교사의 교수계획에 지나친 관심을 기울이고 있다.

⑤ 담당 부서 간 관련 자료의 통합적 이용이 부족하여 정책의 기초가 되는 정보의 수집과 활용에 취약하다.

- 유아교육제도의 개선방안

① 유아교육을 초등학교 생활을 준비하기 위한 수단으로 여기는 경향이 있어 아동의 권리에 대한 UN 총회의 제안과 같이 유아의 참여권리와 요구에 더 큰 강조점을 둘 필요가 있다.

② 세계적 수준에 따라 유아교육에 대한 국가의 지원을 확대하여 학부모의 교육비 부담률을 낮추는 데 관심을 가져야 한다.

③ 보육과 교육의 논쟁에 대해 중앙 정부 수준에서 관리의 합리화와 적절한 재정지원 및 기준을 마련함으로써 국가적 목표를 향한 제도적 조정을 통해 점진적인 개혁을 해 나가길 기대한다.

④ 유치원의 교육력 및 교육 서비스의 질적 수준 제고하기 위해 교육과정 내실화와 종일제 운영 등을 지원하기 위한 유치원 운영 관리 시스템 개선하고자 유치원 평가제도를 도입하여야 한다. 이에 평가제도를 2007년도에 도입하여 1주기(2008~2010년)부터 3년 주기로 평가가 추진되어 2017년 현재 4주기(2017~2019년) 유치원평가가 시행되고 있다.

유아교육 선진화 방안(2009~2014년)의 추진 과제 및 성과

지금까지 살펴본 유아교육제도의 문제점과 개선방안에 대한 유아교육계의 노력이 2009년에 발표된 유아교육 선진화 방안으로 도출되었다고 볼 수 있다. 제1차 유아교육 선진화 방안은 2009년부터 2014년까지 실시되었으며, 보육정책의 확대 실시와 더불어 괄목할 만한 성과를 거두었다. 이에 대한 사업 평가 및 개선점을 보완하여 향후 제2차 선진화 방안에 대한 계획 및 유보 통합의 실현을 통해 유아교육의 또 한 번의 도약을 기대해 볼 수 있을 것이다.

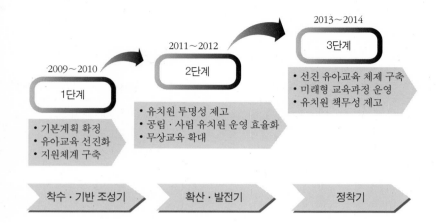

유아교육 선진화 방안 추진 단계

출처: 교육부(2009).

우리 가정에 도움 되는 육아정책은?

★ 권미경(육아정책연구소 육아정책연구실장)

'자녀를 기르는 일'은 힘들지만 가치 있고, 부모와 자녀 모두에게 다시하기 어려운 소중한 경험이다. 그러나 우리 사회에서 육아는 '보람'이나 '즐거움'보다는 '부담'으로만 부각되는 상황이다. 정부는 이러한 육아 부담을 경감하고 일·가정 양립을 가능하게 함으로써 자녀양육에 도움이 되는 환경을 조성하기 위하여 다면적인 육아지원 정책을 수립·시행해 오고 있다. 정책이 실효성을 지니기 위해서는 수립 과정에서 정책 수요자의 요구를 반영하고, 실행 과정에서는 그 이용에 대한 적절한 안내와 홍보가 이루어져야 한다.

이 절에서는 부모의 육아지원요구를 살펴보고, 그를 반영하여 마련된 육아지원정책의 내용을 소개하고, 이용 방법을 안내하고자 한다.

부모의 육아지원요구와 대안으로의 지원정책

육아지원정책을 마련하기 위해서는 자녀를 기르는 부모의 자녀양육 어려움과 그 해결을 위한 지원요구 수렴이 필요하다. 영유아기 부모의 지원요구를 토대로 그 해결을 위한 대안을 모색하고 이를 정책화하여 육아지원 제도들이 구체화된다.

육아정책연구소(권미경, 박원순, 엄지원, 2016)에서 영유아 부모

1,302명을 대상으로 현재 자녀를 양육하면서 어려움 점이 무엇인지 우선순위를 두어 조사한 결과에 따르면, 1순위 응답 결과를 중심으로, '급할 때 돌봐줄 사람 찾기가 어렵다'는 의견이 43.7%로 가장 많았고, 다음은 '믿고 맡길 수 있는 기관이 부족하다'는 의견이 16.4%로 나타났다.

자녀를 양육하면서 어려운 점   (단위: %, 명)

구분	전체			
	1순위	2순위	3순위	1+2+3순위
급할 때 돌봐줄 사람 찾기가 어렵다	43.7	12.7	10.8	67.2
믿고 맡길 수 있는 유치원·어린이집이 부족하다	16.4	21.0	12.6	50.0
개인 시간이 부족하다	11.0	19.8	24.0	54.8
교육·보육 비용이 부담된다	10.3	15.5	11.5	37.3
기저귀, 분유 등 양육비용이 부담된다	5.5	6.0	8.6	20.1
학원, 학습지 등 사교육비가 부담된다	4.4	10.6	10.1	25.1
양육방법을 잘 모르겠다	4.1	4.7	7.2	16.0
수면시간 부족으로 체력적으로 힘들다	3.7	9.2	12.5	25.4
기타	0.3	0.2	1.1	1.6
없음	0.5	0.2	1.6	2.3
계	100.0(1,302)	100.0(1281)	100.0(1238)	(1,302)

출처: 권미경, 박원순, 엄지원(2016).

1, 2, 3순위 전체 응답의 결과를 종합하여 보면, '급할 때 돌봐줄 사람 찾기가 어렵다'는 의견이 67.2%로 가장 많았고, 다음은 '개인 시간이 부족하다'가 54.8%, '믿고 맡길 수 있는 기관이 부족하다'는 의견이 50.0%의 순서로 나타났다. 이는 긴급 보육과 잠깐의 휴식(refreshment) 제공에의 요구와 안심하고 보낼 수 있는 교육·보육기

관에의 요구가 높음을 보여 준다.

현재 시행 중인 가정 내 육아지원정책의 내용을 살펴보면 양육자의 요구에 기반하여 그 대안으로 마련된 육아지원정책임을 알 수 있다. 육아지원요구와 그 대안, 지원정책을 정리하면 다음과 같다.

육아지원요구에 따른 대안과 제도

육아지원요구	대안	제도화된 지원정책
경제적 부담	조세 감면, 양육 비용 지원	세금 환급 제도 양육수당
가정 내 돌봄에 대한 지원	파견 돌봄 서비스	아이돌보미 사업(종일제)
갑자기 맡길 곳 없음, 내 시간이 없음	긴급 돌봄 서비스, 육아의 쉼표 (Refreshment) 기획	아이돌보미 사업(시간제), 시간제보육 서비스
혼자 키우는 어려움 (독박육아)	가정 내 역할 분담 양육 경험의 공유	아버지 교육, 아버지 육아휴직 공동육아나눔터
공동 돌봄 공간, 장난감, 도서 대여 등 필요	거점형 원스톱(one-stop) 양육지원	건강가정지원센터 (공동육아나눔터), 육아종합지원센터 (영유아플라자, 장난감도서관)
양육 자신감 부족, 양육 관련 정보 필요	부모교육 양육정보 제공, 양육상담	부모교육 기회제공 (대한민국 부모학교)
		임신출산육아 포털 운영 (아이사랑포털)
		육아종합지원센터, 건강가정지원센터
맞벌이 가정의 양육 및 돌봄 위한 시간 필요	일·가정 양립 제도	육아휴직, 육아기 시간 단축 근로제

출처: 권미경, 박원순, 엄지원(2016).

육아지원정책 구분 및 내용

정부의 육아지원은 양육수당, 0~2세 보육료지원, 3~5세 누리과정 지원을 포함한 비용지원, 아이돌보미 제도와 같은 서비스 지원, 시간제보육 제공, 육아종합지원센터 및 건강가정지원센터 등의 서비스 지원, 부모상담 및 교육, 건강관련 지원, 일·가정 양립 지원 등 이미 다른 국가들과 비교해 보아도 손색이 없을 만큼 다양하게 실행되고 있다. 이는 정부가 정책 수요자의 어려움을 해소하기 위한 요구에 정책의 우선순위를 두어 왔음을 의미하기도 한다.

비용지원정책

양육수당

양육수당은 어린이집이나 유치원 혹은 종일제 아이돌봄서비스를 이용하지 않는 가정양육 영유아가 지원 대상이다(보건복지부, 2015). 이는 가정에서의 양육수당을 지원함으로써 자녀양육에 대한 부담을 낮추고, 어린이집과 유치원을 이용하는 아동에게 지원하는 보육료와의 형평성을 맞추고자 하는 정부지원사업이다. 2013년부터 부모의 소득과 상관없이 전체 만 5세 이하 영유아 가구를 대상으로 자녀연령에 따라 차등 지급된다.

양육수당 지급 기준

소득 기준	월령 기준		지원액
전 계층 지원 (소득재산 수준 무관)	만 0~5세	12개월 미만	월 20만 원
		12~24개월 미만	월 15만 원
		24~36개월 미만	월 10만 원
		36개월 이상~만 5세(취학 전)	월 10만 원

0~2세 보육료 지원

2016년 7월부터 어린이집 0~2세반을 이용하는 영아를 대상으로 현재의 12시간 종일반 외에 맞춤반(9~15시 + 15시간 긴급보육바우처) 서비스가 도입되었다. 이는 그간 가구 특성이나 실제 어린이집 이용 시간과 관계없이 모든 영유아가 12시간 종일반을 제공받아 왔던 것을 자녀양육 공백이 발생하는 맞벌이 가정에게는 종일반을 제공하여 실수요자의 이용 편의를 도모하고, 가정양육이 가능한 영아 가정에서는 종일반이 아닌 적정 시간 어린이집 이용을 유도하기 위해서 맞춤반(7시간 이용)을 이용하도록 실시되는 정책이다(보건복지부 보도자료, 2016. 4. 25.).

0~2세반 보육료 지원

구분	종일반	맞춤반
이용시간	7:30~19:30	9:00~15:00 + 긴급보육바우처 월 15시간(6만 원)
보육료	1인당 월 825천원 (0세기준)	1인당 월 660천원 (0세 기준)[1]
이용대상	맞벌이, 구직, 한부모, 다자녀[2] 등	종일반 이용 외 아동

주: 1) 맞춤반 보육료는 긴급보육바우처 포함 시 월 72만 원임
　　2) 종일반 다자녀 이용 기준은 0세반과 1세반에 해당하는 2자녀 가구

3~5세 누리과정 지원

유치원 및 어린이집에 다니는 만 3~5세의 모든 유아에게 유아 학비와 보육료를 지원한다. 2017년 현재 어린이집과 유치원 재원아동 모두에게는 월 22만 원의 누리과정 지원이 이루어지고 있다. 만 3~만 5세 아동의 유아 학비(유치원), 보육료(어린이집), 양육수당(가정 양육)은 중복 지급이 되지 않으며, 부모가 이용 신청을 해야 한다. 해당 읍·면·동 주민센터에 직접 방문하거나 인터넷 복지로 홈페이지를

통해 신청한다.

서비스 지원정책

아이돌봄 서비스

아이돌봄 지원사업은 '양육공백이 있는 가정의 만 12세 이하 아동을 대상으로 아이돌보미가 찾아가는 돌봄 서비스를 제공'하는 사업이다(여성가족부, 2015). 소득활동이나 다자녀 양육 등으로 양육공백이 발생하는 가정을 지원하기 위한 정책으로, 취업 한부모 가정, 맞벌이

아이돌봄 지원 사업 서비스유형별 현황

구분		시간제 돌봄 서비스				영아 종일제 돌봄 서비스				
서비스 대상		만 3개월~12세 이하 아동				만 3~24개월 이하 영아				
지원기준 (4인가구 월소득)		전국가구 평균소득				전국가구 평균소득				
		가형	나형	다형	라형	가형	나형	다형	라형	
		50% 이하	50~70% 이하	70~100% 이하	100% 초과	50% 이하	50~70% 이하	70~100% 이하	100% 초과	
이용요금		시간당 6천 원				시간당 6천 원(월 120만 원)				
	정부 지원	4,500원	2,700원	1,500원	–	0세	84만 원	72만 원	60만 원	48만 원
						1세	78만 원	66만 원	54만 원	42만 원
	본인 부담	1,500원	3,300원	4,500원	6,000원	0세	36만 원	48만 원	60만 원	72만 원
						1세	42만 원	54만 원	66만 원	78만 원
	기타	종합형[2]: 시간당 7,800원 야간 · 휴일: 시간당 3,000원 추가				보육교사형[3]: 시간당 7,800원 야간 · 휴일: 시간당 3,000원 추가				
	아동 추가	시간제: 1명당 3,000원/ 종합형[2]: 3,900원 야간 · 휴일: 시간당 1,500원 추가				종일제: 3,000원/보육교사형[3]: 3,600원 야간 · 휴일: 시간당 1,500원 추가				
지원시간		1회 2시간 이상 사용 원칙				1일 6시간 이상 사용 원칙				
	정부 지원	연간 480시간 이내				월 120~200시간 이내				

주: 1) 영아 종일제의 연령 기준은 0세(만 3~12개월), 1세(만 13~24개월)임
    2) 시간제 종합형: 시간제 돌봄에 아동과 관련한 가사 추가
    3) 보육교사형: 보육교사 자격증을 가진 아이돌보미로 하여금 보육서비스 제공

가정, 부 또는 모가 장애인인 가정, 다자녀 가정 등을 우선 지원한다. 가정에 아이돌보미가 찾아가 1:1로 아동을 돌보는 서비스를 이용할 때, 그 비용을 소득을 기준으로 차등 지원한다. 정부지원 시간을 초과하는 부분에 대해서는 시간제한 없이 전액 본인 부담으로 이용할 수 있다.

시간제보육 서비스

시간제보육은 가정 양육 시에도 어린이집, 육아종합지원센터 등의 지정된 시간제보육 제공 기관에서 시간 단위로 보육서비스를 이용하고, 이용 시간만큼의 보육료를 지불하는 보육서비스이다(보건복지부, 2016a).

시간제보육료 지급 기준

구분	기본형	맞벌이형
보육료	시간당 4천 원	
정부지원금	시간당 2천 원	시간당 3천 원
본인부담금	시간당 2천 원	시간당 1천 원
지원 시간	월 40시간	월 80시간

출처: 보건복지부(2016a).

이는 긴급한 돌봄 필요 상황뿐 아니라 육아에 지친 가정 양육 어머니에게 육아의 쉼표, 재충전의 기회를 제공하고자 하는 목적을 담고 있다. 양육수당을 수급 중이라면 지원금은 별도 신청 없이 기본형으로 정부지원금을 받을 수 있고, 맞벌이형은 주소지 주민센터에서 신청하여 받을 수 있다.

교육 기회 및 육아정보 제공

부모교육 기회 제공

부모가 교육의 대상이냐는 논란에도 불구하고 가정 내 아동학대 사건이 줄이어 발생함이 촉매가 되어 부모교육에 대해 국가 수준의 접근이 시도되고 있다. 2016년 5월 여성가족부를 중심으로 범부처 협동으로 추진하는 '참 좋은 부모되기 대한민국 부모학교'를 준비하였다. 이는 부모의 책임에 대한 재인지, 아동발달에 따른 양육지원 방법을 중심으로 하는 생애주기별 부모교육 프로그램 등을 내용으로 전국의 건강가정지원센터와 육아종합지원센터, 학부모지원센터에서의 오프라인 교육으로 이루어지며 예약 신청을 받아 진행한다.

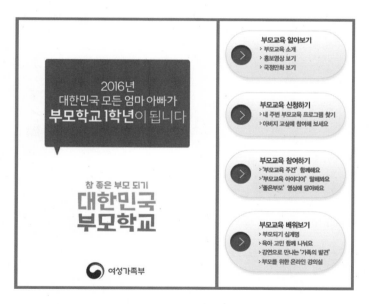

대한민국 부모학교 홈페이지

출처: 여성가족부(http://www.mogef.go.kr/popup/
20160502popup.jsp). 2016. 5. 6. 인출

임신육아종합포털 아이사랑

정부는 가정양육지원을 위한 서비스 확대의 일환으로 부모가 임신·출산·육아정보 및 양육상담 등을 한 곳에서 종합적으로 얻을 수 있도록 '임신육아종합포털(아이사랑)' 구축하였다. 아이사랑 홈페이지는 임신, 출산, 육아, 어린이집, 소통·참여 게시판, 상담실 등의 메뉴를 갖추고 있다. 지역별 어린이집 정보를 찾아볼 수 있으며, 임신 출산과 관련한 상담 및 정보 제공, 참여게시판 등의 메뉴를 이용할 수 있다.

물품 지원

저소득층 기저귀·조제분유 지원 사업

현물지원 사업은 기저귀·조제분유 지원 사업이 유일하다. 이는 저소득층 영아 가정에 육아 필수재인 기저귀 및 조제분유를 지원하여

임신육아종합포털 아이사랑 홈페이지

출처: 임신육아종합포털 아이사랑(http://www.childcare.go.kr/)

경제적 부담을 경감시키고 아이 낳기 좋은 환경을 조성하기 위해 실시되는 사업이다(보건복지부, 2016b). '기저귀 지원'은 기준중위소득의 40%(최저생계비 100%) 이하 저소득층 영아(0~12개월) 가구를 대상으로 하며, 기저귀 구매비용 정액(월 64,000원)을 지원한다. '조제분유 지원'은 기저귀 지원 대상 중 산모가 질병·사망으로 모유수유가 불가능한 경우로 한정하여 지원하며, 조제분유 및 이유식 구매 비용 정액(월 86,000원)을 지원한다.

기저귀·조제분유 지원 대상 및 지원액

지원 내용	지원 대상	지원액(원)
기저귀 지원	기준중위소득 40%(최저생계비 100%) 이하 저소득층 영아(0~12개월) 가구	월 64,000
조제분유 지원	기저귀 지원 대상 중 산모가 질병·사망으로 모유수유 불가능한 경우로 한정	월 86,000

건강 지원

산모·신생아 건강관리 지원 사업

'산모·신생아 건강관리 지원 사업'은 출산가정에 건강관리사를 파견하여 산모의 산후 회복과 신생아의 양육을 지원하고, 출산가정의 경제적 부담을 경감시키기 위해 시행되고 있다(보건복지부, 2016c). 2016년에는 산모 및 배우자의 건강보험료 본인부담금 합산액이 기준중위소득 80% 이하의 가정을 대상으로 산모건강관리, 신생아 건강관리, 산모 정보 제공, 가사활동 지원, 정서 지원 등의 표준서비스를 받을 수 있다. 서비스 이용을 위해 출산 예정일 40일 전부터 출산 후 30일까지 주소지 보건소에 신청하고, 출산일로부터 60일간 바우처를 사용할 수 있다.

우리 가정에 도움 되는 육아정책은?

산모신생아건강관리사 표준 서비스 내용

구분	표준 서비스
산모 건강관리	산모 신체상태 조사, 유방관리, 부종관리, 영양관리, 좌욕지원, 위생관리, 산후 체조지원
신생아 건강관리	신생아 건강상태 확인, 신생아 청결관리, 신생아 수요지원, 신생아 위생관리, 예방접종 지원
산모 정보 제공	응급상황 발견 및 대응, 감염 예방 및 관리, 수유, 산후회복, 신생아 케어 관련 산모 교육
가사활동 지원	산모 식사 준비, 산모ㆍ신생아 주 생활공간 청소, 산모ㆍ신생아 의류 등 세탁
정서지원	정서 상태 이해, 정서적 지지
기타	제공기록 작성, 특이사항 보고

출처: 보건복지부(2016d).

영유아 건강검진

영유아 건강검진은 영유아 월령에 적합한 건강검진 프로그램 도입으로 영유아의 성장발달 사항을 추적ㆍ관리하고 보호자에게 적절한 교육 프로그램을 제공하여 영유아 건강증진을 도모하기 위한 사업이다(보건복지부, 2016d). 생후 4~71개월의 영유아를 대상으로 본인 부담 비용 없이 건강검진을 제공한다. 검진주기는 4, 9, 18, 30, 42, 54, 66개월이다. 영유아 건강검진 항목은 각 월령에 특화된 문진(시각ㆍ청각 문진 포함)과 진찰, 신체계측(신장ㆍ체중ㆍ두위)을 공통으로 실시하며, 2~3종의 건강교육과 발달평가 및 상담(4개월 제외)을 지원한다. 검진을 통해 성장ㆍ발달 이상, 비만, 안전사고, 영아돌연사증후군, 청각ㆍ시각 이상, 치아우식증 등의 주요 질환을 선별한다.

어린이 국가예방접종 지원

어린이 국가예방접종 지원사업은 만 12세 이하 아동에게 예방접종 비용을 지원하는 사업이다. 영유아 예방 접종률을 향상시키고, 양육자의 육아부담을 덜기 위해 거주 지역에 상관없이 보건소 및 전국 7,000여 지정 의료기관에서 받은 국가예방접종 비용 전액을 무료로 지원한다(복지로 홈페이지, 2016). 지원 대상 백신은 BCG(피내용), B형간염, DTaP(디프테리아/파상풍/백일해), IPV(폴리오), DTaP-IPV(디프테리아/파상풍/백일해/폴리오), MMR(홍역/유행성이하선염/풍진), 수두, 일본뇌염(생백신, 사백신), Td(파상풍/디프테리아), Tdap(파상풍/디프테리아/백일해), Hib(b형 헤모필루스 인플루엔자), PCV(폐렴구균), A형간염, HPV(자궁경부암) 등 16종이다.

종합서비스 지원

건강가정지원센터(공동육아나눔터)

건강가정지원센터는 건강가정 사업을 실시하는 전달체계로 가정문제 예방/상담/치료, 생애주기별 부모교육, 공동육아나눔터, 다양한 가족 통합지원, 가족문화 활동 등을 종합적으로 제공하는 기관이다. 특히 공동육아나눔터는 이웃 간 자녀돌봄 품앗이 구성과 확산을 통해 핵가족화로 인한 육아부담을 경감하고 지역중심의 자녀양육 친화적 사회 환경을 조성하기 위해 시작된 여성가족부의 사업이다(여성가족부, 2016). 공동육아나눔터는 부모들이 자녀양육에 관한 정보를 공유하고 육아에 대한 스트레스를 해소하며, 자녀들은 안전하게 놀고 사회성을 키우는 장소로, 가족들을 대상으로 부모교육, 자녀교육 프로그램을 진행하며 주민들에게는 참여와 나눔의 장이다. 또한 어린이 장난감과 책 등을 갖추고 유아 대상의 프로그램을 운영하는 곳으로,

취학 전후의 자녀를 둔 부모라면 누구나 이용할 수 있고 평일 오전 9시부터 오후 6시까지 운영한다.

육아종합지원센터

육아종합지원센터는 지역사회 내 육아지원을 위한 거점기관으로 어린이집 지원과 가정 내 양육을 지원(장난감/도서 대여, 체험실, 부모교육, 상담, 양육 정보제공 등)하는 기관이다. 육아종합지원센터에서는 시간제 보육서비스 제공과 더불어 영유아의 발달과 흥미에 적합한 놀이체험 및 장난감·도서 대여를 지원하는 사업을 하고 있다. 이는 다양한 놀잇감과 활동공간 및 놀이체험 프로그램을 제공하여 놀이의 장을 마련하고 부모의 부담을 경감시키기 위함이다(중앙육아종합지원센터 홈페이지).

일·가정 양립 지원

맞벌이 가구의 일과 가정 양립지원을 위한 제도들이 운용 중이다. 영유아 자녀 양육 시기에 이용 가능한 일·가정 양립 지원제도로 출산 전·후 휴가는 자녀의 출산 시 근로자가 통상임금의 100%를 지급받고 출산 전후 90일까지 사용 가능한 출산 지원제도이다. 배우자 출산휴가는 남편에게 출산 지원을 위해 주어지는 휴가로 3~5일 사용 가능하고 최소 3일은 유급으로 하는 제도이다.

육아기 근로시간 단축제도는 육아휴직 대신 주 15~30시간을 근무하고 단축된 시간 임금의 60%를 지원하는 제도이다. 육아휴직을 사용할 수 있는 근로자가 육아휴직 대신 주당 15~30시간 근무하는 제도로 사용주는 근로자가 신청할 경우 최대 1년을 사용할 수 있도록 한다. 사용자는 단축된 근로시간에 비례하여 육아기 근로시간 단축급여를 지급하고, 정부는 단축 근무자의 급여 감소분 일부를 지원한다.

육아휴직제도는 만 8세 이하 또는 초등 2학년 이하 자녀가 있으면서 육아휴직을 30일 이상 부여받은 근로자에게 통상임금의 40%를 지급하는 것이다. 육아휴직급여로 근로자에게 월 통상임금의 40%(상한 100만 원, 하한 50만 원)를 국가에서 지원하며, 월 육아휴직급여의 25%는 휴직 복귀 후 해당 사업장에서 6개월간 계속 근무할 경우 지급한다.

부모 대상 육아지원정책 홍보 필요

'양육'을 부담으로 여기기보다는, 양육지원을 위한 건강한 환경을 구축함으로써 자녀를 기르는 다시 하기 힘든 행복을 사회로 내놓기보다는 부모가 충분히 경험할 수 있도록 지원하여야 한다. 양육의 주체는 부모이다. 그 과정을 국가와 사회는 더불어 협력하고 지원해 간다. "국가가 키워 주겠습니다."라는 슬로건이 아닌 부모역할을 즐겁게 할 수 있도록 "국가가 돕겠습니다."를 사회 안에 실현하는 방향으로 나아가야할 때이다.

앞서 살펴본 것처럼 새로운 제도를 도입하고자 할 때 찾을 정책이 없을 수준으로 육아지원을 위한 좋은 제도들이 도입되어 추진되고 있으나, 정책 수요자의 체감이나 만족도는 그리 높지 않은 상황이다. 문제는 정작 정책 수요자인 영유아기 부모들은 그러한 정책이나 사업을 알지 못하고 그러기에 이용해 본 비율도 극히 낮다는 것이다. 이는 육아지원정책의 효과성 제고를 위해서는 정책 홍보가 양육지원의 관건(關鍵)임을 의미한다.

육아지원정책, 출산율을 높일 수 있을까?

★ 민미희(서경대학교 아동학과 조교수)

우리나라의 2015년 합계출산율은 1.24명으로 2000년대 이후 합계 출산율이 1.3명 미만인 초저출산의 덫에서 벗어나지 못하고 있다. 합계출산율의 감소는 우리나라 만의 특수한 현상이 아닌 산업사회에서 보편적으로 나타나는 현상이다. 그러나 OECD 회원국 합계출산율은

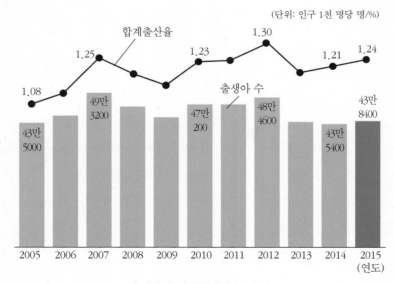

(단위: 인구 1천 명당 명/%)

출생아 수 및 합계출산율* 추이

*주: 여자 1명이 평생 낳을 것으로 예상되는 평균 출생아 수
출처: 통계청(2014).

국가	합계출산율	국가	합계출산율	국가	합계출산율
이스라엘	3.08	OECD 평균	1.68	독일	1.47
멕시코	2.20	노르웨이	1.76	오스트리아	1.46
터키	2.17	벨기에	1.72	일본	1.42
프랑스	1.98	네덜란드	1.71	헝가리	1.41
아일랜드	1.95	핀란드	1.71	이탈리아	1.37
아이슬란드	1.93	덴마크	1.69	슬로바키아	1.35
뉴질랜드	1.92	캐나다('12)	1.61	스페인	1.32
스웨덴	1.88	슬로베니아	1.58	그리스	1.30
미국	1.86	에스토니아	1.54	폴란드	1.29
영국	1.81	스위스	1.54	한국(2015)	1.24
호주	1.80	체코	1.53	포르투갈	1.23
칠레(2013)	1.79	룩셈부르크	1.50		

OECD 회원국 합계출산율

주: OECD 평균은 34개 국가의 가장 최근 자료를 이용하여 계산
(캐나다는 2012년, 칠레는 2013년이 가장 최근 수치)
출처: OECD, Family Database (2014).

1.68명(2014년 기준, 통계청)으로 우리나라는 OECD 최하수준일 뿐만 아니라 현재 고령화가 가장 진행된 일본의 1.42명에 비해서도 매우 낮은 수준이다. 이렇듯 우리 사회에서 뚜렷하게 나타나고 있는 저출산 현상은 간단히 보아 넘길 문제가 아니다. 이는 인구학적 시한폭탄이라고 표현될 정도로 국가적으로 커다란 사회문제를 야기할 수 있는 심각한 문제이다.

그렇다면 우리나라 정부는 저출산 해결을 위해 어떤 노력도 기울이지 않은 것일까? 한마디로 그렇지 않다. 우리나라는 2005년 제정된

「저출산·고령사회기본법」에 의거하여 2006년에 수립된 '제1차 저출산·고령사회 기본계획'을 시작으로 '제3차 저출산·고령사회 기본계획(2016~2020)'에 이르기까지 저출산 문제를 해결하기 위한 육아지원정책을 다각적으로 펼치고 있다. 하지만 결과적으로 저출산 문제가 해결될 기미를 보이지 않고, 오히려 출산 기피는 더욱 심해지는 양상이다. 이 절에서는 저출산이 가져올 수 있는 파급효과와 '저출산·고령사회 기본계획'에 근거하여 저출산 지원정책의 변화에 대해 살펴보고 출산율에 영향을 미치는 요인을 알아보고자 한다. 또한 출산율이 비교적 높은 국가의 성공요인에 대해 살펴본다.

저출산의 파급 효과

단순하게 생각하면 출산율이 낮아지면 인구가 줄어서 그렇지 않아도 좁은 국토에서 더 살기 좋아지는 것은 아닐까 하고 생각할 수도 있다. 하지만 저출산은 인구학적·경제학적·사회적으로 많은 부정적 변화와 어려움을 가져올 것으로 예측된다. 그중 대표적으로 노동생산성 및 잠재 성장률 하락, 사회보장 부담 증가, 교육 인프라의 공급과잉 등의 문제를 가져올 수 있다(대한민국정부, 2016; 이삼식 외, 2009).

노동력 측면

현재는 일부 직종에서만 인력이 부족하지만, 베이비붐세대의 은퇴와 저출산 현상이 지속되면 중장기적으로 총량적 인력 부족 현상이 심화되어 '노동력 부족 국가'가 될 수 있다. 즉, 신규 진입 노동 인구가 감소하여 생산가능인구(15~64세)의 평균연령이 2015년 40.3세에서 2030년에는 42.9세로 증가할 것으로 전망되어 '노동력 고령화'가 빠르게 진행될 수 있다.

08 육아정책

잠재 성장률 측면

현 출산율을 지속하게 되면, 구매력이 높은 노동인구가 감소하고 구매력이 낮은 노인인구가 증가하여 소비·투자 증가율이 지속적으로 감소하는 등 내수시장의 위축이 예상된다. 이에 따라 잠재성장률 역시 지속적으로 하락할 우려가 있는데, 현 전망으로는 2050년 이후 경재성장률이 1% 미만으로 하락할 가능성이 있다.

사회보장 부담 측면

연금 및 보험료 납부 인구는 감소하는데 수급 인구가 급격하게 증가하여 사회보장 지출부담이 급증할 수 있다. 현 상황에서는 국민연금은 2060년 즈음 적립기금이 소진되고, 건강보험은 2025년에 고갈될 수 있다. 또한 공공사회복지지출은 2013년 기준 GDP 대비 9.8%에서 2040년에는 OECD 평균에 이르고 2060년에는 29.0%로 상승할 가능성이 있다.

교육 측면

현재의 출산율이 유지되면 학령인구는 계속 감소하여 30년 뒤에는 현재 학생 수의 절반까지 감소할 가능성이 있다. 2018년부터 대학 정원보다 고등학교 졸업자 수가 적어, 대학 정원 미달 증가로 대학 간 격차가 심화되고, 고등교육이 질적으로 저하되며, 대학 인프라 과잉 공급 등이 우려된다.

저출산 해결을 위한 우리나라 육아지원정책 방향

우리나라는 지난 10년간 국가책임보육 실현, 임신·출산 지원 강화, 일·가정 양립 제도 확충 등 출산·양육에 대해 국가와 사회의 책임을 강화하는 방향으로 정책을 추진해 왔다. 기본계획에 있어 시기별 저출산 대응 정책은 제1차 '출산·양육에 유리한 환경 조성', 제2차 '점진적 출산율 회복'을 목표로 하였으며, 제3차의 경우 '아이와 함께 행복한 사회'를 목표로 설정하였다. 지난 제1, 2차 저출산·고령사회 기본계획과 현재 추진 중인 제3차 저출산·고령사회 기본계획의 주요 내용 중 저출산 관련 정책을 살펴보면 다음과 같다.

제1~3차 저출산·고령사회 기본계획의 비전 및 추진 목표

구분	제1차 기본계획 (2006-2010)	제2차 기본계획 (2011-2015)	제3차 기본계획 (2016-2020)
비전	모든 세대가 함께하는 지속발전 가능사회 구현	저출산·고령사회에 성공적인 대응을 통한 활력 있는 선진국가로 도약	모든 세대가 함께 행복한 지속 발전 사회 구현
추진 목표	출산·양육에 유리한 환경 조성	점진적 출산율 회복	아이와 함께 행복한 사회
	고령사회 대응 기반 구축	고령사회 대응 체계 확립	생산적이고 활기찬 고령사회

출처: 대한민국정부(2008).

제1차 기본계획(2006~2010): 새로마지플랜 2010

제1차 기본계획은 출산과 양육에 유리한 환경을 조성하는 것을 비전으로 제시하고, 정책목표를 출산 및 양육의 장애요인 제거로 설정하였다. 4대 분야 237개 과제가 추진되었는데, 그중 저출산 관련해서 총 96개의 과제가 추진되었다.

양육에 대한 사회적 책임을 강조하고, 자녀양육에 대한 사회적 부담 경감과 다양하고 질 높은 육아지원 인프라 확충 등이 주요 과제로서 제시된다. 특히 여성의 노동시장 참여를 가능하게 하기 위해서는 저소득층 또는 개별 가족이 담당할 수 없는 아동에 대한 복지적 차원에서의 접근뿐 아니라 부모의 노동 조건에 관계없이 양질의 자녀양육 지원이 보장되어야 한다는 필요성을 인지하면서 '보육인프라 확충'에 초점을 두었다.

제1차 기본계획은 그동안 지속되었던 인구 억제 정책에서 출산장려 정책으로 전환하였으며, 무엇보다 국가가 저출산 문제의 심각성을 깨닫고 보다 적극적으로 대처하고자 하는 의지를 담고 있다는 점에서 중요한 의의를 가진다. 하지만 많은 정책의 대상이 저소득층으로 한정되어 중산층 이상이 배제되었고 일·가정 양립을 지원하기 위한 육아휴직 등 각종 제도들의 대상에서 비정규직 등이 배제되어 출산 대책에 대한 국민의 체감도가 낮고 저출산 대책에 대한 불신감을 초래했다는 점에서 한계를 가진다.

제1차 기본계획의 저출산 정책

분야	중점 과제
출산과 양육에 장애가 없는 환경 조성 (총 96개)	영유아 보육·교육비 지원 확대, 방과 후 학교 확충, 양질의 육아 인프라 확충, 육아휴직 활성화

출처: 대한민국정부(2008).

제2차 기본계획(2011~2015): 새로마지플랜 2015

제2차 기본계획에서는 3대 분야 231개 과제가 추진되었는데, 그중 저출산 관련해서 총 95개의 과제가 추진되었다. 제1차 기본계획에서 초점을 두었던 보육인프라의 문제뿐만 아니라 정책 수요가 높은 맞벌이 가구 등에 대한 고려가 부족하였다고 지적하고, 전반적인 사회구조적 변화가 선행되어야 한다는 데 의식을 바탕으로 일·가정 양립에 초점을 두었다. 제1, 2차 기본계획의 전반적인 변화를 살펴보면, 주요 대상 측면에서는 저소득층 가정에서 맞벌이 등 일하는 가정으로, 정책 영역에서는 보육지원 중심에서 일·가정 양립 등 종합적인 접근으로 확대되었다. 제2차 기본계획에서 제1차 기본계획의 기조를 유지하여 보다 확대한 사업으로는 보육·교육료 지원대상 확대, 양육수당 지원대상 확대, 다자녀 가정 지원 확대, 아이돌보미 확대, 휴가·휴직제도 확대와 가족 친화적 직장문화 조성이다.

제2차 기본계획은 정부가 출산을 개인이 아닌 사회문제로 인식하기 시작했다는 점과 대책의 핵심으로 여성 근로자의 육아 여건 개선을 꼽은 점, 그리고 중산층으로 정책의 대상을 확대한 점 등은 긍정적인 평가를 받을 수 있다. 이는 여성의 경제활동 참여 확대에 따라 증가하고 있는 맞벌이 가정에 대한 지원을 강화하고 직장 생활을 유지하면서 자녀를 양육할 수 있도록 제도를 개선하기 위한 노력으로 이해될 수 있다. 하지만 양육비를 줄여 주는 방안에 대한 고민이 부족하고, 결혼을 장려하는 정책이 없다는 점, 육아휴직 정책 등이 기업의 자발적 참여가 없으면 실효성 문제가 발생한다는 점, 전업주부에 대한 지원책이 포함되지 않은 점 등에서 한계를 가진다.

제2차 기본계획의 저출산 정책

분야		중점과제
저출산 분야 (총 95개)	일·가정 양립 일상화	육아휴직급여 정률제 및 육아기 근로시간 단축 청구권 도입, 유연한 근로 형태 확산 등
	결혼, 출산 부담 경감	신혼부부 주택자금 대출 소득요건 완화, 난임부부 지원 확대, 보육·교육비 전액지원 확대 등
	아동·청소년의 건전한 성장환경 조성	드림스타트 활성화, 아동보호전문기관 확대, 중장기 아동정책기본계획 수립 등

출처: 대한민국정부(2011).

제3차 기본계획(2016~2020): 브릿지 플랜 2020

제3차 기본계획은 2020년 합계 출산율 1.5명을 목표로 정책을 추진하고 있다. 제3차 기본계획은 인구위기 극복을 위한 그간의 미시적이고 현상적인 접근에서 벗어나 종합적이고 구조적인 접근을 시도하고자 저출산 대응을 위해 종전 기혼가구 보육 부담 경감에서 일자리, 주거 등 만혼·비혼 대책으로 전환하고, 제도, 비용 지원 위주에서 실천, 사회인식 변화 중심으로 접근하였다. 즉, 제2차 기본계획이 기혼여성의 출산력 제고에 초점을 맞춘 데 비해 제3차 기본계획은 미혼층의 결혼 연령 낮추기에 집중하고 있고, 제2차 기본계획이 보육, 출산지원 프로그램이 중심이었다면 제3차 기본계획은 고용, 주거, 교육 등 사회구조적 문제에 대응하는 정책에 중점을 두고 있다. 그리고 제2차 기본계획이 저출산을 이미 경험한 국가에서 추진되어 온 다양한 제도를 도입하는 데 주력했다면 제3차 기본계획은 그러한 제도가 잘 실천되고 정착되는 데 중점을 두고 있다.

저출산·고령사회 대응은 사회 전반의 인식·문화가 바뀌어야 하는 문제이므로 정부 정책만으로는 한계가 있다고 판단하여 민간·지

제3차 기본계획의 저출산 정책

추진 방향	추진 전략
청년 일자리·주거대책 강화	• 청년 고용 활성화 • 신혼부부 맞춤형 주거지원 강화
난임 등 출생에 대한 사회책임 실현	• 임신·출산에 대한 의료적 지원 확대 • 포용적 가족 형태 인식 확산
맞춤형 돌봄 확대·교육 개혁	• 맞춤형 보육·돌봄 확대 • 자녀와 부모가 행복한 교육개혁
일·가정 양립 사각지대 해소	• 양성이 평등한 일·가정 양립 • 중소기업·비정규직도 아이 키우기 좋은 환경

출처: 대한민국정부(2016).

역과의 협력, 20~30년을 내다보는 장기적 접근을 강화하였다.

출산율에 영향을 미치는 요인[1]

실질적으로 한 국가의 출산율 수준은 개인의 출산 행위 결과의 합
이라 할 수 있다. 따라서 한 국가의 출산율 변동에 미치는 원인을 명
확하게 규명하기 위해서는 개인의 미시적인 원인과 사회의 거시적
인 원인을 연계하는 작업이 매우 중요하다(이삼식 외, 2016). Philipov,
Thevenon, Klobas, Bernardi와 Liefbroer(2011)도 출산율 변화에 대한
이해를 위해서는 거시-미시 간 연계의 필요성을 강조하며, 해당 국가
의 사회, 경제, 문화 등 거시적 환경이 개인의 출산 결정에 어떠한 영
향을 미치고 있는지에 대하여 살펴볼 필요가 있음을 주장하고 있다.
즉, 개인의 출산 결정에 보다 직접적인 영향을 미치는 사회구조와 문
화는 교육, 노동시장, 주택, 보건, 보육, 성 평등 및 가족 가치관을 들
수 있으며, 이러한 거시적인 사회구조 내지 문화는 개인의 생애주기에
따라 현재 또는 미래의 출산 결정에 개입하게 된다(이삼식 외, 2016).

교육과 출산

높은 교육열과 노동시장의 불확실성 및 학벌 차별주의는 고학력화
를 가속화시켰다. 학력 인플레이션은 부모의 교육비 부담을 가중시키
는 결과를 초래하여 자녀 출산을 억제하는 방향으로 작용하고 있다.
다른 한편으로 우리 사회에서 교육 인플레션은 청년층 당사자의 교육
기간을 연장시키고, 이는 노동시장의 상황과 맞물려 입직 연령을 늦
추는 작용을 하여 만혼이나 비혼을 결정하게 하고 있다. 특히, 여성들

1) 이 내용은 이삼식 외(2016)의 내용을 발췌하였음을 밝힌다.

의 경우 고학력화와 더불어 '취업이 필수로 당연시되는' 인식 프레임으로의 전환이 이루어져, 여성들 사이에 결혼은 더 이상 일차적 의무로 인식되고 있지 않다.

노동시장과 출산

고학력화로 인해 여성의 노동시장 참여도 증가하고 있지만 고용 문화 자체는 크게 변화하지 못하고 있다. 개발 시대의 산물로서 고도의 경쟁에서 승자가 되기 위한 장시간 근로가 여전히 관행으로 존재하고 있고, '가정'보다는 '직장' 중심의 사고관은 회식 문화로 이어지기도 한다. 더욱이 결혼, 출산 및 양육이 직장 일을 수행하는 데 장애가 된다는 사상이 깊게 뿌리 박혀 있고, 이러한 관념은 실제 직장 생활에서 차별적인 요소로 작동하고 있다. 또한 고용보험 미가입 사업장의 근로자, 비정규직, 자영자 등은 육아휴직 등을 이용할 수 없는 상황이다. 이와 같이 노동시장에 내재되어 있는 관행 내지 문화는 근로자의 근로 행태와 가정생활 간의 조화를 어렵게 하고 있으며, 이는 기회비용을 증가시켜 경력 단절과 자녀 출산을 양자택일의 선택지로 만들고 있다.

주택과 출산

우리 사회에서는 전통적으로 집에 대한 소유 관념이 강하게 지속되고 있다. 대체로 결혼을 하면 신혼부부는 '내 집 마련'을 위한 계획을 수립하고 구체적인 노력을 시작하게 된다. 전세 · 월세 가격 상승, 임대인의 요청 등으로 계속 이동해야 하는 '집 없는 설움'은 생활 기반 전체를 불안하게 하기 때문이다. 그러나 부동산이 재산 증식의 수단으로 이용되면서 주택 가격 및 전세 · 월세 가격이 끊임없이 상승하고 있다. 청년층의 경우 고학력화 및 고용 불안정 등으로 인하여 입직 연령이 늦추어지고, 이에 신혼집 마련을 위한 자산 형성 기간은 단축되고 있는 실정이다. 핵가족의 보편화로 결혼 후 부모로부터 주거의 공간적 분리가 당연시되고 있는 상황에서 '신혼집 마련' 곤란은 결혼 시기를 늦추는 중요한 원인이 되고 있다. '내 집 마련' 시기가 늦추어질수록 주택 가격 상승과 더불어 자녀 수 증가 및 성장으로 인해 필요 주택 규모가 커지면서 비용부담이 더욱 늘어나고, 게다가 자녀양육비(교육비) 부담이 증가하면서 주택 마련과 희망 자녀 수 출산 간 갈등이 발생하면서 출산을 축소하는 방향을 선택하기도 한다.

보건과 출산

고학력화, 취업 곤란 및 고용 불안정, 주거 비용 상승 등의 사회 현상으로 결혼 연령 및 출산 연령이 높아지고 있다. 취업한 경우에는 일·가정 양립 곤란 등으로 출산을 늦추고 있다. 만산화로 인하여 생물학적 임신 능력 감퇴와 더불어 각종 부인과 질환, 스트레스 등 임신력이 떨어지고 있다. 청소년 등의 산부인과 방문에 대한 부정적인 인식, 임신에 대한 남성의 무관심, 직장 등에서 임신에 대한 배려 미흡 등 가부장적인 사회 인식도 개인의 생식건강에 위협이 되고 있다. 생식건강의 문제는 개인의 생식건강 유지 및 관리 등의 행태에 부정적인 영향을 미쳐 결과적으로 난임, 인공임신중절, 유산·사산 등의 출산율 감소로 귀결되고 있다.

보육과 출산

핵가족화 및 여성의 고학력화 등에 따른 경제활동 참여 증가로 맞벌이 가정이 증가하고 있다. 이로 인해 취업모의 경우 주간에 육아 등 가사를 돌보는 것이 어려운 실정이다. 이와 관련하여 정부는 보육정책을 강화해 왔다. 보육정책은 보육료의 보편 지원 이전에 보육서비스 이용 시간 증가와 정책 만족도 제고를 통해 출산에 긍정적인 영향을 미쳤으나, 보편적 지원으로의 전환으로 보육료 지원에 덜 민감한 계층이 지원 대상에 포함되면서 효과가 크게 줄어든 것으로 나타난다. 이는 우리 사회에서 요구가 큰 집단(예: 취업모)에서 자녀 돌봄의 양적 및 질적 사각지대가 여전히 존재하고 있음을 의미한다. 결국 보육의 양적 및 질적 사각지대는 자녀양육 가정에게 돌봄 공백을 메꾸기 위한 금전적 비용 발생뿐만 아니라 시간적 비용(일·가정 양립 곤란) 발생과 정서적 어려움 등을 야기하여 추가 출산을 하지 못하도록 하고 있다.

성 평등과 출산

교육에 대한 투자로 여성의 경제활동 참여가 증가하였지만 노동시장에서는 남성 중심적인 구조가 여전히 지배적이며, 여성에 대해 고용 기회뿐만 아니라 승진, 임금 등에 있어서 차별이 존재한다. 또한 성 분업적인 구조가 가족 내에서 강하게 지속되어 있는 상황에서 맞벌이 가족이 증가함에 따라 여성은 여전히 육아와 가사를 전담함으로써 경제활동과 함께 이중고를 겪고 있으며, 이는 여성으로 하여금 경력 단절이나 인사상 불이익 등을 수용하도록 하거나, 기회비용의 대가로서 출산을 축소 또는 포기하는 방향으로 의사결정을 하도록 강요하고 있다.

노동시장이나 가족 내에서 성 평등에 대한 욕구는 높으나, 사회적으로 성 평등 수준이 낮아 출산을 줄이거나 포기하고 있으며 심지어는 결혼까지도 포기하는 결과로 이어지게 된다. 고학력인 경우, 진보적인 성향을 가진 경우, 취업 중인 여성 등은 사회 전체적인 수준에서의 성 평등주의적 재조직화가 일어나기 전에는 쉽게 출산 결정을 바꾸지 않을 가능성이 높다.

가족 가치관과 출산

우리 사회에서 결혼과 자녀에 대한 태도가 부정적인 방향으로 바뀌고 있다. 이러한 경향은 만혼화와 소자녀화를 유발하여 궁극적으로 출산율에 부정적인 영향을 미치고 있다. 다만, 최근 자녀를 중시하는 태도가 강화되고 있으나 자녀를 키우는 데 비용 부담이 큰 상황을 고려하여 적은 수의 자녀에게 집중하는 경향이 커지고 있다.

개인의 결혼 및 출산에 대한 가치관은 스스로 변화하기보다 다른 거시 사회구조적 요인들에 의해 영향을 받아 변화한다. 교육, 노동시

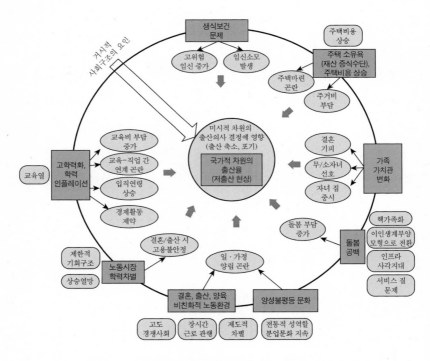

거시적 사회구조와 미시적 결혼 · 출산 형태 간의 인과관계도

주: 1) 네모 도식은 거시적 자원의 요인, 원 도식은 미시적 자원의 요인을 의미함
    2) 외곽의 실원은 거시적 사회구조를 의미함
출처: 이삼식 외(2016).

장, 주택, 보건, 보육, 성 평등주의 등의 제 영역들이 개인의 결혼 및 출산 가치관에 영향을 미치고, 이러한 가치관이 의사 결정과 실천으로 이어져 결국 또 다른 거시적인 영역으로서 출산력이 결정된다. 따라서 개인의 가치관은 교육이나 홍보라는 간접적인 방법을 통해 변화를 유도하는 데 한계가 있다.

거시적인 사회구조 내지 문화는 개인의 생애주기에 따라 현재 또는 미래의 출산 결정에 개입하게 된다. 구체적으로 청소년기와 청년기에는 교육 이수, 노동시장 진입, 신혼집 마련 등에 대한 욕구의 실현 여부가, 그리고 결혼 후에는 일 · 가정 양립, 주거 안정 및 규모 확대, 보육서비스 이용 등에 대한 욕구의 실현 여부가 출산 결정에 영향을 미칠 것이다. 또한 성 평등 수준이나 가족 가치관은 전 생애 기간에 걸쳐 사회구조와 상호작용을 통해 출산 결정에 개입하게 될 것이다.

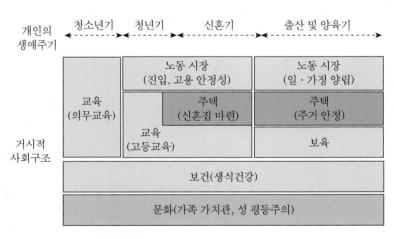

개인의 생애주기에 따른 출산 결정에 영향을 미치는 거시적 사회구조

출처: 이삼식 외(2016).

출산율이 비교적 높은 국가의 육아지원정책 성공요인

우리나라에 비해 상대적으로 출산율이 높은 국가의 육아지원정책을 살펴보면, 공통적으로 양성평등에 기초한 사회문화적 특성을 가지고 있고, 일을 남성의 영역으로, 가사와 육아를 여성의 영역으로 구분하기보다는 일·가정 양립을 제도적으로 지원하고 있음을 볼 수 있다.

출산율이 높은 국가의 육아지원정책

구분		프랑스	스웨덴	미국
합계 출산율(%)		1.98(2014)	1.91(2014)	1.86(2013)
사회 문화적 요인	남녀평등	양성평등에 기초한 사회	양성평등에 기초한 사회	양성평등에 기초한 사회
	다양한 가족	사회적·제도적 수용	사회적·제도적 수용	사회적·제도적 수용
	이민 수용성	사회적·제도적 수용	1990년대 이래 사회통합 문제로 이민 중단	사회적·제도적 수용 *고출산: 아프리카계, 히스패닉계 미국인
정책적 요인	일·가정 양립	사회 정책적으로 일·가정 양립의 제도적 지원 강화 *일·가정 양립 정책 보편적 적용	사회 정책적으로 일·가정 양립의 제도적 지원 강화	노동시장 정책을 통해 지원(시간제, 재취업 용이 등)
	양육에 대한 경제적 지원	세제, 연금크레디트 등 간접적 지원과 각종 수당 지원 *GDP 대비 양육 지원예산: 2.8%	각종 수당을 통한 적극적 지원(육아의 사회화) *GDP 대비 양육 지원예산: 2.9%	직접적 지원은 미흡하나, 세제 등 간접적 지원 *GDP 대비 양육 지원예산: 0.4%
	육아 인프라	공보육 중심	공보육 중심	민간보육 중심

출처: 대한민국정부(2016).

결론적으로 출산율을 언제, 어느 수준까지 회복시킬 수 있는가는 미래의 우리 사회를 가름할 중요한 사안이다. 프랑스가 1세기 동안 심혈을 기울이고 있고, 인접한 일본만 해도 출산율 회복을 위해 총체적으로 노력을 기울이고 있음을 보아도 출산율 회복을 위한 노력의 중요성을 짐작할 수 있다. 현재 정부에서는 막대한 예산을 투입하여 다양한 정책을 추진하고 있으나 추진 중인 저출산 정책 하나 하나의 효과성에 대해서는 일부 시각차가 존재하고 있는 것이 사실이다. 이에 무엇보다도 출산과 육아에 대한 기본 방향을 재정립할 필요가 있다. 향후 육아지원정책의 방향은 육아지원에서 부모권 보장과 아동 중심성을 회복하고, 일과 가정생활의 조화를 추구하며 그 대상을 여성에게만 한정하는 것이 아니라 남성까지 확장하는 방식을 추구할 필요가 있다. 더불어 실수요층에 부합하는 정책 설계의 필요성과 기존 정책의 내실화 및 실효성을 강화해야 하겠다.

3부
변화하는 사회와 아동의 삶

09
다양한 가족과 아동

한 명의 부모로는 부족할까?

＊ 서주현(상명대학교 가족복지학과 조교수)

개인주의를 지향하는 사회변화에 따라 우리 사회에서 가장 큰 변화를 겪고 있는 제도 중 하나는 가족제도이다. 법적으로 결혼의 지위를 갖는 아버지와 어머니, 그리고 그들의 생물학적 자녀 1~2명으로 구성되는 가족을 전형적인 가족이라고 하기에는 이미 우리 사회의 가족은 너무 다양화되었다. 다양한 가족의 형태 중 가장 많이 증가한 것이 한부모가족 형태이다. 이 장에서는 한부모가족의 현황 및 한부모가족에 대한 인식의 변화와 한부모가족과 더불어 살아가는 사회를 이루어 나가기 위한 방안들을 생각해 보고자 한다.

한부모가족이란?

우리 사회에서 한부모가족이라는 용어를 사용하게 된 것은 1990년대 말부터이다. 이 용어에서 사용하고 있는 '한'의 뜻은 단순히 한 명의 부모를 뜻하는 수적인 개념은 아니다. '하나로서 온전하다, 가득차다'라는 뜻을 담고 있다. 즉, 한 명의 부모로 이루어진 가족이 두 명의 부모로 이루어진 가족에 비해 부족하다는 편견을 지양하고 한 명의 부모와 자녀로 이루어진 가족도 온전한 가족의 기능을 담당할 수 있음을 나타내는 용어이다. 이는 한부모가족을 우리 사회의 다양한 가족 형태의 하나로 긍정적으로 수용하고자 하는 사회적 의도를 반영하는 움직임이었다. 한부모가족의 증가와 한부모가족에 대한 사회적 인식변화와 함께 최근에는 한부모가족이라는 용어가 일반적으로 사용되고 있다. 그러나 우리의 인식 속에서 진정 '한부모가족'의 의미를 '온전히 충분한 기능을 수행하는 한 명의 부모로 이루어진 가족'으로 생각하는지는 함께 생각해 봐야 할 문제이다.

한부모가족의 현황을 살펴보기 전에 현행 법에서 규정하고 있는 한부모가족의 정의를 살펴보면 다음과 같다. 현행 「한부모가족지원법」에서 한부모가족은 모자가족 또는 부자가족을 말하는데, 이때 모자가족이란 모가 세대주이거나 세대주가 아니더라도 세대원(世代員)을 사실상 부양하는 가족을 말한다. 부자가족은 부가 세대주이거나 세대주가 아니더라도 사실상 세대원 부양을 하고 있는 가족을 말한다. 이때, '부' 또는 '모'란 배우자와 사별 또는 이혼하거나 배우자로부터 유기된 사람, 정신이나 신체의 장애로 장기간 노동능력을 상실한 배우자를 가진 사람, 교정시설·치료감호시설에 입소한 배우자 또는 병역복무 중인 배우자를 가진 사람, 미혼이며 사실혼 관계에 있지 않은 사람으로서 아동인 자녀를 양육하는 사람을 뜻한다. 이때, 아동은 18세 미만(취학 중인 경우에는 22세 미만을 말하되, 「병역법」에 따른 병역의무를 이행하고 취학 중인 경우에는 병역의무를 이행한 기간을 가산한 연령 미만)인 자를 말한다. 이를 종합해 볼 때, 한부모가족은 다양한 이유로 인해 실제적으로 한 명의 부/모가 사회적 자립 능력이 없는 연령의 자녀를 양육하는 가족 구조를 의미한다고 할 수 있다.

사회변화와 한부모가족

　우리 사회의 한부모가족의 수는 지속적으로 증가하는 추세에 있다. 통계청의 인구주택총조사상의 한부모가구 수는 2005년 137만 가구에서 2010년 159만 가구, 2015년 178만 가구로 증가하였으며, 전체 가구에서 한부모가구가 차지하는 비율 역시 2005년 8.6%에서 2010년은 9.2%, 2015년에는 9.5%로 증가하였다.

　한부모가구의 형성 원인은 사별이 원인이 되는 경우가 전체 한부모가구 중 29.7%를 차지하고 이혼으로 인한 한부모가구 형성이 32.8%, 미혼모/부로 한부모가구를 형성하는 경우가 11.6%를 차지하며, 전반적으로 사별 외의 요인으로 한부모가구가 형성되는 비율이 점차 높아지고 있는 추세이다. 이는 가치관의 변화로 개인주의가 팽배함에 따라 개인의 행복추구에 대한 욕구가 강해지면서 이혼 등 가족 해체를 선택하는 경우가 증가한 것과 경제적 위기로 인한 가족 해체, 그리고 세계화로 인해 서구의 성문화가 유입되면서 성문화에 대한 가치관의 혼돈으로 미혼의 부모가 증가한 것을 그 이유로 들 수 있다. 이로 인해 사별로 인한 자연발생적 한부모가족의 형성이 주를 이루었던 전통

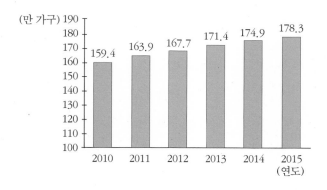

한부모 가구 수 변화

사회에 비해, 현대사회에서는 개인의 선택으로 인한 한부모가족 형성 비율이 높아지고 있다.

한부모가족의 형성 원인에 따라 가족 구성원들의 적응 양상도 다르다. 사별로 인해 한부모가족이 형성된 경우, 가족 구성원들은 이를 불가항력적이고 되돌릴 수 없는 사건으로 받아들이기 때문에 심리적인 적응에 상대적으로 유리하며, 고인에 대해 긍정적인 정서를 가지고 있는 경우가 많다. 한편, 이혼으로 인해 한부모가족이 형성된 경우에는 이혼을 선택했다는 사실과, 이혼을 다시 되돌릴 수도 있다고 생각하는 학령기 자녀의 인지적 특성 등 이혼 후 적응에 방해가 되는 요인들이 상대적으로 더 많다. 따라서 한부모가족 형성 원인에 따라 가족의 적응을 돕는 사회적 지원 및 제도도 다양화되어야 할 필요가 있다.

한부모가족의 자녀

한부모가족이라는 용어 자체에 '부모'라는 단어가 포함되어 있는 만큼, 한부모가족이라는 용어는 가족에 아동이 포함되어 있어야 함을 나타내며, 따라서 한부모가족이라는 용어 자체에는 한 명의 부모에 의해 부양되는 자녀가 포함된 가족이라는 뜻이 담겨 있다. 따라서 한부모가족을 이야기할 때 반드시 논의되어야 하는 부분이 한부모가족의 자녀이다.

앞에서 살펴보았듯이, 한부모가족은 한 명의 부모만으로 충분하다는 뜻을 내포하고 있다. 그러나 이러한 용어의 사용에도 불구하고, 현실적으로 한부모가족은 여러 가지 문제 상황에 처할 위험이 높은 것이 사실이다. 한부모가족의 형성 원인에 따라 각 가족의 특성도 다르기 마련이지만, 공통적으로 한부모가족이 처할 수 있는 취약한 상황으로 받아들여지는 몇 가지 특성을 살펴보면 다음과 같다. 즉, 저소득

가정에 속하는 비율이 상대적으로 높다는 점, 자녀의 성역할 발달에 있어서 취약할 수 있다는 점, 심리적으로 낙인감을 가질 수 있다는 점 등이다. 이로 인해 경제적 문제나 자녀양육의 문제, 심리적 건강의 문제 등 여러 영역에서 취약한 상태에 처하는 비율이 상대적으로 높다. 모든 한부모가족이 문제 상황에 처하게 되는 것은 아니다. 다만 확률적으로 문제 상황에 처할 가능성이 높다는 것이다. 따라서 이러한 상황적 취약성에 처했을 때, 자녀의 발달에는 어떠한 영향을 미칠 수 있는지 그리고 자녀들이 가급적 이러한 상황의 영향을 받지 않고 건강한 발달을 이룰 수 있도록 돕는 방안은 무엇인지를 생각해 보는 것이 의미 있는 접근이 될 것이다.

한부모가족 자녀의 양육환경

자녀의 양육환경과 관련하여 양부모 가족이 한부모가족이 되었을 때, 일반적으로 겪게 되는 가장 큰 변화는 가계 소득의 변화, 양육 자원의 변화, 사회적 관계망의 축소 등을 들 수 있다. 일반적으로 모자가족의 경우는 어머니의 취업 및 양육비 지원을 받는지 여부에 따라 가계 소득 변화의 폭이 달라진다. 특히 한부모가족이 되면서 취업을 하게 되는 경우, 노동시장에서 비정규직의 전문성이 낮은 직업에 종사하게 되는 경우가 많아 소득의 감소가 큰 폭으로 발생하는 경우가 많다. 이러한 가계 소득의 변화는 또한 어머니로 하여금 소득을 올리기 위해 노동 시장에 몰입하게 만드는 요인이 되며, 이에 따라 자녀들은 자신을 돌보아 주는 양육 지원의 감소를 경험하게 된다. 양육 환경의 인적·물적 자원의 감소는 자녀에게 스트레스원이 될 수 있으며, 한부모가족으로 바뀐 가족구조에 적응하는 과업에 더해져 아동의 적응을 방해하는 요인이 될 수 있다. 결혼관계로 맺어졌던 인척 및 사회적 관계가 단절되며 사회적 관계망의 축소를 경험하게 되고, 자녀들 역시 조부모 및 부/모와 관련된 사회적 관계가 단절되며 사회적 지지망의 축소를 경험하게 된다. 그러므로 한부모가족이 형성될 때 초기 적응을 돕는 방안으로서 사회적 지지망을 제공할 수 있는 다양한 지원방안이 추천된다. 이와 함께, 부모가 모두 생존해 있거나 양육이 가능한 상황이라면, 가급적 자녀양육과 관련해서는 양육비 지원 및 실질적 양육을 돕는 등 부모가 함께 자녀양육을 책임지는 태도가 자녀양육에 도움이 될 수 있다.

한부모가족 자녀의 애착 및 성역할 발달

이혼으로 인해 한부모가족이 형성될 때 자녀의 양육권을 누가 가질 것이냐 하는 문제에서 주로 고려되는 사항은 자녀의 연령 및 발달 시기이다. 자녀의 발달단계상 대인애착 형성 및 성역할 발달 등의 결정적 시기에 해당하는 경우, 이를 고려하여 양육권 부여를 결정하기도 한다. 애착의 경우 생후 2년 이내를 발달의 결정적 시기로 보는데, 이때는 양육자가 자녀에게 민감한 양육을 함으로써 자녀가 주 양육자와 안정된 애착관계를 형성하고 이를 바탕으로 인간에 대한 신뢰감을 발달시켜 건강한 대인관계 형성에 기여할 수 있도록 해야 한다. 따라서 이 시기에는 부/모가 자녀와 안정된 관계를 형성하고 자녀를 양육할 수 있는 환경 및 자질이 요구된다.

자신의 성에 대한 지각과 더불어 자신의 성에 적합하다고 사회가 부여하는 역할에 대해 인지하고 이를 자신의 것으로 받아들이는 성역할에 대한 인식은 만 3세 무렵에 발달한다. Freud에 따르면, 성역할 발달은 동성 부모에 대한 동일시를 통해 이루어진다. 이와 관련하여 자녀의 사회화 과정에서 비양육 부모의 부재로 인한 역할모델의 결핍이 자녀에게 부정적 영향을 미친다는 연구결과(Amato & Keith, 1991)가 있다. 따라서 이 시기에는 가급적 자신의 동성 부모와 밀접한 생활하도록 돕고, 이것이 여의치 않다면 가까운 친척 등 동성의 성인과 친밀한 관계를 유지하며 자연스럽게 자신의 성에 맞는 역할을 습득하도록 돕는 것이 자녀의 성역할 발달에 도움이 될 수 있다.

한부모가족 자녀의 심리적 건강

한부모가족의 자녀는 한부모가족 형성 과정에서 부모의 이혼이나 한 부모의 죽음으로 인한 이별, 가족 간 갈등을 경험하는 경우가 많다. 이는 자녀에게 스트레스를 주는 생활사건으로서 가족 구성원 전체에게 심리적인 위기를 초래하게 되며, 자녀는 주로 불안, 우울 등의 심리 상태가 발현될 가능성이 높아진다. 많은 연구(이순형, 이옥경, 김지현, 2005; 이혜승, 이순형, 2003; Emery, 1991)를 통해 이혼가족 아동이 양 부모 가족의 아동보다 우울의 문제를 더 많이 보이는 것으로 나타났다. 그리고 우울이나 불안은 아동의 학교적응에 영향을 미치는 요인으로 나타나(이순형, 이옥경, 김지현, 2005), 아동이 심리적으로 건강한 상태를 유지할 수 있도록 돕는 것이 중요함을 보여주었다. 아동의 심리적 상태는 가족구조의 차이뿐만 아니라, 아동의 기질, 적응력 등 개인적 요인, 가족 간 갈등 상황의 노출 정도 등 가족 내 관계적 측면, 학교 및 또래관계 등 사회적 지지 상태에 의해 큰 영향을 받는다. 따라서 한부모 형성 과정에서 자녀가 받는 스트레스를 줄일 수 있도록 가족 갈등을 관리하는 개입방안, 한부모가족 형성 후 사회적 지지를 제공할 수 있는 지원방안, 가족 내에서 부모의 양육태도 및 부모-자녀 관계를 긍정적으로 유지하도록 도울 수 있는 방안들이 필요하다.

한부모가족 지원 방안

한부모가족이 한 명의 부모로도 충분한 가족으로서 기능하며 자녀를 잘 양육해 내기 위해서는 한부모가족이 처할 수 있는 위기 상황에 대해 파악하고 이를 지원할 수 있는 사회적 지원이 필요하다.

우리나라는 한부모가족을 대상으로 경제적 지원 및 자녀양육지원을 하고 있다. 한부모가족의 경제적 어려움을 돕기 위해 저소득층 한부모가족을 대상으로 생계급여를 제공하고, 한부모가족복지제도 시설 거주자에 한해서는 생계비지원 및 퇴소 시 자립정착금을 지원하고 있다. 또한 지속적인 소득을 돕기 위해 직업훈련 및 알선, 직업훈련 기간 중 제공되는 가계 보조 수당, 창업준비 복지자금 융자 지원 등의 다양한 제도를 운영하고 있다. 또한 공공시설의 매점 등 시설 운영권을 우선적으로 허가하는 혜택도 실시하고 있다. 이와 함께 주거와 관련하여 모자보호시설이나 모자자립시설 등 시설 보호를 받을 수 있는 지원과 영구임대아파트 입주 우선권 등의 제도를 운영하여 주거 안정도 돕고 있다.

자녀양육과 관련해서는 저소득층에게 지급되는 각종 교육비에 대한 지원과 더불어, 한부모가족 복지제도를 통한 아동양육비 지원, 학자금 지원, 시설거주자에 대한 방과 후 지도와 아동급식비 추가 지원 등의 제도가 운영되고 있다(최윤진, 2015).

한부모가족이 경제적 어려움에 취할 가능성이 높고 실제로 경제적 어려움이 일차적인 문제로 인식되고 있기 때문에, 사회 전체의 저소득층을 대상으로 하는 기초생활보장제도의 지원이 주로 이루어지며 이에 더해 한부모가족만을 대상으로 하는 지원도 실시되고 있으나, 전체 가구의 약 10%에 해당할 정도로 증가한 한부모가족의 증가 추세를 고려할 때, 한부모가족의 특성을 고려한 특화된 지원방안 및 지원 주체가 필요하다. 특히 한부모가족의 자녀양육과 관련하여 자녀의 연령별 주기에 따라 보육 및 교육, 부모-자녀 관계 향상 등 각 시기에 주효한 물적·인적·환경적 지원을 제공할 수 있는 제도적 지원이 뒷받침 될 때, 한부모가족 자녀들의 적응과 이들이 건강한 사회 구성원으로 성장하는 것을 도울 수 있을 것이다.

이러한 제도적 지원과 함께 사회적 인식의 변화도 이루어져야 할 것이다. 비양육 부/모라고 해서 자녀양육에 대한 책임에서 자유로울 수는 없다. 비양육 부/모라고 해서 자녀와의 관계가 없던 것이 되지 않는 것처럼, 이들의 부모로서의 역할은 자녀의 일생을 거쳐 지속되어야 한다. 그러므로 비양육 부/모를 포함하여 한부모가족의 자녀양육을 적극적으로 돕는 방안이 모색되어야 할 것이다.

현재 시행되고 있는 '미혼 모·부 초기지원 사업'과 같이 미혼 부/모를 대상으로 이들의 자녀양육 시 위기 대처 능력을 돕는 프로그램으로서의 부모교육의 실시나 개별 상담 및 지원 등의 서비스가 활성화되어야 한다. 이혼으로 형성된 한부모가족의 자녀양육을 위해 이혼에 앞서 자녀양육을 대비할 수 있도록 이혼 후 자녀양육 환경의 변화 및 이에 대한 실제적 팁을 제공하는 내용의 교육을 의무화하는 방안, 자녀와의 정기적 면접 및 공동양육 방안의 적절한 활용을 가능하게 하는 사업들, 양육비 지원의 현실화 등의 제도적·의식적 개선을 제안한다.

또한 '취약위기 가족돌봄지원사업'과 같이 한부모가족의 지속적 사례관리 및 이를 통한 가족기능 회복을 돕는 예방적 차원의 지원이 활성화되기를 기대한다.

이러한 사회적 제도 및 지원, 인식의 변화를 통해 한부모가족의 자녀들이 활용 가능한 사회적 자원이 풍부한 환경을 조성한다면 한부모가족이 이름만이 아니라 실질적으로 '부족하지 않고 충분한' 양육을 받을 수 있는 가족으로서 기능할 수 있을 것이다.

북한이탈아동을 어떻게 도와야 할까?

*순진이(성신여자대학교 일반대학원 음악치료학과 겸임교수)

북한이탈아동의 이해

현존하는 세계 유일의 분단국가, 우리에게 '북한'과 '남한'이라는 표현으로 더 익숙한 대한민국(Republic of Korea)과 조선민주주의인민공화국(Democratic People's Republic of Korea)이다. 이제는 국제적으로도 각기 다른 문화와 발전을 보이는 두 개의 국가로 인식되지만, 두 국가의 영문 명칭에 모두 포함되는 한국(Korea)이라는 표현만 보아도 쉽게 짐작할 수 있듯이, 북한과 남한은 본래 하나의 영토와 역사, 언어를 가진 국가였다. 분단의 비극으로 한국전쟁이 마무리되면서 시작된 통일에 대한 염원은 현재에 이르기까지 다양한 형태의 정책과 외교적 노력으로 변화하며 지속되고 있다.

분단된 한민족은 외교적 개방과 경제적 발전에서 특히 큰 차이를 보이게 되는데, 북한 정권을 장악하고 있던 김일성, 김정일 부자의 사망과 1990년대부터 지속되고 있는 극심한 식량난은 북한주민의 이탈을 촉발하게 되었다. 생존과 안전의 문제는 국가와 사상, 정치적 이념을 차치하더라도 난민의 발생과 직결될 수밖에 없는 문제이다. 실제로 국제사회에서는 북한을 벗어나 망명을 요청하는 주민을 '난민'으로 규정하고 있으며, 난민 문제의 영구적 해결을 위해 1951년 국제연합 난민고등판무관사무소(UNHCR)에서 발간한 난민에 관한 주요 국제조약집에 따른 정의는 다음과 같다.

'난민'이란 인종, 종교, 국적, 특정 사회집단의 구성원 신분 또는 정치적 의견을 이유로 박해를 받을 우려가 있다는 충분한 근거가 있는 공포로 인하여 자신의 국적국 밖에 있는 자로서, 국적국의 보호를 받을 수 없거나 또는 그러한 공포로 인하여 국적국의 보호를 받는 것을 원하지 아니하는 자 또는 종전의 상주국 밖에 있는 무국적자로서, 상주국에 돌아갈 수 없거나 또는 그러한 공포로 인하여 상주국으로 돌아가는 것을 원하지 아니하는 자를 말한다.

UN난민기구는 2012년 세계난민동향보고서에서 난민 지위를 인정받은 북한이탈주민이 1,110여 명이라고 밝혔으며, 2014년에는 북한 국적을 가진 난민이 1,282명이라고 보고되었다(이순덕, 2016 재인용). 미국과 영국, 캐나다 등 다수의 국가에서도 이들을 난민으로 인정하고 수용하고 있으나, 위치적으로 가장 인접한 국가인 중국은 북한과의 협정에 따라 이들을 밀입국자로 간주하여 「형법」에 근거하여 처벌하거나 개인의 망명 의지와 관계없이 본국으로 송환하는 절차를 밟는 것으로 알려져 있다.

살아남기 위해서 혹은 더 잘 살아보기 위해서 북한을 벗어난 주민은 난민의 자격으로 제3국으로의 망명을 원하는 경우도 있으나 아직까지 많은 수가 가장 가깝고도 먼 나라이자, 하나의 뿌리를 가진 대한민국으로의 망명을 희망하므로 2000년대 이후 국내에 유입되는 북한이탈주민의 수는 현저히 증가하는 추세이다. 북한이탈주민이란, 북한에 주소, 직계가족, 배우자, 직장 등을 두고 있는 사람으로서 북한을 벗어난 후 외국 국적을 취득하지 않은 사람을 말한다(「북한이탈주민의 보호 및 정착지원에 관한 법률」 제2조 제1호). 대한민국 정부는 인도적 차원에서뿐만 아니라 통일을 준비하는 차원에서 북한이탈주민을 적극적으로 수용하며 정착금, 주거, 취업, 사회복지, 교육 등에 이르는 다양한 정책을 통해 자립과 자활을 위한 기본적 지원과 혜택을 제공해오고 있다. 이들을 지원하기 위한 법률 역시 1962년 「국가유공자 및 월남귀순자 특별 원호법」을 시작으로 1997년 제정된 「북한이탈주민의 보호 및 정착지원에 관한 법률」에 이르기까지 남북관계와 시대 흐름에 따라 변화를 거듭하고 있다(통일부, 2017).

귀순자, 탈북자, 새터민 등의 표현으로도 지칭되던 북한이탈주민은 민간단체와 종교단체 등의 도움을 얻어 제3국을 거쳐 국내로 들어올 수 있는 다양한 경로들이 확보되면서 인구 특성에도 변화를 나타내기 시작했다. 과거 성인 남성 위주의 개인 단위로 입국하던 형태는 2000년 이후 가족을 동반한 가정 단위로 점차 확대되는 양상을 나타냈으며, 2002년에는 여성입국자 비율이 남성입국자를 추월하기 시작하여 현재는 여성입국자의 비율이 전체 입국자의 83%에 이르게 되었다(통일부, 2017). 2017년 3월말을 기준으로 국내에 입국한 북한이탈주민의 수는 3만 490명에 이른다.

북한이탈주민 입국 현황(1998~2009년)   (단위: 명, %)

구분	1998	2001	2002	2003	2004	2005	2006	2007	2008	2009
남	831	565	510	474	626	424	515	573	608	662
여	116	478	632	811	1,272	960	1,513	1,981	2,195	2,252
계	947	1,043	1,142	1,285	1,898	1,384	2,028	2,554	2,803	2,914
여성비율	12%	46%	55%	63%	67%	69%	75%	78%	78%	77%

출처: 통일부 홈페이지   〈계속〉

구분	2010	2011	2012	2013	2014	2015	2016	2017	계
남	591	795	404	369	305	251	299	46	8,848
여	1,181	1,911	1,098	1,145	1,092	1,024	1,119	232	21,642
계	2,402	2,706	1,502	1,514	1,397	1,275	1,418	278	30,490
여성 비율	75%	71%	73%	76%	78%	80%	79%	83%	71%

위의 표는 2006년 이후 매년 2,000여 명이 넘는 북한이탈주민이 남한에 입국하였으며, 김정은 정권 수립 이후 2012년부터 그 수가 점차 감소하였음을 나타낸다. 북한의 정세가 변화하면서 국경 통제 및 북한이탈주민의 처벌이 강화되어 한동안 지속되던 감소 현상은 2016년 처음으로 전년 대비 소폭 증가하여 현재에 이르고 있다. 연령별 입국 현황을 살펴보면 20대와 30대의 성인이 가장 많은 수를 나타내고 있으며, 20세 미만 미성년자의 수가 3,517명, 10세 미만 아동의 수도 1,251명에 달하는 것으로 나타나있다. 북한이탈주민 현황에 제시된 연령은 입국당시를 기준으로 하며, 최근 입국하여 보호시설 등에 수용 중인 일부 인원이 제외된 수치로 입국 인원과는 차이가 있다.

북한이탈주민 연령별 입국 현황(2017년 3월말 입국자 기준)　　　　　(단위: 명)

구분	0~9세	10~19세	20~29세	30~39세	40~49세	50~59세	60세 이상	계
남	629	1,582	2,426	2,042	1,306	497	326	8,808
여	622	1,935	6,161	6,731	3,858	1,173	927	21,407
계	1,251	3,517	8,587	8,773	5,164	1,670	1,253	30,215

출처: 통일부 홈페이지

다문화가정의 아동을 흔히 다문화아동이라고 부르듯이, 북한이탈주민의 자녀, 즉 북한이탈주민 가정의 아동을 북한이탈아동이라고 부른다. 그러나 이들은 이탈하기 전 북한에서 출생한 경우, 북한에서 이탈 후 제3국에서 출생한 경우, 이탈 후 입국하여 국내에서 출생한 경우로 구분하여 아동의 출생지에 따라 그 명칭을 달리 지칭하기도 한다. 가장 일반적으로 사용되던 '탈북아동'이라는 표현은 출생지가 북한인 경우에 해당한다. 북한이탈아동은 북한이탈주민의 자녀로 '부모 중에 한 사람 이상이 북한이탈주민이고 중국 등 제3국과 남한에서 출생한 아동'으로 제한하므로 탈북아동과 북한이탈아동은 구분하여 지칭할 수도 있다.

북한이탈아동의 경험

남북하나재단(2015)에 따르면, 2013년 기준으로 통일부에 등록되어 있는 8세 이상 18세 이하 북한이탈청소년의 전체 인구는 1,111명이다. 다수의 학술 자료에서 북한이탈 아동·청소년을 구분하는 연령과 특성이 모두 상이하기에 현재로서는 북한이탈아동(영유아 및 학령기 아동)을 구분할 수 있는 정확한 통계적 기준이나 근거를 제시하기는 어려운 실정이다. 탈북청소년이라는 용어는 이들의 특수성과 이들에게 우선적으로 제공되어야 하는 교육적 지원을 고려하여 실제 청소년을 만 19세 미만으로 제한하는 국내법과 달리 만 6세에서 만 24세 미만으로 광범위하게 적용되어 쓰이고 있다.

북한이탈아동의 특성상 연령 기준에 의한 구분보다는 보호자나 가족이 함께 입국하여 거주하는 경우와 부모를 동반하지 않고 단신으로 입국하는 무연고 아동의 경우를 구분하기도 한다. 다수의 북한이탈주민이 북한을 벗어난 직후 바로 다른 국가로 입국하는 것이 아니라 제3국에 체류하면서 관련 단체들의 도움을 얻어 입국 가능 국가와 시기를 조율하는 경우가 많아 여러 변수가 발생할 수 있기 때문이다. 처음부터 연고자 없이 북한을 벗어난 경우뿐 아니라 북한을 이탈할 때는 혼자였던 북한이탈주민이 가정을 이루어 자녀가 출생하거나, 기존의 가정에 새로운 자녀가 출생을 하는 경우도 있으며, 함께 북한을 벗어난 자녀와 부모 또는 연고자가 분리되는 경험이 발생하기도 한다.

　일반적으로 난민이 본국을 벗어나 타국에 정착하기까지의 과정을 고려해 보면 이들은 순탄하지 못한 과정을 거칠 뿐 아니라 본국을 벗어나기 이전부터 위험하거나 빈곤한 상황에 놓였을 가능성이 농후하다. 아동이 부모나 형제 등의 다른 가족 구성원들과 분리되는 상황도 본국을 떠나 타국에 입국하기까지의 과정 이전이나 도중에 발생할 수 있다. 난민아동의 경우 생명에 위협을 받는 상황에서 부모와의 분리가 일어나며(Sack et al., 1994), 폭력 등의 동반 경험으로 인해 심리적 외상을 입을 수 있다. 특히 부모와의 분리경험으로 인한 영향은 아동의 전 생애를 통해 자기 스스로에 대한 인식은 물론 타인과의 관계 형성에도 큰 영향을 미치게 된다(Bowlby, 1973).

　부모와의 분리를 경험하지 않더라도, 부모가 폭력적인 상황을 경험하거나 생존에 위협을 받는 사건에 놓이게 된 것을 목격하는 아동 또는 자신이 위험한 상황에 놓이게 된 직접적인 경험을 한 아동 역시 그 상황의 심각도와 상실의 대상, 당시 연령에 따라 이를 신체적·심리적 생존에 위협을 느낀 외상사건으로 받아들일 수 있다. 아동의 연령이 낮을수록 대상인 부모와의 분리·상실 경험은 아동에게 큰 영향을 미칠 수 있는데, 이는 아동이 분리에 적응할 수 있는 독립성뿐만 아니라 분리의 이해를 이해할 수 있는 인지 능력이 부족하기 때문이다(Ainsworth & Bowlby, 1991).

　18세 이전에 부모와 분리되는 것을 경험한 난민아동은 실제로 외상 후 스트레스 반응과 내재화된 문제행동을 보이며, 스트레스를 유발하는 삶의 경험을 더 많이 하는 것으로 보고되었다(Bean, Derluyn, Eurelings-Bontekoe, Broekaert, & Spinhoven, 2007). 어릴 때 부모와 분리되었던 아동이 지지적인 부모의 부재로 인해 심리적 취약성이 증가되고 그로 인한 심리적 외상의 발병률이 더 높다(Santa-Maria & Cornille, 2007). 북한이탈아동을 대상으로 한 연구에서도 유사한 결과가 도출되었는데, 특히 무연고 북한이탈아동의 경우 직계존속을 동반한 북한이탈아동에 비해 외상 후 스트레스 증상과 우울 수준이 더 높은 것으로 보고되어(조영아, 김연희, 김현아, 2011), 이들을 '중첩된 어려움'을 겪는 지원의 대상(신현옥 외, 2011)으로 보기도 한다. 이 밖에 아동은 부모에 의해 표현되는 불안과 분리 가능성에 더 자주 반응을 나타내기도 하므로(Garmezy & Rutter, 1985), 입국 후 한국에서 출생한 북한이탈아동의 경우이더라도 탈북 과정에서 부모가 외상사건을 경험했다면 이에 대한 심리적 전이에 대해 주의를 기울일 필요가 있다.

안전한 환경에 도착하여 생존에 대한 위협에서 벗어난 이후에도 북한이탈주민은 낯선 환경에서 처음으로 접하게 되는 많은 자극에 놀라거나 당황할 수 있다. 익숙하지 않은 환경적 변화에 적응하는 것뿐 아니라 언어적·사상적·생활문화적 맥락이 전혀 다른 한국 사회에 적응하는 것은 이들에게 매우 큰 심리적 부담으로 작용할 수 있다. 이 과정에서 자신의 본국을 떠나왔다는 사실과 난민으로 분류되어 타인의 지원을 필요로 하는 처지에 놓였다는 사실, 삶의 의미에 대한 실존적 가치 등에 대한 복잡한 감정의 변화가 동반될 수 있다. 특히 아동은 환경과 직접 상호작용하며 새로이 지식을 구성하기 때문에 자신과 가장 가까운 대상인 가족 구성원이나 또래를 통해 기존에 구성했던 지식과 의미들을 재구성하는 데 도움을 받게 된다. 다시 말해, 새로운 적응과정에서 아동을 지원하는 인적 자원의 체계가 매우 중요하게 작용할 수 있다는 것이다.

김현경(2013)에 따르면, 부모를 동반하지 않고 혼자 입국하는 무연고 북한이탈아동은 1999년 5명에 불과하였으나, 2009년에는 60명을 넘어설 정도로 크게 증가하였다. 앞서 제시한 표의 연령별 입국 현황에 따르면, 19세 미만 북한이탈아동은 현재 4,768명에 달하는 것으로 조사되었다. 북한이탈주민이 국내에 입국하게 되면 국정원과 경찰청 등 관계 기관의 종합심문과 조사를 거쳐 정착지원기관인 '하나원'에 입소하여, 12주 동안 문화적 이질감 해소, 심리 안정 등을 위한 사회적응교육을 받게 된다. 교육과정을 수료하고 하나원을 퇴소한 이후에는 각자 거주지에 전입하는 것으로 한국 사회에서의 본격적인 삶을 시작하게 되는데, 이 과정에서 무연고 북한이탈아동은 관련 기관을 제외하고 국내에서의 생활을 지원받을 수 있는 인적 체계가 전무하므로 직계존속과 함께 생활하는 북한이탈아동이 겪는 어려움 이외에도 더 크고 다양한 문제들을 경험할 가능성이 크다.

북한이탈아동의 특성

보통의 아동이 그러하듯, 북한이탈아동 역시 어디에서 태어나고 자랐으며, 성장 과정에서 무엇을 경험하였는지에 따라 각기 다른 고유한 특성을 나타낸다. 이러한 개인적 특성으로 인해 북한이탈 과정에서 유사한 경험을 할지라도 이들의 대처 방식과 이후 삶의 방식은 차이를 나타낼 수 있다. 때문에 북한이탈아동을 이해하기 위해서는 이들의 개인적 특성뿐 아니라 아동 각자가 경험한 맥락의 특성을 함께 고려할 필요가 있다.

신체적 특성

다수의 북한이탈아동은 북한을 이탈하기 전 또는 그 과정 동안에 굶주림과 영양실조를 경험한다. 북한에서 출생한 아동의 경우 만연한 식량난으로 인해 지속적으로 충분한 영양공급을 받지 못한 경우가 많으며, 이러한 문제는 신체 발달의 지연이나 건강 악화로 이어질 수 있다. 실제로 북한이탈아동은 한국 아동에 비해 체격적으로 왜소하며, 아동 스스로도 이로 인해 스트레스를 받는다는 보고(육아정책연구소, 2012)가 있다. 이러한 신체적 특성은 아동을 심리적으로 위축시키거나 취약한 자기개념을 형성하게 하는 등 이차적 문제를 유발하는 요인이 될 수 있다.

인지적 특성

북한에서 출생한 아동의 경우 독재정권의 억압적인 분위기에 적응하며 성장하며, 생계 유지를 위해 어린 연령부터 노동에 투입되거나 입국하기 이전까지 학업을 포기하거나 유예하는 경우가 많으므로 한국 아동과 비교할 때 기초 인지 수준이 낮은 것으로 알려졌다(정진경, 정병호, 양계민, 2006). 북한이나 제3국에서 교육을 받은 아동도 한국과는 다른 학제와 분위기에 속해 교육을 받았으므로 국내의 학제에 새롭게 적응하는 것은 간단한 문제가 아니다. 한국에서 출생한 아동의 경우 학업적 부적응에 대한 문제는 상대적으로 경미하나, 언어 습관에서의 차이와 북한 또는 중국 사투리 등의 사용으로 인해 초기 의사소통에 있어 이해도가 부족하고 이러한 문제가 또래관계 형성 및 학업 수행에 영향을 미쳐 학교 적응에도 어려움을 유발하는 것으로 나타났다. 실제로 북한이탈주민은 외래어가 섞인 한국어 표현과 이해에 어려움을 느끼며, 이로 인해 자녀의 학습 지도에도 어려움을 겪는다. 또한 북한이탈아동은 복종하지 않으면 생존에 위협을 받는 환경에서 오랫동안 살아왔기에 옳고 그름에 대한 이분법적 사고 특성을 나타내며(정진곤, 2011), 사고의 유연한 전환이나 스스로 결정하고 이야기하는 것에 어려움을 경험한다.

사회적 특성

아동은 연령의 증가와 함께 가정에서 또래관계로, 다시 집단으로 점차 그 사회적 영역을 확장해 나간다. 아동은 또래와의 상호작용을 통해 자연스럽게 개인과 집단의 차이를 배우고 사회적으로 준수해야 하는 예절과 규칙을 습득하며, 자신을 조절하고 집단의 구성원으로서 기능할 수 있게 된다. 그러나 '나와 다르다'는 것에 대한 편견이 강한 한국 사회의 시선은 북한이탈아동이 사회의 한 구성원으로서 적응하는 것을 방해하는 큰 요소로 작용한다. 게다가 북한이탈아동은 언어적·정서적 표현이 상대적으로 정제되지 않아 같은 표현도 부정적으로 평가되기 쉬우며, 타인을 지적하고 비판하는 데 익숙한 특성을 가지고 있어 대인관계에서 어려움을 경험할 수 있다. 원만하지 않은 탈북과정을 거친 아동의 경우 긴장과 불안이 많은 편이므로 타인을 신뢰하거나 관계를 형성하는 데 있어 특히 더 어려움을 겪을 수 있다.

정서적 특성

앞서 언급한 탈북과정에서의 심리적 외상의 경험 이외에도 아동은 발달단계에 따라 다양한 심리적·정서적 변화를 겪게 된다. 아동은 성장하면서 자아를 확립하고 독립성을 발달시키는 다양한 경험을 하게 되는데, 북한이나 제3국에서 출생한 북한이탈아동은 생존과 안전에 대한 일차적 위협으로 인해 불안과 공포를 경험하게 되며, 교육이나 심리적 성장이 원만하게 이루어질 수 있는 기회 자체를 얻지 못할 수 있다. 또한 독재정권하에서 주입식으로 교육된 사상들은 이들이 어떤 사람이 되어야 하는지에 대한 가치관을 일방적으로 형성하므로, 이들은 성장 과정에서 스스로 판단하고 결정할 수 있는 기회를 많이 얻지 못하며, 자기에 대한 고민이나 정서적 돌봄의 경험이 거의 없는 상태에서 새로운 삶에 적응해야 하는 과제를 부여받게 된다. 때문에 사춘기를 경험하면서 다양한 감정 변화에 쉽게 적응하기 어려우며, 시기적으로 경험하는 불안정감과 긴장 등에 대처하는 능력이 부족하다. 자신의 감정이나 정서를 적절하게 표현하지 못하고 대처능력이 미숙한 북한이탈아동은 한국 사회에 적응하는 과정에서 이러한 과도기적 불안과 갈등을 잘 다루지 못하며, 교육열이 높고 경쟁이 심한 한국 사회의 분위기에 적응하지 못해 스트레스 수준이 높은 것으로 알려져 있다. 이들은 타인으로부터 배려나 지원을 받는 것에도 익숙하지 않아 거부적 특성을 보이기도 한다. 한국에서 태어난 북한이탈아동의 경우 부모가 북한이탈주민이라는 사실을 남에게 알리기 꺼리며, 부모 역시 이로 인해 자녀가 왕따를 당할지도 모른다는 불안을 경험한다(육아정책연구소, 2012).

문화적 특성

북한이탈주민은 국내에 거주하는 외국인과 마찬가지로 특정지역에 밀집하여 거주하는 특성을 보인다. '작은 북한'(김희정, 2015)과도 같은 이러한 양상은 마치 타국에 거주하는 외국인이 특정 지역에 밀집하여 거주하며 자신들의 고유한 문화와 관습을 유지하려는 모습과도 유사하다. 이처럼 자신의 뿌리를 기억하고 전통적인 풍습을 계승하려는 노력은 이들을 자연스럽게 하나의 공동체로 연결하여 한국 사회 적응에 긍정적인 역할로 기여할 수 있으나, 출신지를 바로 짐작할 수 있게 하는 사투리나 억양의 사용, 서구 문화와 자본주의에 대한 거부감 등은 한국 사회에서 이들을 이질적으로 배척하거나 편견을 갖게 하여 보다 많은 사람들과의 교류를 제한하는 요인이 될 수도 있다.

북한이탈아동을 위한 정책지원

2012년 작성된 북한이탈주민 가정의 양육실태에 관한 보고서(육아
정책연구소, 2012)를 살펴보면, 현재 적용되고 있는 북한이탈주민을 위
한 제도의 문제점과 이를 기반으로 한 새로운 정책방안이 제안되어
있다. 이에 따르면, 북한이탈주민의 여성 비율이 다수를 차지하고 있
는 현실과는 달리 강화되거나 확대되고 있는 제도적 지원은 남성 위
주의 한계를 지니므로 여성적 관점에서의 지원서비스는 부수적 차원
에 그치는 결과를 가져오며, 보호대상 기간이 종료된 입국 5년 이상
북한이탈주민의 지원서비스가 취약한 것으로 나타났다. 뿐만 아니라
북한이탈주민의 적응에 걸림돌이라고 여겨지는 의사소통 향상을 위
한 교육 등의 개인역량 지원 시간이 지나치게 짧아 현실적으로 효과
를 거두기 어려우며, 이들을 위한 정책의 수혜 대상이 명확하지 않다
는 문제가 지적되었다. 이러한 사안들은 모두 북한이탈아동의 지원과
직결되는 문제이며, 한국 사회에서 태어나 성장하는 과정에서 이들이
스스로를 한국인으로 인식하는 정체성의 문제로도 이어질 수 있는 중
대한 문제이다. 따라서 향후의 정책들은 이러한 문제점들을 보완하여
시행될 필요가 있다.

북한이탈아동의 적응과 회복을 위한 중재

지금까지 북한이탈아동에 관한 연구들은 이들이 북한을 벗어나는
과정이나 입국 후 정착하는 과정에서 경험하는 어려움에 초점을 두
고 진행되었다(강재희, 2008; 김현경, 2007; 이부미, 2003). 물론 함께 살

아가야 할 낯선 이들을 이해하기 위해서 이러한 노력은 선행되어야만
한다. 그러나 이해와 더불어 이들이 우리와 '같을 수 없다'는 인식과
이로 인한 편견을 갖게 하는 예상치 못한 결과도 따르게 되었음을 인
정하는 용기도 필요하다. 때문에 북한이탈아동을 조명할 때 난민아동
이나 다문화아동을 위한 반편견 접근과 같은 관점으로 보아야 한다는
시각도 존재한다.

'북한에서 왔다' '다르다'고 인식되면서도 북한이탈아동은 통일을
염원하는 분단된 국가의 일원이며 우리와 같은 뿌리, 같은 모습을 지
니고 있다는 표면적인 이유 때문에 문화적 이질성에 대한 문제가 크
게 부각되지 않는다. 그러나 휴전 후 70여 년이라는 시간이 경과한만
큼 이들을 서로 다른 언어와 역사, 문화를 경험하며 완전히 다른 국가
체제와 문화권에서 성장한 대상으로 보는 것이 오히려 타당할 것이
다. 그럼에도 불구하고 '한민족'이라는 정체성의 문제와 '북한'과 '남
한'에 대한 선입견이 여전히 공존하기에 이들의 적응에 대한 어려움
또한 실제보다 낮게 평가된다.

이들에게는 동질한 모습의 사회로부터 이질적인 반응이나 거부의
경험을 당하는 것이 어쩌면 더 큰 상처가 될 것이다. 그렇기 때문에
북한이탈아동이 경험하는 부적응 문제와 심리적 중재의 필요성은 단
일한 유형으로 구분되거나 설명되기 어렵다. 다시 말해, 북한이탈아
동을 위한 중재는 다문화아동이나 난민아동을 위한 중재 전략과 상이
하게 보다 세심한 접근을 필요로 하며, 개인적 특성과 이들의 경험적
특성을 모두 고려한 발달적·교육적·치료적 맥락에서 아동 개개인
의 특별한 요구를 충족시켜야 할 필요가 있다.

북한이탈아동을 단일한 관점에서 조망하는 것이 적절하지 않은 이
유 중의 하나는 이들이 직면하게 되는 여러 유형의 어려움에서 심리
적 외상의 경험을 제외할 수 없기 때문이다. 물론 심리적 외상을 극

복하는 과정에서 성장을 경험하기도 한다(Folkman & Lazarus, 1985; Tedeschi & Calhoun, 1996)는 외상 후 성장의 관점에서 이들을 지원하는 것도 효과적일 수 있다. 그러나 기억해야 할 것은 그것이 긍정적이든 부정적이든 다수의 아동은 심리적 외상의 영향을 그들의 남아 있는 생애 동안 안고 살아간다는 것이다. 따라서 이들을 위한 심리적·치료적 중재는 장기적인 차원에서 지원되어야 하며, 개인적으로 시행되어야 할 필요가 있다. 또한 일시적인 중재 프로그램의 참여로 끝나는 것이 아니라 이들이 사회 구성원으로서 자립할 수 있을 때까지 지원을 제공할 수 있는 다양한 인적 자원 체계의 구축과 활용이 필요하다.

북한이탈아동이 우리와 다르기에 우리처럼 되도록 도와야 한다는 것이 아니다. 출신지가 어디인지를 묻는 것 자체가 편견으로 받아들여지는 사회 분위기는 앞으로 사라져야 하며 차차 사라질 것이다. 인간은 누구나 각자의 이야기를 가지고 살아간다. 우리와 그들이 '같다' 혹은 '다르다'는 더 이상 중요하지 않다. 우리가 이 땅에서 하나의 사회를 이루고 함께 살아가기 위해서, 무엇보다 인간으로서 살아가면서 누구나 마땅히 누려야 할 것들을 누릴 수 있도록 하기 위해서 그들에게 어쩌면 우리 모두에게 도움이 필요하다. 더군다나 그 대상이 아동이라면 도움의 필요에서 앞서는 것은 당연한 것이다.

10
아동의 일상

아동은 무엇을 하며 시간을 보낼까?

* 정하나(아동학 박사)

우리나라 아동은 하루 동안 무엇을 하며 시간을 보낼까? 초등학생의 사례를 가정해 보면, 아침에 일어나서 학교에 갈 준비를 하고 등교한 후 수업시간표대로 교과목을 배우고 나서 학교 급식을 먹을 것이다. 그 이후 어떤 아동은 집으로 돌아오고 어떤 아동은 학교 방과 후 활동을 하며 때로는 학원에 가서 사교육을 받은 후 집에 돌아오는 아동도 있을 것이다. 집에 온 이후 아동의 생활모습도 다를 텐데, 어떤 아동은 학교 또는 학원 숙제하기, TV 보며 휴식 취하기, 형제자매와 놀기를 하고, 어떤 아동은 학교와 학원 공부에 이어서 집에서 하는 개인 과외 활동을 더 하는 경우도 있을 것이다. 그리고 저녁식사를 한 후 9시에 일찍 잠드는 아이가 있는 반면에 밤 11시 넘어서 겨우 잠을 자는 아이도 있을 것이다.

이와 같은 아동의 하루 일과는 세부적으로 아동마다 차이가 있음에도 불구하고 그저 매일 반복되는 평범한 일상이라 생각되어 연구자들의 관심에서 조금 멀리 떨어져 있었다. 그래서 아동 발달에 영향을 주는 주된 요인이 아닌 것으로 간주되기도 하였다. 그러나 아동의 발달은 부모, 또래, 교사, 이웃, 사회, 시대 등 아동을 둘러싼 미시적 · 거시적 환경에 의해 아동에게 반복하여 노출된 일상생활의 영향을 받아 축적된 결과물이다. 일상생활은 아동이 생활하는 공간과 시간으로 구성되는데, 아동의 발달에 영향을 준 전체적인 삶의 모습을 한눈에 보여 주기 위하여서는 아동의 생활시간을 살펴볼 필요가 있다(이순형, 2009). 더 나아가, 수면시간, 놀이시간, 매체 활용 시간이 적정한지 혹은 너무 많은 것은 아닌지 등 생활시간 실태를 파악하는 것은 아동의 건강한 발달을 지원하기 위해 필요한 지침을 마련하는 데 실질적인 도움을 줄 수 있다(진미정, 이윤주, 2010).

아동 생활시간 연구의 경향

생활시간이란 하루 24시간을 어떻게 사용하는지를 나타내는 것으로 인간의 생활 내용을 구체적인 숫자로 측정하여 개인의 생활양식이나 삶의 질을 파악할 수 있다(김외숙, 박은정, 2012). 이러한 중요성을 인정하는 일본, 미국, 유럽 등 50개국 이상의 나라에서 국가 차원에서 생활시간 조사를 정기적으로 시행하고 있으며, 우리나라는 통계청에서 1999년부터 5년에 한 번씩 조사를 시행하고 있다(진미정, 이윤주, 2010). 그런데 대부분의 조사는 만 10세 또는 만 15세 이상으로 연령을 제한하고 있어서 초등학교 저학년 미만 아동에 대한 생활시간 자료가 부족하다.

최근 들어, 초등학교 저학년 미만의 아동과 영유아를 대상으로 한 생활시간 실태조사가 실시되었다. 우리나라 아동 · 청소년 종단연구 자료의 경우 취침 시간 및 기상시간, 학원/과외 시간, 학교숙제 시간, 학원/과외 숙제 시간, 기타 공부시간, 독서시간, 컴퓨터/게임기 오락

시간, TV/비디오 시청 시간, 또래와 노는 시간 등 초등학교 1학년부터 생활시간 조사를 실시하였으며, 최근 육아정책연구소에서 영유아를 대상으로 한 생활시간 조사를 실시하였고, 한국 아동 패널에도 영유아의 미디어 활용 시간과 같은 부분적인 생활시간 조사 내용이 포함되어 있다.

지금까지의 우리나라 아동의 생활시간과 아동의 발달에 관한 연구에서 아동의 일상 생활시간은 연령(도남희 외, 2013), 성별(도남희 외, 2013; 이민주 외, 2015, 정하나, 김유미, 2015), 국가(김외숙, 박은정, 2012; 김희정, 2010, 2014; 최은영, 김기태, 2016), 부모의 취업 여부(도남희 외, 2013; 진미정, 이윤주, 2010), 방과 후 보호자 유무(김지희, 2012; 박은영, & 김진욱, 2016), 가구소득(강한나, 박혜원, 2013; 권지성, 주소희, 2016; 박현선, 2016), 거주지역(이순형, 2009)에 따라 다르다고 보고된다.

따라서 여기서는 기존의 아동 생활시간 실태에 나타난 아동의 수면시간, 공부시간, 여가시간 자료를 토대로 한국 아동이 시간을 어떻게 보내고 있는지 살펴보고 그것이 아동 발달에 어떠한 영향을 미치는지 논의해 볼 것이다.

수면시간: 아동은 충분히 자고 있을까?

수면은 영유아기부터 아동기의 생활시간에서 가장 많은 시간을 차지하는 부분이며 적당한 수면시간과 질 높은 수면은 신체적 건강뿐 아니라 심리적 건강과 일상생활에 영향을 미치는 중요한 요인이다. 연구에 따르면 수면이 부족한 아동은 비만이 될 가능성이 높으며(최성민 외, 2010), 평균 수면시간이 7시간 미만인 청소년의 경우 더 우울하거나 자살충동을 더 경험하는 것으로 나타났다(라진숙, 조윤희, 2014).

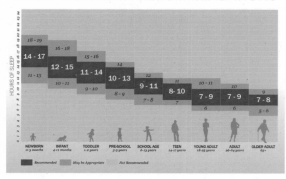

미국 국립수면재단(NSF)의 연령별 권장 수면시간

출처: https://sleepfoundation.org/

　이와 같이 수면시간이 아동의 신체적·심리적 건강과 매우 밀접한 관계가 있기에 연구자들은 아동의 건강한 발달을 위해 필요한 적정 수면시간을 제안해 왔다. 최근에 Matricciani 등(2012)은 미국에서 수행된 권장 수면시간 관련 연구 32편을 메타분석한 결과 20세기에 들어 1년에 약 0.71분씩 권장 수면시간이 감소하여 100년 동안 70분 감소하였음을 밝혔다. 2015년 미국 국립수면재단(National Sleep Foundation)의 발표에 따르면, 0~3개월 신생아는 14~17시간, 4~11개월 영아는 12~15시간, 1~2세 영아는 11~14시간, 3~5세 유아는 10~13시간, 6~13세 아동은 9~11시간, 14~17세 청소년은 8~10시간의 수면이 권장된다.

　그렇다면 우리나라 아동은 충분히 잠을 자고 있을까? 도남희 등(2013)의 연구에서는 영유아의 평균 수면시간이 1세 12시간 20분, 2세 11시간 49분, 3세 11시간 32분, 4세 11시간 29분으로 나타났다. 진미정과 이윤주(2010)는 밤잠과 낮잠 시간을 구분하였는데 각각 1~2세 유아는 평균 10시간 23분과 2시간 4분으로 총 12시간 27분, 3~4세 유아는 평균 9시간 52분과 1시간 43분으로 총 11시간 35분이었다. 즉, 우리나라 영유아는 미국 국립수면재단의 권장 기준인 1~2세 11~14시간, 3~5세 10~13시간을 충족시키는 것으로 보인다. 그러나 영유아의 수면시간은 부모의 생활패턴에 의해 영향을 받는다. 취업모의 자녀는 비취업모의 자녀보다 약 30분 정도 덜 잔다고 보고되므로(진미정, 이윤주, 2010), 영유아의 건강한 신체발달과 성장에 필수적인 요건인 수면에 영향을 미치는 부모 관련 변인에 지속적인 관심을 가질 필요가 있다.

학교생활을 하는 아동의 수면시간은 영유아와 다른 패턴을 보여 준다. 평일 수면시간을 기준으로 살펴보면, 초등학생은 평균 8시간 19분, 중학생은 7시간 35분, 고등학생은 6시간 27분 수면을 한다(박현선, 2016). 2014년 통계청 생활시간조사를 분석한 최은영과 김기태(2016)의 연구에 따르면, 초등학생은 평일 수면 시간이 8시간 47분, 중학생은 7시간 55분, 고등학생은 7시간 수면을 한다. 즉, 두 자료를 종합해 보면, 우리나라 초등학생은 8~9시간, 중학생은 7~8시간, 고등학생은 6~7시간 수면을 한다고 볼 수 있다. 우리나라 학령기 아동·청소년이 권장 수면시간만큼 충분히 자는 것이 아니다. 국제비교 연구에서도 우리나라 청소년은 미국, 유럽, 일본의 청소년들에 비해 수면시간이 하루 평균 1시간이 짧았다(김기헌 외, 2009). 왜 우리나라 아동·청소년은 잠이 부족할까? 이는 아동·청소년의 장기간의 학업활동과 관련이 있는 것으로 보인다(장근영, 김기헌, 2009). 즉, 하루가 24시간으로 제한되어 있는 상황에서 공부시간이 길기 때문에 그만큼 잠을 줄일 수밖에 없게 되는 것이다. 특히, 가족의 소득수준이 높을수록 수면시간이 적었다는 연구결과(권지성, 주소희, 2016)를 참고하여 볼 때 경제적 여건이 된다면 학생들은 사교육을 더 많이 받기 때문에 수면시간이 적은 것이라 추측해 볼 수 있다.

다시 말해, 우리나라 학령기 아동·청소년은 수면시간이 충분하지 않다. 물론 Matricciani 등(2012)은 어느 시대에나 늘 권장 수면시간보다 실제 수면시간이 평균적으로 37분 적었다고 하였지만, 이러한 결과를 감안하더라도 우리나라 아동·청소년의 수면시간은 매우 부족한 편이다. 아동은 학년이 올라갈수록, 학원을 많이 다닐수록 잠을 덜 자고 있었다. 이러한 수면패턴은 성인이 되어서까지 이어져서, 우리나라 사람들은 세계에서 세 번째로 늦게 자는 국민이며 일본, 인도와 함께 3대 수면 부족 국가에 속한다(진미정, 이윤주, 2010 재인용). 물론 신체적 조건이나 문화의 영향도 있을 것이다. 그러나 아직 신체적·정신적으로 발달 중인 아동·청소년에게 적당한 수면은 필수적이므로 이에 대한 경각심을 가질 필요가 있다.

공부시간: 아동이 책상에 앉아 있는 시간은 어느 정도일까?

아동이 학교에서 배운 내용을 가정에서 복습하거나 교사가 부과한 과제를 수행하는 행위인 숙제하기는 학업성취 및 아동의 지적 능력의 발달에 긍정적인 영향을 미친다. 숙제와 학업성취 간의 관계에 관한 연구들을 메타분석한 Cooper, Robinson 및 Patall(2006)은 7~12학년 청소년의 경우 공부시간의 양이 학업성취와 정적인 상관관계가 있었지만, 초등학생의 경우에는 그렇지 않았다고 발표하였다. Cooper(1989)는 120건의 논문 검토를 통해서도 고등학생에게는 숙제와 학업성취가 상관관계가 높았으나, 특히 초등학생의 경우에는 상관관계가 '0'에 가깝다는 것을 밝혔다. 물론 반대되는 연구결과도 제시되어 있다. 최근의 연구자들에 따르면, 9~13세 스페인계 초등학생의 경우에 숙제량, 숙제시간 관리, 학업동기의 변수들이 아동의 학업성취에 긍정적인 영향을 미친다고 보고되기도 한다(Valle et al., 2016). 즉, 공부 시간은 아동의 연령이나 문화, 동기 등 여러 요인에 의해 아동의 발달과 성취에 영향을 미친다고 할 수 있다.

미국에서는 숙제의 필요성, 적당한 숙제시간 등과 관련된 연구가 1980년대부터 있어 왔다. 이 중에 최근에 받아들여지고 있는 적정 기준은 '10분 규칙(10-minute rule)'이다. 이것은 Cooper가 기존의 연구 검토를 통해 도출한 연령별 숙제시간에 대한 가이드라인이라고 할 수 있다(Cooper et al., 2006). 이는 매일 아동·청소년에게 적합한 공부시간은 학생의 학년에 10분을 곱한 시간 정도라는 것이다. 예를 들어, 3학년의 경우 하루 30분, 6학년의 경우 하루 60분 정도 과제를 수행하는 것이 가장 효율적이며 균형 있는 아동 발달을 이룰 수 있다는 주장이다. 미국의 가이드라인이지만, 학교 수업 이후에도 학생에게 장시간 공부할 것이 요구되고 있는 한국 아동의 공부 시간이 적절한지 비교할 수 있는 기준이 되리라 생각한다.

그렇다면 영유아·아동·청소년의 공부시간은 어떠할까? 이순형(2009)의 생활시간 연구 조사에 따르면, 5세 유아의 공부시간은 주당 평균 42.63분이며 이를 하루 평균으로 환산하면 약 6분 정도이다. 도남희 등(2013)의 조사에서는 영유아의 하루 평균 학습시간은 1세 4분, 2세 8분, 3세 11분, 4세 18분으로 연령이 증가함에 따라 학습시간이 증가하고, 참여율도 높아지는 경향이 있었다. 구체적으로 학습의 경우 전체 영유아의 29.8%가 주중 학습에 참여하여 주말 학습 17.6%보다 참

책상에서 공부하고 있는 유아

여율이 더 높았고 주중과 주말 학습에 40분 정도 시간을 사용하고 있었다(도남희 외, 2013). 진미정과 이윤주(2010)의 연구에서는 1~2세 영아의 30.3%가 1시간 19분, 3~4세 유아의 65.3%가 1시간 30분 동안 학습을 하였다. 즉, 영유아는 평균적으로 한 주에 약 40분 정도 공부를 하고 있었으며 하루에 대략 6분 정도 공부를 한다고도 볼 수 있으나 일부 영유아의 경우 하루에 1시간의 공부를 하고 있는 것이다. 이 공부 내용에는 한글이나 예능을 포함한 것이지만(진미정, 이윤주, 2010) 일부 영유아의 경우 주의집중 시간이나 영유아 발달을 고려하여서 적정 수준으로 조정할 필요가 있어 보인다.

초등학교 저학년의 경우 평일 공부시간이 최소 10분에서 최대 8시간, 평균 2시간 4분으로 나타났고 휴일은 평균 1시간 50분 정도로 나타났다(이순형, 2009). 유사하게, 초등학교 고학년의 경우 평균 2시간으로 나타났으며, 휴일 평균 2시간 1분으로 나타났다. 박현선(2016)의 연구에서는 초등학교 고학년의 경우 집에서 혼자 공부한 시간이 평일 51분, 주말 59분이었으며, 그 외에도 사교육 시간이 평일 1시간 50분, 주말 19분이었다. 실태 자료를 종합해 보면 혼자 공부한 시간과 사교육 시간을 합산한 공부시간이 초등학교 저학년(3학년)과 고학년(5~6학년) 모두 120~180분 정도로 앞서 제시한 기준인 '10분 규칙(10-minute rule)'을 훨씬 넘는 것이다. 국가별 비교에서도 한국 아동 · 청소년은 학습시간이 가장 많았다(김기헌 외, 2009).

연령과 공부시간의 비례 현상은 중 · 고등학생까지 이어진다. 중학생의 경우 집에서 혼자 공부한 시간이 평일 1시간 7분, 주말 1시간 22분이었고, 사교육 시간은 평일 2시간 13분, 주말은 49분이었다. 고등학생의 경우 집에서 혼자 공부한 시간이 평일 1시간 36분, 주말 2시간 16분이었으며, 사교육 시간은 평일 1시간 50분, 주말 1시간 39분이었다(박현선, 2016). 최은영과 김기태(2016)의 분석에서 학원, 인터넷 강의, 혼자 공부한 시간을 합산한 시간이 초등학생은 평일 2시간 17분, 주말 1시간 14분이었고, 중학생은 평일 2시간 36분, 주말 2시간 47분, 고등학생은 1시간 39분, 주말 3시간 20분이었다. 즉, 혼자 공부한 시간과 사교육 시간을 합산하면 중학생의 경우 120~150분 정도, 고등학생은 180분 정도로 학년이 증가함에 따라 공부시간도 증가하였으며 '10분 규칙(10 minute rule)'을 기준으로 비추어 보았을 때 적정한 공부시간을 훨씬 상회하는 것으로 보인다.

물론 공부시간이 세계에서 1위인만큼 국제학업성취도평가(PISA)에서 우리나라 청소년은 우수한 성적을 얻는다. 하지만 지식 습득 위주의 한쪽으로 치우친 교육 방식은 사회에서 제대로 활용되지 못한다. 또한 하루 24시간 중에서 공부시간이 크게 차지하는 만큼 운동시간, 놀이시간, 독서시간 등 여가시간이 감소한다. 생활시간의 불균형은 아동·청소년 문제행동의 원인이 되기도 한다. 따라서 사회적 이슈가 되기도 하는 우리나라 아동·청소년의 장기간 학습에 대해서 연구자들과 정책 입안자들뿐만 아니라 부모도 큰 관심을 가지고 이를 해결하기 위해 노력해야 할 것이다.

여가시간: 운동시간과 미디어 시간을 중심으로

미래에 사회의 구성원으로서 살아가기 위한 준비 과정이며 최적의 인지발달을 이루기 위해 필요한 내용을 학습하는 '공부시간'과 균형을 이루어야 하는 시간으로 '여가시간'이 있다. 넓은 범위에서 여가시간을 의무적인 활동 전후 주어지는 자유시간 또는 잔여시간이라고 할 수 있다. 좁은 범위로는 주관적으로 평화로움을 느끼고 의무가 없는 자발적 선택을 할 수 있는 상황 등의 심리적 상태를 의미한다(조형숙 외, 2011). 즉, 여가시간은 일이나 의무가 아닌 활동에 즐겁게 자발적으로 참여하는 시간(Holder, Coleman, & Sehn, 2009)으로 자발성과 즐거움을 핵심 요소로 하는 놀이시간과 유사한 개념이라고 볼 수 있다.

여가활동은 영유아부터 성인에 이르기까지 모든 인간의 신체적·정신적 건강과 발달에 기여한다. 여가활동은 독서, TV 시청, 컴퓨터/게임, 스포츠, 교제, 음악 감상, 악기 연주 등 다양한데, 크게 능동적인 여가활동과 수동적인 여가활동으로 나눌 수 있다. 몸을 움직이는 스포츠 활동과 같은 능동적인 여가활동은 성인과 청소년뿐 아니라 초등학교 아동의 행복감, 안녕감(well-being), 자기효능감을 향상시킨다(Holder et al., 2009). 반면에 TV 시청, 컴퓨터 게임과 같은 수동적 여가활동은 아동의 안녕감에 부정적인 영향을 미친다(Holder et al., 2009). 이에 여기서는 아동의 여가시간 중에서 능동적 여가활동으로 운동시간을 살펴보고 수동적 여가활동으로 TV시청, 인터넷, 게임 등 미디어 시간을 중심으로 살펴보려고 한다.

우선, 운동시간과 미디어 시간의 권장 기준을 검토해 보면, 세계보건기구(WHO)에서는 5~17세 아동의 경우 매일 최소 60분 이상 강도 높은 신체활동을 할 것을 권장하고 있다. 60분 이상 활동을 한다면 건강에 부가적으로 유익한 영향을 준다고 하였다. 그리고 일주일에 최소 3회 이상은 뼈와 근육을 강화하는 활동을 할 것을 권장한다. 유엔아동기금(Unicef) 아동 안녕감 지표는 WHO의 기준을 반영하여 '아동(11, 13, 15세)이 지난 1주일 동안 하루 1시간 이상 신체활동을 했던 일수'를 아동의 안녕감 지표 중 하나로 제시하고 있다. 반면, 미디어 시간에 대하여 미국 소아과의사협회에서 2세 이하는 TV나 다른 오락 매체에 노출되어서는 안 된다고 하며, 2세 이상 영유아는 양질의 프로그램으로 1~2시간 시청하고 그 이상 시청해서는 안 된다고 안내하고 있다. 호주 보건부에서는 2~5세 영유아는 1시간 이하로 매체를 이용할 것을 권장하고 있다(박현선, 2016).

그렇다면, 우리나라 아동은 하루에 얼마나 운동을 할까? 영유아의 경우 외부활동 시간을 기준으로 살펴보면, 1세는 27분, 2세는 19분, 3세는 22분, 4세는 26분 평균적으로 집 밖에서 활동을 하고 있었다(도남희 외, 2013). 외부활동 행위자의 비율이 약 30% 정도였고, 평균적으로 약 1시간 이상 바깥활동 시간을 가졌다.

능동적으로 여가시간을 즐기는 아동

아동·청소년의 경우 운동시간을 구체적으로 비교해 볼 수 있다. 박현선(2016)의 연구에서는 1주일에 30분 이상 운동을 한 횟수를 파악하였는데, 초등학생은 평균 2.61회, 중학생은 2.16회, 고등학생은 2.04회였다. 즉, 평균적으로 일주일에 2회 정도 30분 이상 운동을 한다는 것이다. 그러나 0회라고 응답한 초등학생이 20.3%, 중학생이 32.1%, 고등학생이 35.1%이었다. 반면, 5~6회라고 응답한 학생은 초등학생 22.5%였고 중학생이 되면 9.7%, 고등학생 9.0%으로 운동 횟수가 급감한다. 최은영과 김기태(2016)의 연구에서도 평일 초등학생의 평균 운동 시간은 14.2분이었고 주말에는 39.9분으로 평균 24.2분이었다. 중학생과 고등학생은 각각 평균 15.1분, 16.0분으로 이 연구결과에서도 역시 아동의 운동시간이 매우 부족한 것으로 나타났다.

그렇다면 아동이 하루에 미디어를 사용하는 시간은 어떻게 될까? 영유아의 경우 미디어 시간이 1세 1시간 21분, 2세 1시간 27분, 3세 1시간 26분, 4세 1시간 30분으로 그중에서 TV 시청 시간이 가장 많이 차지하고 있었다(도남희 외, 2013). 행위자 비율도 약 90%로 대부분의 영유아가 하루에 1시간 이상 미디어 시간을 갖는다고 볼 수 있

아동은 무엇을 하며 시간을 보낼까?

다. 진미정과 이윤주(2010) 연구에서는 1~2세 영아 중 47.9%가 1시간 41분, 3~4세 유아 중 57%가 1시간 25분 미디어 시간을 가지는 것으로 나타났다. 이순형(2009)의 연구에서도 유아는 여가시간에 TV·비디오 시청(44.1%)을 가장 많이 하며, 컴퓨터 및 게임(5.9%)을 하는 경우를 포함하면 대부분의 유아들이 미디어를 여가활동으로 활용하고 있음을 알 수 있다.

아동·청소년의 미디어 사용시간은 초등학생은 평균 122.9분, 중학생은 평균 112.2분, 고등학생은 91.9분으로 연령이 증가함에 따라 감소하였다(최은영, 김기태, 2016). 박현선(2016)의 연구에서도 중·고등학생보다 초등학생이 과다 사용하는 경우가 많았다. 김지희(2012)의 연구에서 초등학교 1학년, 4학년, 중학교 1학년의 컴퓨터 사용 시간이 각각 33분, 47분, 2시간 18분이었고, TV 시청은 1시간 14분, 1시간 24분, 1시간 34분으로 나타나서 오히려 학교급이 올라갈수록 미디어 시간도 증가하였다. 특히 아동은 방과 후 보호자가 함께 있는 경우에는 학습 및 독서 시간을 많이 가졌지만 반대로 보호자와 떨어져 있는 시간이 많을수록 컴퓨터/게임기 이용, TV/DVD 시청, 또래 놀이를 더 하는 것으로 나타났다(김지희, 2012).

결론적으로 우리나라 아동은 여가시간에 운동을 덜 하고 미디어를 활용한 놀이를 많이 한다고 볼 수 있다. 소극적인 여가활동보다 신체를 움직이거나 사회 관계망을 넓힐 수 있는 능동적인 여가활동을 할 수 있도록 안내해야 하고, 그러한 활동을 할 수 있는 공간이 필요하다. 미디어 활용은 현대 시대에서 피할 수 없는 현실이지만 영아기부터 1시간 이상 TV 시청하고 있다는 점(도남희 외, 2013), 부모의 소득수준이 낮은 영유아의 경우 TV나 비디오에 노출되어 있는 시간이 많다는 점(강한나, 박혜원, 2013), 취업모의 자녀가 매체 이용 시간이 길다는 점(진미정, 이윤주, 2010)은 영유아의 미디어 시간 관련 부모교육이 필요함을 시사한다.

지금까지 아동의 생활시간 중 수면시간, 공부시간, 여가시간에 관한 실태 및 관련 연구를 살펴보았다. 평균 시간을 기준으로 검토하였을 때 우리나라 아동의 수면시간은 부족한 반면에 공부시간은 지나치게 많았다. 그리고 여가시간 중 운동시간은 부족한 반면에 미디어 이용 시간은 높게 나타났다. 그 경향은 청소년기에 더 명확해진다. 한국 아동의 일상생활은 한국 성인의 일상생활과 많이 닮아 있다. 어쩌면 이러한 생활패턴이 한국사회 발전의 배경이 되었다고 볼 수도 있다. 하지만 아동의 생활시간은 아동발달에 적합해 보이지 않는다. 단기적으로 좋은 성적과 대학입시 성공이라는 가시적인 성과를 낳을 수는 있겠지만 그 부작용으로 청소년 문제행동, 부모-자녀관계 문제가 발생할 수 있다. 또한 부모와 사회 압력에 의하여 짜여진 시간대로 살아온 아동은 성인이 되어 자기 주체적으로 생활하는 능력이 부족해질 수 있다. 따라서 아동을 가까이에서 돌보는 주양육자와 교육정책 담당자들은 장기적인 비전을 가지고 아동의 생활을 개선하기 위한 방안을 모색해야 한다.

아동은 무엇을 하며 시간을 보낼까?

아동은 행복할까?

* 이정현(아동학 박사)

각자에게 그 기준은 다를 수 있겠지만, 우리는 모두 행복해지고자 하는 궁극적인 삶의 목표를 가지고 있다. 그러나 많은 성인이 삶의 무게에 눌려 행복을 느끼기 어렵다고 하면서도 이를 받아들이는 것은, 적어도 우리 아이들은 조금 더 나은 생활을 하고 행복하게 자랐으면 하는 바람에서일 것이다. 그런데 언제부터인가 우리나라 아동의 삶의 만족도가 OECD 국가 중 최하위라는 조사 결과가 연례행사처럼 보고되고 있다. 예전에 비해 풍요로운 환경에서 자라는 우리 아이들은 왜 행복하다고 느끼지 않는 것일까?

삼각김밥과 혼밥

얼마 전 국내 업계 1위 편의점이 조사한 서울의 행정구역별 매출 동향 결과가 기사로 소개된 적이 있다(한국경제매거진, 2016. 8. 24.). 편의점은 현대인의 소비를 잘 나타내 주는 곳으로서 지역별, 시간대별 상품 판매량에 따라 주요 소비층과 그들의 생활양식을 엿볼 수 있다고 한다. 그런데 그 기사에서 유독 눈에 띄는 내용은 점심 매출보다 저녁 매출이 강세를 보이고 가장 높은 매출을 기록하는 제품은 삼각김밥과 같은 주먹밥으로, 이러한 제품이 가장 많이 팔린 지역은 대부분 서울의 대표적인 학군으로 꼽히는 곳들이라는 점이다.

단순한 편의점 매출 자료가 눈길을 끄는 이유는 이것이 '혼밥(혼자 밥 먹기)' 현상과 연결되어 있기 때문이다. 최근 들어 '혼밥' 현상이 자주 거론되는데, 이런 현상은 성인뿐 아니라 청소년, 심지어는 초등학생들 사이에도 흔한 일상이 되어 가고 있다고 한다. 어른 혼밥과 다른 점은 아이들이 학원 시간에 쫓기다 보니 끼니를 빠르고 간편하게 해결할 수 있는 방법으로 편의점 혼밥을 택할 수밖에 없다는 것이다. 우리나라 초등학생의 사교육 참여율은 80.7%, 중학생은 69.4%, 고등학생은 50.2%이며, 하루 평균 학습시간이 각각 5시간 23분, 7시간 16분, 8시간 28분(조선일보, 2017. 2. 7.)에 달하니, 우리 아이들의 일상에서 혼밥 현상은 더 이상 놀랄 일이 아니다.

그렇다면 혼밥은 아이들의 삶의 만족도와 무슨 관련이 있을까? 가족이 함께 하는 가족식사 시간은 가족 구성원 간의 상호작용의 장을 제공해 준다(Neumark-Sztainer, Larson, Fulkerson, Eisenberg, & Story, 2010). 부모와 자녀는 식사시간의 의사소통으로 서로의 일상생활에 대해 이야기하며 서로에 대해 이해 할 수 있는 기회를 갖게 되면서 가족 식사가 자녀의 발달에 긍정적인 영향을 준다(유계숙, 김수화, 임정현, 최혜림, 채희화, 2011; Eisenberg, Olson, Neumark-Sztainer, Story, & Bearinger, 2004; Neumark-Sztainer et al., 2010). 특히, 가족과 함께 식사하는 빈도가 높은 아동이 느끼는 삶의 만족도와 심리적 안정감은 그렇지 못한 아동에 비해 더 높을 뿐만 아니라 사회적 유능감이나, 긍정적 자아감, 사회성 등도 더 높은 것으로 나타나 가족 식사 빈도가 아동의 삶 전반에 걸쳐 영향을 준다는 것을 알 수 있다(유계숙 외, 2011; 이영미, 이기와, 오유진, 2009; Neumark-Sztainer et al., 2010). 그럼에도 불구하고 우리는 가족 식사를 위한 시간을 할애할 수 없는 생활을 하고 있다. 2015년 기준으로 우리나라 직장인의 평균근로 시간은

OECD 국가의 평균 근로시간보다 507시간 긴 2,273시간으로 OECD 회원국 중 1위를 달린다(국민일보, 2017. 5. 29.). 최장 근로 시간에 시달리는 부모와 긴 학습 시간에 쫓기는 아이들에게 가족 식사와 같은 기본적인 삶의 여유를 누릴 여유가 없는 것이다.

하지만 가족과의 식사가 힘들다는 상황만으로 우리 아이들의 낮은 삶의 만족도가 전부 설명되는 것은 아니다. 과연 삶의 만족도는 무엇을 말하며, 우리 아이들은 어떤 요인을 이유로 낮은 삶의 만족도를 보이는 것일까?

주관적 행복감을 반영하는 지표, 삶의 만족도

삶의 만족도는 개인의 전반적 삶에 대한 만족 정도의 인지적 평가로서 개인의 행복을 반영하는 중요한 구성 개념이다(Huebner, 2004; Salmela-Aro & Tuominen-Soini, 2010). 아동기 · 청소년기의 삶의 만족도는 사회적 관계, 학교 생활, 정신건강 등 생활 전반에 걸쳐 영향을 미칠 뿐만 아니라, 그들 삶에서의 부정적 경험의 영향을 완화시키는 보호요인으로도 작용한다(McKnight, Huebner, & Suldo, 2002; Suldo & Huebner, 2004). 또한 어린 시기의 삶의 만족도나 행복감은 이후 성인기의 삶의 만족도를 예측한다(Marison, Laursen, Zettergren, & Bergman, 2013; Saha, Huebner, Suldo, & Valois, 2010).

이처럼 중요한 삶의 만족도가 아이들에게서는 현저히 낮은 수준으로 나타나고 있다. 수년 동안 다양한 기관에서의 조사 결과 모두 조사 대상 국가 중 우리나라 아동의 전반적 삶의 만족도와 행복감이 최하위에 해당하는, 매우 심각한 수준이라고 할 수 있다.

2013년 보건복지부에서 실시한 '한국아동종합 실태조사'에 따르면, 우리나라 아동의 삶의 만족도는 60.3점으로 OECD 국가 중 최하위를

OECD 국가별 아동의 삶의 만족도		아동의 5대 스트레스 원인	
(단위: 점, 100점 만점)		(단위: 점, 1점 '전혀 그렇지 않다', 4점 '매우 그렇다')	
네덜란드	94.2	숙제나 시험 때문에	2.47
아이슬란드	90.2	성적 때문에 부모로부터	2.30
핀란드	89.8	부모와 의견충돌	2.25
영국	86.0	대학 입시에 대한 부담	2.18
프랑스	85.5	부모의 지나친 간섭	2.17
미국	84.2		
헝가리	82.5		
한국	60.3		

OECD 국가별 아동의 삶의 만족도와 아동의 스트레스 원인

출처: 보건복지부(2013).

기록했다(김미숙 외, 2013).

영국에서 실시한 자국 아동의 주관적 안녕감을 조사하기 위한 연구 'The Good Childhood Report 2015'(Pople, Rees, Main, & Bradshaw, 2015)에서도 우리나라 아동은 전체 조사 대상 15개국 가운데 15위로 우리 아이들의 전반적 삶에 대한 불만족 수준을 알 수 있다.

또한 '2016 제8차 어린이·청소년 행복지수 국제비교 연구' 보고서에 따르면, 한국 어린이의 주관적 행복지수는 82점으로 조사 대상인 OECD 회원국 22개국 중 가장 낮은 것으로 조사되었다(염유식, 2016). 주관적 행복지수는 스스로 생각하는 행복의 정도를 OECD 평균(100점)과 비교해 점수화한 것으로 한국 어린이·청소년의 주관적 행복지수는 2009년 첫 조사 이후 2014년까지 60~70점대를 기록하며 6년 연속 최하위였다가 2015년에는 90.4점으로 23개국 중 19위로 상승하여 상황이 개선되는 듯해 보였으나, 2016년 다시 최하위로 내려앉았다.

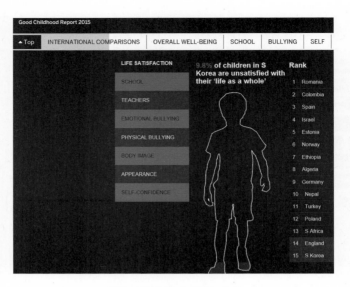

한국 아동의 삶의 만족도 순위

출처: Good Childhood Report (2015).

아동의 삶의 만족도를 저해하는 요인들

16개 국가의 어린이를 대상으로 삶의 질에 관한 국제 비교(세이브더칠드런, 서울대학교사회복지연구소, 2017) 조사에서도 우리나라 만 8세 아동의 행복감이 14위로 최하위 수준으로 드러났는데, 구체적으로 가족과 함께 대화하거나 노는 시간, 학교 성적에 대한 만족도, 교사의 관계에 대한 만족도 모두 16개국 가운데 16위를 기록했다. 가족과 학교 문항에서 공통적으로 드러나는 점은 아이들이 '존중받는다'고 느끼지 못하는 점이다(14위).

또한 아이들의 시간 사용을 보면, 방과 후 교육 시간은 3위인 반면, 가족과 함께 대화하는 시간, 가족과 함께 놀기는 역시 최하위를 기록했다. 이러한 결과는 과도한 학업 스트레스가 본격화되기 전이라고 여겨지는 시기인 만 8세 아이들도 사교육에 내몰리고 있는 우리의 현실을 보여 주며 아동 삶의 만족도를 저해하는 주요 요인일 가능성이 높은 것으로 연구자들은 해석하고 있다. 우리나라 아동은 50.5%의 학업 스트레스 지수를 보이는데, 이는 전체 평균 33.3%보다 17.2%가 높고 학업 스트레스를 가장 적게 느끼는 네덜란드(16.8%) 아동의 3배 정도가 된다(김미숙, 2015). 이처럼 우리나라 학생의 학업 스트레스 지수는 유엔아동기금 조사 대상 국가 29개국 아동보다 월등히 높다는 점에서 이와 같은 결과는 당연한 것일 수도 있다.

외모에 대한 만족도 역시 최하위로 나타났다. 외모와 관련한 이러한 결과는 뒤의 그림에서 볼 수 있는 것과 같이 다른 연령대(10, 12세)의 다른 나라의 조사(Pople, Rees, Main, & Bradshaw, 2015) 결과에서도 동일하게 나타난다. 우리나라의 아동이 남녀 모두 전체 15개국 가운데 가장 낮은 만족도를 보일 뿐만 아니라, 남아의 경우 우리나라(7.7)를 제외하고는 7점대는 찾아볼 수가 없다는 사실은 우리 사회가 아이들에게 어떠한 외적 기준을 제시하고 있는가에 대해 깊이 고민해 봐야 함을 말해 준다.

이 밖에도 옷, 컴퓨터, 인터넷, 자동차 등이 있는지 묻는 조사에서는 1위를 기록하였음에도 불구하고, 자신이 가지고 있는 돈 또는 물건에 대해 '얼마나 행복한가'를 묻는 질문에서는 14위에 그쳤다. 우리 아이들은 물질적 풍요로움 속에서도 스스로 행복하다는 느낌을 갖지 못하는 것이다. 만 8세 아동뿐 아니라 만 12세, 즉 중학교 1학년 학생들의 행복감 역시 최하위로 나타났고 자신의 외모와 학교생활에 대한 만족도가 가장 낮은 요인으로 나타났는데, 특히 외모에 대한 만족도는 10점 만점에 6.81점으로 조사 대상국 가운데 유일하게 6점대를 기록했다. 이에 연구진들은 개인을 외적인 것으로 평가하고 차별하는 사회분위기로 인해 이미 우리 아이들이 타인과의 비교로 자신을 평가하는 것을 체득화한 것이 아닌가 하는 우려를 나타냈다.

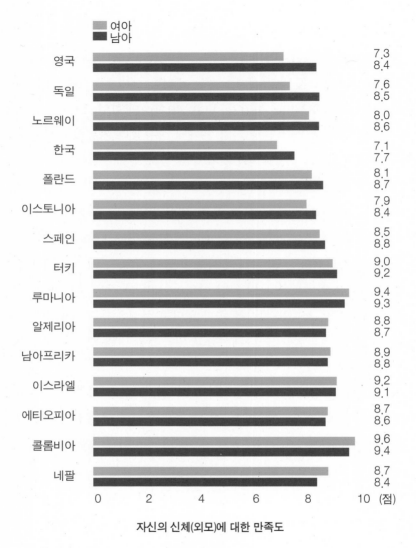

자신의 신체(외모)에 대한 만족도

출처: Good Childhood Report (2015).

이제는 우리 아이들이 행복할 수 있도록

우리나라 아동의 주관적 행복감이 일관되게 낮은 수준으로 나타나는 것을 어쩔 수 없는 현실로 받아들여서는 안 될 문제이다. 아동의 삶이 만족스럽지 못하고 행복하지 못하다고 느끼는 것은 아동의 행복권의 침해이며, 이들이 성인기에 이르러서도 이에 따른 부정적 영향이 이어질 수 있기 때문이다. 따라서 더 늦기 전에 상황을 개선하기 위한 노력들이 필요하다는 합의 아래 몇 가지 정책적 과제들이 언급되고 있다(김미숙, 2015). 먼저, 삶의 여러 차원에서의 정책적 대응을 마련하는 국가 차원의 전략이 필요하다. 둘째, 과중한 학업을 완화할 수 있는 교육제도의 개편이 필요하다. 셋째, 학업 스트레스를 완화하고, 행복감을 높일 수 있는 방안으로 여가 인프라 및 여가시간 확충이 필요하다. 넷째, 관계(부모-자녀, 교우 등)의 질 향상을 위한 사회적 기반 및 학교생활 조성과 교육 등이 필요하다.

이에 그동안 분절적으로 수립되고 시행되었던 아동 관련 정책을 종합한 우리나라 최초의 포괄적인 중장기 국가계획인 '제1차 아동정책 기본계획(2015~2019)'은 우리 아이들의 행복을 위한 첫걸음으로 볼 수 있다. 제1차 아동정책 기본계획은 10년 내 OECD 아동의 행복 수준을 평균수준으로 끌어올리는 것과, 아동 최우선의 원칙을 실현할 수 있는 기반을 조성하는 것을 목표로 한다. 즉, 아동이 행복한 사회를 지향하며 동시에 아동의 권리에 대한 인식과 아동의 목소리에 대한 존중을 아동정책의 우선순위로 삼고 있다. 이러한 정책 비전의 실현을 위해 미래를 준비하는 삶, 건강한 삶, 안전한 삶, 함께하는 삶의 4개 핵심 정책 영역과 실행 기반 조성으로 구성되어 있다. 우리는 이러한 노력들이 단순한 정책 공약으로만 끝나지 않도록 하기 위해 노력해야 할 것이다.

삶의 만족도는 정적인 상태가 아니라 개인적 요인과 환경적 요인에 따라 변화하는 역동적이며 복잡한 다차원적인 특성을 가지고 있다 (Fujita & Diener, 2005). 따라서 삶의 만족도를 높이기 위한 접근 역시 다각적인 방향에서 이루어져야 할 것이다. 아울러 물질적 풍요와 같은 객관적인 지표에서는 최상위 수준임에도 불구하고 아동 스스로가 느끼는 행복감이 최하위권이라는 것은 단순한 물질적 지원을 넘어 사회적 환경의 변화가 이루어져야 우리 아이들이 느끼는 삶의 만족도를 높일 수 있다는 점에 유념해야 한다.

11
놀이와 아동

아동의 삶에서 놀이는 어떤 의미일까?

★ 전가일(장안대학교 유아교육과 조교수)

우리 대부분은 어린 시절 집 밖에 나가 마당이나 골목, 뒷산을 자유롭게 뛰어놀던 경험이 있을 것이다. 이렇게 특별한 규제와 제재가 없는 공간에서 정해진 형식이 없이 자유롭게 뛰어노는 아이의 놀이 경험은 아이에게 자연과 접속하는 기회이자 자신의 상상력을 실현하는 장이다. 또한 아이가 신체를 조절하고 그 한계에 도전하는 경험을 통해 자기 자신과 세계에 대한 자신감을 키우고 기쁨을 맛보는 교육적 경험이다(전가일, 2015; Coleman & Dyment, 2013). 20년 전 즈음만 하더라도 이와 같이 아이가 자신의 한계에 도전하며 기쁨을 맛보는 자연스럽고 자유로운 놀이가 가능했다. 하교 후 동네 놀이터와 골목에서 노는 아이들을 찾아보는 것이 어렵지 않았다.

그러나 최근에는 아이들이 놀 수 있는 동네 골목은 사라졌으며, 심지어 놀이터에서도 자유롭게 놀고 있는 아이들을 만나는 것은 어려운 일이 되었다. 요즈음의 아이들은 놀이터에서 끝없이 움직임을 제재하는 부모 곁에서 놀거나 비용을 지불하고 실내 놀이시설이나 큰 놀이공원을 찾아간다(송현숙, 곽희양, 김지원, 2015; 전가일, 2015, 2016). 심지어는 부모와 함께 '창의적인' 놀이를 배우기 위해 문화센터에 가서 '창의적'이며 '주도적'으로 놀 수 있는 방법을 강사에게 배우기도 한다. 이와 같은 놀이환경 변화와 놀이기회의 축소에도 불구하고 아이에게 놀이경험은 여전히, 오히려 그러하기에 더더욱 중요하며 의미있는 것이다.

놀이의 힘

놀이의 중요성과 그 강력한 영향력에 대해서는 놀이의 개념과 근본속성을 발생적으로 고찰한 Caillois(1958), Huizinga(1955)와 같은 인류학자들뿐 아니라 놀이를 통해 인간 존재 의미를 구성하고자 했던 해석학적 철학자들(Gadamer, 1960), 그리고 진화생물학자와 발달이론가들에 의해서도 강조되어 왔다(Gray, 2014; Van Hoorn, 2007).

인간을 포함한 대부분의 동물이 놀이를 한다. 놀이는 동물의 적절한 신체 성장을 도모할 뿐 아니라 신체적 기술을 연습하고 결정적인 생존의 기술을 익히는 방법이다. 이러한 동물들의 놀이는 보다 고등한 동물일수록, 즉 더 큰 뇌를 가진 동물일수록 활발한데 그중에 으뜸이 바로 인간이다. 인간 또한 다른 고등 동물과 마찬가지로 놀이를 통해 신체적 성장을 도모하고 신체적 기술과 생존에 필요한 움직임을 익힌다. 뿐만 아니라 인간은 놀이를 통해 다른 이들과 협동하는 방법을 배우고, 타인에게 동감하고, 분노를 조절하는 경험을 한다. 그래서 여타의 다른 동물보다 더 큰 뇌를 가진 인간의 놀이는 다른 어떤 동물보다 더욱 복잡하며 다양하고 활발하다(Gray, 2014). 아이는 살아가는 데 있어 필요한 것을 획득하기 위해서라도 놀아야하는 것이다. 이러한 진화생물학적 관점에서 보더라도 놀이야말로 인간이 인간답게 성장할 수 있도록 하는 중요 원동력이다. 인류 역사 속에 스며들어 있는 놀이의 원형과 속성 등을 고찰한 Huizinga(1955)는 놀이야말로 인간다움을 규정할 수 있는 행위라고 역설하며 인간을 호모루덴스, 즉 '놀이하는 인간'으로 규정하기도 했다. 실제로 놀이에 몰두하는 아이들을 잘 살펴보라. 그처럼 아이가 빛나고 행복해 보이는 순간을 우리가 또 찾을 수 있을까!

놀이는 또한 아이가 자신의 정서적인 욕구를 채우거나 억압을 분출하는 장이 되기도 한다. 아이는 놀이를 통해 평소 자신이 상상하고 바랐던, 그러나 현실 속에서는 좀처럼 실현되기 힘든 욕구들을 충족하기도 한다(이순형, 2014; 전가일, 2013; Van Hoorn, 2007). 또한 놀이를 통해 내면에 쌓여 있던 공포와 분노 등을 표출함으로써 억압되어 있는 정서들을 해소하기도 한다. 놀이는 아이에게 자연스러운 일상에서의 치료 경험이 되기도 하는 셈이다(권혜진 외, 2016).

또한 놀이는 아이가 타인에 대해 공감하고 동정심을 경험하며 다른 이들의 관점을 이해하는 것을 통해 나르시시즘을 극복하는 사회적 장이기도 한다. 아이는 놀이 속에서 끊임없이 갈등하고 협상하면서 자신과 또래의 서로 다른 바람을 실현시킬 수 있는 방법과 대안을 찾는다. 이러한 과정 속에서 아이는 타인과 협동하는 자연스러운 방법들을 익히기도 한다. 놀이야말로 아이가 사회정서적인 기술을 익히는 가장 근원적이고 자연스러운 길인 셈이다. 이와 같은 아이의 놀이에 대한 정서적 힘에 대해 편해문(2007)은 다음과 같이 기술하고 있다.

아이들은 놀면서 수도 없이 지고 이기고, 죽고 다시 살아나는 것을 경험을 한다. 그러한 경험을 하지 않는 아이들이 세상에 나가 무언가에 패배했을 때 아이들은 어떻게 그 패배를 넘어설 수 있을까? 놀이가 패배와 죽음을 넘어서는 수많은 상황과 만나게 해 주고 그것을 극복하는 힘을 길러 줄 수 있다.

놀이가 아이에게 가지는 이와 같은 중요성과 그 놀라운 힘에 대해서는 일찍이 많은 이들이 주목해 왔을 뿐 아니라 사회적으로도 가치 있는 것으로 여겨져 왔다. 그래서 놀이는 일찍이 아이의 권리로 인정되어 왔다. 놀이야말로 아이의 건강한 발달을 위해 결정적이므로 놀이가 곧 아이의 권리임을 사회문화적으로 인정하고 있는 셈이다. 역사적으로 주요한 '아동 권리 헌장'마다 아이의 놀 권리를 다음과 같이 명시하고 있다.

놀이와 관련한 아동 권리 헌장의 내용들

- 1922년 '세계아동헌장' 25조
  모든 학교는 넓은 땅을 갖지 못한 모든 어린이들이 방과 후에 놀 수 있도록 놀이터를 갖추어야 한다.
- 1923년 한국 어린이날의 '아동권리 공약' 3장
  어린이 그들이 고요히 배우고 즐거이 놀이에 족한 각양의 가정 또한 사회적 시설을 행하게 하라.(방정환 선생이 첫 번째 어린이날을 기념하여 만든 전단지 〈어린이날의 약속〉에 나오는 글)
- 1959년 유엔의 '아동권리선언' 7조
  놀이 및 레크리에이션은 교육과 동일하게 다루어져야 하며 사회 및 공공기관은 어린이들이 놀 권리를 누릴 수 있도록 노력해야 한다.
- 1989년 유엔 '아동권리협약' 31조
  어린이는 충분히 쉬고 놀 권리가 있다.

자유로운 놀이의 쇠퇴

그러나 이와 같은 놀이의 중요성과 아이의 놀 권리에 대한 사회적 합의와 공표에도 불구하고 최근 유아의 생활세계의 물리적 환경이 급격히 도시화·기계화되면서 아이의 자유로운 놀이공간은 급속하게 줄어들고 있다(김정원, 최은영, 김경본, 2010; Jonson, Christie, & Wardle, 2005). 또한 자유로운 실외 놀이공간이 줄어드는 것과 같은 물리적 변화뿐 아니라 자유로운 바깥놀이 경험의 기회 자체가 줄어들고 있다. 요즈음의 아이들은 쏟아지는 다양한 학습활동과 상품화된 실내 놀이, 컴퓨터와 디지털 미디어 사용의 증가, 범죄의 증가로 인한 바깥놀이 안전에 대한 우려 등으로 밖에서의 자유로운 놀이를 빼앗기고 있다(김진희, 2009; 전가일, 2015; Coleman & Dyment, 2013; Forst, 2002; Veitch, Salmon, & Ball, 2007). 지난 20여 년간 아이들의 자유로운 놀이, 진정한 놀이의 기회는 점점 더 축소되어 왔다(편해문, 2008; Gray, 2014). 그러나 당연히도 아이들의 삶에서 모든 놀이가 사라진 것은 아니다. 지금의 아이들은 스마트폰과 컴퓨터 게임을 하거나 가상현실을 통해 '논다'(송현숙, 곽희양, 김지원, 2015). 스포츠 게임 또한 놀이로 보기도 한다. 주말마다 유니폼을 입고, 기구를 들고, 성인의 지시에 따라 달리는 아이들과 그 움직임을 열렬히 응원하는 부모들의 모습을 학교 운동장과 공원에서 볼 수 있다.

이러한 활동을 우리는 종종 '놀이'라고 부르지만 그 움직임은 놀이의 진정한 의미, 즉 놀이다움을 갖추지 못하고 있다. 놀이의 가장 중요한 속성은 자발성과 자유이므로, 놀이다운 놀이는 자기 결정, 자기 규제와 자기 통제를 수반한 놀이여야 한다(조용환, 1993; Caillois, 1958; Gadamer, 2960; Huizinga, 1955). 즉, 성인의 계획 속에서, 성인의 지시와 통제를 따라 진행되는 활동들은 놀이의 속성을 결여한 셈이다(전가일, 2013). 이런 맥락에서 편해문(2016)은 아이의 진정한 놀이란 성인이 보지 않을 때 일어난다고 하였다. 또한 Gray(2014)는 놀이의 중요성에 대한 높은 사회적 인식과 실내 놀이터와 수많은 스포츠 활동의 증가에도 불구하고 문 밖에서 성인의 감시 없이 노는 아이를 거의 만날 수 없는 지금의 상황을 명백하게 '놀이의 쇠퇴'로 보고 있다.

집과 학교 밖에서 아이들의 자유로운 놀이가 쇠퇴한 결과는 무엇인가? Gray(2014)는 미국 상담센터의 통계를 빌어 아이의 자유로운 놀이가 쇠퇴한 최근 20여 년간 아동 · 청소년의 불안감 · 우울증 · 분노 · 이기심이 늘었으며, 공감 능력과 창의성이 낮아졌음을 지적하고 있다. 아이가 놀이를 통해 좌절된 욕구를 실현하고 억압되었던 정서를 표출하며 상대방의 입장을 이해하고 수용하며 공감과 동정심을 경험한다는 측면을 고려해 볼 때 이와 같은 결과는 놀라운 것이 아니다.

아동의 자유로운 놀이가 쇠퇴한 이유

우리 아이들이 집과 학교 밖에서 자유롭게 놀이하는 기회가 줄어든 이유는 무엇일까? 관련한 최근의 선행연구들(송현숙, 곽희양, 김지원, 2015; 전가일, 2015, 2016; 편해문, 2007, 2015; Coleman & Dyment, 2013; Gray, 2014; Jonson, Christie, & Wardle, 2005; Veitch, Salmon, & Ball, 2007)에 기초하여 최근 놀이의 쇠퇴의 이유를 들면 다음과 같다.

첫째, 산업화와 도시화로 인한 아동 삶의 공간과 생활환경의 변화이다(윤재홍, 2012; 편해문, 2007; Beltzig, 2014; Jonson, Christie, & Wardle, 2005). 30여 년 전에는 지금보다 상대적으로 주거 형태가 다양했으며, 도시화가 덜 진행된 곳에서 아이들이 집 마당뿐 아니라 집과 집의 틈새인 골목이나 동네의 공터, 뒷산에 올라가서도 놀았다. 그러나 급격한 산업화와 도시화로 인해 요사이 아이들의 주거 형태는 대부분 아파트가 되었으며, 골목이나 공터는 더 이상 찾아볼 수 없게 되었다. 이러한 공간과 생활환경의 변화는 자연스럽게 집 밖에서의 아이들의 자유로운 놀이를 약화시켰다.

둘째, 아동에게 학습과 관련된 과업(school work)이 과도하게 늘어났기 때문이다(김성원, 권미량, 2015; 송현숙, 곽희양, 김지원, 2015; 편해문, 2015; Coleman & Dyment, 2013; Gray, 2014). 30여 년 전 유아기 아이들은 친구들과 마을에서 놀거나 부모의 소소한 일을 돕는 것이 일상이었다. 학령기 아동이라 하더라도 하루 3~4시간 정도 학교에서 이루어지는 학습 시간이면 충분했다. 나머지 시간 동안 아이들은 밖에서 뛰어놀고 숲속을 탐험하고 가정 일을 도왔다. 그러나 지금 많은 아동이 하루 6~8시간, 심지어는 10시간까지도 학습과 관련된 인지적 활동을 한다(송현숙, 곽희양, 김지원, 2015; Gray, 2014). 이러한 과도한 학습 관련 과업으로 인해 아이들은 자유롭게 놀 시간이 없을 뿐만 아니라 놀 만한 마음의 여유와 즐거움도 잃었다. 이런 맥락에서 Gray(2014)는 현대의 아동에게 과도한 학습적 과업을 요구하는 이러한 현상을 '학습적 학대(schoolish abuse)'라고 부르기도 하였다.

셋째, 아동의 안전에 대한 불안감과 위험에 대한 공포의 증가이다(전가일, 2015; 편해문, 2015; EBS, 2013; Gray, 2014; Rosin, 2014). 미디어의 발달로 아동 대상의 흉악 범죄와 안전사고에 대한 정보가 날로 증가하면서 부모와 교사들은 아이들이 밖에서 노는 것에 대한 불안감과 활동적인 신체놀이의 위험을 걱정하게 되었다. 실제 아이들과 함께 놀이터에 온 많은 보호자가 안전사고를 우려하여 아이들의 움직임을 제한하고 있다(전가일, 2015). 아이들이 과잉보호되는 시대가 된 셈이다(Rosin, 2014). 보호자 및 정책 관련자들은 안전에 대한 불안과 위험에 대한 공포로 아이들의 놀이에서 위험의 모든 요소를 제거하려고 노력하게 되면서 아이들의 자유로운 놀이는 자연스럽게 쇠퇴하고 있다(편해문, 2015; Gray, 2014).

넷째, 상품화된 놀이와 스마트폰 게임 등과 같은 가짜 놀이의 확산이다(송현숙, 곽희양, 김지원, 2015; Coleman & Dyment, 2013). 요사이 아이들과 보호자들은 친구들과 놀기 위해 놀이터를 찾기도 하지만, 안전과 편리함을 이유로 키즈카페 등으로 불리는 실내 놀이시설을 찾는 경우가 많다. 부모와 아이들은 키즈카페의 일정한 공간 안에 미리 준비되어 있는 고도로 구조화된 놀이 기구들을 사용하며 노는 대가로 약 5,000~8,000원을 지불한다. 놀이가 상품화된 것이다. 또한 많은 아이가 보다 어린 시절부터 스마트폰과 컴퓨터 등의 디지털 게임을 시작한다(송현숙, 곽희양, 김지원, 2015). 디지털 게임은 아이들에게 매우 큰 자극과 재미를 줄 수 있으나 아이들은 이를 통해 타인과 정서적 교감을 하거나 상호작용하는 것이 아니라 버튼을 누르는 것과 같은 단순한 기계 조작이 대부분이다. 이러한 디지털 게임에서 아이들은 상대와 갈등, 교감, 협상, 문제의 해결 등을 경험할 수 없다. 이러한 맥락에서 몇몇 놀이운동가들(송현숙, 곽희양, 김지원, 2015; 편해문, 2015)은 이와 같이 상품화된 놀이와 디지털 게임 등을 가짜 놀이라고 지칭한다.

놀이다운 놀이를 위한 새로운 흐름들

앞서 살펴본 아이들의 자유로운 놀이의 쇠퇴는 아동의 건강한 발달을 위해 필요한 놀 권리, 즉 건강하게 자랄 권리의 약화이기도 하다. 지난 수십 년간 놀이의 쇠퇴를 야기하는 공간과 생활환경의 변화 그리고 사회문화적 조건들이 가속화되어 왔으며 동시에 아이들의 자유로운 놀이의 축소도 가속화되고 있다. 그러나 동시에 이러한 자유로운 놀이의 쇠퇴 흐름에 대한 문제점을 인식하고 이에 대해 놀이다운 놀이의 회복을 위한 새로운 움직임들이 일고 있다(송현숙, 곽희양, 김지원, 2015; 편해문, 2015).

아이들의 놀이다운 놀이 회복을 위한 새로운 흐름은 먼저 현장에서 일어났다. 놀 시간과 놀 친구가 없는 아이들의 현실을 안타까워하는 어머니들이 자발적으로 만든 놀이 소모임이 확장되어 만든 '와글와글 놀이터'나 숲속에서의 자유로운 놀이를 지향하며 만든 공동육아도 생겨났다(송현숙, 곽희양, 김지원, 2015). 놀이하는 아이들을 위해 교사의 놀이성을 먼저 일깨워야 한다는 취지로 교사교육 단체들에서 교사 놀이 연수를 실시하기도 한다. 지역의 폐쇄되었던 놀이터를 다시 살리기 위해 지역의 학부모들을 거점으로 한 마을 공동체가 아이들을 위한 놀이터를 함께 만드는 활동을 진행하기도 하였다. 또한 지방자치단체와 놀이 운동가들의 공동 프로젝트를 통해 아이들의 자유로운 놀이를 위해 아동의 관점을 반영한 보다 덜 구조화된 놀이터인 '기적의 놀이터'가 설립되기도 했다(편해문, 2015). 놀이터의 디자인 측면에서도 성인에 의해 계획되고 통제되는 놀이가 아니라 아동의 관점에서 자유로운 움직임이 가능한 놀이를 위한 여백의 공간이 있는 놀이터 디자인에 대한 새로운 각성이 국내외에서 일어났다(편해문, 2015; Beltzig, 2014). 이렇게 아이들의 자유로운 놀이를 살리기 위한 새로운 흐름들은 지금도 여전히 지역 곳곳에서 일어나고 있다.

국가가 나서서 아동의 놀 권리를 위한 기관을 설립하거나 유수의 NGO 단체들이 아동의 놀 권리와 자유로운 놀이를 위한 안내를 하기도 한다(송현숙, 곽희양, 김지원, 2015). 영국 내셔널트러스트(National Trust)는 아이들이 12세가 되기 전에 꼭 해 봐야 하는 자연 속에서 놀이를 발표하기도 했다. 여기서는 '나무에 오르기' '진흙 미끄럼 타기' '개구리 알 찾기' '모닥불 피워 음식 만들기' 등이 포함되었다. 유니세프한국위원회 놀권리 웹사이트 '나가서 놀자'(www.unicef.or.kr/play)에서는 한국 어린이가 하고 싶은 바깥놀이 50가지를 다음과 같이 소개하고 있다.

한국 어린이가 하고 싶은 바깥놀이 50가지

꺄르르 신나게 달리기	껑충껑충 한발뛰기	꼬마야 꼬마야 줄넘기	꼭꼭 숨어라 숨바꼭질	꽁꽁 눈을 뭉쳐 던지거나 나만의 작품만들기
꽃이나 잎사귀로 왕관 만들기	나 잡아봐라 술래잡기	냠냠 소꿉놀이	넘어가라 딱지 치기	높이높이 연날리기
던져던져 비석 치기	돌맹이 모아모아 공기놀이	동글동글 공놀이	두둥실 물에 나뭇잎 배 띄우기	떴다떴다 종이 비행기 날리기
무궁화 꽃이 피었습니다	뭉게뭉게 구름에 별명 짓기	바스락 바스락 낙엽 밟기	발갛게 복숭아 물들이기	보슬보슬 소복소복 손으로 비와 눈 맞기
비틀비틀 균형 잡고 걷기	뽀득뽀득 아무도 밟지 않은 눈 밟기	삘릴리 풀피리 불기	성큼성큼 그림자 밟기	슈웅 그네 타기 힘껏 그네 밀기
쌩쌩 언덕에서 썰매 타기	쏙~통에 던져 넣기	씨앗 심어 파릇파릇 새싹 보기	아슬아슬 돌탑쌓기	안녕? 동식물과 친구하기
알록달록 꽃과 나뭇잎 이용하여 물들이기	영차영차 줄다리기	오르락 내리락 계단에서 가위바위보	요리조리 사방치기	울퉁불퉁 맨발로 걷기
자연에서 야영하기	잡고 말 테야 꼬리잡기	조심조심 보도블록 금 안 밟고 걷기	주렁주렁 야채나 과일 따 먹기	쫑긋 자연의 소리 듣고 따라하기
찾아라 찾아라 보물찾기	첨벙첨벙 물놀이	킁킁 자연의 냄새 맡기	토닥토닥 흙놀이	통통 풍 물수제비 뜨기
폴짝폴짝 고무줄 놀이	폴짝폴짝 징검다리 건너기 (만들기)	한 걸음 한 걸음 언덕이나 산 오르기	후~ 민들레 홀씨 불기	후우후우~ 비눗방울 불기

출처: 나가서 놀자 유니세프한국위원회(www.unicef.or.kr/play)

유니세프한국위원회가 소개하고 있는 앞과 같은 아이들의 놀이의 대부분은 지금의 성인이라면 아동기에 한번쯤은 자연스럽게 해 보았던 놀이들이다.

이제 우리는 진짜 놀이다운 놀이, 아이들의 자유로운 놀이를 위해 무엇인가를 해야 할 때이다. 진짜 놀이를 아이들 사이에서 되살려야 할 때이다. 그것은 아이들이 있어야 할 그 자리에 아이들을 돌려놓는 일, 아이들이 당연히 누려야 권리를 다시 찾아 주는 일이다. 그것은 어쩌면 지금의 고도화된 자본주의 사회에서 상품화된 가짜 놀이 속에서 생기를 잃어가는 아이들을 되살리는 일이 될지도 모른다. 그리고 그것은 어쩌면 우리가 가야 할 미래를, 그러나 이미 수천 년의 인류 역사 속에서 자연스럽게 있어 왔던 오래된 미래를 찾는 일이 될 것이다.

놀잇감의 구조성은 아동의 놀이에 어떤 영향을 미칠까?

★ 권혜진(나사렛대학교 아동학과 교수)

우리 아이들은 잘 놀고 있을까? 아이들이 잘 놀기 위해서는 단순히 놀잇감이 풍부한 것으로 충분하지 않고 마음껏 안전하게 놀 수 있는 공간, 편안하고 여유로운 시간, 함께 어울려 놀 수 있는 또래와 형, 누나, 성인들과 같은 관계적 여건이 충분해야 한다. 그런 측면에서 보면 요즘 아이들의 놀이 환경은 '풍요로워보이지만 빈곤'하다. 부모 세대의 어린 시절에 견주어 요즘 아이들의 성장 환경을 둘러보면 그 어떤 시대보다 물질적으로 풍요하다. 장난감은 넘쳐나지만 정작 마음껏 놀 수 있는 공간과 함께 놀 수 있는 놀이친구, 마음껏 놀 수 있는 시간은 오히려 축소되고 빈곤해지고 있는 것은 아닌지 돌아볼 필요가 있다. 가족 및 사회 환경의 변화와 과학기술의 발달함에 따라 놀이공간은 점점 실내로 한정되고 놀이대상 역시 축소된 상태에서 화려한 장난감이 하루가 멀다 하고 개발되어 아이들을 유혹한다. 온 집안이 장난감으로 점령되어 있지만 아이는 새로운 장난감을 또 사 달라고 조르기 일쑤이다. 이럴 때 부모는 장난감이 얼마나 있는 게 좋은지, 어떤 장난감을 사 주는 것이 좋은지 고민에 빠지게 된다.

장난감에 중독된 아이들

놀이에서 주인공은 아이이다. 장난감은 아이들의 놀이를 보다 풍부하게 만들고 즐겁게 놀 수 있도록 도와주는 매개체이다. 그러나 아이들의 놀이에서 장난감이 주인 행세를 하는 모습을 종종 보게 된다. 장난감 없으면 어떻게 놀아야 할지 모르는 아이들이 많으며, 친구가 옆에 있어도 관심을 두지 않고 장난감만 가지고 논다. 이미 가지고 있는 비슷한 장난감을 사 달라고 조르며 장난감을 모으는 것에 집착하고, 친구가 가진 장난감을 자신도 꼭 가져야만 만족한다. 이런 아이들은 막상 새 장난감이 생기면 조금 가지고 놀다가 금세 흥미를 잃고 다시 새것을 사 달라고 조르기를 반복한다. 특히 로봇, 인형, 자동차 등과 같은 상품화된 장난감들이 더 심각한 장난감 중독을 유발한다. 장난감을 가지고 놀면서 즐거움을 경험하는 것이 아니라 장난감을 소유하는 경험에 중독되는 것이다. 게임 중독이나 스마트폰 중독 등도 같은 맥락에서 이해될 수 있다. 장난감은 친구와 놀이를 재미있게 하기 위한 매개체이지만 이러한 장난감 의존과 중독 현상은 아이의 집중력과 사회성 저하 등 여러 부작용을 낳는 것으로 보고되고 있다(국민일보, 2017; 이병용, 2005).

아이들의 장난감 중독은 아이의 책임이기보다는 부모의 장난감 의존중에서 비롯된다. 부모가 아이와 놀아 주지 못하는 죄책감을 장난감을 사 주는 것으로 덜어 보고자 하거나, 인지 발달이니 창의력 개발이니 하는 교육적 목적을 기대하며 장난감을 사 주기도 하고, 자신의 어린 시절의 결핍된 경험을 자녀를 통해 대리만족하고자 장난감을 넘치게 사 주는 경향이 있다. 부모는 아이들에게 장난감을 사주고 나면 할 일을 다 했다고 생각한다. 그러나 아이는 장난감으로부터 일시적인 만족감을 얻지만 곧 싫증을 내게 되고, 이것이 반복되면서 일종의

놀잇감의 구조성은 아동의 놀이에 어떤 영향을 미칠까?

중독에 빠지게 된다. 장난감 중독에 빠진 아이는 상업적 장난감의 홍수 속에서 영유아기 특유의 창조성과 상상력을 발휘하지 못한 채, 잘못된 소비습관을 가지며 놀이에서 자기주도성을 잃어버리고, 놀잇감의 노예가 되기 쉽다.

놀잇감에 따라 달라지는 아이들의 놀이

그러면 이러한 놀잇감을 아이에게 무조건 주지 않아야 할까? 또는 어떻게 하는 것이 아이에게 좋은 놀이환경을 제공하는 것일까에 대한 고민이 생긴다. 아이가 생활하는 공간을 둘러보면 많은 물건에 둘러싸여 있고, 어떤 물건이든 사실 아이에게 장난감이 될 수 있다. 앞서 언급한 것처럼, 장난감은 놀이의 중요한 매개체이다. 놀잇감은 유아의 놀이의 질과 특성에 매우 중요한 영향을 미치는 것(Trawick-Smith, Russell, & Swaninathan, 2010)으로 알려져 있다. 여러 연구자는 놀잇감의 현실성과 구조성이 유아의 놀이와 어떤 관련이 있는지를 밝히고 있다. 놀잇감의 구조성은 놀잇감의 형체와 모양과 연관되며 실제 생활에서 사용하는 것과 비교하여 어느 정도 사실적으로 묘사되었는가와 연결된다(Johnson, Christie, & Yawkey, 2001). Johnson, Christie 및 Yawkey(2001)가 제시한 기준에 따르면, 점토, 모래, 물 등은 구조성이 매우 낮은 놀잇감이며 블록은 이에 비해 구조성은 높으나 다양한 방법으로 구성놀이를 할 수 있기 때문에 구조성이 낮은 놀잇감에 포함된다. 바비인형처럼 특정 역할이 이미 결정되어 있는 인형이나 퍼즐, 수조작 놀잇감과 같이 정해진 답이 있는 교수 자료들이 가장 구조성이 높은 놀잇감에 속한다. 구조성이 높은 놀잇감은 수렴적 사고 발달을 돕는 반면, 구조성이 낮은 놀잇감은 확산적 사고 발달을 돕는다. 두 가지 유형의 놀잇감은 모두 아이들에게 놀이를 풍부하게 하게 도와줄 수 있다.

무조건 상품화된 장난감이 아이들에게 해가 된다는 의미가 아니며, 구조성이 높은 놀잇감이 나쁜 장난감이라는 의미는 더더욱 아니다. 문제는 요즘 아이들이 가지고 노는 두 유형의 놀잇감의 균형이 맞지 않다는 것이다. 각 가정이나 영유아 교육기관에서 아이들이 가지고 있는 놀잇감을 이 기준에 따라 구분해 보면 구조화된 놀잇감이 비중이 높을 것이다. 가정이나 영유아 교육기관 모두 영유아에게 사용방법과 규칙이 있는 구조화된 자료나 특히 인지 발달, 언어 발달을 도모하기 위해 도입된 구조화된 인지 교구가 많이 제공되고 있다. 어떠한 놀이 구조과 놀이 상황을 제공해 주는가는 아이의 놀이의 내용과 질을 결정하는 주요한 변인들로 알려져 있다(임부연, 오정희, 최남정, 2008). 놀이 방법과 목적이 명확하게 정해져 있지 않은 개방적인 장난감은 아이가 주도적이고 자발적인 놀이를 할 수 있도록 돕는다.

나뭇잎, 솔방울 등 자연물과 비닐, 종이 등 생활용품은 아이에게는 좋은 장난감이다. 아이는 우유갑, 페트병 등을 활용해 자신만의 놀잇감을 만들어 내며, 자신이 만든 물건으로 놀이를 만들어 내고 발전시켜 나가는 모습을 보여 준다. 놀잇감의 구조성과 아이의 놀이 차이에 관한 여러 선행 연구결과들(지성애, 2013; Edwards, Cutter-Mackenzie, 2013)은 비구조적인 놀잇감이 아이의 사회성, 문제해결력, 창의성을 증진시킨다고 밝히고 있다.

구조성이 높은 바비인형, 소꿉놀이 등은 놀이 주제를 한정시키지만, 구조성이 낮은 블록 등은 아이가 스스로 놀잇감을 변형시키고 놀이를 확장시키도록 한다. 자유놀이시간에 조개, 도토리 등의 자연물과 같은 비구조적 놀잇감을 제공했을 때 아이들은 다양하고 새로운 놀잇감으로 재탄생시켜 다양한 놀이활동을 만들어 내며, '자유롭고 진짜 재미있는 놀이'를 경험하였다(임부연, 오정희, 최남정, 2008). 이러한 선행연구결과에 따르면, 아이들이 놀이에 자발적이고 능동적인 참여를 하게 하고 놀이성을 발달시키려면, 놀이활동의 구조화 정도를 낮추는 것이 필요하며, 특히 놀이활동의 매개체가 되는 놀잇감의 구조화 정도를 낮추는 것이 필요하다. Fröbel의 은물이나 Walldorf 교육에서 추구하는 놀이매체들 역시 가능하면 놀잇감의 구조화 수준을 낮추어서 그 놀잇감을 다루는 아이의 의지와 상상에 따라 그 아이에게 의미 있는 놀이로 발전할 수 있도록 돕는 것이다. 정교하게 잘 만들어진 장난감, 스마트폰과 게임기를 포함한 장난감의 대부분은 기능성이 뛰어나 아이가 애써 만들 필요가 없이 감상하고 바라만 보아도 된다. 여기에는 아이의 의지가 개입할 여지가 없으며, 이러한 상황에서는 아이가 놀이의 주인이 되기 어렵다.

아이가 놀이의 주인이 되기

놀잇감이 주인공이 아니라 아이가 놀이의 주인이 되도록 하려면 어떻게 하는 것이 좋을까? 이에 대한 고민은 역사가 꽤 깊다. 실제로 '장난감 없는 유치원' 프로젝트가 시도되기도 하였다(국민일보, 2017; 한겨레신문, 2003). 1995년 독일의 바이에른 주에서 처음 시도된 '장난감 없는 유치원'은 유년기 초기의 교육이 소비습관을 기르고 중독 등을 예방하는 데 중요하다는 인식에서 출발했다. 엄밀히 말하면 장난감이 없는 게 아니다. 완성된 형태의 상업적 장난감을 없애고, 갖가지 만들기에 활용할 수 있는 폐품을 비롯해, 나무토막, 블록, 풀, 가위 등 다양한 형태의 '장난감' 또는 놀잇감을 제공하여 아이들 스스로 창의성을 발휘하고 서로 상의해 놀잇감을 만들도록 유도했다. 이미 장난감에 익숙해 있는 아이들은 처음엔 불안해하고 교사에게 불만을 토로하기도 하였지만, 한 주, 두 주 지나면서 아이들은 역할놀이를 하기 시작했고, 점차 숲에서 나뭇가지를 가져와 톱질하고 조각하며 건설공사장을 만드는 등 스스로 적극적으로 놀이거리를 찾아냈다. 아이들은 그 과정에서 풍부한 아이디어, 건축·통계 감각, 문제해결력, 언어적 표현능력, 만들기 능력을 보이며, 스스로 기획하고 만들어 낸 놀잇감과 놀이에 대해 큰 만족감을 느끼고, 강한 자신감과 자의식을 갖게 된다. 즉, '장난감 없는 유치원'에 변화를 가져온 것은 아이들에게 제공되는 장난감의 구조화 수준을 변화시킨 결과라고 할 수 있다. 따라서 장난감을 전부 치워 버리는 것이 해답이 아니라 가지고 노는 놀잇감의 구조화 정도가 균형을 이룰 수 있도록 해 주는 것이 필요하다. 그러기 위해서는 이미 구조화된 놀잇감은 충분히 아이에게 제공되고 있으니, 비구조화된 놀잇감을 가지고 놀아 볼 수 있는 기회를 자주 제공하는 것이 좋다.

유아와 교사의 놀이 상호작용

> 휴지 놀이에서,
> 유아: (엎드려서 휴지지를 손으로 헤치며) 어푸어푸
> 교사: (같이 엎드려) 어푸어푸
> 유아: (손을 휘저으며) 여기는 바다예요.
> 교사: 아! 그러면 어디까지 헤엄쳐 가요?
> 유아: (손으로 벽을 가리키며) 저, 저기까지요!
> 교사: (같이 헤엄치며) 그렇구나. 어푸어푸

출처: 전혜진 외(2016), p. 329.

비구조화된 놀이매체로 놀기

완성된 형태의 장난감보다는 솔방울이나 나무 조각과 같이 자연적

인 단순한 장난감은 아이로 하여금 스스로 기능을 부여하며 자발적 상상력을 발휘해 더 창의적 놀이로 유도한다. 아이가 스스로 기능을 부여한 놀잇감은 아이의 자주성과 창의성을 높일 수 있고, 전능감을 경험할 수 있도록 한다. 더불어 아이들이 자발적으로 상상력을 발휘하도록 돕는다.

비구조화된 놀이매체는 아이의 자발성과 시도가 쉽게 이루어지고 자유롭게 변형이 가능하며 동시에 감각적이고 움직임의 경험을 이끌어 낼 수 있는 것으로서 우리 생활 주변에서 쉽게 볼 수 있고 얼마든지 구할 수 있고 마음껏 놀아도 많은 비용이 들지 않으며, 망가뜨리거나 잘못 만들어도 비판받을 일이 없으며 위험하지 않고 안전한 다양한 자료들이 해당된다.

물, 모래, 흙, 나뭇잎, 나뭇가지 등과 같은 자연물, 휴지, 신문지, 종이상자, 휴지심, 종이컵, 포장지 등의 종이류, 헌옷, 스카프, 기저귀, 담요 등의 천류, 재활용품 그 밖에 풍선, 공, 매트 등 비구조적 놀잇감으로 활용할 수 있는 자료들은 무궁무진하다. 비구조적 놀잇감은 변형과 창조 가능성이 열려 있고, 비구조적 놀잇감은 놀잇감의 쓰임새나 놀이 방법이 명확히 정해지지 않아서 변형과 창조 가능성이 열려 있다(전숙영, 권혜진, 2014). 아이들은 놀잇감의 물리적 속성은 인식하나 이를 무시하고 점차 적합하다고 생각하는 방식으로 놀잇감을 사용하면서(박미경, 엄정애, 2010), 다양한 놀이로 변형시킨다. 이는 비구조적인 놀잇감이 아이의 사회성, 문제해결력, 창의성을 증진시킨다는 선행 연구결과(지성애, 2013; Edwards, Cutter-mackenzie, 2013)와 일치한다.

비구조화된 놀이매체는 아동의 자발성과 시도가 쉽게 이루어지고 자유롭게 변형이 가능하며 동시에 감각적이고 움직임의 경험을 이끌어낼 수 있다. 예를 들어, 신문지는 아이가 조작하기 쉽고 다양하게 변형이 가능하다. 마음껏 찢을 수 있고, 찢은 종이를 날리면서 해방감을 느끼기도 하고 찢어진 종이를 뭉쳐서 공을 만들 수 있고, 이것으로 공놀이를 할 수도 있다. 신문지를 펼쳐 놓으면 바다가 되기도 하고 뗏목이 될 수 있다. 아이는 놀이매체를 어떻게 갖고 놀아야 하는지에 대한 질문 대신 스스로 무엇을 하고 놀아야 할지를 결정하고 자신의 의도대로 놀고자 하며 틀에 얽매이지 않고 자유롭게 놀잇감을 사용한다.

밀가루, 밀가루 반죽, 국수와 같은 깊은 촉감 경험을 할 수 있는 매체는 아이들에게 정서적 안정감과 해방감을 경험하도록 돕는 좋은 놀잇감이 될 수 있다. 밀가루, 밀가루 반죽, 국수 등과 같은 매체는 촉감을 자극하므로 아이는 처음에는 놀이매체를 주무르기, 밟기, 뭉치기, 떨어뜨려 보기 등을 하며 탐색을 시도한다. 이러한 탐색은 곧 놀이로 이어진다. 아이는 놀이매체의 성질을 촉감으로 체험한 뒤 곧 놀잇감을 다양한 놀이 대상으로 변화시켰다. 또한 놀이에 또래를 참여시키며, 이러한 상호작용은 즉석에서 이루어지고 해체된다. 이는 아이는 자신이 의도하는 대로 놀고자 하는 자발적 욕구와 틀에 얽매이지 않는 자유로운 놀잇감의 탐색, 다른 아이와 함께 놀이에 참여하는 능력 등 놀이성이 발현된다.

**밀가루와 같이 깊은 촉감 경험을 할 수 있는 매체는 아이들에게
정서적 해방감을 느끼게 한다.**

비구조적 자유놀이 환경에서 아이는 스스로의 욕구와 흥미에 따라 놀이시간, 놀이공간을 자유롭게 운영하는 놀이 주체자의 모습을 보이며, 놀이 규칙을 스스로 만들고 다시 깨고 다시 만드는 등 놀이에 몰입하고 변형하고 재창조하는 독창적 놀이 능력을 나타낸다(임부연, 오정희, 최남정, 2008). 비구조적 자유놀이에 사용되는 자연물이나 아이가 스스로 만든 놀잇감은 아이를 진짜 재미있는 놀이로 이끄는 매우 주요한 매개물로 작용한다.

아이는 놀이를 통해 주변을 탐색하며 학습하고 전인적 발달을 이루어 나간다. 놀이는 아이에게 신체의 조절과 균형감을 가지게 하고 상상과 탐색을 통한 창의성과 문제해결력을 기를 수 있도록 한다. 또한 놀이는 아이의 욕구, 불안, 불만, 공격성 등을 해소하도록 돕고, 놀이 과정에서 규칙의 준수, 또래와의 협력 경험을 통해 사회성을 발달시킨다. 이러한 놀이의 가치는 아이가 스스로 선택하여 자발적이고 주도적으로 놀이하는 과정에서 즐거움을 경험할 때 발현된다. '내가 그의 이름을 불러 주었을 때 그는 나에게로 와서 꽃이 되었다.'는 김춘수의 시구처럼 아이가 자신의 놀이 창조물에 이름을 붙여 주는 순간 새로운 의미 있는 사물로 탄생하는 것이다. 자발성과 자유라는 놀이의 본질적 특성에 비추어 본다면 아이의 놀이경험이 사전에 설계된 구조화된 놀이에 편중된다면 놀이가 갖는 발달적 가치가 발현되기에는 한계가 있다. 아이가 놀이의 주도권을 놀잇감에 뺏기지 않고 놀이의 주인으로 전능감을 발휘하며 즐겁게 놀 수 있도록 해 주는 것은 비싼 장난감이 아니라, 아이가 마음껏 다룰 수 있는 놀잇감과 함께 충분히 놀 수 있는 시간을 주는 것이다. 여기에 함께 놀이할 수 있는 또래 친구, 형, 동생 그리고 애정을 가지고 지켜봐 주는 어른이 있다면 아이들이 놀이 속에서 성큼성큼 성장해 나갈 것이다.

12
뇌과학과 아동

엄마만 찾는 아이,
뇌에서는 무슨 일이 일어날까?

＊ 최은정(아동학 박사)

애착의 본질

생후 6개월 무렵의 영아는 자신을 돌보는 양육자를 알아보기 시작하고 돌 무렵부터 주 양육자에 대한 강한 선호를 보인다. 영아는 양육자를 안전기지 삼아 외부 세계를 탐색하며, 위협이나 스트레스를 느낄 경우에는 양육자와의 접촉을 통해 위안을 얻으려고 한다. 특히 양육자와 분리되면 강하게 저항하며 근접성을 회복하고자 한다. 이처럼 영아가 양육자에게 보이는 강한 정서적 유대감을 애착이라 하고, 양육자에 대한 근접성 추구를 목적으로 작동하는 생리적 · 행동적 반응체계를 가리켜 애착 체계라 한다.

애착은 마치 대부분의 영아가 돌 무렵 첫발을 내딛는 것처럼 비슷한 시기에 비슷한 양식으로 관찰되는데, 이는 애착이 본질적으로 생물학적 기반에 의해 작동되기 때문이다(Bowlby, 1969/1982). 진화론적 관점에서 애착은 종의 생존을 위한 자연선택의 과정을 통해 발현한 생물학적 기제이다. 영아는 독립적 생존이 불가능한 상태로 태어나기 때문에 양육자에게 붙어 있는 것을 통해 생존과 번영에 상당한 이득을 얻는다. 즉, 포식자의 위험으로부터 자신을 지킬 수 있고 음식과 보호를 제공받을 수 있다. 이처럼 영아는 양육자에 대한 근접성을 추구하도록 '설계'되었기 때문에 양육자가 영아의 욕구와 필요를 어떻게 충족해 주는지에 대한 경험과는 별개로 양육자에게 애착한다. 영아가 자신을 학대하는 양육자에게도 애착하는 이유이다(Bowlby, 1956).

애착행동은 양육자에 대한 근접성 추구를 위해 생물학적으로 동기화되고 조절된 상태를 반영한다. 애착행동은 단순히 영아기에 도드라지게 나타나는 울기, 매달리기, 떼쓰기 등의 행동을 의미하지 않으며, 분명한 목표 아래 동일한 기능을 수행하는 일련의 행동 체계를 의미한다(Sroufe & Waters, 1977). 이 체계는 우리 몸이 생리학적 항상성(예: 혈압, 체온 등)을 유지하려는 것과 마찬가지로, 양육자와의 일정 거리를 확보하기 위해 행동적 항상성을 유지하는 것으로 이해할 수 있다. 이러한 행동제어 체계는 생리학적 항상성 체계와 마찬가지로 중앙신경체계에 의해 형성되고 조절되나, 개체와 환경의 관계를 고려하여 작동한다는 점에서 차이가 있다(Bowlby, 1969/1982).

즉, 영아의 애착은 정상적인 생물학적 발달과 성숙에 의해 가능한 것이므로, 영아가 어머니를 찾고 매달리는 것은 건강한 발달의 한 지표라 할 수 있다.

애착형성의 신경생물학적 기전

동물애착에 대한 연구를 살펴보면 애착형성에 관여하는 특정한 신경생물학적 기전이 있으며, 애착 형성을 위한 민감기(sensitive periods)

가 존재한다. 즉, 애착을 발달시키기 위해서는 특정한 시기에 특정한 경험을 해야만 한다.

알에서 부화한 오리가 어미(혹은 어미처럼 보이는 대상)를 보고 쫓아다니는 것을 가리켜 시각적 각인이라 하는데, 조류의 각인현상에는 중간 내측 과선조 배면(Intermediate Medial Hyperstriatum Ventral: IMHV)과 중간부리측 신선조체(mediorostral neostriatum)가 관여한다. 그러나 부화한 지 15시간 이전이나 3일 이후에는 어미에 대한 각인이 형성되지 않는다(Ridely, 2003). 생쥐의 경우 노르아드레날린 매개성 경로가 관여하는 후각적 과정이 애착형성에 강력하게 작용하며, 옥시토신(oxytocin)이 사회적 정보의 후각적 학습에 중요한 역할을 한다. 생쥐는 생후 1~9일에만 어미의 행동에 상관없이 무조건적으로 애착하도록 유도되며, 10일 이후에는 쾌/불쾌(快/不快) 자극에 대한 학습 기제가 작동되면서 무조건적 애착이 억제된다.

포유류의 애착은 줄무늬체(striatum)에서 옥시토신과 도파민(dopamine)의 상호작용과 관련되어 있다(Feldman, 2016). 특히 측좌핵(neucleus accumbens)에서의 도파민 작용은 보상을 추구하는 목표 지향적 행동에 '주도성'과 '활기'를 더하며, 기저핵(basal ganglia)의 배쪽 창백(ventral pallidum)으로 방출되면서 운동 반응으로 연결된다. 이 경로에서 도파민과 옥시토신 수용체의 밀접한 작용은 보상적 가치를 애착 유대감으로 점화시키고, 애착형성을 위한 직접적인 행동으로 연결되게 만든다. 특히 옥시토신은 이 경로에서 배쪽 창백의 시냅스 활동을 강화하며 애착 관련 기억 형성에도 관여한다. 도파민은 애착 형성에 필요한 사회적 동기와 활기를 제공하는 한편 옥시토신은 안전감을 통해 유대감이 형성되도록 한다.

엄마만 찾는 아이, 뇌에서는 무슨 일이 일어날까?

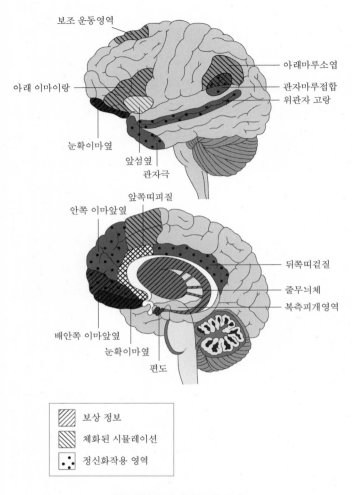

보조 운동영역

아래마루소엽

관자마루접합

위관자 고랑

아래 이마이랑

눈확이마엾

앞섬엾

관자극

앞쪽띠피질

안쪽 이마앞엾

뒤쪽띠겉질

줄무늬체

복측피개영역

배안쪽 이마앞엾

눈확이마엾

편도

보상 정보

체화된 시뮬레이션

정신화작용 영역

애착 형성에 관여하는 뇌 영역

  인간 애착의 형성에도 유사한 기전이 관여한다. 그러나 인간의 애
착은 더 오랜 기간 지속되고 배타성을 지니며 애착 관련 표상의 영향
을 받는 만큼 더 복잡한 신경생물학적 기전이 작용한다. 인간 애착에
는 피질하 변연계 회로(subcortical limbic circuit)와 피질 영역(cortical
regions) 간의 상향식(bottom-up)/하향식(top-dowm) 투사가 애착형성

에 관여한다. 인간 애착에 대한 신경영상연구들을 살펴보면, 줄무늬체나 복측피개영역(ventral tegmental area)의 신경활성이 피질하 영역인 편도체(amygdala)와 시상하부(hypothalamus), 피질 영역인 앞쪽띠이랑(anterior cingulate gyrus), 안쪽 이마앞옆(medial prefrontal cortex), 눈확이마엽(orbitofrontal cortex)의 신경활성과 함께 나타난다. 여기에 인간의 정신화 작용(mentalizing)을 지원하는 구조인 위관자고랑(superior temporal sulcus), 관자마루접합(temporoparietal junction), 앞쪽 뇌섬엽(anterior insula), 아래마루소엽(inferior parietal lobule), 아래이마이랑(inferior frontal gyrus), 보조 운동영역(supplementary motor area) 등도 함께 작용한다.

애착의 개인차

생물학적 기전의 작용에 의해 대부분의 영아는 양육자에게 애착을 형성하나, 양육자에 대한 접근행동과 양육자를 안전기지 삼는 탐색 행동의 양상에 개인차가 존재한다. 영아의 애착은 '낯선 상황 실험(Strange Situation)'이라는 행동평가 체계를 통해 질적으로 다른 몇 가지 유형으로 구분될 수 있음이 밝혀졌다(Ainsworth, Blehar, Waters, & Wall, 1978). 영아가 양육자와 분리되거나 재결합할 때의 행동 양상을 통해 안정애착, 불안정 회피애착, 불안정 저항애착으로 구분되었으며(Ainsworth et al., 1978), 이후 혼란애착 유형이 추가되었다(Main & Solomon, 1990).

안정애착으로 분류되는 영아는 낯선 환경에서 양육자를 안전기지 삼아 활발한 탐색 활동을 한다. 그러나 양육자와 분리될 때 분명한 고통을 보이고 놀이활동이 현저히 줄어든다. 양육자가 다시 나타나면 양육자를 통해 위안을 얻고자 하는 행동이 일관되게 관찰되고 양육자에 의해 쉽게 진정된다. 양육자와의 재결합 후 대부분의 영아는 다시 놀이와 탐색으로 돌아가고 양육자를 쳐다보거나 웃으며 정서적 교감을 보다.

불안정 회피애착으로 분류되는 영아는 낯선 환경에서 탐색 활동을 보이지만 양육자를 쳐다보거나 장난감을 보여 주는 등의 정서적 교감은 별로 보이지 않는다. 양육자와 분리되어도 별로 고통받지 않는 것처럼 보이고 낯선 이를 양육자와 비슷하게 대하거나 오히려 더 반응적으로 대하기도 한다. 양육자와 재결합을 해도 양육자를 무시하거나 시선을 회피하고 뒤로 물러서는 등 접근 행동과는 확연히 구분되는 행동 양상을 보인다.

불안정 저항애착으로 분류되는 영아는 양육자를 안전기지로 활용할 수 없는 것처럼 보인다. 분리가 일어나지 않았는데도 양육자에게 매달리며 탐색 활동이 제한된다. 양육자와의 분리되자 상당한 고통을 보이고 낯선 이에 대한 심한 경계를 보인다. 그러나 양육자와 재결합해도 쉽게 진정되지 않으며, 양육자와의 접촉하고 위안을 구하다가 다시 밀쳐내고 저항하는 등 양가적인 행동 특성을 보인다.

혼란애착으로 분류되는 영아는 양육자와의 분리 및 재결합 상황에서 모순적이고 목적을 알 수 없는 행동을 보인다. 분리라는 고통에 직면했을 때 이를 다루기 위한 전략이 있거나 어떤 전략을 일정하게 유지하는 것이 불가능하다. 혼란애착으로 분류될 수 있는 특정한 행동이 있다기보다, 의도와 목적을 알 수 없는 행동들이 아동에 따라 다양한 방식으로 표현된다.

영아기 애착 유형은 단순한 행동 차이 그 이상의 의미를 갖는다. 애착관계에서 나타나는 개인차는 영아와 양육자 간의 누적된 상호작용 경험을 반영한다. 두려움과 불안 요인에 의해 영아의 애착 시스템이 고조될 때 양육자가 어떻게 반응하는지에 따라 영아는 양육자의 가용성 수준을 예측하게 된다. 이를 통해 애착관계에 대한 표상을 형성하고, 이러한 애착표상이 애착관계에서 영아의 자극-행동 반응 체계를 조형한다. 따라서 안정애착은 양육자가 영아의 요구에 일관되게 반응하여 영아가 양육자의 가용성에 대한 신뢰를 형성한 상태를 의미한다. 반면, 불안정애착은 양육자의 무관심, 거부, 비일관성 등에 의해 영아가 양육자의 가용성을 신뢰할 수 없는 상태를 의미한다. 애착관계에서 나타나는 이러한 질적 차이를 가리켜 애착안정성이라 한다. 흥미로운 사실은 영아기 애착안정성 수준이 이후 친구, 배우자, 자녀 등 다른 사회적 관계에까지 영향을 끼치며, 개인의 발달 및 적응에 장기적 영향력을 갖는다는 점이다(Beliveau & Moss, 2009; Grossmann, Grossmann, & Waters, 2006).

이처럼 애착은 미리 설계된 생물학적 체계에 의해 촉발되지만, 애착관계를 통해 형성된 애착표상이 개체의 자극과 반응 체계를 조형하면서 심리학적 적응 과정으로 연결된다. 그렇다면 애착에서의 개인차 역시 신경생물학적 수준에서 탐지될 수 있는가? 즉, 생애 첫 사회적 관계인 애착의 질은 뇌 발달에 어떠한 영향을 끼치는가?

애착안정성과 뇌 발달

개인의 애착안정성 수준이 뇌 발달에 영향을 끼친다는 증거는 다음과 같다. 우선, 인간의 뇌는 본질상 외부 세계와 상호작용하면서 발달하는 특성 때문에 환경의 영향 아래 놓이게 된다. 특히 인간의 뇌는 미성숙한 상태로 출생하며 사회적 환경에서의 생존을 위해 어머니에 대한 물리적 근접성을 추구하도록 설계되었다. 따라서 특정 시기 어머니에 대한 애착 현상에 의해 뇌가 조형된다는 점에서 상황적 기관(situated organ)으로 불린다(Akers, Yang, DelVecchio, Reeb, Romeo,

엄마만 찾는 아이, 뇌에서는 무슨 일이 일어날까?

McEwen, & Tang, 2008).

둘째, 신경생물학적 관점에서 인간의 애착은 종-특정적(species-specific), 개체-특정적(person-specific), 문화-특정적(culture-specific)으로 전수된 사회적 행동에 의해 촉발되는데, 이러한 행동이 뇌의 특정 영역과 신경내분비 체계를 활성화시킨다(Feldman, 2012). 특히 애착이 형성되는 동안 우리 뇌에서 소속감 형성, 보상 정보처리, 스트레스 조절에 관여하는 체계들이 긴밀하게 작용한다(Ulmer-Yaniv, Avitsur, Kanat-Maymon, Schneiderman, Zagoory-Sharon, & Feldman, 2016). 따라서 애착 경험에서의 차이가 이러한 체계들의 독립적·상호적 기능에 영향을 줄 수 있다.

셋째, 애착관계에서 특정한 자극과 반응 패턴이 반복되게 되면 영아의 뇌에서 옥시토신의 가용성(OT availability)과 수용체 정위(receptor localization)에서 조직화가 일어나며, 이것이 다시 신경 체계의 기능을 조형한다. 이렇게 조직화된 옥시토신 체계의 기능은 다음 세대의 부모행동 능력에까지 영향을 준다(Abraham, Hendler, Zagoory-Charon, & Feldman, 2016).

넷째, 애착을 형성한 두 개체는 사회적 상호작용에서 생물행동적 동시성을 발달시킨다. 이는 애착 관계의 두 대상이 상호작용할 때 행동 수준은 물론, 심박동, 내분비 작용(옥시토신/코티졸), 뇌파 활성(알파파/감마파)에서 유사한 생리적 반응이 관찰된다는 것을 의미한다(Feldman, 2012). 즉, 양육자의 행동 기저에 존재하는 생물행동적 체계가 애착형성 과정에서 영아의 뇌 발달에 영향을 끼치는 것이다.

이처럼 영아의 뇌는 본질적으로 외부와 상호작용하면서 발달할 뿐 아니라 특정 시기에 어머니에게 애착하도록 설계되었기 때문에 어머니의 자극-반응 체계가 영아의 자극-반응 체계를 조형하는 데 기여한다. 개체의 자극-반응 체계는 앞서 언급된 옥시토신이나 도파민의 상호작용뿐 아니라, 다양한 신경호르몬 체계와 신경전달물질 체계를 포함한다. 또한 최근 뇌영상 연구들에 따르면, 애착안정성 수준에 따라 뇌가 특정 정보에 반응하는 양상에서 차이가 나타난다. 즉, 애착의 질이 특정 정보를 처리하는 뇌 기능에 영향을 끼치는 것이다.

애착안정성 수준에 따른 뇌 기능 차이

애착안정성 수준에 따른 뇌 기능의 차이는 크게 두 가지 체계의 기능 차이로 관찰된다. 첫째는 뇌의 보상 체계이고, 둘째는 뇌의 정서 체계이다.

애착안정성과 뇌의 보상 체계

애착은 본질적으로 애착 대상과의 접촉을 유지하기 위해 내적으로 동기화되어 있는 상태이므로, 뇌의 보상-동기 체계가 관여한다. 뇌의 보상-동기 체계는 줄무늬체(측좌핵, 미상, 조가비핵), 편도체, 복측피개 영역, 눈확이마엽, 배안쪽 이마앞엽, 앞쪽띠이랑 등을 포함하며, 옥시토신과 도파민이 풍부한 신경회로이다. 보상 체계의 핵심 영역인 줄무늬체는 이마앞엽과 편도체 모두로부터 신호를 받아 애착 관련 자극의 정서나 특징을 인식하는 기능을 한다(Bromberg-Martin, Matsumoto, & Hikosaka, 2010). 애착형성 시에는 애착 관련 동기와 관련된 줄무늬체의 배쪽 측좌핵의 역할이 중요한 반면, 애착의 질과 관련된 친밀감이나 가용성에 대한 예측은 줄무늬체의 등쪽 영역에 해당하는 미상과 관련이 있다(Tops & Boksem, 2012). 아동을 애착안정성 수준에 따라 구분한 뒤 애착 관련 자극에 의해 활성화되는 뇌 영역들을 살펴보면, 줄무늬체의 창백핵(globus pallidus)과 조가비핵(putamen)에서 가장 큰 신경활성 차이가 나타난다(최은정, 2014). 특히 조가비핵은 성인 피험자가 자신의 파트너 사진을 볼 때와 파트너가 아닌 친구 사진을 볼 때 다르게 반응한다고 보고되는 영역이다. 또한 어머니가 자신의 아이의 울음소리를 들을 때 활성화되는 영역이기도 하다. 즉, 줄무늬체는 특별한 애착 관계에서 사랑과 친밀감의 강도에 반응하며, 이는 코카인에 의해 유도된 행복감의 신경활성 양상과 유사하다. 이러한 연구결과들은 생애초기 애착이 줄무늬체를 중심으로 한 뇌 보상회로의 기능을 통해 성인기 애착에까지 장기적 영향력을 끼친다는 사실에 대한 신경학적 증거이다.

애착안정성은 개념적으로 학습이나 기억, 계획, 예측과 같은 고등 정신작용을 전제로 하므로 뇌의 보상 회로와 이마옆간을 연결하는 전측선조(frontostriatal) 회로와의 기능과도 관련된다. 줄무늬체와 배안쪽 이마앞엽, 눈확이마엽, 앞쪽띠이랑의 기능적 연결은 애착과 관련한 예측, 연상, 표상에서의 차이를 지원한다(Chaumon, Kveraga, Barrett, & Bar, 2013).

애착안정성과 뇌의 정서 체계

영아가 양육자와의 접촉을 통해 해소하고자 하는 것은 불안이며 애착 체계의 고조는 곧 불안의 고조를 의미한다. 따라서 편도체와 앞쪽띠이랑을 중심으로 한 뇌의 정서 체계가 이에 관여한다. 실제로 많은 뇌영상 연구가 애착안정성 수준과 편도체 기능의 관계를 보고한다. 성인의 경우 불안정 애착 유형은 저조한 기분과 관련된 앞쪽 관자극(anterior temporal pole)의 증가된 활성화와 관련이 있으며(Lévesque, Joanette, Mensour, Beaudoin, Leroux, Bourgouin, & Beauregar, 2003), 불안이 높은 유형일수록 앞쪽띠이랑의 신경활성이 높게 나타난다(Gillath, Bunge, Shaver, Wendelken, & Mikulincer, 2005). 또한 안정적인 애착을 형성한 성인 여성은 애착 체계가 활성화될 때 우측 편도체와 좌측 해마(hippocampus), 우측 아래이마이랑(inferior frontal gyrus)에서 증가된 활성화를 보인다(Buchheim, Erk, George, Kächele, Ruchsow, Spitzer, & Walter, 2006). 즉, 양쪽 편도체에서의 활성화 수준, 자율신경계의 활성화, 스트레스 조건에서 나타나는 불안정애착 행동은 서로 강한 정적 관계를 가지며, 편도체는 인간의 불안정 애착에서 나타나는 불안의 자동적 활성화를 중재하는 데 핵심 역할을 한다고 볼 수 있다(Lemche, Giampietro, Surguladze, Amaro, Andrew, Williams, & Simmons, 2006). 아동을 대상으로 애착안정성 수준과 뇌 기능의 관계를 살펴본 연구는 아직까지 매우 드물다. 아동의 애착안정성 수준과 편도체의 신경활성을 살펴본 연구에 따르면, 어머니의 얼굴은 좌측 편도체의 등쪽에서 신경 활성을 야기한다. 특히 스트레스 상황에서 어머니에 대한 접근성이 높을수록 편도체의 신경 활성도 높게 나타난다(Tottenham, Shapiro, Telzer, & Humphreys, 2012). 또한 아동을 애착 안정성 수준에 따라 구분한 뒤 애착 관련 자극을 통해 애착 체계를 활성화하면 편도체의 신경 활성에서 차이가 관찰된다(최은정, 2014). 이러한 연구결과들은 생애 초기 애착이 불안에 대한 자동적 반응 체계를 조형하는 데 기여할 가능성을 지지한다.

영아가 양육자에게 매달리며 애착을 형성하는 것은 신경생물학적 성숙에 의한 자연스러운 과정이다. 그러나 각 개인의 애착의 질은 뇌의 보상 및 정서 정보 처리에 관여하는 신경생물학적 경로를 조형하므로 안정애착 형성을 지원할 필요가 있다. 그러나 인간의 뇌는 생애 초기 부정적인 관계를 수정하기 위한 잠재력을 가지고 있으며 변화될 수 있다. 비록 사회적 뇌의 초기 발달은 애착 민감기의 특정 경험에 의존적이나, 뇌 가소성(brain plasticity)은 이후 다른 애착관계에 의해 신경 연결망이 재조직될 가능성을 보여 준다. 따라서 생애 초기 영아와 부모의 안정애착 형성은 물론이고, 전 생애에 걸쳐 친밀한 관계를

엄마만 찾는 아이, 뇌에서는 무슨 일이 일어날까?

통해 안정애착을 경험하는 것은 사회 뇌 연결망의 발달과 적응에 매우 중요하다.

아동은 마음을 언제, 어떻게 이해할까?

★ 김유미(인하대학교 아동심리학과 겸임교수)

사람은 마음을 가지고 있을까? 이 질문에 대해 사람들은 다른 사람이 마음을 가지고 있다는 전제에 모두 동의할 것이다. 우리는 하루에도 몇 번씩 다른 사람의 마음을 알아본다. 그렇다면 그때마다 다른 사람의 마음을 잘 알 수 있었는가? 물론 다른 사람의 생각이나 감정을 확실히 알아맞힐 때도 있지만 도무지 알 수 없을 때도 있다. 마치 '열 길 물속은 알아도 한 길 사람 속은 모른다.'는 속담처럼 다른 사람의 마음을 이해한다는 것은 때로는 매우 어려운 일인 것이다. 이렇게 우리가 다른 사람에게 마음이 있다는 것은 당연하게 생각하지만 마음의 구체적인 내용을 잘 모른다는 것은 한편으로는 모순적이기도 하다.

생애 초기 시기 어린아이는 언제 그리고 어떻게 다른 사람의 마음을 알아가게 될까? 우리의 뇌에는 마음을 이해하는 기능을 가진 특화된 구조가 있을까? 이 두 질문에 대한 대답을 찾기 위해 먼저 마음을 이해하는 능력은 무엇이며 왜 중요한지를 알아본 다음, 마음이해 능력을 밝히는 관련 연구결과들을 살펴본다.

마음이해 능력은 무엇일까?

다른 사람과 함께 어울려 지내기 위해서는 공감 능력이 있어야 한다고들 말한다. 공감(共感)의 한자 뜻인 '함께 느낀다'는 말에서도 나타나는 것처럼 공감은 전통적으로 타인의 감정에 대한 정서적 반응으로 정의해 왔다(Hoffman, 2000). 하지만 다른 사람의 마음을 온전히 이해하려면 그 사람의 상황과 생각을 아는 것도 중요하다. 이러한 관점에서 공감은 전통적인 정서적 공감과 다른 사람의 생각, 정서, 믿음과 같은 정신 상태를 추론하고 이해할 수 있는 인지적 공감으로 나눌 수 있다(Blair, 2005). 우리는 어떤 사람의 행동을 이해하고자 할 때 그 사람의 마음상태에 해당하는 의도, 소망, 믿음에 근거하여 이후 상황을 예상한다. 만약 어떤 사람이 배가 고프다면 음식을 먹고 싶고(소망), 음식이 냉장고에 있다고 생각한다면(믿음) 음식을 꺼내기 위해(의도) 그 사람이 냉장고를 향해 갈 것이라고 예상할 것이다. 이와 같이 어떤 행동을 설명하거나 예측할 때 믿음, 소망, 의도와 같은 마음 상태를 근거로 하는 인지적 능력을 마음이해 능력이라고 한다(Wellman, 1990). 여기에서는 인지적 공감 능력인 마음이해 능력을 중심으로 살펴보고자 한다.

마음이해 능력은 왜 중요한가?

어떤 사람이 느끼고 원하고 생각하는 구체적인 내용은 믿음과 소망으로 나타나며, 다른 사람의 믿음과 소망은 나와 다를 수 있다. 만약 나의 관점과 상대방의 관점이 다를 때 상대방의 생각과 행동을 파악하고 예측하고자 한다면 우리는 내 관점을 억제하고 상대방의 관점으로 바라보아야 한다. 예를 들어, 상대방이 실제와 일치하지 않는 내용을 진실이라고 믿는 경우가 있다고 생각해 보자. 행위자는 자신의 가지고 있는 믿음에 기반하여 행동하게 되므로 그 사람은 실제와 일치하지 않은 믿음, 즉 틀린 믿음에 의해 행동할 것으로 예상할 수 있다.

사슴은 실제로 나무 뒤에 있지만 사슴이 바위 뒤에 있다고 생각하는 사냥꾼은 사슴을 잡으러 어디로 갈까? 사냥꾼은 사슴이 바위 뒤에 있다는 틀린 믿음에 근거하여 바위를 향해 가게 될 것이고 결국 사슴을 잡지 못하게 되는 것이다.

다른 사람의 마음 상태를 잘 예측할 수 있는 능력은 사회적 존재로서 타인과 상호작용하는 데 유리한 장점을 갖게 한다. 다른 사람의 마음을 안다는 것은 그 사람의 마음에 영향을 받아 공감하며, 그에 적합한 행동을 할 수 있기 때문이다. 또한 내가 상대방의 감정에 영향을 미칠 수도 있고 때로는 거짓말로 상대방의 행동을 바꿀 수도 있기 때문이다. 마음이해 능력은 타인과 자신의 행동을 설명하고 예측하는 데 사용되는 심리적 상태를 개념화한 용어이다. 마음이해 능력을 갖추었다는 것은 행동에 대한 도덕적 판단 능력과 자신의 판단 이유를 설명하는 추론 능력과도 관련되며(김유미, 이순형, 2014), 가르치고 배우는 것, 거짓말, 위장, 친구 사귀기, 일반적인 사회적 기술을 습득하는 것과 같은 중요한 사회 인지적 기능의 기초가 된다(Tomasello, 2009). 그리고 마음상태에 대한 이와 같은 인지적 이해 능력은 조현병과 자폐 스펙트럼에서 나타나는 제한된 사회적 능력과 관련되는 변인으로도 주목된다(Baron-Cohen, Leslie, & Frith, 1985; Shamay-Tsoory et al., 2007).

마음이해 능력은 어떤 순서로 발달하는가?

우리가 가질 수 있는 마음의 상태는 가장, 상상, 지각, 소망, 의도, 믿음 등으로 매우 다양하다. 유아가 이러한 마음의 상태를 이해하는 것에는 발달적 순서가 있다. 유아는 마음의 상태 중 가장, 상상, 지각을 가장 먼저 이해하고, 그런 다음 소망과 의도에 대해서 이해할 수

아동은 마음을 언제, 어떻게 이해할까?

있으며, 그 이후에 믿음을 이해하게 된다(김진경, 이순형, 2008; Gopnik & Slaughter, 1991). 믿음 이해에 있어서는 유아는 실제와 일치하는 믿음인 참 믿음을 먼저 이해하며, 그 이후에 실제와 일치하지 않는 틀린 믿음에 대해서 이해할 수 있게 된다. 이와 같은 마음상태에 대한 이해의 발달 과정을 볼 때 틀린 믿음을 이해하는 것은 가장 나중에 나타나는 능력이며 유아에게 비교적 어려운 과제라고 할 수 있다.

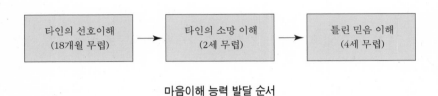

마음이해 능력 발달 순서

마음이해 능력 습득을 알 수 있는 리트머스: 틀린 믿음 이해

믿음 이해 능력 중 가장 나중에 나타나는 틀린 믿음에 대한 이해를 살펴보자. 틀린 믿음을 이해한다는 것은 상대방을 자신과 다른 관점을 가진 존재로 이해할 수 있고, 어떤 경우에는 자신과는 일치하지 않는 상대방의 관점에 의해 행동할 것이라고 예측할 수 있는 추론 능력을 의미한다(Barsch & Wellman, 1995). 틀린 믿음 이해와 관련된 연구는 침팬지가 믿음을 이해할 수 있는지 알아보기 위한 실험(Premack & Woodruff, 1978)에서 출발하였다. 이 연구에서는 언어 학습을 받은 침팬지에게 전기난로에 불어 들어오지 않고 추워서 떠는 상황을 보여 준 후 전기난로의 코드가 콘센트에 꽂힌 사진과 빠져 있는 사진을 제시하였다. 침팬지는 콘센트에 연결된 전기난로 사진을 골랐으며 이를 근거로 침팬지가 상대방의 믿음을 이해할 수 있다고 보았다. 그러나 실제와 일치하는 믿음(추운 상황과 전기난로를 연결하여 생각하는 것)을 이해하는 것은 실제 상태를 내 관점에서 조망하는 것만으로도 이해할 수 있기 때문에 타인의 믿음을 이해했는지는 알 수 없다는 반론이 제기되었다. 믿음의 내용은 실제와 일치하지 않을 수도 있으므로 믿음을 완전히 이해하는지 알기 위해서는 자신의 믿음에 비추어 다른 사람의 믿음이 틀렸음을 분명히 알 수 있어야 한다는 것이다(Dennett, 1978). 이에 따라 믿음을 이해하는지를 알아보기 위해서 틀린 믿음을 기반으로 추론할 수 있는지 여부를 기준으로 살펴보게 되었으며, 틀린 믿음 이해 능력은 마치 산성과 염기성을 구분할 수 있는 리트머스 시험지처럼 믿음 이해를 나타내는 발달의 이정표로 간주된다.

틀린 믿음 이해 과제

유아가 틀린 믿음을 이해할 수 있는지 여부를 알아보는 대표적인 과제로는 위치 이동 과제(Wimmer & Perner, 1983), 내용물 교체 과제(Gopnik & Astington, 1988)가 있다. 위치이동 과제에서 밖에 있는 민수는 곰인형이 어디에 있다고 생각할까? 이 질문에 대한 정답은 바구니이다. 민수는 엄마가 곰인형을 옮긴 것을 모르기 때문에 민수는 곰인형이 자신이 처음 놓고 간 위치인 바구니에 있다고 생각할 것이다. 실제 곰인형은 상자에 있지만 민수는 곰인형의 위치에 대해 실제와는 다른 틀린 믿음을 갖게 되는 것이다.

만약 만 3세와 만 5세 유아에게 이와 같은 이야기를 들려준 후 민수는 지금 곰인형이 어디 있다고 생각하는지 또는 민수는 곰인형을 찾으러 제일 먼저 어디로 갈지 질문한다면 어떨까? 두 유아는 서로 다른 대답을 할 것이다. 만 5세 유아는 바구니라고 정답을 말하지만, 만 3세 유아는 지금 공이 있는 위치인 상자라고 오답을 말한다. 그리고 5세 유아는 3세 유아보다 질문을 듣고 대답하는 시간이 덜 걸린다(김유미, 이순형, 2015). 이는 아동이 성장함에 따라 틀린 믿음에 대한 처리속도

아동은 마음을 언제, 어떻게 이해할까?

(a) 민수는 곰인형을 바구니에 넣었다.

(b) 민수는 밖으로 나갔다.

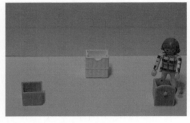

(c) 민수는 아직 밖에 있는데, 엄마가
와서 곰인형을 바구니에서 꺼냈다.

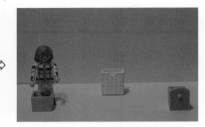

(d) 엄마는 곰인형을 상자로 옮겼다.

(e) 엄마는 밖으로 나갔다.

(f) 아직 밖에서 놀고 있는 민수는 곰인
형이 어디에 있다고 생각할까?

틀린 믿음 이해: 위치 이동 과제

출처: 김유미(2015).

와 이해능력이 발달함을 보여 준다.

또 다른 유형의 틀린 믿음 과제인 내용물 교체 과제는 자신이 직
접 틀린 믿음을 경험하고 난 후 자신의 틀린 믿음을 회상하는 질문하

여 자신과 타인의 틀린 믿음에 대한 이해를 알아볼 수 있게 한다. 내
용물 교체 과제에서는 먼저 유아에게 반창고 상자를 보여 주고 이 안
에 무엇이 있을지 예상하게 한다(이때 거의 모든 유아들의 응답은 반창고
이다). 상자를 열어 속에 사탕이 들어있음을 확인하고, 다시 상자를 닫
는다. 그 후 유아에게 다음과 같이 질문한다.

- 질문 ① 타인의 틀린 믿음 관련 질문:
  이 상자를 처음 본 A는 이 속에 무엇이 있다고 생각할까?
- 질문 ② 자신의 틀린 믿음 관련 질문:
  너는 이 상자를 처음 보았을 때 이 속에 무엇이 있다고 생각했니?

이 과제에서 만 3세 유아의 대부분은 이 상자를 처음 본 A도 사탕이
있다는 것을 안다고 하며, 자신도 상자를 처음 보았을 때 사탕이 있을
것이라고 예상했다고 오답을 말하는 특징이 있다. 만 5세 유아의 대
부분은 A는 반창고가 있다고 생각하며, 자신도 처음에는 반창고가 있

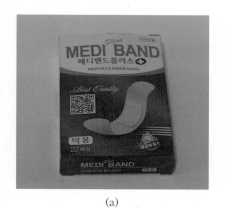
(a)

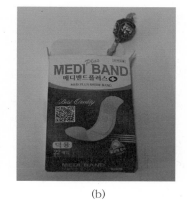
(b)

틀린 믿음 이해: 내용물 교체 과제

출처: 김유미(2015).

다고 생각했었다고 응답한다(김유미, 2015). 이와 같이 3세와 5세 유아의 응답에는 확연한 차이가 나타나며, 4세 무렵이면 틀린 믿음 과제에서 정답을 말할 수 있게 된다.

틀린 믿음 이해의 발달

그렇다면 어린 영아는 틀린 믿음을 이해할 수 없는 것일까? 그리고 영아가 틀린 믿음을 이해하는지는 어떻게 알아볼 수 있을까? 앞서 살펴 본 실험 과제에서는 유아가 말한 응답을 정답·오답으로 분류하여 틀린 믿음을 이해하는지를 판단하였다. 영아 대상 연구에서는 아직 말을 할 수 없는 특성을 고려하여 시선 방향과 응시 시간을 통해 살펴본다. 시선 방향을 살펴보는 연구방법은 영아가 행위자의 행동을 예상하고 어떤 방향을 먼저 응시하는지 살펴보는 방법이다. 영아들은 위치 변화 과제에서 주인공이 처음 물건을 놓고 간 장소를 먼저 응시하였다(He, Bolz, & Baillargeon, 2011; Onishi, Baillargeon, 2005; Southgate, Senju, & Csibra, 2007). 응시 시간을 살펴보는 방법은 예상하지 않은 행동을 더 오래 바라보는 영아의 특성을 이용하는 방법이다. 15개월 영아는 위치 이동 과제에서 주인공이 처음 물건을 놓고 간 장소로 가는 경우보다 실제 물건이 옮겨진 장소로 가는 경우 더 오래 바라보았다(Song, Onishi, Baillargeon, & Fisher, 2008). 이것은 무엇을 의미하는가? 영아는 주인공이 모르는 사이 옮겨진 물건의 위치로 물건을 가지러 가는 상황이 이상하다고 생각하는 것이다. 이는 영아도 주인공이 처음 둔 곳에 물건이 있다고 생각하는 틀린 믿음을 가지고 있음을 이해한 것처럼 보인다.

이와 같은 영아의 시선 방향과 응시 시간과 같은 반응에 대해 몇몇 학자들은 단순한 반응이며, 제한적인 이해에 불과하다는 견해를 보이기도 한다(Juan & Astington, 2012; Perner & Ruffman, 2005; Perner &

침팬치도 틀린 믿음을 이해할까?

이 연구는 유인원인 침팬지와 보노보, 오랑우탄 41마리를 대상으로 행동을 관찰한 실험이다. 영아의 시선 방향을 살펴본 연구방법을 적용하여 유인원들이 모니터를 통해 등장 인물들이 보여 주는 상황을 지켜본 후 등장 인물의 행동을 어떻게 예측하는지 살펴본다. 유인원에게 보여 주는 상황은 다음과 같다. 사람이 킹콩(사람이 킹콩으로 분장한 것)을 쫓고 있다. 킹콩이 오른쪽 짚더미 뒤에 숨는다. 그런 다음 상황은 다음과 같은 두 가지로 나뉜다.

구분	시나리오	사람은 킹콩이 어디에 있다고 생각할까?
상황 1	사람은 킹콩이 왼쪽 짚더미 뒤로 옮기는 것을 보고 떠난다.	정답: 왼쪽
상황 2	사람이 떠난 뒤 킹콩이 왼쪽 짚더미로 옮긴다.	정답: 오른쪽

위의 상황 1 또는 상황 2 이후 킹콩도 그 자리를 떠나 모니터에서 사라진다. 잠시 뒤 막대기를 들고 나타난 사람이 두 개의 짚더미가 있는 쪽을 향해 가다 가운데 서서 멈추었다가 한 쪽 짚더미를 막대기로 내리친다. 유인원은 각 상황에서 어느 쪽 짚더미를 먼저 볼까?

상황 1에서는 왼쪽 짚더미를 먼저 보는 경우가 많았고, 상황 2에서는 오른쪽 짚더미를 먼저 보는 경우가 많았다. 즉, 유인원은 사람이 킹콩을 찾고 있다는 의도를 이해하며, 자신의 믿음에 따라 행동할 것임을 이해한다는 의미이다. 이 연구는 어린 영아뿐만 아니라 유인원도 기초적인 틀린 믿음 이해 능력을 가지고 있음을 제안한다.

출처: Krupenye, Kano, Hirata, Call, & Tomasello (2016).

Roessler, 2012; Qureshi, Apperly, & Samson, 2010). 그런데 다른 연구에서는 영아가 틀린 믿음을 이해할 수 있음을 제기하기도 한다. 만 2세 유아가 물건의 위치가 두 번 바뀌는 복잡한 실험 상황에서도 타인의 틀린 믿음에 기반하여 시선 방향이 달라지며(He, Bolz, & Baillargeon, 2011), 18개월에 시선 방향으로 평가한 틀린 믿음 이해가 48개월에 정답을 말하는 능력과 관련이 나타난다(Thoermer, Sodian, Vuori, Perst, & Kristen, 2012). 이를 미루어 볼 때 영아가 보이는 비언어적 반응을 단순하게 보기보다는 영아가 가지고 있는 마음이해 능력의 가능성에 대해서 관심을 갖고 후속 연구가 진행되어야 할 것이다.

마음이해 능력과 관련되는 뇌 영역

지금까지 마음을 이해하는 능력의 의미와 발달시기에 대해서 살펴보았다. 언어 능력의 영향을 최소화한 영아 대상 연구를 보면, 인간이 가지고 있는 마음을 이해하는 기초적인 능력을 가정해 보게 된다. 그렇다면 우리의 이성적 능력의 중추인 뇌에 마음을 이해하는 능력과 관련되는 특정 영역이 있을까? 아니면 일반적인 인지 능력 발달과 관련이 있는 것일까? 아이는 마음을 어떻게 이해할까? 이 질문의 답을 찾는 과정은 영아기 마음이해 능력을 밝히고 인간이 가지고 있는 본연의 특성을 밝히는 길이 될 것이다.

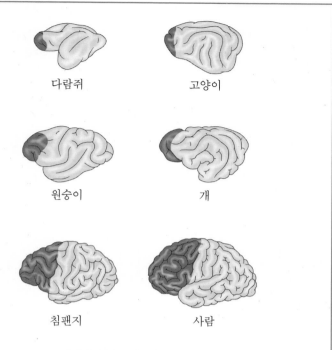

사람과 동물의 전두엽 크기 비교

인간의 두뇌와 다른 동물의 두뇌를 비교해 보면 가장 큰 차이점은 전두엽의 비율이다. 전두엽 비율을 비교해 보면 고양이는 3%, 개는 7%, 침팬지는 11%인 것에 비해, 사람은 30%로 두드러지게 높은 비율을 보인다. 이것은 인간이 다른 개체의 마음을 이해하는 데 어떤 차이를 비롯하게 되는 것일까?

출처: 박문호(2013).

틀린 믿음을 이해하는 것과 관련되는 뇌 영역

우리 뇌의 구조와 기능은 기능적 자기공명영상(fMRI)과 양전자단층촬영(PET)과 같은 뇌 영상 기술 방법을 사용하여 특정 부분의 활성화 여부를 통해 살펴볼 수 있다. 틀린 믿음을 이해하는 것과 관련된 특정 영역으로는 기억력, 사고력과 같은 고등기능을 관장하는 전두엽의 내

아동은 마음을 언제, 어떻게 이해할까?

측 전전두피질(Medial Prefrontal Cortex :MPFC)과 측두엽과 두정엽부분이 만나는 오른쪽 측두두정엽(Right Temporal Parietal Junction: r-TPJ)이 주목되고 있다(Frith & Frith, 2003; Saxe & Powell, 2006). 먼저 내측 전전두피질(MPFC)은 사회적 정보 처리의 중심 영역으로 여겨지며 자신의 관점을 다른 사람의 관점과 비교하는 데 중요한 역할을 한다. 내측 전전두피질(MPFC)은 위치에 따라 배외측 전전두피질(DorsoLateral Prefrontal Cortex: DLPFC)과 복내측 전전두피질(VentroMedial Prefrontal Cortex: VMPFC)로 나눌 수 있다.

바깥쪽에 위치한 배외측 전전두피질(DLPFC)은 자신의 사고와 감정뿐만 아니라 타인의 사고와 감정에 대해 생각할 때와 관련이 있다. 배외측 전전두 피질(DLPFC) 영역은 주로 작업기억을 요구하는 마음이론 과제와 관련이 있었다(Stone, Baron-Cohen, & Knight, 1998). 이와 비교하여 안쪽에 위치한 복내측 전전두피질(VMPFC)은 자신과 타인의 관련 정보를 구분하여 처리하는 대표적인 영역이다(Vogeley, May, Ritzl, Falkai, Zilles, & Fink, 2004). 이 영역은 상대방과 자신의 공통점과 차이점을 명확하게 구분해 주는 역할뿐 아니라 공감의 중추로 주목된다. 사회적 상호작용을 원활히 수행하지 못하는 자폐 스펙트럼 환자의 경우, 본인과 타인에 대한 정보처리를 분명히 구분해야 하는 상황에서 복내측 전

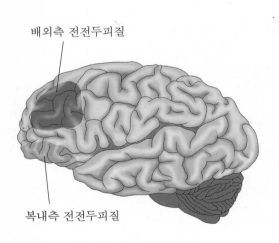

배외측 전전두피질

복내측 전전두피질

마음이해 능력과 관련되는 뇌 영역:
DLPFC, VMPFC

전두피질(VMPFC)의 크기가 감소되며(Hooker, Bruce, Lincoln, Fisher, & Vinogradov, 2011), 본인과 타인을 구분하지 않고 동일한 수준으로 처리한다(Lombardo et al., 2010).

측두정엽(Temporoparietal Junction: TPJ)은 오른쪽과 왼쪽 부분으로 나눌 수 있는데, 뇌 영상 관련 70개의 연구결과를 종합한 결과 오른쪽 측두정엽(r-TPJ)은 마음이해, 공감과 같은 인지적·정서적 이해와 관련이 있으며, 시각·청각·동작 자극을 인식하고 처리하는 과정과도 관련이 있다(Decety & Lamm, 2007). 이와 비교하여 왼쪽 측두정엽(l-TPJ)은 눈에 보이지 않는 마음상태를 이해하는 것뿐만 아니라 물리적 대상을 이해하는 틀린 표시 이해와 관련이 있었다(Perner, Aichhorn, Kronbichler, Staffen, & Ladurner, 2006). 이를 통해 방향을 잘못 가리키고 있는 화살표와 같은 틀린 표시를 이해하는 것처럼 눈에 보이는 물리적 대상의 특징을 이해하는 것과 마음의 상태를 이해하는 것은 밀접한 관련이 있음을 예측하게 한다.

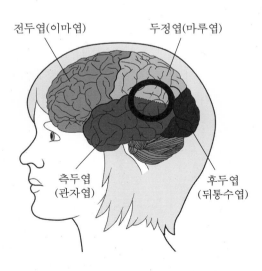

마음이해 능력과 관련되는 뇌 영역: TPJ

아동은 마음을 언제, 어떻게 이해할까?

뇌 손상의 대표적인 질병인 치매의 경우 뇌의 손상 부위에 따라 그 증상이 다르게 나타난다. 우측 측두엽이 손상된 치매 환자는 타인의 믿음을 이해하는 데 어려움이 있었고, 우측 전두엽 손상 환자는 자신의 관점을 억제하는 데 어려움이 있다(Le Bouc et al., 2012). 이 연구결과를 통하여 자신의 틀린 믿음에 대한 이해와 타인의 틀린 믿음에 대한 이해가 뇌의 서로 다른 영역에서 이루어진다는 점을 알 수 있다.

거울뉴런

거울뉴런이란 원숭이 뇌의 복측 전운동피질(ventral premotor cortex, F5 영역)에서 처음 발견된 신경세포를 지칭하며, 인간 뇌에서도 그 기능이 확인되고 있다. 거울뉴런을 발견하게 된 과정은 다음과 같다. 운동과 관련된 부위인 F5 영역에 전극이 꽂혀 있던 실험 대상 원숭이가 있었다. 그 건너편 우리에 있던 다른 원숭이가 창살 밖에 있는 땅콩을 뻗쳐 집으려 했다. 이를 바라보던 실험 대상 원숭이의 F5 영역에서 전기적 활성이 급격히 증가되었고, 연구자가 땅콩을 집는 행동을 보는 것으로도 원숭이의 F5 영역은 활성화되었다(Rizzolatti & fabbri-destro, 2010). 이처럼 한 개체가 다른 개체의 행동을 보기만 해도 운동과 관련되는 부위가 활성화되었다는 것은 시각정보를 운동 형식으로 변환시켜 주는 신경기제를 이용하여 다른 개체의 행동을 이해할 수 있다는 것이다. 즉, 복잡한 인지적 추론 과정 없이 단지 보는 것을 통한 모방만으로도 다른 개체의 마음을 알 수 있다는 주장의 근거가 된다 (rizzolatti & fabbri-destro, 2010). 이러한 점에서 어린아이가 부모의 말과 행동을 유심히 보면서 모방하고 공감할 수 있는 능력을 거울뉴런의 기능을 통해 설명하기도 한다. 또한 거울뉴런은 감정 중추인 변연계와 연계되어 있어 타인의 행동뿐만 아니라 정서를 파악하는 데에도 관련되므로(Iacoboni & dapretto, 2006), 인지적 공감과 정서적 공감이 서로 연관되어 있음을 가정하게 한다. 그리고 타인의 의도를 파악하거나 공감하는 능력에 제한점을 보이는 자폐의 경우 거울뉴런의 활성화가 덜 나타나는 점은 마음을 이해하는 뇌의 특정 영역과 그 기능에 더욱 관심을 갖게 한다.

마음이해 연구의 미래

과학기술의 발달은 우리가 뇌의 구조와 기능에 대해서 점차 알아갈 수 있도록 방법을 열어 주었다. 뇌신경과학 연구를 통해 밝혀진 사실은 우리가 인간의 발달특성과 개인차를 이해하는 데 많은 설득력을 갖는다. 예를 들면, '고집부리는 미운 세 살은 도대체 왜 그럴까?'라는 질문에 미운 행동을 많이 하는 이유는 행동을 억제하고 조절하는 데 관여하는 뇌 영역인 전두엽의 성숙이 이루어지지 않았기 때문이라는 뇌과학 지식을 적용하여 이해할 수 있게 한다. 또 나이 들면 다시 어린아이가 된다는 말도 있다. 재미있는 사실은 뇌의 부분 중 가장 노화가 빨리 시작되는 영역이 전두엽이라는 것이다. 우리는 이처럼 사람들의 발달특성과 변화에 대해 그동안 축적된 내용을 뇌 연구를 통해서 다시금 확인하고 이해할 수 있게 된다. 여기에서는 뇌 연구를 통해 우리 뇌에 마음을 이해하는 기능을 담당하는 특정 영역이 있다는 것을 살펴보았다. 이를 통해 우리가 눈에 보이지 않는 마음을 이해하는 것은 뇌 영역의 기능임을 알 수 있다. 인간의 뇌는 마음의 상태를 표상하여 이해할 수 있으며, 자신의 마음상태와 타인의 마음상태를 비교해 볼 수 있으며, 이러한 능력은 우리가 사회적 상호작용을 하는 데 중요한 역할을 한다(Frith & Frith, 2006). 이는 사회적 존재라는 인류의 특성을 우리 뇌 속에 서로의 마음을 파악할 수 있는 신경회로가 있다는 기전으로 증명하고 있는 흥미로운 과정이다. 이러한 연구가 확장

아동은 마음을 언제, 어떻게 이해할까?

된다면 우리가 서로의 마음을 더 잘 이해할 수 있는 새로운 방법이 열리게 되어 인간의 사회적 능력이 향상될 수도 있다는 상상을 해 보게도 한다.

하지만 뇌신경과학 연구결과를 받아들이고 적용하는 데 있어서 항상 과학적 관점에서 바라보아야 할 것이다. 뇌 발달의 특성 중 하나는 경험에 의해 두뇌의 구조가 변화될 수 있다는 신경가소성이다. 이는 인간의 발달을 둘러싼 환경과 경험을 구성하는 데 관심을 기울이게 하였다. Mark Rosenzweig 등(1960)의 초기 연구를 살펴보자. 이 연구에서는 유전적으로 동일한 쥐 세 마리를 서로 다른 세 가지 환경에서 지내도록 하였다. 생존에 필수적인 먹이만 제공하는 환경, 기본적인 것은 제공하지만 큰 재미는 없는 환경, 그리고 넓은 공간, 많은 장난감, 교류할 수 있는 다른 쥐와 같은 환경을 제공할 때 어떤 차이가 생길까? 자극이 결핍된 환경에서 자란 쥐들은 시냅스 숫자도 적고, 뇌의 크기, 기억 전달물질인 아세틸콜린의 수치도 낮으며 뉴런의 부피가 작고 밀도가 낮다. 이는 경험이 뇌를 변화시키므로 뇌 발달은 경험에 좌우된다는 것을 보여 준다. 하지만 이 결과를 성급하게 받아들여 자극이 풍부할수록 뇌 발달이 촉진된다고 적용하는 것은 적절하지 않다. 왜냐하면 이 실험에서 자극이 풍부한 환경은 특별한 환경이라기보다는 일반적으로 자연스럽게 접하는 환경과 유사하기 때문이다. 따라서 생활환경이 뇌를 발달시켰다는 결론보다는 결핍된 환경이 발달에 해로운 영향을 미쳤다고 보는 것이 더 적절하다. 영유아에게 양육환경의 질적 수준은 인지 및 언어 발달에 영향을 주는 변인이나 이 연구를 근거로 아동에게 과도한 자극을 주는 것은 적절하지 않기 때문이다. 오히려 아이가 편안하게 잘 먹고, 주변 사람들과 애정적인 관계를 맺고, 자기 주변 환경을 적극적으로 탐색해 볼 수 있는 충분한 자유와 권리를 주는 것이 발달에 유익하다는 접근이 더 타당하다. 따라서 뇌 연구 결과를 적용하여 인간행동을 해석하기에 앞서 성급한 일 반화의 오류를 범하거나 인간의 복잡하고 미묘한 마음을 지나치게 단순화하여 접근하지 않도록 해야 할 것이다. 이러한 태도를 견지하고 새로운 사실을 탐색한다면 인간이 서로의 마음을 이해하는 능력과 발달에 대해 더 깊은 이해를 할 수 있게 될 것이다. 아이가 마음을 언제, 어떻게 이해하는지 밝히는 과정은 사회적 존재로서 인간이 갖는 특성을 규명하는 길이 될 것이다. 또 우리가 나와 다른 발달단계에 있는 사람들의 생각과 행동을 보다 이해할 수 있게 하여 함께 어울려 살아가는 데 도움을 줄 수 있을 것이다. 공존의 기본 덕목은 공감이 아닐까?

참고문헌

1부 아동의 발달

01 인지발달

남자아이가 여자아이보다 수학을 더 잘할까?

김숙령, 전신애(2004). 일상생활에서 사용되는 숫자에 대한 유아의 이해도와 수학성취
　　력에 대한 연구. 인간발달연구, 11(2), 89-102.
업코리아(2016. 11. 30.). 초4 성취도 수학 3위, 과학 2위 중2 성취도 수학 2위, 과학 4위.
　　http://www.upkorea.net/news/articleView.html?idxno=73352(2017. 01. 20. 인
　　출)
오수경, 방희정, 이순행(2014). 한국형 베일리 영유아 발달검사 3판 인지척도 예비 연구.
　　한국심리학회지: 발달, 27(1), 117-140.
이데일리(2016. 12. 06.). 韓중고생 수학 7위·과학 11위)··· 세계 순위 일제히 하락.
　　http://www.edaily.co.kr/news/NewsRead.edy?SCD=JG21&newsid=06884726612
　　875896&DCD=A00702&OutLnkChk=Y(2017. 01. 20. 인출)
조복희, 박혜원(2004). 한국 Bayley 영유아 발달검사(K-BSID-2) 표준화연구(1): 지역,
　　성별 및 모의 교육수준에 따른 KBSID2 수행분석. 한국심리학회지: 발달 17(1), 191-
　　206.

Aunio, P., & Niemivirta, M. (2010). Predicting children's mathematical performance in
　　grade one by early numeracy. *Learning and Individual Differences, 20*(5), 427-435.
Byrnes, J. P., & Wasik, B. A. (2009). Factors predictive of mathematics achievement
　　in kindergarten, first and third grade: An opportunity-propensity analysis.
　　Contemporary Education Psychology, 34(2), 167-183.
Chipman, S. F., & Thomas, V. G. (1985). Women's participation in mathematics:

Outlining the problem. In S. F. Chipman, L. R. Brush, & D. M. Wilson (Eds.), *Women and mathematics: Balancing the equation* (pp. 1-24). Hillsdale, NJL Erlbaum.

Chipman, S. F., Krantz, D. H., & Silver, R. (1992). Mathematics anxiety and science carrers among able college women. *Psychological Science, 3*, 292-295.

Dorans, N. J., & Livingston, S. A. (1987). Male-female differences in SAT-Verbal ability among students of high SAT-Mathematical ability. *Journal of Educational Measurement, 24*, 65-71.

Eccles, J., Adler, T., & Meece, J. L. (1984). Sex differences in achievement: A test of alternative theories. *Journal of Personality and Social Psychology, 46*, 26-43.

Eccles, J., Wigfield, A., Harold, R. D., & Blumenfeld, P. (1993). Age and gender differences in children's self- and task perceptions during elementary school. *Child Development, 64*, 830-847.

Fennema, F., & Tatre, L. A. (1985). The use of spatial visualization in mathematics by girls and boys. *Journal of Research in Mathematics Education, 16*, 184-206.

Geary, D. C. (1995). *Children's mathematical development: Research and practical applications.* Washington, D. C.: American Psychology Association.

Jacobs, J. E., & Bleeker, M. M. (2004). Girls' and Boys' Developing Interests in Math and Science. *New Directions for Child and Adolescent Development, 106*, 5-21.

Johnson, E. S. (1984). Sex differences in problem solving. *Journal of Educational Psychology, 76*, 1359-1371.

Law, D. J., Pellegrino, J. W., & Hunt, F. B. (1993). Comparing the tortoise and the hare: Gender differences and experience ion dynamic spatial reasoning tasks. *Psychological Science, 4*, 35-40.

Lummis, M., & Stevenson, H. W. (1990). Gender differences in beliefs and achievement: A cross-cultural study. *Developmental Psychology, 26*, 254-263.

Marshall, S. P., & Smith, J. D. (1987). Sex differences in learning mathematics: A longitudinal study with item and error analysis. *Journal of Educational Psychology, 79*, 372-383.

McGuinness, D. (1993). Sex differences in cognitive style: Implications for mathematics performance and achievement. In L. A. Penner, G. M. Batsche, H. M. Knoff, & D. L. Nelson (Eds.), *The challenge of mathematics and science education: Psychology's response* (pp. 251-274). Washington, D. C.: American Psychology Association.

Peterson, P. L., & Fennema, E. (1985). Effective teaching, student engagement in classroom activities, and sex-related differences in learning mathematics. *American Educational Research Journal, 22*, 309-335.

Smith, S. S. (2013). *Early childhood mathematics* (5th Ed.). Upper Saddle River, NJ: Pearson.

Steinkamp, M. W., Harnisch, D. L., Walberg, H. J., & Tsai, S. L. (1985). Cross-national gender differences in mathematics attitude and achievement among 13-year-olds. *Journal of Mathematical Behavior, 4*, 259-277.

Stevenson, H. W., Chen, C., & Lee, S. Y. (1993). Mathematics achievement of Chinese, Japanese, and American children: Ten years later. *Science, 259*, 53-58.

Strauss, M. S., & Curtis, L. E. (1981). Infant perception of numerosity. *Child Development, 52*, 1146-1152.

Tartre, L. A. (1990). Spatial skills, gender, and mathematics. In E. Fennema & G. C. Leder (Eds.), *Mathematics and gender* (pp. 27-59). New York: Teachers College Press.

아동은 관계적 개념을 어떻게 배울까?

Bomba, P. C., & Siqueland, E. R. (1983). The nature and structure of infant form categories. *Journal of Experimental Child Psychology, 35*, 294-328.

Casasola, M. (2005a). When less is more: How infants learn to form an abstract categorical representation of support. *Child Development, 76*, 279-290.

Casasola, M. (2005b). Can language do the driving? The effect of linguistic input on infants' categorization of support spatial relations. *Developmental Psychology, 41*, 183-192.

Casasola, M., & Park, Y. (2013). Developmental changes in infant spatial categorization: when more is best and when less is enough. *Child Development, 84*, 1004-1019.

Childers, J. B., & Tomasello, M. (2002). Two-year-olds learn novel nouns, verbs, and conventional actions from massed or distributed exposures. *Developmental Psychology, 38*, 967-978.

Ferry, A. L., Hespos, S. J., & Gentner, D. (2015). Prelinguistic relational concepts: Investigating analogical processing in infants. *Child Development, 86*, 1386-1405.

Gentner, D. (1981). Some interesting differences between nouns and verbs. *Cognition and Brain Theory, 4*, 161-178.

Gentner, D. (1982). Why nouns are learned before verbs: Linguistic relativity versus natural partitioning. In S. Kuczaj (Ed.), *Language development; Vol. 2, Language, thought and culture* (pp. 301-334). Hilsdale, NJ: Erlbaum.

Gentner, D. (1983). Structure-mapping: A theoretical framework for analogy.

Cognitive Science, 7, 155–170.

Gentner, D. (2016). Language as cognitive tool kit: How language supports relational thought. American Psychologist, 71(8), 650–657.

Gentner, D., Anggoro, F. K., & Klibanoff, R. S. (2011). Structure mapping and relational language support children's learning of relational categories. Child Development, 82(4), 1173–1188.

Gentner, D., & Boroditsky, L. (2001). Individuation, relativity and early word learning. In M. Bowerman & S. Levinson (Eds.), Language acquisition and conceptual development (pp. 215–256).

Gentner, D., & Kurtz, K. (2005). Learning and using relational categories. In W. K. Ahn, R. L. Goldstone, B. C. Love, A. B. Markman, & P. W. Wolff (Eds.), Categorization inside and outside the laboratory. Washington D.C.: APA.

Gentner, D., & Markman, A. B. (1997). Structure mapping in analogy and similarity. American Psychologist, 52, 45–56.

Gentner, D., & Toupin, C. (1986). Systematicity and surface similarity in the development of analogy. Cognitive Science, 10, 277–300.

Gómez, R. L. (2002). Variability and detection of invariant structure. Psychological Science, 13, 431–436.

Kotovsky, L., & Gentner, D. (1996). Comparison and categorization in the development of relational similarity. Child Development, 67, 2797–2822.

Loewenstein, J., & Gentner, D. (2001). Spatial mapping in preschoolers: Close comparisons facilitate far mappings. Journal of Cognition and Development, 2, 189–219.

Loewenstein, J., & Gentner, D. (2005). Relational language and the development of relational mapping. Cognitive Psychology, 50, 315–353.

Lupyan, G., Rakison, D. H., & McClelland, I. (2007). Language is not just for talking: Redundant labels facilitate learning of novel categories. Psychological Science, 18, 1077–1083.

Maguire, M. J., Hirsh-Pasek, K., Golinkoff, R. M., & Brandone, A. C. (2008). Focusing on the relation: Fewer exemplars facilitate children's initial verb learning and extension. Developmental Science, 11, 628–634.

Park, Y., & Casasola, M. (2015). Plain or decorated? Object visual features matter in infant spatial categorization. Journal of Experimental Child Psychology, 140, 105–119.

Park, Y., & Casasola, M. (2017). The impact of object type on the spatial analogies in Korean preschoolers. Cognitive Psychology, 94, 53–66.

Pruden, S., Levine, S., & Huttenlocher, J. (2011). Children's spatial thinking: Does talk about the spatial world matter? *Developmental Science, 14,* 1417-1430.

Son, J. Y., Smith, L., & Goldstone, R. (2008). Simplicity and generalization: Short-cutting abstraction in children's object categorizations. *Cognition, 108,* 626-638.

Waxman, S. R., & Hall, D. G. (1993). The development of a linkage between count nouns and object categories: Evidence from fifteen- to twenty-one-month-old infants. *Child Development, 64,* 1224-1241.

Waxman, S. R., & Markow, D. B. (1995). Words as invitations to form categories: Evidence from 12- to 13-month-old infants. *Cognitive Psychology, 29,* 257-302.

아동은 공간을 어떻게 이해할까?

신경희, 김초복(2013). 대상, 공간 및 언어 인지양식에 따른 작업기억 과제 수행의 개인 차. 한국심리학회지 인지 및 생물, 25(4), 539-563.

이순형, 권혜진, 민하영, 권기남, 김혜라, 최나야, 김지현(2010). 영유아 수·과학 지도. 파주: 교문사.

이정욱, 유연화(2012). 유아수학교육. 서울: 정민사.

이혜경, 김경란(2010). 적응능력 향상을 위한 공간활동 프로그램. 한국학술정보(주).

최낭수(2000). 지리교과에서 아동의 지도 도해력 향상에 관한 실험 연구. 서울대학교 대학원 박사학위논문.

홍혜경(2001). 유아의 기하학적 공간이해에 대한 표상 능력. 교육학연구, 39(2), 81-98.

홍혜경, 김영옥(2001). 유아 사회수학교육과 수학교육의 통합적 접근을 위한 기초 연구. 유아교육연구, 21(1), 27-49.

홍혜경, 김현, 정미영(2007). 유아의 산책 후 지도 그리기에 나타난 지도 표현 유형과 지리적 표상의 변화. 유아교육학논집, 11(1).

Casey, B., Kersh, J. E., &Young, J. M. (2004). Storytelling sagas: An effective medium for teaching early childhood mathematics. *Early Childhood Research Quarterly, 19*(1), 167-172.

Copley, J. V. (2000). The young child and mathematics. Washington, D.C.: National association for the Education of young Children.

CSTS(Committee on Support for Thinking Spatially) (2006). *Learning to think spatially.* Washington, D.C.: The National Academies Press.

Callaghan, T. C. (2000). Factors affecting graphic symbol understanding in the third year: Language, similarity and iconicity. *Cognitive Development, 15,* 207-236.

Charcharos, C., Kokla, M., & Tomai, E. (2015). Assessing Spatial Thinking Ability. In Proceedings of the GEOTHNK International Closing Conference, 151-166. DOI:

10.13140/RG.2.1.1621.0962

Clements, D. H. (2004). Geometric and spatial thinking in early childhood education. In D. H. Clements, J. Sarama, & A. DiBiase(Eds.), *Engaging Young Children in Mathmatics*. Mahwah, NJ: Lawrence Erlbaum Associate.

DeLoache, J. S. (2002). Early development of the understanding and use of symbolic artifacts. In U. Goswami (Ed.), *Blackwell handbook of childhood cognitive development* (pp. 206-226). Malden, MA: Blackwell.

Del Grande, J. (1990). Spatial Sense. *Arithmetic Teacher*, *73*(6), 14-20.

Fenner, J., et al. (2000). "The development of wayfinding competency: Asymmetrical effects of visuo-spatial and verbal ability." *Journal of Environmental Psychology*, *20*(2), 165-175.

Golledge, R., & Stimson, R. (1997). *Spatial behaviour*. London: Guilford.

Hart, R. A., & Moore, J. T. (1973). The Development of Spatial Cognition: A Review In Image and environment: Cognitive Mapping and Spatial Behavior, (ed). R. M. Downs and D. Stea(pp. 248-95). Chicago: Aldine Publishing.

Hegarty, M., Montello, D. R., Richardson, A. E., Ishikawa, T., & Lovelace, K. (2006). Spatial abilities at different scales: Individual differences in aptitude-test performance and spatial-layout learning. *Intelligence*, *34*(2), 151-176.

Huttenlocher, J, & Newcombe, N. (1984). The child's representation of information about location. In C. Sophian (Ed.), Origins of cognitive skills (pp. 81-112). Hillsdale, NJ, Erlbaum.

Kennedy, L. M., Tipps, S., & Johnson, A. (2004). Guiding children's learning og mathematics. Belmont: Wadsworth/Thomson Learning.

Liben, L. S. (2006). *Education for spatial thinking*. Handbook of child psychology.

Liben, L. S., & Myers, L. J. (2007). *Developmental changes in children's understanding of maps*. The emerging spatial mind.

Liben, L. S., & Christensen, A. E. (2010). *Spatial Development: Evolving Approaches to Eduring Questions*. The Wiley-Blackwell Handbook of Childhood Cognitive Development.

Liben, L. S., & Yekel, G. A. (1996). Preschoolers' understanding of plan and oblique maps: The role of geometric and representational correspondence. *Child Development*, *67*, 2780-2796.

Mcgee, M. G. (1979). Human Spatial Abilities: Psychometric Studies and Environmental, Generic, Hormonal, and Neurological Influences, *Psychological Bulletin*, *86*(5), 889-918.

Michael, W. G., Guilford, J. P., Fruchter, B., & Zimmerman, W. A. (1957). The Desription of Spatial-Visualization Abilities. *Education and Psychological*

Measurement, 17, 185-199.

Newcombe, N. S., & Huttenlocher, J. (2003). *Making space: The development of spatial representation and reasoning.* MIT Press.

Newcombe, N. S., & Huttenlocher, J. (2006). Development of spatial cognition. In D. Kuhn & R. Siegler (Eds.), Handbook of child psychology: Vol 2 Cognition, perception, and language(6th ed.). Hoboken, NJ: Wiley.

Piaget, J., & Inhelder, B. (1956). *The Child's Conception of Space.* London: Routledge and Kegan Paul.

Quaiser-Pohl, C., Lehmann, W., & Eid, M. (2004). The relationship between spatial abilities and representations of large-scale space in children一a structural equation modeling analysis. *Personality and Individual Differences, 36*(1), 95-107.

Tversky, B. (2003). Structures Of Mental Spaces: How People Think About Space. *Environment & Behavior, 35*(1), 66-80.

02 언어 발달

아동의 언어발달, 무엇에 의해 영향을 받는가?

김정현, 성미영, 정현심, 권윤정(2010). 다문화가정 미취학 아동의 학교생활적응을 위한 프로그램 개발 및 효과 검증. 한국생활과학회지, 19(3), 455-469.

성미영(2002). 또래와의 언어적 상호작용에 나타난 만 5세 유아의 주제수행기술. 아동학회지, 23(6), 1-14.

성미영(2003). 자유놀이 상황에 나타난 어머니의 대화양식과 유아의 의사소통 의도. 아동학회지, 24(5), 77-89.

성미영(2014). 또래놀이에 나타난 유아의 맥락 및 탈맥락적 언어 사용. 한국가정관리학회지, 32(5), 31-40.

성미영(2015). 유아의 한국어 어휘학습용 어플리케이션 분석: 태블릿 PC 어플리케이션을 중심으로. *Family and Environment Research, 53*(2), 219-228.

성미영, 김정현, 박석준, 정현심, 권윤정(2010). 다문화가정 유아의 언어능력과 가정문해환경. 아동교육, 19(4), 33-47.

성미영, 장문수(2014). 유아의 성별과 놀이상황 유형별 평균발화길이와 어휘다양도. 한국보육지원학회지, 10(6), 43-56.

성미영, 장영은, 장문수(2016). 유아의 성별과 어머니의 대화양식에 따른 평균발화길이와 어휘다양도. 한국보육학회지, 16(2), 119-134.

이강이, 성미영, 장영은(2008). 가정문해환경과 유아의 어휘 및 읽기 능력. 대한가정학회지, 46(10), 97-106.

장영은, 성미영(2015). 유아의 가정환경과 또래유능성의 관계에서 언어발달의 역할. 한국보육지원학회지, 11(6), 1–18.

Curenton, S. M., Craig, M. J., & Flanigan, N. (2008). Use of decontextualized talk across story contexts: How oral storytelling and emergent reading can scaffold children's development. *Early Education and Development*, *19*(1), 161–187.

Fewell, R. R., & Deutscher, B. (2003). Contributions of receptive vocabulary and maternal style variables to later verbal ability and reading in low-birthweight children. *Topics in Early Childhood Special Education*, *22*(4), 181–190.

Paavola, L., Kunnari, S., Moilanen, L., & Lehtihalmes, M. (2005). The functions of maternal verbal responses to prelinguistic infants as predictors of early communicative and linguistic development. *First Language*, *25*(2), 173–195.

Rowe, M. L. (2013). Decontextualized language input and preschoolers' vocabulary development. *Seminars in Speech and Language*, *34*(4), 260–266.

영어 읽기 교육, 어떻게 할 것인가?

사교육걱정없는 세상(2014). 조기영어교육에 대한 실태 및 인식조사. 사교육걱정없는세상 교육통계센터. (http://data.noworry.kr/101)

Adams, M. J. (1990). Beginning to read: Thinking and learning about print. Cambridge, MA: MIT Press.

Adams, M. J., Foorman, B. R., Lundberg, I., & Beeler, T. (1998). *Phonemic Awareness in Young Children: A Classroom Curriculum.* Paul Brookes Publishing.

Bishop, D. V. M., & Adams, C. (1990). A prospective study of the relationship between specific language impairment, phonological disorders and reading retardation. *Journal of Child Psychology and Psychiatry and Allied Disciplines, 31,* 1027–1050.

Brady, S., Fowler, A., Stone, B., & Winbury, N. (1994). Training phonological awareness: A study with inner-city kindergarten children. *Annals of Dyslexia, 44,* 26–59.

Cardenas-Hagan, E., Carlson, C. D., & Pollard-Durodola, S. D. (2007). The cross-linguistic transfer of early literacy skills: The role of initial L1 and L2 skills and language of instruction. *Language, Speech, and Hearing Services in Schools, 38,* 249–259.

Carlisle, J. F. (1995). Morphological awareness and early reading achievement. In L. Feldman (Ed.), *Morphological aspects of language processing* (pp. 189–209).

Hillsdale, NJ: Lawrence Erlbaum.

Chall, J. S. (1967). *Learning to read: The great debate.* New York: McGraw-Hill.

Commins, J. (1981). The role of primary language development in promoting educational success for language minority students. In Office of Bilingual Bicultural Education (Ed.), *Schooling and language minority students: A theoretical framework* (pp. 3-49). Sacramento: California State Department of Education.

Davidson, M. D., Hammer, C. S., & Lawrence, F. (2011). Associations of preschool language and first grade reading outcomes of bilingual children. *Journal of Communication Disorder, 44*(4), 444-458.

Dickinson, D., McCabe, A., Anastasopoulos, L., Peisner-Feinberg, E., & Poe, M. (2003). The comprehensive language approach to early literacy: The interrelationships among vocabulary, phonological sensitivity, and print knowledge among preschool-aged children. *Journal of Educational Psychology, 95,* 465-481.

Durgunoglu, A. Y., Nagy, W. E., & Hancin-Bhatt, B. J. (1993). Cross-language transfer of phonological awareness. *Journal of Educational Psychology, 85,* 453-465.

Ehri, L. C. (1995). Phases of development in learning to read words by sight. *Journal of research in reading, 18*(2), 116-125.

Goswami, U. (2001). Early phonological development and the acquisition of literacy. In S. B. Newman & D. K. Dickinson (Eds.), *Handbook of early literacy research,* vol. 1. (pp. 111-125). New York: Guilford Press.

Hammer, C. S., Scarpino, S., & Davison, M. D. (2011). Beginning with language: Spanish-English bilingual preschoolers' early literacy development. In S. B. Newman & D. K. Dickinson (Eds.), *Handbook of early literacy research,* vol. 3. (pp. 111-125). New York: Guilford Press.

Han, W-J. (2012). Bilingualism and academic achievement. *Child Development, 83*(1), 300-321.

Hickman, P., Pollard-Dorudola, S., & Vaughn, S. (2004). Storybook reading: Improving vocabulary and comprehension for English language learners. *Reading Teacher, 57*(8), 720-730.

McBride-Chang, C., Cho, J.-R., Liu, H., Wagner, R. K., Shu, H., Zhou, A., Cheuk, C. S.-M., & Muse, A. (2005). Changing models across cultures: Associations of phonological awareness and morphological structure awareness with vocabulary and word recognition in second graders from Beijing, Hong Kong, Korea, and the United States. *Journal of Experimental Child Psychology, 92,* 140-160.

NICHD Early Child Care Research Network. (2005). Pathways to reading: The role of oral language in the transition to reading. *Developmental Psychology, 41*(2), 428–442.

Scarborough, H. (2001). Connecting early language and literacy to later reading (dis) abilities. In S. B. Neuman & D. K. Dickinson (Eds.), *Handbook of early literacy research,* vol. 1. (pp. 97–110). New York: Guilford.

Seymour, P. H. K., Aro, M., & Erskine, J. M. (in collaboration with COST Action A8 Network). (2003). Foundation literacy acquisition in European orthographies. *British Journal of psychology, 94*(2), 143–174.

Stanovich, K. E., & Siegel, L. S. (1994). Phenotypoc performance profile of children with reading disabilities: A regression–based test of the phonological–core variable–different model. *Journal of Educational Psychology, 86*, 24–53.

Vaughn, S., Linan–Thompson, S., Pollard–Durodola, S. D., Mathes, P. G., & Hagan, Elsa C. (2006). Effective interventions for English language learners at risk for reading difficulties. In D. K. Dickinson & S. B. Neuman (Eds.), *Handbook of early literacy research*, vol. 2. (pp. 185–197). New York: Guilford.

Wagner, R. K., & Torgesen, J. K. (1987). The nature of phonological processing and its cauysla role in the acquisition of reading skills. *Psychological Bulletin, 101,* 192–212.

Wagner, R. K., Torgesen, J. K., Rashotte, C. A., Hecht, S. A., Barker, T. A., Burgess, S. R., Donahue, J., & Garon, T. (1997). Changing relations between phonological processing abilities and word–level reading as children develop from beginning to skilled readers: A 5–year longitudinal study. *Developmental Psychology, 33,* 468–479.

Wang, M., Park, Y., & Lee, K. R. (2006). Korean–English biliteracy acquisition: Cross–language phonological and orthographic transfer. *Journal of Educational Psychology, 98*(1), 148–158.

Whitehurst, G. J., & Lonigan, C. J. (1998). Child development and emergent literacy. *Child Development, 68,* 848–872.

아동은 한글을 어떻게 배울까?

권오식, 윤혜경(1996). 4, 5세 아동의 읽기발달에 관한 연구. 아동·가족복지연구, 1, 1–26.

권오식, 윤혜경, 이도헌(2001). 한글 읽기 발달의 이론과 그 응용. 한국심리학회지: 일반, 20(1), 211–227.

김정수(1990). 한글의 역사와 미래. 서울: 열화당.

박권생(1993). 한글 단어 재인에 관여하는 정신 과정. 한국심리학회지: 실험 및 인지, 5, 40-55.

송기중(1991). 토론회, 한글의 문자론적 위상-세계의 문자와 한글. 언어, 16(1), 153-181.

윤혜경(1997a). 아동의 한글 읽기 발달에 관한 연구: 자소-음소 대응 규칙의 터득을 중심으로. 부산대학교 대학원 박사학위 논문.

윤혜경(1997b). 한글 읽기에서 '글자 읽기' 단계에 관한 연구. 인간발달연구, 4(1), 66-74.

윤혜경(2001). 한글 해호화 과정의 특성. 인간발달연구, 8(1), 27-40.

윤혜경, 권오식(1994). 한글의 음운부호화가 한글 지각에 미치는 효과에 관한 발달적 연구. 한국심리학회지: 발달, 7(1), 151-163.

윤혜경, 권오식, 안신호(1995). 한글 터득에 관여하는 글자 특성에 관한 연구. 부산대학교 사회과학논총, 14(22), 111-129.

이문정(2004). 한글의 문자 특성에 적합한 유아 읽기, 쓰기 교육. 미래유아교육학회지, 11(1), 169-192.

이영자, 이종숙(1990). 유아의 문어발달과 구어·문어 구별 능력 발달에 대한 질적 분석 연구. 유아교육연구, 10, 41-65.

이영자, 이종숙, 이정욱(1997). 보육시설 경험이 1, 2, 3세 유아의 구어 및 문어 발달에 미치는 영향. 한국영유아보육학, 10, 701-743.

이익섭(1992). 국어표기법 연구. 서울: 서울대학교 출판부.

이익섭(2000). 국어학 개설. 서울: 학연사.

이차숙(1999a). 유아의 음운인식과 읽기 능력과의 관계에 관한 연구. 교육학연구, 37(1), 389-406.

이차숙(1999b). 읽기 과정에서 단어 재인의 역할에 대한 이해. 유아교육연구, 19(1), 133-150.

이차숙(2004). 유아언어교육의 이론적 탐구. 서울: 학지사.

조선하, 우남희(2004). 한국 유아의 창안적 글자쓰기 발달 과정 분석. 유아교육연구, 24(1), 315-339.

조희숙, 김선옥, 정정희(2006). 유아의 음운인식과 읽기가 쓰기 능력에 미치는 영향: 단기종단적 접근. 한국심리학회지: 발달, 19(4), 137-155.

최나야, 이순형(2007a). 한글 자음과 모음에 대한 유아의 지식이 단어 읽기에 미치는 영향. 한국 가정관리학회지, 25(3), 151-168.

최나야, 이순형(2007b). 음운론적 인식과 처리능력이 4-6세 유아의 한글 단어 읽기에 미치는 영향. 아동학회지, 28(4), 73-95.

최나야, 이순형(2008). 유아의 단어읽기 능력 예측변수. 한국가정관리학회지, 26(4), 41-54.

최나야(2009a). 유아의 시지각 발달과 읽기: 수, 방향, 형태항상성 지각이 한글 단어 읽기에 미치는 영향. 아동학회지, 30(2), 161-177.

최나야(2009b). 유아의 자모 지식과 쓰기 능력: 만 4-6세 유아들의 이름 쓰기와 자유 쓰기 분석. 유아교육연구, 29(6), 67-89.

Badian, N. A. (2000). Do preschool orthographic skills contribute to prevention of reading? In N. Badian (Ed.), *Predivtion and prevention of reading failure* (pp. 31-56). Timonium, MD: York Press.

Cho, J., & McBride-Chang, C. (2005). Correlates of Korean Hangul acquisition among kindergarteners and second graders. *Scientific Studies of Reading, 9*(1), 3-16.

Clay, M. (1991). *Becoming literacte: The construction of inner control.* Portsmouth, NH: Heinemann.

Ehri, L. C., & Robbins, C. (1992). Beginners need some decoding skill to read words by analogy. *Reading Research Quarterly, 27,* 12-27.

Graham, S., & Weintraub, N. (1996). A review of handwriting research: Progress and prospects from 1980 to 1994. *Educational Psychology Review, 8,* 7-87.

Harris, M., & Hatano, G. (Eds.). (1999). *Learning to read and write: A cross-linguistic perspective.* Cambridge, England: Cambridge University Press.

Hemphill, L., & Snow, C. (1996). Language and literacy development: Discontinuities and differences. In D. R. Olson & N. Torrance (Eds.), *The handbook of education and human development: New models of learning, teaching, and schooling.* Cambridge, MA: Blackwell.

Jalongo, M. R. (2000). *Early childhood language arts* (3rd ed.). Needham Heights, MA: Allyn and Bacon.

Lamme, L. (1985). Growing up writing. Washington, DC: Acropolis.

McDevitt, T. M., & Ormrod, J. E. (2007). *Child development and education* (3rd ed.). New Jersey: Pearson.

McGee, L. M., & Richgels, D. J. (1996). Literacy's beginnings: Supporting young readers and writers. 김명순, 신유림 공역(2000). 영유아의 문해 발달 및 교육. 서울: 학지사.

Sampson, G. (1990). *Writing system.* 신상순 역(2000). 세계의 문자 체계. 서울: 한국문화사.

Sulzby, E. (1985). Children's emergent reading of favorite storybooks: A developmental study. *Reading Research Quarterly, 20,* 458-481.

Taylor, I., & Taylor, M. (1995). *Writing and literacy in Chinese, Korean, and Japanese.* Amsterdam: Benjamins.

Treiman, R., & Baron, J. (1983). Phonemic-analysis training helps children benefit from spelling-sound rule. *Memory and Cognition, 11,* 382-389.

03 사회성 발달

우리 아이 공격성 어느 정도일까?

정현심(2014). 유아의 의도귀인과 정서귀인이 반응적 공격성과 주도적 공격성에 미치는 영향-상대 유아의 정서 조건에 따른 차이-. 서울대학교 대학원 박사학위논문.

Alink, L. R. A., Mesman, J., van Zeijl, J., Stolk, M. N., Juffer, F., & Koot, H. M. (2006). The early childhood aggression curve: Development of physical aggression in 10- to 50-month-old children. *Child Development, 77*, 954-966.

Bagwell, C., & Coie, J. D. (2004). The best friendships of aggressive boys: Relationship quality, conflict management, and rule-breaking behavior. *Journal of Experimental Child Psychology, 88*(1), 5-24.

Bergsmann, E., Van de Schoot, R., Schober, B., Finsterwald, M., & Spiel, C. (2013). The effect of classroom structure on verbal and physical aggression among peers: A short-term longitudinal study. *Journal of School Psychology, 51*(2), 159-174. doi:10.1016/j.jsp.2012.10.003

Caplan, M., Vespo, J., Pedersen, J., & Hay, D. F. (1991). Conflict and its resolution in small groups of one-and two-year-olds. *Child Development, 62*, 1513-1524.

Card, N. A., Stucky, B. D., Sawalani, G. M., & Little, T. D. (2008). Direct and indirect aggression during childhood and adolescence: A meta-analytic review of gender differences, intercorrelations, and relations to maladjustment. *Child Development, 79*, 1185-1229.

Cillessen, A. H. N., & Mayeux, L. (2004). From censure to reinforcement: Developmental changes in the association between aggression and social status. *Child Development, 75*, 147-163.

Conduct Problems Prevention Research Group (1999). Initial impact of the Fast Track prevention trial for conduct problems: II. Classroom Effects. *Journal of Consulting and Clinical Psychology, 67*(5), 648-657.

Crick, N. R., & Dodge, K. A. (1996). Social information processing mechanisms in reactive and proactive aggression. *Child Development, 67*, 993-1002.

Crick, N. R., & Grotpeter, J. K. (1995). Relational aggression, gender, and social-psychological adjustment. *Child Development, 66*, 710-722.

Cui, M., Donnellan, M. B., & Conger, R. D. (2007). Reciprocal influences between parents' marital problems and adolescent internalizing and externalizing behavior. *Developmental Psychology, 43*, 1544-1552.

Davies, P. T., & Cummings, E. M. (2006). Interparental discord, family process, and developmental psychopathology. In D. Cicchetti & D. J. Cohen (Eds.), *Developmental psychopathology: Vol. 3. Risk, disorder, and adaptation* (2nd ed., pp. 86-128). New York: Wiley.

Dodge, K. A., Coie, J. D., & Lynam, D. (2006). Aggression and antisocial behavior in youth. In W. Damon (Series Ed.) & N. Eisenberg (Vol Ed.), *Handbook of child psychology: Vol. 3. Social, emotional, and personality development* (5th ed). New York: Wiley.

Dunn, J., & Hughes, C. (2001). "I got some swords and you're dead": Violent fantasy, antisocial behavior, friendship, and moral sensibility in young children. *Child Development, 72*, 491-505.

Fuld, G. L., Mulligan, D. A., Altmann, T. R., Brown, A., Christakis, D. A., Clarke-Pearson, K. et al. (2009). Policy statement-Media violence. *Pediatrics, 124*, 1495-1503.

Hamilton, M. A. (2012). Verbal aggression: Understanding the psychological antecedents and social consequences. *Journal of Language and Social Psychology, 31*(1), 5-12.

Hay, D. F., Mundy, L., Roberts, S., Carta, R., Waters, C. S., Perra, O., et al. (2011). Known Risk Factors for Violence Predict 12-Month-Old Infants' Aggressiveness With Peers. *Psychological Science, 22*, 1205-1211.

Kuppens, S., Grietens, H., Onghena, P., & Michiels, D. (2009). Associations between parental control and children's overt and relational aggression. *British Journal of Developmental Psychology, 27*, 607-623.

Ostrov, J. M., Murray-Close, D., Godleski, S. A., & Hart, E. J. (2013). Prospective associations between forms and functions of aggression and social and affective processes during early childhood. *Journal of Experimental Child Psychology*, http://dx.doi.org/10.1016/j.jecp.2012.12.009

Parke, R. D., & Slaby, R. G. (1983). The development of aggression. In P. H. Mussen (Series Ed.) & E. M. Hetherington (Vol. Ed.), *Handbook of child psychology: Vol. 4. Socialization, personality, and social development* (4th ed., pp. 547-641). NY: Willy & Sons.

Polman, H., Orobio de Castro, B., Koops, W., van Boxtel, H. W., & Merk, W. W. (2007). A meta-analysis of the distinction between reactive and proactive aggression in children and adolescents. *Journal of Abnormal Child Psychology, 35*, 522-535.

Powers, C. J., Bierman, K. L., & The Conduct Problems Prevention Research Group, 2013. The Multifaceted Impact of Peer Relations on Aggressive-Disruptive Behavior in Early Elementary School. *Developmental Psychology, 49*(6), 1174-

1186.

Solberg, M. E., & Olweus, D. (2003). Prevalence estimation of school bullying with the Olweus Bully/Victim Questionnaire. *Aggressive Behavior, 29,* 239-268.

Stockdale, M. S., Hangaduambo, S., Duys, D., Larson, K., & Sarvela, P. D. (2002). Rural elementary students', parents', and teachers' perceptions of bullying. *American Journal of Health Behavior, 26,* 266-277.

Tremblay, R. E. (2004). Decade of behavior distinguished lecture: Development of physical aggression during infancy. *Infant Mental Health Journal, 25,* 399-407.

Tremblay, R. E., Japel, C., Perusse, D., Voivin, M., Zoccolillo, M., Montplaisir, J., & McDuff, P. (1999). The search for the age of "onset" of physical aggression: Rousseau and Bandura revisited. *Criminal Behavior and Mental Health, 9,* 8-23.

Vitaro, F., Brendgen, M., & Tremblay, R. (2002). Reactively and proactively aggressive children: Antecedent and subsequent characteristics. *Journal of Child Psychology and Psychiatry, 43*(4), 495-505.

Wilson, B. J., Smith, S. L., Potter, W. J., Kunkel, D., Linz, D., Carolyn, C. M., & Donnerstein, E. (2002). Violence in Children's Television Programming: Assessing the Risks. *Journal of Communication, 52*(1), 5-35.

아동의 사회성, 어떻게 길러 줄까?

박상희, 이남옥(2014). 부모애착이 대인관계문제에 미치는 영향: 공감과 정서조절의 매개효과. 가족과 상담, 4(1).

조영주, 최해림(2001). 부모와의 애착 및 심리적 독립과 성인애착의 관계. 한국심리학회지: 상담 및 심리치료, 13(2).

하상희(2015). 부모애착이 자기분화를 통해 대학생의 심리적 부적응, 진로미결정, 이성관계 태도에 미치는 영향. 한국가족관계학회지, 19(4).

Carpendale, J. I., & Lewis, C. (2004). Constructing an understanding of mind: The development of children's social understanding within social interaction. *Behavioral and brain sciences, 27*(1), 79-96.

Kostelnik, M., Gregory, K., Soderman, A., & Whiren, A. (2011). *Guiding children's social development and learning.* Cengage Learning.

Ladd, G. W., & Golter, B. S. (1988). Parents' management of preschooler's peer relations: Is it related to children's social competence? *Developmental Psychology, 24*(1), 109-117.

Parke, R. D., & Ladd, G. W. (Eds.). (2016). *Family-peer relationships: Modes of linkage*. Routledge.

04 정서 발달

어떤 아동이 정서를 잘 조절할까?

권연희(2011). 유아의 관계적 및 외현적 공격성에 대한 부정적 정서성, 정서조절, 어머니 양육행동의 영향. 한국생활과학학회지, 20(5), 927-940.

김은경, 송영혜(2008). 어머니의 아동기 경험, 정서조절양식, 정서반응태도와 유아의 정서 능력과의 관계. 정서·행동장애연구, 24(1), 43-64.

김정민, 김지현(2014). 어머니의 정서표현이 유아의 정서조절에 미치는 영향: 기질의 매개효과를 중심으로. 한국가정관리학회지, 32(3), 137-146.

김정민, 이순형(2013). 실행기능과 기질이 유아의 상황에 따른 정서조절에 미치는 영향. 서울대학교 대학원 박사학위논문.

김정민, 이순형(2014). 유아의 기질이 상황에 따른 정서조절에 미치는 영향-실험, 어린이집, 가정 상황에서 나타나는 정서조절을 중심으로-. 한국생활과학회지, 23(2), 193-204.

문혁준, 김경은, 서소정, 성미영, 안선희, 임정하, 하지영, 황혜정(2016). 유아발달. 서울: 창지사.

여은진, 이경옥(2009). 유아와 어머니 정서성, 어머니의 정서사회화 행동 및 유아의 정서조절간의 구조 분석. 열린유아교육연구, 14(5), 275-295.

이경님(2009). 어머니의 정서표현과 아동의 기질 및 자아존중감이 정서조절능력에 미치는 영향. 한국생활과학회지, 18(6), 1209-1219.

이순형, 김진경, 서주현, 김정민, 이정현, 순진이, 정현심, 최은정, 정하나, 김태연(2016). 유아사회교육. 서울: 학지사.

이승은(2011). 유아기 정서표현규칙과 정서인식의 발달에 관한 연구. 한국 보육학회지, 11(4), 121-142.

이지희, 문혁준(2008). 아동의 정서성, 정서조절 능력 및 어머니 양육행동이 아동의 또래 유능성에 미치는 영향. 아동학회지, 29(4), 1-14.

임희수, 박성연(2002). 어머니가 지각한 아동의 기질, 어머니의 정서조절 및 양육행동과 아동의 정서조절간의 관계. 아동학회지, 23(1), 37-52.

지경진, 이순형, 성미영(2004). 실험자의 존재 유무와 친밀도에 따른 유아의 정서 표현. 인간발달연구, 11(2), 103-116.

채영문(2010). 부모의 양육태도에 따른 유아의 정서조절 능력 및 사회적 능력. 영유아교육연구, 13, 117-132.

Anderson, P. (2002). Assessment and development of executive function during childhood. *Child Neuropsychology, 8*(2), 71-82.

Baddeley, A. (1996). Exploring the central executive. *Quarterly Journal of Experimental Psychology: Human Experimental Psychology(Special Issue: Working Memory), 49A*, 5-28.

Bell, M. A., & Wolfe, C. D. (2004). Emotion and cognition: An intricately bound developmental process. *Child Development, 75*, 366-370.

Blair, K. A., Denham, S. A., Kochanoff, A., & Whipple, B. (2004). Playing it cool: Temperament, emotion regulation, and social behavior in preschoolers. *Journal of School Psychology, 42*, 419-443.

Bukatko, D., & Daehler, M. (2004). *Children development: A thematic approach.* Boston, MA: Houghton Mifflin.

Cacioppo, J. T., & Berntson, G. G. (1999). The affect system: Architecture and operating characteristics. *Current Directions in Psychological Science, 8*, 133-137.

Carlson, S. M., & Wang, T. S. (2007). Inhibitory control and emotion regulation in preschool children. *Cognitive Development, 22*, 489-510.

Cole, P. M. (1986). Children's spontaneous control of facial expression. *Child Development, 57*, 1309-1321.

Cole, P. M., Dennis, T. A., Smith-Simon, K. E., & Cohen, L. H. (2008). Preschoolers' emotion regulation strategy understanding: Relations with emotion socialization and child self-regulation. *Social Development, 18*, 324-352.

Cole, P. M., Zahn-Waxler, C., & Smith, K. D. (1994). Expressive control during a disappointment: Variations related to preschoolers' behavior problems. *Developmental psychology, 30*(6), 835-846.

Denham, S. A. (1998). *Emotional development in young children.* NY: Guildford.

Denham, S. A., & Kochanoff, A. (2002). Parental contributions to preschoolers' understanding of emotion. *Marriage and Family Review, 34*, 311-343.

Denham, S. A., Mitchell-Copeland, J., Strandberg K., Auerbach, S., & Blair, K. (1997). Parental contribution to preschoolers' emotional competence: Direct and indirect effects. *Motivation and Emotion, 21*(1), 65-86.

Eisenberg, N., Cumberland, A., & Spinard, T. L. (1998). Parental socialization of emotion. *Psychology Inquiry, 9*(4), 241-273.

Eisenberg, N., & Fabes, R. A. (1994). Mother's reactions to children's negative emotions: Relations to children's temperament and anger behavior. *Merrill-Palmer Quaterly, 40*(1), 138-156.

Eisenberg, N., Fabes, R. A., Nyman, M., Bernzweig, J., & Pinuelas, A. (1994). The relations of emotionality and regulation to children's anger-related reactions. *Child Development, 65*, 109-128.

Esther, G., Antonio, H. J., Aransasu, A., & Camio, F. (2010). Emotional regulation and executive function profiles of functioning related to the social development of children. *Procedia Social and Behavioral Sciences, 5*, 2077-2081.

Fabes, R. A., & Eisenberg, N. (1992). Young children's coping with interpersonal anger. *Child Development, 63*(1), 116-128.

Garner, P. W., & Power, T. G. (1996). Preschoolers' emotional control in the disappointment paradigm and its relation to temperament, emotional knowledge, and family expressiveness. *Child Development, 67*, 1406-1419.

Gnepp, J., & Hess, D. R. (1986). Children's understanding of verbal and facial display rules. *Developmental Psychology, 22*(1), 103-108.

Gottman, J. (1997). *The heart of parenting: How to raise an emotionally intelligent child.* NY: Simon & Schuster.

Gross, D., & Harris, P. L. (1988). False beliefs about emotion: Children's understanding of misleading emotional daiplays. *International Journal of Behavioral Development, 11*(4), 475-488.

Huges, C. (1998). Executive function in prechoolers: Links with theory of mind and verbal ability. *British Journal of Developmental Psychology, 16*, 233-253.

Kopp, C. B., & Neufeld, S. J. (2002). Emotional development in infancy. In R. Davidson, K. Sherer, & H. H. Goldsmith (Eds.). *Handbook of affective sciences.* NY: Oxford Univesity Press.

Kostelnik, M. J., Whiren, A. P., Soderman, A. K., & Gregory, K. M. (2009). *Guiding children's social development and learning* (6th ed.). NY: Cengage Learning.

Kuebli, J., Butler, S., & Fivush, R. (1995). Mother-child talk about past emotions: Relations of maternal language and child gender over time. *Cognition and Emotion, 9*, 256-283.

Lemerise, E. A., & Arsenio, W. F. (2000). An integrated model of emotion processes and cognition in social information processing. *Child Development, 71*, 107-118.

Miyake, A., Friedman, N. P., Emerson, M. J., Witzki, A. H., & Howerter, A. (2000). The unity and diversity of executive functions and their contributions to complex "Frontal lobe" tasks: A latent variable analysis. *Cognition Psychology, 41*, 49-100.

Perner, J., & Lang, B. (1999). Development of theory of mind and cognitive control. *Trends in Cognitive Science, 3*, 337-344.

Rothbart, M. K., Ahadi, S. A., & Evans, D. E. (2000). Temperament and personality: Origins and outcome. *Journal of Personality and Social Psychology, 78*(1), 122-135.

Rothbart, M. K., Ahadi, S. A., Hershey, K. L., & Fisher, P. (2001). Investigations of temperament as 3-7 years: The children's behavior questionnaire. *Child Development, 72*, 1394-1408.

Saarni, C. (1984). An observation study of children's attempts to monitor their expressive behavior. *Child Development, 55*, 1504-1513.

Underwood, M. L., Coie, J., & Herbsman, C. R. (1992). Display rules for anger and aggression in school-age children. *Child Development, 63*, 366-380.

Valiente, C., Eisenberg, N., Shepard, S. A., Fabes, R. A., Cumberland, A. J., Losoya, S. H., & Spinard, T. L. (2004). The relations of mothers' negative expressivity to children's experience and expression of negative emotion. *Applied Developmental Psychology, 25*, 215-235.

Weinberg, M. K., Tronick, E. Z., Cohn, J. F., & Olson, K. L. (1999). Gender differences in emotional expressivity and self-regulation during early infancy. *Developmental Psychology, 35*, 175-188.

Wolfe, C. D., & Bell, M. A. (2007). The integration of cognition and emotion during infancy and early childhood: Regulatory processes associated with the development of working memory. *Brain and Cognition, 65*, 3-13.

Yagmurla, B., & Altan, O. (2010). Naternal socialozation and child temperament as predictors of emorion regulation Turkish preschoolers. *Infant and Child development, 19*, 275-296.

Zelazo, P. D., & Müller, U. (2002). Executive function in typical and atypical development. In U. Goswani (Ed.), *Blackwell Handbook of childhood cognitive development* (pp. 445-469). Malden, MAL: Blackwell Publishing.

Zeman, J., & Shipman, K. (1996). Children's expression of negative affect: Reasons and Methods. *Developmental Psychology, 32*(5), 842-849.

정서는 아동의 삶에 어떤 영향을 미칠까?

김수정, 정익중(2015). 0세부터 3세까지 영유아의 부정적 정서성과 어머니의 온정성/반응성 간의 양방향적 관계. 아동학회지, 36(4), 1-16.

성미영, 권기남(2010). 유아의 긍정적, 부정적 정서성이 내면화 및 외현화 행동문제에 미치는 영향: 대인관계지능 및 개인이해지능의 매개효과를 중심으로. *Family and Environment Research, 48*(2), 39-49.

오지은(2016). 정서표현동작프로그램이 유아의 정서성, 일상스트레스와 생리적 반응에 미치는 효과. 서울대학교 대학원 박사학위논문.

정옥분(2006). 사회정서발달. 서울: 학지사.

Arsenio, W. F., Cooperman, S., & Lover, A. (2000). Affective predictors of preschoolers' aggression and peer acceptance: direct and indirect effects.

Developmental Psychology, 36(4), 438-448.

Batson, C. D. (2014). *The altruism question: Toward a social-psychological answer.* Hillsdale, NJ: Erlbaum.

Bornstein, M. H. (1995). Parenting infants. In M. H. Bornstein (Ed.), *Handbook of parenting* (pp. 3-41). Mahwah, NJ: Erlbaum.

Bridges, L. J., & Grolnick, W. S. (1995). The development of emotional self-regulation in infancy and early childhood. In N. Eisenberg (Ed.), *Social development: Review of personality and social psychology.* (Vol.15, pp. 185-211). Thousand Oaks, CA: Sage.

Brown, J. R., & Dunn, J. (1996). Continuities in emotion understanding from three to six years. *Child Development, 67*(3), 789-802.

Davis, T. L. (2001). Children's understanding of false beliefs in different domains: Affective vs. physical. *British Journal of Developmental Psychology, 19*(1), 47-58.

Denham, S. A., & Couchoud, E. A. (1990). Young preschoolers' understanding of emotions. *Child Study Journal, 20*(3), 171-192.

Denham, S. A., Blair, K. A., DeMulder, E., Levitas, J., Sawyer, K., Auerbach-Major, S., & Queenan, P. (2003). Preschool emotional competence: Pathway to social competence? *Child Development, 74*(1), 238-256.

Eisenberg, N., & Fabes, R. A. (1992). Emotion, regulation, and the development of social competence. In M. S. Clark (Ed.), *Emotion and Social Behavior* (pp. 119-150). Newburry Park, CA: Sage.

Folkman, S., & Moskowitz, J. T. (2000). Positive affect and the other side of coping. *American Psychologist, 55*(6), 647-654.

Fredrickson, B. L., & Joiner, T. (2002). Positive emotions trigger upward spirals toward emotional well-being. *Psychological Science, 13*(2), 172-175.

Friend, M., & Davis, T. L. (1993). Appearance-reality distinction: Children's understanding of the physical and affective domains. *Developmental Psychology, 29*(5), 907-913.

Garnefski, N., Rieffe, C., Jellesma, F., Terwogt, M. M., & Kraaij, V. (2007). Cognitive emotion regulation strategies and emotional problems in 9-11-year-old children. *European Child & Adolescent Psychiatry, 16*(1), 1-9.

Gnepp, J., & Hess, D. L. (1986). Children's understanding of verbal and facial display rules. *Developmental Psychology, 22*(1), 103-108.

Goodman, D. (2006). *Emotional intelligence.* New York: Bantam Books.

Harter, S., & Buddin, B. J. (1987). Children's understanding of the simultaneity of two emotions: A five-stage developmental acquisition sequence. *Developmental Psychology, 23*(3), 388-399.

Hoffman, M. L. (1975). Developmental synthesis of affect and cognition and its implications for altruistic motivation. *Developmental Psychology, 11*(5), 607-622.

Hoffner, C., & Badzinski, D. M. (1989). Children's integration of facial and situational cues to emotion. *Child Development, 60*(2), 411-422.

Izard, C. E. (1994). Innate and universal facial expressions: evidence from developmental and cross-cultural research. *Psychological Bulletin, 115*(2), 288-299.

John, O. P., & Gross, J. J. (2004). Healthy and unhealthy emotion regulation: Personality processes, individual differences, and life span development. *Journal of Personality, 72*(6), 1301-1334.

Kalat, J. W., & Shiota, M. N. (2007). *Emotion.* Belmont, CA: Thomson Wadsworth.

Katz, L. G., & MeClellan, D. E. (1997). *Fostering childrens social competence: The teacher's role.* Washinton DC: National association for the Education of Young Children.

Kochanska, G., Friesenborg, A. E., Lange, L. A., & Martel, M. M. (2004). Parents' personality and infants' temperament as contributors to their emerging relationship. *Journal of Personality and Social Psychology, 86*(5), 744-759.

Lagattuta, K. H., & Wellman, H. M. (2001). Thinking about the past: Early knowledge about links between prior experience, thinking, and emotion. *Child Development, 72*(1), 82-102.

Larson, D. G., & Chastain, R. L. (1990). Self-concealment: Conceptualization, measurement, and health implications. *Journal of Social and Clinical Psychology, 9*(4), 439-455.

Lazarus, R. S., & Folkman, S. (1984). *Stress, appraisal, and coping.* New York, NY: Springer.

Lewis, M., Alessandri, S. M., & Sullivan, M. W. (1992). Differences in shame and pride as a function of children's gender and task difficulty. *Child Development, 63*(3), 630-638.

Lewis, M., Stanger, C., & Sullivan, M. W. (1989). Deception in 3-year-olds. *Developmental Psychology, 25*(3), 439-443.

Linnenbrink, E. A., & Pintrich, P. R. (2002). Achievement goal theory and affect: An asymmetrical bidirectional model. *Educational Psychologist, 37*(2), 69-78.

Mangelsdorf, S. C., Shapiro, J. R., & Marzolf, D. (1995). Developmental and temperamental differences in emotion regulation in infancy. *Child Development, 66*(6), 1817-1828.

Mayer, J. D., & Salovey, P. (1997). What is emotional intelligence? In P. Salovey & D. Sluyter (Eds.), *Emotional development and emotional intelligence: Implications for educators* (pp. 3-31). New York: Basic Books.

Mayer, J. D., Gaschke, Y. N., Braverman, D. L., & Evans, T. W. (1992). Mood-congruent judgment is a general effect. *Journal of Personality and Social Psychology, 63*(1), 119-132.

Mills-Koonce, W. R., Gariépy, J. L., Propper, C., Sutton, K., Calkins, S., Moore, G., & Cox, M. (2007). Infant and parent factors associated with early maternal sensitivity: A caregiver-attachment systems approach. *Infant Behavior and Development, 30*(1), 114-126.

Pekrun, R. (2006). The control-value theory of achievement emotions: Assumptions, corollaries, and implications for educational research and practice. *Educational Psychology Review, 18*(4), 315-341.

Pervin, L. A. (2003). *The science of personality* (2nd ed.). New York, NY: Oxford University Press.

Rosen, W. D., Adamson, L. B., & Bakeman, R. (1992). An experimental investigation of infant social referencing: Mothers' messages and gender differences. *Developmental Psychology, 28*(6), 1172-1178.

Rothbart, M. K., Ahadi, S. A., & Hershey, K. L. (1994). Temperament and social behavior in childhood. *Merrill-Palmer Quarterly, 40*(1), 21-39.

Rubin, K. H., Hymel, S., Mills, R. S., & Rose-Krasnor, L. (1991). Conceptualizing different developmental pathways to and from social isolation in childhood. In D. Cicchetti, & S. L. Toth (Eds.) *Rochester Symposium on Development Psychopathology* (Vol. 2, pp. 91-122). Hillsdale, NJ: Erlbaum.

Russell, J. A. (1990). The preschooler's understanding of the causes and consequences of emotion. *Child Development, 61*(6), 1872-1881.

Saarni, C. (1995). Socialization of emotion. In M. Lewis & J. M. Haviland (Eds.). *Handbook of emotions* (2nd ed., pp. 435-446). New York: Guilford.

Saarni, C. (1990). Emotional competence: How emotions and relationships become integrated. In R. A. Thompson (Eds.), *Emotional Development and Emotional Intelligence* (pp. 35-66). New York: Basic Books.

Salovey, P., Mayer, J. D., Goldman, S. L., Turvey, C., & Palfai, T. P. (1995). Emotional attention, clarity, and repair: Exploring emotional intelligence using the Trait Meta-Mood Scale. In J. W. Pennebaker (Ed.), *Emotion, disclosure, and health* (pp. 125-154). Washington, DC: American Psychological Association.

Shaffer, D. (2008). *Social and personality development* (5th ed). Australia; Belmont, CA: Wadsworth/Thomson Learning.

Sorce, J. F., Emde, R. N., Campos, J. J., & Klinnert, M. D. (1985). Maternal emotional signaling: It's effect on the visual cliff behavior of 1-year-olds. *Developmental*

Psychology, 21(1), 195–200.

Srofe, L. A., & Waters, E. (1976). The ontogenesis of smiling and laughter: A perspective on the organization of development in infancy. *Psychological Review, 83*(3), 173–189.

Stein, N. L., & Trabasso, T. (1989). Children's understanding of changing emotional states. In C. Saarni & P. L. Harris (Eds.). *Children's understanding of emotion*, Cambridge: Cambridge University Press.

Stocker, C., & Dunn, J. (1990). Sibling relationships in childhood: Links with friendships and peer relationships. *British Journal of Developmental Psychology, 8*(3), 227–244.

Tackett, J. L., Lahey, B. B., Van Hulle, C., Waldman, I., Krueger, R. F., & Rathouz, P. J. (2013). Common genetic influences on negative emotionality and a general psychopathology factor in childhood and adolescence. *Journal of Abnormal Psychology, 122*(4), 1142–1153.

Thompson, R. A. (1994). Emotion regulation: A theme in search of definition. *Monographs of the Society for Research in Child Development, 59*(2/3), 25–52.

Trentacosta, C. J., & Izard, C. E. (2007). Kindergarten children's emotion competence as a predictor of their academic competence in first grade. *Emotion, 7*(1), 77–88.

Vujanovic, A. A., Hart, A. S., Potter, C. M., Berenz, E. C., Niles, B., & Bernstein, A. (2013). Main and interactive effects of distress tolerance and negative affect intensity in relation to PTSD symptoms among trauma-exposed adults. *Journal of Psychopathology and Behavioral Assessment, 35*(2), 235–243.

Walling, B. R., Mills, R. S., & Freeman, W. S. (2007). Parenting cognitions associated with the use of psychological control. *Journal of Child and Family Studies, 16*(5), 642–659.

Wintre, M. G., & Vallance, D. D. (1994). A developmental sequence in the comprehension of emotions: Intensity, multiple emotions, and valence. *Developmental Psychology, 30*(4), 509–514.

2부 아동의 양육환경

05 부모-자녀 관계

생각처럼 안 되는 자녀와의 관계, 어디서부터 풀어 나갈까?

박지선, 유영주(2014). 취학 전 자녀를 둔 부모의 양육감정이 삶의 질에 미치는 영향-부모의 양육부정감 매개변수를 중심으로-. 사회복지연구, 45(4), 241-266.

정윤주(2008). 유아기 자녀를 둔 어머니의 아동기 애착경험, 성격특성, 자녀양육스트레스와 양육행동. 대한가정학회지, 46(3), 73-85.

최미경(2010). 아동과 어머니의 조화적합성 및 어머니의 공감능력과 양육스트레스의 관계. 아동학회지, 31(5), 151-165.

Bakermans-Kranenburg, M. J., Van Ijzendoorn, M. H., Juffer, F. (2005). Disorganized infant attachment and preventive interventions: A review and meta-analysis. *Infant Mental Health Journal, 26*, 191-216.

Bowlby, J. (1969/1982). *Attachment and loss: Vol 1. Attachment.* New York: Basic Books.

Bowlby, J. (1982). *Attachment and loss: Attachment.* New York: Basic Books.

Bowlby, J. (1988). *A secure base.* New York: Basic Books.

Cassidy, J., & Shaver, P. R. (Eds.). (2008). *Handbook of attachment: Theory, research, and clinical applications* (2nd ed.). New York: Guilford Press.

Dutra, L., Bureau, J.-F., Holmes, B., Lyubchik, A., Lyons-Ruth, K. (2009). Quality of early care and childhood trauma: a prospective study of developmental pathways to dissociation. *Journal of Nervous and Mental Disease, 197*, 383-390.

Fonagy, P., Gergely, G., Jurist, E., & Target, M. (2002). *Affect Regulation, Mentalization and the Development of the Self.* New York: Other Press.

Fonagy, P., Steele, H., Moran, G., Steele, M., & Higgitt, A. (1991). The capacity for understanding mental states: The reflective self in parent and child and its significance for security of attachment. *Infant Mental Health Journal, 13*, 200-217.

George, C., & Solomon, J. (2008). The caregiving behavioral system: A behavioral system approach to parenting. In J. Cassidy & P. R. Shaver (Eds.), *Handbook of attachment: Theory, research, and clinical applications* (2nd ed., pp. 833-856). New York, NY: Guilford Press.

Grienenberger, J., Kelly, K., & Slade, A. (2005). Maternal Reflective Functioning, Mother-Infant Affective Communication and Infant Attachment: Exploring The

Link Between Mental States and Observed Caregiving. *Attachment and Human Development*, 7, 299-311.

Guzell, J., & Vernon-Feagans, L. (2004). Parental perceived control over caregiving and its relationship to parent-infant interaction. Child Development, 75, 134-146.

Schechter, D. S., Moser, D. A., Wang, Z., Marsh, R., Hao, X., Duan, Y., Yu, S., Gunter, B., Murphy, D., McCaw, J., Kangarlu, A., Willheim, E., Myers, M. M., Hofer, M. A., & Peterson, B. S. (2012). An fMRI study of the brain responses of traumatized mothers to viewing their toddlers during separation and play. *Social Cognitive and Affective Neuroscience*, 7, 969-679.

Slade, A. (2005). Parental reflective functioning: An introduction. *Attachment and Human Development*, 7(3), 269-281.

Moser, D. A., Aue, T., Wang, Z., Serpa1, S. R., Favez, N., Peterson, B. S., & Schechter, D. S. (2013). Limbic brain responses in mothers with post-traumatic stress disorder and comorbid dissociation to video clips of their children, *Stress*, 16(5), 493-502.

어머니는 어떻게 성장해야 할까?

김진경, 서주현(2014). 부모교육. 한국방송통신대학교 출판문화원.

박근주, 김연진, 서명원, 윤매자, 이종숙, 조경옥(2012). 영유아기 부모역할을 위한 부모교육. 파주: 양서원.

박성연, 김상희, 김지신, 박응임, 전춘애, 임희수(2012). 자녀와의 진정한 만남을 위한 부모교육(개정3판). 경기: 교육과학사.

유안진(1986). 한국의 전통육아방식. 서울대학교 출판부.

이순형, 민하영, 권혜진, 정윤주, 한유진, 최윤경, 권기남(2010). 부모교육. 서울: 학지사.

Brooks, J. B. (2008). *The Process of Parenting*. New York: McGraw-Hill.

Galinsky, E. (1987). *The six stages of parenthood*. NY: Addison-Wesley Publishing Co. Inc.

Kretchmar, M. D., & Jacobvitz, D. B. (2002). Observing mother-child relationships across generations: Boundary patterns, attachment, and the transmission of caregiving. *Family Process*, 41(3), 351-372.

Wood, C., & Davidson, J. (2003). Helping families cope: a fresh look at parent effective training. *Family Matters*, 65, 28-33.

06 양육환경

아동이 안전한 환경은 어떻게 만들까?

강석진, 박정은, 이승재, 이경훈(2013). 범죄로부터 안전한 도시를 위한 아동안전지도 제작 및 활용에 관한 연구. 서울도시연구, 14(1), 153-167.

김미숙(2016). 아동안전 현황과 손상예방전략. 보건복지포럼, 44-61.

김정규, 김문호(2015). 아동안전지킴이 제도의 실효성 향상 방안. 한국콘텐츠학회논문지, 15(9), 118-125.

민병호(2001). 라퓨타를 찾아서-아동을 위한 주거단지 계획. 서울: 세진사.

변혜령(2013). 아동환경과 유니버설 디자인. 건축, 57(9), 13-17.

육아정책연구소(2015). 안전한 영유아 보육ㆍ교육 환경 조성 방안: 유치원ㆍ어린이집 환경을 중심으로. (경제ㆍ인문사회연구회 협동연구 총서 15-39-01. 연구보고 2015-32-01)

이정원, 김다은, 최소영, 변나향(2016). 아동발달 이론을 고려한 보육시설 공간 및 환경 계획. 대한건축학회 논문집-계획계, 32(4), 49-58.

최목화(2013). 아동 친화적인 지역사회환경 디자인. 건축, 57(9), 8-12.

통계청(2015). 연도별 사망원인통계.

한국보건사회연구원(2015). 구급기반 아동손상데이터 분석결과.

행정안전부(2011). 어린이 놀이시설 안전기준 현실화 연구.

황성은, 강부성(2014). 주거지에서 아동 안전사고 발생요인의 기준 개선방안 연구. 한국주거학회 학술대회논문집, 217-222.

Sandseter, E. B. H., & Sando, O. J. (2016). How a focus on safety affects norwegian children's play in early-childhood education and care settings. *American Journal of Play, 8(2)*, 178-200.

Schwebel, D. C., Brezausek, C. M., & Belsky, J. (2006). Does time spent in child care influence risk for unintentional injury? *Journal of Pediatric Psychology, 31*, 184-93.

Senda, M. (2015). Safety in public spaces for children's play and learning. *International Association of Traffic and Safety Sciences Research, 38*, 103-115.

Heinrich, H. W. (1931). *Industrial Accident Prevention: A Scientific Approach*, McGraw-Hill: New York.

UNICEF (2016). *The State of World's Children 2016: A Fair Chance for Every Child.*

양육, 어디에서 도움받을 수 있을까?

한미현, 문혁진, 강희경, 공인숙, 김상희, 안선희, 안효진, 양성은, 이경열, 이경옥, 이진숙, 천희영(2017). 아동복지(5판). 서울: 창지사.

법제처 국가법령정보센터 http://www.law.go.kr/

서울시 보육포털서비스 http://iseoul.seoul.go.kr/portal/boyukChief/boyukChiefInfo.do)

서울특별시직장맘지원센터 홈페이지 https://www.workingmom.or.kr/mom_home/?page_id=455

육아종합지원센터 홈페이지 http://www.seoul-i.go.kr/

중구육아종합지원센터 http://www.jgkids.or.kr/index.php?MenuID=33

07 교육환경

효과적인 유아교육, 무엇을 어떻게 가르칠까?

박찬옥, 서동미(2015). 유아교육과정. 경기: 정민사.

Bredekamp, S., & Rosegrant, T. (Eds.). (1995). Reaching potentials: Transforming early childhood curriculum and assesment, Vol. 2. Washington, DC: NAEYC.

NAEYC (2009). "Developmentally Appropriate Practice in Early Childhood Programs Serving Children from Birth through Age 8." Position statement. Washington, DC: Author. www.naeyc.org/files/naeyc/file/positions/position%20statement%20Web.pdf

Schwartz, S. L., & Robinson, H. F. (1982). *Designing Curriculum for Early Childhood*. Boston: Allyn & Bacon.

학부모의 학교참여, 왜 필요할까?

김은영, 이강이, 정정화(2016). 초 · 중 · 고 학부모의 교육기부 참여 실태 및 활성화 방안 연구: 학부모 학교참여 시범학교를 중심으로. 학습자중심교과교육연구, 16(2), 597-617.

김은영, 진미정(2016). (학)부모지원 전달체계 비교분석 연구. 서울대학교 학부모정책연구센터.

옥선화, 서현석, 최인숙(2012). 학부모와 학교의 소통 활성화 방안 연구: 중학생을 중심으로. 서울대학교 학부모정책연구센터.

이강이, 그레이스정, 이현아, 최인숙(2013). 2012년 학부모의 자녀교육 및 학교참여 실태조사 연구. 서울대학교 학부모정책연구센터.

이강이, 김은영(2016). 2015 학부모 학교참여 시범학교 결과보고서. 서울대학교 학부모정책연구센터.

이강이, 박혜준, 그레이스정, 최혜영(2015). 2015년 학부모의 자녀교육 및 학교참여 실태조사. 서울대학교 학부모정책연구센터.

이강이, 최인숙, 서현석(2012). 학부모 학교참여 활성화 1차년도 연구: 학교급별, 지역별, 학부모 특성별 학부모 학교참여 실태조사에 따른 시범학교 운영방안 연구. 서울대학교 학부모정책연구센터.

이강이, 최인숙, 서현석(2013). 학부모 학교참여 활성화 2차년도 연구: 학부모 학교참여 유형별 모델 개발 기초 연구. 서울대학교 학부모정책연구센터.

진미정, 김엘림, 이현아(2012). 학부모 학교참여휴가제 도입방안 연구. 서울대학교 학부모정책연구센터.

진미정, 김은영, 최진아(2016). 지역학부모지원센터 운영 실태파악 및 개선 방안 연구. 서울대학교 학부모정책연구센터.

진미정, 김은영, 최혜영, 김봉제(2015). 학부모정책 종합진흥계획 연구. 국가평생교육진흥원.

진미정, 이강이, 이현아, 서현석, 최인숙(2014). 행복한 교육공동체를 위한 학부모교육. 경기: 교문사.

최상근, 김형주, 전선미(2011). 2011년 학부모의 자녀교육 및 학교참여 실태 조사 연구. 한국교육개발원.

최상근, 양수경, 차성현(2010). 학부모 자녀교육 및 학교참여 실태조사 · 분석. 한국교육개발원.

Grolnick, W. S., & Slowiaczek, M. L. (1994). Parents' involvement in children's schooling: A multidimensional conceptualization and motivation model. *Child Development, 65*, 237–252.

Hill, N. E., & Craft, S. A. (2003). Parent-school involvement and school performance: Mediated pathways among socioeconomically comparable African American and Euro-American families. *Journal of Educational Psychology, 95*(1), 74–83.

Ho, E. S. C., & Williams, J. D. (1996). Effects of parental involvement on eighth-grade achievement. *Sociology of Education, 69*(2), 126–141.

Sheldon, S. B. (2007). Improving student attendance with school, family, and community partnerships. *The Journal of Educational Research, 100*(5), 267–275.

08 육아정책

영유아기 보육과 교육, 어디로 가야 하는가?

교육부(2009). 유아교육 선진화 방안.

권건일(1996). 영유아보육정책의 문제점과 개선방안. 한국 영유아보육사업의 활성화를 위한 쟁점과 대안. 한국영유아보육학회 1996 춘계 학술대회, 25-34.

보건복지부(2013). 제2차 중장기 보육계획.

서문희, 양미선, 김은설, 최윤경, 유해미, 손창균, 이혜민(2012). 전국보육실태조사-가구
　　조사 보고. 서울: 보건복지부.

문무경(2007). OECD 주요 유럽국가들의 육아정책동향. 육아정책포럼, 4, 72-85.

OECD (2006). Starting Strong II: Early Childhood Education and Care. OECD
　　Publishing.

OECD (2012). Starting Strong III: A Quality Toolbox for Early Childhood Education
　　and Care. OECD Publishing.

우리 가정에 도움 되는 육아정책은?

권미경, 박원순, 엄지원(2016). 가정 내 양육 내실화 방안. 육아정책연구소.

권미경, 최은영, 김나영, 김혜진, 임준범(2016). 정책수요자 중심의 육아문화 확산 방안.
　　육아정책연구소.

보건복지부(2015). 2015년도 보육사업안내.

보건복지부(2016a). 2016년도 보육사업안내.

보건복지부(2016b). 저소득층 기저귀·조제분유 지원 사업안내.

보건복지부(2016c). 산모·신생아 건강관리 지원사업 안내.

보건복지부(2016d). 2016년 건강검진사업안내.

보건복지부 보도자료(2016. 4. 25.). 0~2세반 대상 맞춤형 보육, 7월 1일부터 시행.

여성가족부(2015). 2015년도 아이돌봄 지원사업 안내.

여성가족부(2016). '지방건강가정지원센터 운영지원' 가족정책과 내부자료.

복지로 홈페이지 http://www.bokjiro.go.kr/nwel/bokjiroMain.do

육아지원정책, 출산율을 높일 수 있을까?

고선주(2012). 저출산 대응: 가족내 자녀양육지원강화. 한국심리학회지: 사회문제, 18(1),
　　53-77.

노병만(2013). 저출산현상의 원인에 대한 개념구조와 정책적 검토. 대한정치학회보,
　　21(2), 179-207.

대한민국정부(2008). 제1차 저출산·기본계획(보완판)(새로마지플랜 2010).

대한민국정부(2011). 제2차 저출산·기본계획(새로마지플랜 2015).

대한민국정부(2016). 제3차 저출산.고령사회 기본계획(브릿지플랜 2020).

유해미, 김아름, 김진미 (2015). 국내 육아지원정책 동향 및 향후 과제. 육아정책연구소.

이삼식, 이지혜, 최효진, 한진희, 방하남, 김현숙, 우석진, 최준욱, 김순옥, 배성일, 박효정, 서문희, 김혜원, 이태진, 신윤정, 최성은(2009). 저출산의 파급효과와 정책방안. 한국보건사회연구원.

이삼식, 최효진, 계봉오, 김경근, 김동식, 서문희, 윤자영, 이상협, 이윤석, 천현숙(2016). 결혼·출산 형태 변화와 저출산 대책의 패러다임 전환. 한국보건사회연구원.

황남희, 김경래, 배혜원, 이상협, Andrew Mason (2016). 저출산 정책 실효성 제고를 위한 중장기 출산율 목표수준 연구. 한국보건사회연구원.

Philipov, D., Thevenon, O., Klobas, J. Bernardi, L., & Liefbroer, A. C. (2011). Reproductive decision-making in a macro-micro perspective. European Commission.

3부 변화하는 사회와 아동의 삶

O9 다양한 가족과 아동

한 명의 부모로는 부족할까?

이순형, 이옥경, 김지현(2005). 가족구조와 아동의 우울 및 공격성, 학교적응의 관계. 아동권리연구, 9(1), 1-30.

이혜승, 이순형(2003). 부모효능감 및 부모역할수행이 아동의 문제행동과 내면적 증세에 미치는 영향: 이혼가정과 양부모가정의 학력이 아동에 관한 연구. 인간발달연구, 10(1), 37-55.

유안진, 이점숙, 서주현(2005). 가족구조에 따른 청소년비행. 대한가정학회지, 43(10), 91-102.

박찬인, 양정빈(2010). 여성 한부모 가정 아동의 부적응 행동에 영향을 미치는 요인에 관한 연구. 부모교육연구, 7(2), 41-65.

차유림(2011). 한부모가족 청소년의 심리적.행동적.학업적 적응에 관한 연구: 이혼가족과 사별가족의 비교를 중심으로. 학교사회복지, 21, 31-55.

최윤진(2015). 한부모가정 지원을 위한 정책 방향 연구. 임상사회사업연구, 12(3), 59-74.

Amato, P. R., & Keith, B. (1991). Parental divorce and the well-being of children: A meta-analysis. *Psychological Bulletin, 110*(1), 26-46.

Emery, R. E. (1991). *Marriage, Divorce, and Children's Adjustment*. Newbury park, CA:

Sage.

북한이탈아동을 어떻게 도와야 할까?

강재희(2008). 새터민 유아의 어린이집 생활. 교육과학연구, 39(1), 45-66.

국제연합 난민고등판무관사무소(1951). 난민에 관한 주요국제조약집.

김현경(2013). 남한입국 무연고 북한이탈청소년의 변화되어가는 삶의 기대에 관한 질적 연구. 미래청소년학회지, 10(2), 69-101.

김현경(2007). 난민으로서의 새터민의 외상 회복 경험에 대한 현상학 연구. 이화여자대학교 대학원 박사학위논문.

김희정(2015). 북한이탈가정 아동의 분리경험과 애착양상 및 문제행동. 서울대학교 유아교육협동과정 석사학위논문.

남북하나재단(2015). 탈북청소년 남과 북 통합의 미래.

신현옥, 김도혜, 윤상석, 허수경, 강희석, 이소라, 주한나(2011). 무연고 탈북청소년 현황과 지원방안 연구. 한국교육개발원.

육아정책연구소(2012). 북한이탈주민 영유아 자녀양육지원강화 방안. 육아정책연구소 기본연구보고서, 1-163. 육아정책연구소.

이부미(2003). 탈북가정유아의 남한사회 적응과정에 대한 현장 연구: 탈북적응교육 훈련원(하나원)을 중심으로. 유아교육연구, 23(2), 115-145.

이순덕(2016). 북한이탈주민 자녀의 남한사회 적응경험에 대한 연구. 인하대학교 대학원 석사학위논문.

정진경, 정병호, 양계민(2006). 탈북청소년의 남한학교 적응. 한국심리학회 학술대회 자료집, 362-363.

정진곤(2011). 북한이탈학생들의 의식과 사고방식에 대한 기초연구. 다문화교육연구, 4(1), 79-91.

조영아, 김연희, 김현아(2011). 북한이탈청소년의 문제행동과 외상 후 스트레스 증상 영향 요인. 청소년학연구, 18(7), 33-57.

통일부 https://www.unikorea.go.kr

Ainsworth, M. S., & Bowlby, J. (1991). An ethological approach to personality development. *American Psychologist*, 46(4), 333.

Bean, T., Derluyn, I., Eurelings-Bontekoe, E., Broekaert, E., & Spinhoven, P. (2007). Comparing psychological distress, traumatic stress reactions, and experiences of unaccompanied refugee minors with experiences of adolescents accompanied by parents. *Journal of Nervous and Mental Disease*, 195(4), 288-297.

Bowlby, J. (1978). Attachment and Loss. London, UK: Penguin Books.

Folkman, S., & Lazarus, R. (1985). If it changes must be a process: Study of emotion and coping during three stages of a college examination. *Journal of Personality and Social Psychology, 48*(1), 150-170.

Garmezy, N., & Rutter, M. (1985). Acute reactions to stress. *Child and Adolescent Psychiatry: Modern Approaches, 2*, 152-176.

Sack, W. H., McSharry, S., Clarke, G. N., Kinney, R., Seeley, J., & Lewinsohn, P. (1994). The Khmer Adolescent Project Ⅰ. Epidemiologic findings in two generations of Cambodian refugees. *Journal of Nervous and Mental Disease, 182*(7), 387-395.

Santa-Maria, M. L., & Cornille, T. (2007). Traumatic stress, family separations, and attachment among Latin American immigrants. *Traumatology, 13*(2), 26-31.

Tedeschi, R. G., & Calhoun, L. G. (1996). The post-traumatic growth inventory measuring the positive legacy of trauma. *Journal of Traumatic Stress, 9*, 455-471.

10 아동의 일상

아동은 무엇을 하며 시간을 보낼까?

강한나, 박혜원(2013). 저소득가정 영유아의 발달과 부모의 양육특성 및 하루 일과시간에 관한 연구. 대한가정학회, 51(6), 613-622.

권지성, 주소희(2016). 일반·저소득 가구 부모의 관점에서 본 아동·청소년의 일상생활 패턴과 맥락분석. 한국가족복지학회, 21(3), 583-607.

김기헌, 안선영, 장상수, 김미란, 최동선(2009). 아동·청소년의 생활시간 패턴에 관한 국제비교연구. 보건복지가족부.

김외숙, 박은정(2012). 한국과 미국 고등학생의 생활시간에 대한 비교 연구. 한국가정관리학회, 30(4), 119-132.

김지희(2012). 아동의 생활시간과 놀이시간 양태 연구: 방과 후 보호자 유무에 따른 비교. 대한가정학회지, 50(8), 13-19.

김희정(2010). 유아교육기관 귀가 후 유아의 일과 실태 분석: 광주, 전남지역을 중심으로. 열린유아교육연구, 15(3), 293-311.

김희정(2014). 유아교육기관 귀가 후 한국과 일본 유아의 일상생활에 관한 연구. 한국영유아보육학, 86, 209-238.

도남희, 김정숙, 하민경(2013). 영유아의 생활시간조사. 육아정책연구소.

라진숙, 조윤희(2014). 청소년의 비만도, 우울, 자살생각에 대한 스크린 기반 좌식활동과 수면시간의 수준별 결합효과. 한국보건간호학회, 28(2), 241-257.

박은영, 김진욱(2016). 아동의 컴퓨터·모바일 게임시간과 부모영향요인 연구: 2009년과 2014년 생활시간조사자료 분석을 중심으로. 한국사회복지조사연구, 51, 77-103.

박현선(2016). 초록우산 어린이재단 아동권리지수 개발연구-아동 균형생활시간지표의 활용을 중심으로-. 제11차 아동복지포럼, 초록우산어린이재단.

이민주, 이영신, 유정은(2015). 유아의 미디어 이용 시간 및 성별에 따른 언어 발달 차이. 열린부모교육연구, 7(3), 37-52.

이순형(2009). 한국 아동의 일상생활문화. 서울대학교 출판부.

장근영, 김기헌(2009). 한국 청소년의 생활시간 국제비교와 라이프스타일 분석. 미래청소년학회지, 6(4), 139-155.

정하나, 김유미(2015). 초등학교 저학년 아동의 성별과 생활시간이 자기조절학습능력에 미치는 영향. 한국생활과학회, 24(6), 741-753.

조형숙, 권혁인, 백소영, 김정숙 (2011). 유아-아동의 여가활용 실태 및 요구 조사. 유아교육학논집, 15(3), 485-510.

진미정, 이윤주(2010). 어머니의 취업에 따른 영유아기 아동의 생활시간 양태. 대한가정학회, 48(6), 43-56.

진미정(2008). 가족구조에 따른 아동의 생활시간 비교. 가족과 문화, 20, 187-211.

최성민, 서완석, 성형모, 구본훈, 김경근, 김소연, 최소정, 이종훈(2009). 한국 아동의 수면시간과 체질량지수. 대한소아청소년정신의학회, 20(3), 146-151.

최은영, 김기태(2016). 아동의 생활시간 사용실태 국내·외 비교. 제11차 아동복지포럼, 초록우산어린이재단.

Cooper, H. (1989). Homework versus no-treatment. N. Y.: Longman.

Cooper, H., Robinson, J. C., & Patall, E. A. (2006). Does homework improve academic achievement? A synthesis of research, 1987-2003. *Review of educational research, 76*(1), 1-62.

Holder, M. D., Coleman, B., & Sehn, Z. L. (2009). The contribution of active and passive leisure to children's well-being. *Journal of Health Psychology, 14*(3), 378-386.

Matricciani, L. A., Olds, T. S., Blunden, S., Rigney, G., & Williams, M. T. (2012). Never enough sleep: a brief history of sleep recommendations for children. *Pediatrics, 129*(3), 548-556.

Valle, A., Regueiro, B., Núñez, J. C., Rodríguez, S., Piñeiro, I., & Rosário, P. (2016). Academic goals, student homework engagement, and academic achievement in elementary school. *Frontiers in psychology, 7.*

국민일보(2017. 5. 29.). 한국인 근로시간 OECD국 중 최장. http://news.kmib.co.kr/
    article/view.asp?arcid=0923755495&code=11132400&cp=nv

김미숙(2015). 한국아동의 주관적 웰빙수준과 정책과제. 보건복지포럼, 220, 14-26.

김미숙, 전진아, 하태정, 김효진, 오미애, 정은희, 최은진, 이봉주, 김선숙(2013). 한국아
    동종합실태조사. 보건복지부·한국보건사회연구원

보건복지부(2015). 제1차(2015~2019) 아동정책 기본계획.

세이브더칠드런·서울대학교사회복지연구소(2017). 한국 아동의 삶의 질: 16개국 초등
    학교 3학년의 행복감 국제비교.

염유식(2016). 제8차 어린이·청소년 행복지수 국제비교연구 조사결과보고서. 한국방
    정환재단.

유계숙, 김수화, 임정현, 최혜림, 채희화(2011). 가족여가활동, 가족식사활동 빈도와 가
    족친밀도가 초등학생 자녀의 사회성에 미치는 영향. 한국가족자원경영학회지, 15(3),
    99-116.

이영미, 이기와, 오유진(2009). 초등학생 가족식사에 대한 인식과 태도. 대한 영양사협회
    학술지, 15(1), 41-51.

조선일보(2017. 2. 7.). 학원시간에 쫓겨… '혼밥' 먹는 초등생들. http://news.chosun.
    com/site/data/html_dir/2017/02/07/2017020700303.html

한국경제매거진(2016. 8. 24.). 오피스지역 편의점에선 김밥, 10대들에겐 주먹밥 인기.
    http://magazine.hankyung.com/business/apps/news?popup=0&nid=01&c1=100
    1&nkey=2016082201082000081&mode=sub_view

Eisenberg, M. E., Olson, R. E., Neumark-Sztainer, D., Story, M., & Bearinger, L. H.
    (2004). Correlations between family meals and psychosocial well-being among
    adolescents. Archives of Pediatrics and Adolescent Medicine, 157(8), 792-796.

Fujita, F., & Diener, E. (2005). Life satisfaction set point: Stability and Change. Journal
    od Personality and Social Psychology, 88(1), 158-164.

Huebner, E. S. (2004). Research on assessment of life satisfaction of children and
    adolescents. Social Indicators Research, 66, 3-33.

Marison, D., Laursen, B., Zettergren, P., & Bergman, L. R. (2013). Predicting life
    satisfaction during middle adulthood from peer relationships during mid-
    adolescence. Journal of Youth and Adolescence, 42, 1299-1307.

McKnight, C. G., Huebner, E. S., & Suldo, S. M. (2002). Relationships among stressful
    life events, temperament, problem behavior, and global life satisfaction in
    adolescence. Psychology in the Schools, 39, 677-687.

Neumark-Sztainer, D., Larson, N. I., Fulkerson, J. A., Eisenberg, M. E., & Story,

M. (2010). Family meals and adolescents: What have we learned from project EAT(Eating Among Teens)? *Public Health nutrition, 13*(7), 1113-1121.

Pople, L., Rees, G., Main, G., & Bradshaw, J. R. (2015). *The Good Childhood Report 2015.* The Children's Society.

Saha, R., Huebner, E. S., Suldo, S. M., & Valois, R. F. (2010). A londitudinal study of adolescent life satisfaction and parenting. *Child Indicators Research, 3,* 149-165.

Salmela-Aro, K., & Tuominen-Soini, H. (2010). Adolescents' life satisfaction during the transition to post-comprehensive education: antecedents and consequences. *Journal of Happiness Studies, 11,* 683-701.

Suldo, S. M., & Huebner, E. S. (2004). The role of life satisfaction in the relationship between authoritative parenting dimensions and adolescent problem behavior. *Social Indicators Research, 66,* 165-195.

11 놀이와 아동

아동의 삶에서 놀이는 어떤 의미일까?

김성원, 권미량(2015). 한국 유아기 놀이의 세대별 변화에 대한 연구. 한국보육학회지, 15, 263-293.

권혜진, 김경은, 우현경, 전가일, 전숙영, 정윤주, 한유진(2016). 아이와 교사가 즐거운 놀이지도. 경기: 양서원.

임부연, 오정희, 최남정(2008). 비구조적인 자유놀이 시간에 유아들이 보여주는 '진짜 재미있는 놀이'에 관한 현상학적 연구. 유아교육연구, 28(1), 185-209.

유혜령(2004). 유아의 역할놀이에 나타난 모방과 창조의 미학. 유아교육연구, 24(3), 277-302.

유혜령(2009). 인간교육을 위한 생명의 논리: 놀이중심 유아교육론에 대한 반성. 한국교육 인류학회 추계 학술대회 자료집.

윤재흥(2012). 전통사회의 어린이 공간으로서의 마당과 골목의 특징. 한국교육사학, 34(4), 83-101.

이순형 외(2014). 놀이지도. 서울: 창지사.

조용환(1993). 체계적인 놀이 연구를 위한 '놀이'개념의 검토. 숙명여자 대학교 교육 연구, 2, 303-313.

전가일(2013). 자유놀이에서 유아의 관계맺기에 대한 현상학적 연구. 서울대학교 대학원 박사학위논문.

전가일(2015). 동네 놀이터의 특징과 의미에 관한 현상학적 연구. 유아교육연구, 35(3), 337-363.

전가일(2016). 한국과 호주의 동네 놀이터 특징에 관한 비교문화 사례연구.

편해문(2007). 아이들은 놀기 위해 세상에 온다. 서울: 소나무.

편해문(2015). 놀이터, 위험해야 안전하다. 서울: 소나무.

Beltzig, G. (1998). Das Spielpatzbuch. 엄양순, 베버남순 역(2014). 놀이터 생각. 서울: 소나무.

Borkowski, A. M. (2011). Redefining the stereotypical playground: a park design for New Bremen. Ohio.

Canning, N. (2010). The influence of the outdoor environment : den-making in three different contexts. *European Early Childhood Education Research Journal, 18*(4), 555-566.

Coleman, B., & Dyment, J. E. (2013). Factors that limit and enable preschool-aged children's physical activity on child care center playgrounds. *Journal of Early Childhood Research, 11(3)*, 203-221.

Czlczynska-Podolska, M. (2014). The impact of playground spatial features on children's play and activity forms: An evaluation of contemporary playgrounds' play and social value. *Journal of Environmental Psychology, 38*, 132-142.

Caillois, R. (1958). LES JEUX ET LES HOMMES. 이상률 역(1994). 놀이와 인간. 서울: 문예출판사.

EBS(2013). 위험한 놀이터로 오세요. EBS 다큐프라임 놀이터프로젝트 1부.

Fumoto, H. (2011). Teacher-child relationship and early childhood pratice: early years. *An International Journal of Research and Development, 31*(1), 19-30.

Gadamer (1960). Wahrheit und methode. 이길우, 이선관, 임호일, 한동원 역(2000). 진리와 방법. 서울: 문학동네.

Gray, P. (2014). The decline of play. Ted 동영상 강의.https://www.youtube.com/watch?v=Bg-GEzM7iTk

Holt, N., Lee, H., Millar, C. A., & Spence, J. C. (2013). Eyes on where children play: A retrospective study of active free play. *Children's Geographies, 13*(1), 73-88.

Huizinga, J. (1955). Homo Ludens, A Study of the play Element in Culture. 김윤수 역(1998). 호모 루덴스. 서울: 까치.

Jansson, M. (2015). Children's perspectives on playground use as basis for children's participation in local play space management. *Local Environment, 20*(2), 165-179.

King, N. R. (1979). Play: The kindergartner's perspective. *The Elementary School Journal, 80*(2), 80-87

Leavitt, R. L. (1994). Power and emotion in infant-toddler day care. Albany, NY: State University of New York Press.

Little, H., & Eager, D. (2010). Risk, challenge and safety: Implication for play quality and playground design. *European Early Childhood Education Research Journal, 18*(4),

497-513.

Lobman, C. L. (2006). Improvisation: An analytic tool for examining teacher-child interaction in the early childhood classroom. *Early childhood Research Quarterly*, *21*. 455-470.

Trawick-Smith, J. (2009). Interaction an the classroom. 송혜린, 신혜영, 신혜원, 조혜진 수정 역 (2009). 놀이지도: 아이들을 사로잡는 상호작용. 서울: 다음세대.

Van Hoorn, J. (2007). *Play at the Center of the Curriculum*. NJ: Pearson.

놀잇감의 구조성은 아동의 놀이에 어떤 영향을 미칠까?

김명순, 김길숙, 박찬화(2012). 유아용 놀이성 평정척도 개발 및 타당화연구. 아동학회지, 33(2), 69-89.

이병용(2005). 장난감을 버려라 아이의 인생이 달라진다. 서울: 실림출판사.

박미경, 엄정애(2010). 자유선택활동시간에 유아들이 경험하는 놀잇감의 의미. 유아교육연구, 30(5), 325-349.

임부연, 오정희, 최남정(2008). 비구조적인 자유놀이 시간에 유아들이 보여주는 '진짜 재미있는 놀이'에 대한 현상학적 연구. 유아교육연구, 28(1), 185-209.

전숙영, 권혜진(2014). 비구조적 놀이매체를 활용한 집단놀이치료프로그램 개발과 적용연구. 한국아동심리치료학회지, 9(2), 99-120.

지성애(2013). 놀이감의 구조성이 유아의 창의성, 사회적 행동, 언어능력, 조망수용능력에 미치는 효과비교. 유아교육학논집, 17(6), 5-30.

국민일보(2017. 03. 29.). 어린이집에서 장난감을 치워버린 독일 "아이에게 변화가 시작됐다"

한겨레신문(2003. 11. 09.). 장난감 조르는 아이… 혹시 중독?

Edwards, S., & Cutter-Mackenzie, A. (2013). Pedagogical play types: What do they suggest for learning about sustainability in early childhood education? *International Journal of Early Childhood, 45*(3), 327-346.

Johnson, J. E., Christie, J. F., & Yawkey, T. D. (2001). *Play and early childhood development*. Glen-view, IL: Scott, Foresman.

Trawick-Smith, J., Russell, H., & Swaninathan, S. (2010). Measuring the effects of the toys on problem-solving, creative and social behaviors of preschool children. *Early Child Development and Care, 181*(7), 909-927.

12 뇌과학과 아동

엄마만 찾는 아이, 뇌에서는 무슨 일이 일어날까?

최은정(2014). 아동의 애착안정성 수준별 뇌신경 활성에 대한 fMRI 연구. 서울대학교 대학원 박사학위논문.

Abraham, E., Hendler, T., Zagoory-Sharon, O., & Feldman, R. (2016). Network integrity of the parental brain in infancy supports the development of children's social competencies. Social Cognitive and Affective Neuroscience, nsw090.

Ainsworth, M. D. S., Blehar, M. C., Waters, E., & Wall, S. (1978). Patterns of attachment. A psychological study of the strange situation. Hillsdale, NY: Erlbaum.

Akers, K. G., Yang, Z., DelVecchio, D. P., Reeb, B. C., Romeo, R. D., McEwen, B. S., & Tang, A. C. (2008). Social competitiveness and plasticity of neuroendocrine function in old age: influence of neonatal novelty exposure and maternal care reliability. PloS one, 3(7), e2840.

Béliveau, M. J., & Moss, E. (2009). The role of stressful life-events on the intergenerational transmission of attachment. European Review of Applied Psychology-Revue Europeenne De Psychologie Appliquee, 59(1), 47-58.

Bowlby, J. (1956). The growth of independence in the young child. Royal Society of Health Journal, 76, 587-591.

Bowlby, J. (1969/1982). Attachment and loss: Vol.1. Attachment. New York: Basic Books.

Bromberg-Martin, E. S., Matsumoto, M., & Hikosaka, O. (2010). Dopamine in motivational control: rewarding, aversive, and alerting. Neuron, 68(5), 815-834.

Buchheim, A., Erk, S., George, C., Kächele, H., Ruchsow, M., Spitzer, M., ⋯ & Walter, H. (2006). Measuring attachment representation in an fMRI environment: A pilot study. Psychopathology, 39(3), 144-152.

Chaumon, M., Kveraga, K., Barrett, L. F., & Bar, M. (2013). Visual predictions in the orbitofrontal cortex rely on associative content. Cerebral Cortex, bht146.

Feldman, R. (2012). Oxytocin and social affiliation in humans. Hormones and behavior, 61(3), 380-391.

Feldman, R. (2016). The Neurobiology of Human Attachments. Trends in Cognitive Sciences.

Gillath, O., Bunge, S. A., Shaver, P. R., Wendelken, C., & Mikulincer, M. (2005). Attachment-style differences in the ability to suppress negative thoughts:

exploring the neural correlates. *Neuroimage, 28*(4), 835–847.

Grossmann, K. E., Grossmann, K., & Waters, E. (Eds.). (2006). *Attachment from infancy to adulthood: The major longitudinal studies.* Guilford Press.

Lemche, E., Giampietro, V. P., Surguladze, S. A., Amaro, E. J., Andrew, C. M., Williams, S. C., ··· & Simmons, A. (2006). Human attachment security is mediated by the amygdala: Evidence from combined fMRI and psychophysiological measures. *Human brain mapping, 27*(8), 623–635.

Lévesque, J., Joanette, Y., Mensour, B., Beaudoin, G., Leroux, J. M., Bourgouin, P., & Beauregard, M. (2003). *Neural correlates of sad feelings in healthy girls. Neuroscience, 121*(3), 545–551.

Main, M., & Solomon, J. (1990). Procedures for identifying infants as disorganized/ disoriented during the Ainsworth Strange Situation. *Attachment in the preschool years: Theory, research, and intervention, 1*, 121–160.

Ridley, M. (2003). Nature via nurture: Genes, experience, and what makes us human. HarperCollins Publishers.

Sroufe, L. A., & Waters, E. (1977). Attachment as an organizational construct. Child development, 1184–1199.

Tops, M., & Boksem, M. A. (2012). "What's that?" "What went wrong?" Positive and negative surprise and the rostral-ventral to caudal-dorsal functional gradient in the brain. *Frontiers in psychology, 3*, 21.

Tottenham, N., Shapiro, M., Telzer, E. H., & Humphreys, K. L. (2012). Amygdala response to mother. *Developmental science, 15*(3), 307–319.

Ulmer-Yaniv, A., Avitsur, R., Kanat-Maymon, Y., Schneiderman, I., Zagoory-Sharon, O., & Feldman, R. (2016). Affiliation, reward, and immune biomarkers coalesce to support social synchrony during periods of bond formation in humans. *Brain, behavior, and immunity, 56*, 130–139.

아동은 마음을 언제, 어떻게 이해할까?

김진경, 이순형(2008). 연령 및 실행기능에 따른 틀린 믿음 및 갈등소망 과제수행능력. 유아교육연구, 28(5), 93–113.

김혜리(1997). 아동의 마음에 대한 이해 발달: 틀린 믿음에 대한 이해로 살펴본 마음-이론의 발달. 한국심리학회지 발달, 10(1), 75–91.

김유미(2015). 정보조건과 표상대상의 속성에 따른 3, 4, 5세 유아의 틀린 믿음 이해. 서울대학교 대학원 박사학위 청구논문.

김유미, 이순형(2014). 3, 4, 5세 유아의 공격행동에 대한 도덕 판단 및 정당화 추론과 틀린 믿음 이해와의 관계. 아동학회지, 35(3), 49-70.

김유미, 이순형(2015). 현실에 대한 정보가 3, 4, 5세 유아의 틀린 믿음 과제 수행 및 정당화 추론에 미치는 영향. 아동학회지, 36(5), 1-19.

박문호(2013). 그림으로 읽는 뇌과학의 모든 것. 서울: 휴머니스트.

Bartsch, K., & Wellman, H. (1995). *Children talk about the mind.* Oxford University Press.

Baron-Cohen, S., Leslie, A. M, & Frith, U. (1985). Does the autistic child have a "theory of mind"? *Cognition, 21*(1), 37-46.

Blair, R. J. R. (2005). Responding to the emotions of others: dissociating forms of empathy through the study of typical and psychiatric populations. *Consciousness and cognition, 14*(4), 698-718.

Dennett, D. C. (1978). Beliefs about beliefs. *Behavioral and Brain Sciences, 1*(4), 568-570.

Decety, J., & Lamm, C. (2007). The role of the right temporoparietal junction in social interaction: how low-level computational processes contribute to meta-cognition. *The Neuroscientist, 13*(6), 580-593.

Frith, C. D., & Frith, U. (2006). The neural basis of mentalizing. *Neuron, 50*(4), 531-534.

Gopnik, A., & Astington, J. W. (1988). Children's understanding of representational change and its relation to the understanding of false belief and the appearance-reality distinction. *Child development, 59*(1), 26-37.

Gopnik, A., & Slaughter, V. (1991). Young children's understanding of changes in their mental states. *Child development, 62*(1), 98-110.

He, Z., Bolz, M., & Baillargeon, R. (2012). 2.5-year-olds succeed at a verbal anticipatory-looking false-belief task. *British Journal of Developmental Psychology, 30*(1), 14-29.

Hoffman, M. (2000). *Empathy and Moral Development: The Implications for Caring and Justice.* Cambridge, UK: Cambridge University Press.

Hooker, C. I., Bruce, L., Lincoln, S. H., Fisher, M., & Vinogradov, S. (2011). Theory of mind skills are related to gray matter volume in the ventromedial prefrontal cortex in schizophrenia. *Biological psychiatry, 70*(12), 1169-1178.

Iacoboni, M., & Dapretto, M. (2006). The mirror neuron system and the consequences of its dysfunction. *Nature Reviews Neuroscience, 7*(12), 942-951.

Krech, D., Rosenzweig, M. R., & Bennett, E. L. (1960). Effects of environmental complexity and training on brain chemistry. *Journal of comparative and physiological psychology, 53*(6), 509.

Krupenye, C., Kano, F., Hirata, S., Call, J., & Tomasello, M.(2016). "Great apes anticipate that other individuals will act according to false beliefs". *Science, 354*, 110-114.

Le Bouc, R., Lenfant, P., Delbeuck, X., Ravasi, L., Lebert, F., Semah, F., & Pasquier, F. (2012). My belief or yours? Differential theory of mind deficits in frontotemporal dementia and Alzheimer's disease. *Brain, 135*(10), 3026-3038.

Lombardo, M. V., Chakrabarti, B., Bullmore, E. T., Sadek, S. A., Pasco, G., Wheelwright, S. J., ··· & MRC AIMS Consortium. (2010). *Atypical neural self-representation in autism. Brain, 133*(2), 611-624.

Onishi, K. H., & Baillargeon, R. (2005). Do 15-month-old infants understand false beliefs?. *science, 308*(5719), 255-258.

Perner, J., Aichhorn, M., Kronbichler, M., Staffen, W., & Ladurner, G. (2006). Thinking of mental and other representations: The roles of left and right temporo-parietal junction. *Social neuroscience, 1*(3-4), 245-258.

Perner, J., & Roessler, J. (2012). From infants' to children's appreciation of belief. *Trends in cognitive sciences, 16*(10), 519-525.

Perner, J., & Ruffman, T. (2005). Infants' insight into the mind: How deep? *Science, 308*(5719), 214-216.

Premack, D., & Woodruff, G. (1978). Does the chimpanzee have a theory of mind? *Behavioral and brain sciences, 1*(4), 515-526.

Qureshi, A. W., Apperly, I. A., & Samson, D. (2010). Executive function is necessary for perspective selection, not Level-1 visual perspective calculation: Evidence from a dual-task study of adults. *Cognition, 117*(2), 230-236.

Rizzolatti, G., & Fabbri-Destro, M. (2010). Mirror neurons: from discovery to autism. *Experimental brain research, 200*(3-4), 223-237.

San J. V., & Astington, J. W. (2012). Bridging the gap between implicit and explicit understanding: how language development promotes the processing and representation of false belief. *British Journal of Developmental Psychology, 30*(1), 105-122.

Saxe, R., & Powell, L. J. (2006). It's the Thought That Counts Specific Brain Regions for One Component of Theory of Mind. *Psychological Science, 17*(8), 692-699.

Shamay-Tsoory, S. G., Shur, S., Barcai-Goodman, L., Medlovich, S., Harari, H., & Levkovitz, Y. (2007). Dissociation of cognitive from affective components of theory of mind in schizophrenia. *Psychiatry Research, 149*(1), 11-23.

Song, H. J., Onishi, K. H., Baillargeon, R., & Fisher, C. (2008). Can an agent's false belief be corrected by an appropriate communication? Psychological reasoning in 18-month-old infants. *Cognition, 109*(3), 295-315.

Southgate, V., Senju, A., & Csibra, G. (2007). Action anticipation through attribution of false belief by 2-year-olds. *Psychological Science, 18*(7), 587–592.

Stone, V. E., Baron-Cohen, S., & Knight, R. T. (1998). Frontal lobe contributions to theory of mind. *Journal of Cognitive Neuroscience, 10*(5), 640–656.

Thoermer, C., Sodian, B., Vuori, M., Perst, H., & Kristen, S. (2012). Continuity from an implicit to an explicit understanding of false belief from infancy to preschool age. *British Journal of Developmental Psychology, 30*(1), 172–187.

Tomasello, M. (2009). *Why we cooperate.* The MIT Press.

Vogeley, K., May, M., Ritzl, A., Falkai, P., Zilles, K., & Fink, G. R. (2004). Neural correlates of first-person perspective as one constituent of human self-consciousness. *Journal of cognitive neuroscience, 16*(5), 817–827.

Wellman, H. M. (1990). *The child's theory of mind.* The MIT Press.

Wimmer, H., & Perner, J. (1988). Children's understanding of informational access as source of knowledge. *Child development, 59*(2), 386–396.

저자 소개

권미경
육아정책연구소 육아정책연구실장

권혜진
나사렛대학교 아동학과 교수

김유미
인하대학교 아동심리학과 겸임교수

김은영
서울대학교 학부모정책연구센터 연구교수

김정민
대구가톨릭대학교 아동학과 조교수

김지현
명지대학교 아동학과 부교수

김진경
한국방송통신대학교 유아교육과 조교수

김혜라
대덕대학교 유아교육과 부교수

민미희
서경대학교 아동학과 조교수

박유정
부산대학교 아동가족학과 조교수

서주현
상명대학교 가족복지학과 조교수

성미영
동덕여자대학교 아동학과 부교수

손승희
미국 유타대학교 교육심리학과 조교수

순진이
성신여자대학교 일반대학원 음악치료학과 겸임교수

오지은
한국국제대학교 유아교육과 조교수

우현경
서울대학교 느티나무어린이집 원장

유주연
아동학 박사

이소은
한국방송통신대학교 유아교육과 교수

이정현
아동학 박사

임여정
한국서부발전(주) 반딧불어린이집 원장

전가일
장안대학교 유아교육과 조교수

정윤주
인천대학교 소비자·아동학과 교수

정하나
아동학 박사

정현심
명지대학교 대학원 아동학과 객원교수

최나야
서울대학교 아동가족학과 부교수

최은정
아동학 박사

최인화
명지대학교 사회복지학과 부교수

아동학 강의

: 아동에 대한 질문과 대답

Lectures on Child Studies

: Q&As about Children

2017년 9월 5일 1판 1쇄 인쇄
2017년 9월 10일 1판 1쇄 발행

지은이 • 권미경 · 권혜진 · 김유미 · 김은영 · 김정민 · 김지현 · 김진경
      김혜라 · 민미희 · 박유정 · 서주현 · 성미영 · 손승희 · 순진이
      오지은 · 우현경 · 유주연 · 이소은 · 이정현 · 임여정 · 전가일
      정윤주 · 정하나 · 정현심 · 최나야 · 최은정 · 최인화

펴낸이 • 김진환
펴낸곳 • (주)**학지사**

04031 서울특별시 마포구 양화로 15길 20 마인드월드빌딩
대표전화 • 02)330-5114   팩스 • 02)324-2345
등록번호 • 제313-2006-000265호

홈페이지 • http://www.hakjisa.co.kr
페이스북 • https://www.facebook.com/hakjisa

ISBN 978-89-997-1367-5 93370

정가 16,000원

이 도서의 국립중앙도서관 출판시도서목록(CIP)은 서지정보유통지원시스템 홈페이지(http://seoji.nl.go.kr)와 국가자료공동목록시스템(http://www.nl.go.kr/kolisnet)에서 이용하실 수 있습니다.
(CIP 제어번호: CIP2017021674)

교육문화출판미디어그룹 학지사

심리검사연구소 **인싸이트** www.inpsyt.co.kr
원격교육연수원 **카운피아** www.counpia.com
학술논문서비스 **뉴논문** www.newnonmun.com